KB093527

군주 평전 시리즈 01

태종처럼 승부하라

군주 평전 시리즈 01

태종처럼 승부하라

권력의 화신에서
공론정치가로

박홍규
지음

푸른역사

프롤로그

마을이 끝나는 지점에 나지막한 구릉이 펼쳐져 있다. 멀리 그 뒤로는 꽤 깊은 산이 이어진다. 하얀 눈이 수북이 덮인 구릉에서 한 무리의 아이들이 토끼 한 마리를 쫓고 있다. 무리의 아이들보다 좀 작아 보이는 아이 하나가 산 쪽으로 멀찌감치 달아나는 토끼를 아쉬운 듯 바라보고 있다. 잠시 후 사라지는 토끼를 향해 힘껏 화살을 당기는 시늉을 한다.

여덟 살 즈음의 이방원!

훗날 왕위에 오른 그는 신하들에게 자기 자신의 정체성에 관해 이렇게 말했다.

"나는 실은 무가武家의 자손이다. 어려서부터 오로지 말을 내달리고 사냥하는 것을 일삼았다."

어려서부터라는 말이 언제인지는 확정할 수 없지만, 이 말을 하는 39세 태종의 기억 속에는 어렸을 때 고향 함흥에서 또래 아이들과 사냥 놀이를 하는 장면이 스쳐 지나갔을지도 모른다.

사냥! 태종을 이해하기 위한 으뜸가는 키워드일 것이다. 그의 삶에서 사냥은 시작과 끝이라고 할 수 있다. 그렇다고 사냥을 중심으로 이 책을 엮어가지는 않을 것이다. 이 책에서는 변방 무장 이성계의 아들로 태어나 조선왕조의 가장 영광스러운 시대로 알려진 세종의 시대를 열어준 태종 이방원의 정치적 삶에 대해 쓰려고 한다. '권력'을 쟁취하고 '권위'를 창출해 간 '정치적 리얼리스트'의 대하드라마가 될 것이다. 그 여정을 네 시기로 구분한다.

태어나서 왕위에 오르기 전까지인 잠저기(1367~1400), 집권 전반기(1401~1410), 집권 후반기(1410~1418), 세종에게 왕위를 물려주고 죽을 때까지인 상왕기(1418~1422)다. 왕위를 유지한 집권기를 전·후로 구분한 것은 단순히 장기간의 집권기를 편의적으로 나눈 것이 아니다. 이 책이 태종에 관한 학계의 기존 연구 성과와 차별되는 점은 바로 태종 10년을 전후로 시기를 구분한 것이다.

기존 연구자들은 조선이 건국 후 창업기를 거쳐 수성기로 진입한 때를 세종 이후로 보고 있다. 그리고 이러한 수성기 정치의 특징으로 유교적 공론정치를 들고 있다. 이런 입장은 태종을 창업군주로 이해하며, 따라서 공론정치와는 거리가 먼 권력군주 혹은 성군 세종의 시대를 준비한 악역 정도로 바라본다. 그러나 과연 태종이 스스로를 오직 창업 군주만으로 생각하고 있었는지는 확인하기 어렵다. 오히려 사료는 태종이 자신의 임무를 창업과 수성을 겸한 것으로 생각했을 가능성을 엿보게 한다.

태종이 즉위한 얼마 후인 태종 1년(1401) 1월 14일 권근은 정치의 도리에 관한 6개 항목을 태종에게 상소한다. 그 중 다섯 번째 항목이다.

"임금다운 임금이 대의를 내걸고 창업할 때에는 자신을 따르는 자에게 상을 주고 따르지 않는 자에게 벌을 주는 것이 실로 마땅한 일입니다. 그리고 이미 대업이 정해져 수성할 때에는 반드시 지난 왕조에서 절조를 다한 신하에게 상을 주어야 합니다. 죽은 자에게는 벼슬을 주고 살아있는 자는 불러 쓰면서, 아울러 그 행실을 세상에 널리 알리고 상을 내려 후세 신하들의 절조를 격려해야 하니, 이는 옛날이나 지금이나 두루 통하는 의리입니다. 우리 국가가 천운에 응해 나라를 열어서 세 분의 빼어난 임금(태조, 정종, 태종)이 서로 이어받아 문文으로 태평성세를 이루었으나, 절조와 의리를 기리고 상 주는 법은 아직 시행하지 않고 있으니, 어찌 전례의 누락이 아니겠습니까?"

이 상소에서 권근은 이제 막 왕위에 오른 태종에게 창업의 시대가 지났으니 수성의 시대에 적합한 역할을 해야 한다고 말하고 있다. 이후 18년간 왕위를 유지하다 세종에게 물려주고 상왕으로 있던 시기인 세종 1년(1419) 7월 변계량이 세종에게 올린 글에서 태종의 역할에 대한 좀 더 분명한 표현을 확인할 수 있다.

"신은 또 듣건대, 수성과 창업은 같지 않다고 했고, 옛사람은 어렵고 쉬운 차이가 있다고 말했습니다. 대체로 하늘이 창업의 군주를 낼 때 반드시 수성의 군주도 내는데, 우리 태조는 창업만 하시었고 우리 전하(세종)께서는 수성만 하시었으며 우리 상왕 전하(태종)께서는 창업과 수성을 겸하시었습니다. 창업할 때에는 진취성이 귀중하고 수성할 때에는 안정성이 귀중한데, 그 시대의 추세상 그럴 수밖에 없습니다."

이런 사료들을 통해서 보면 태종과 그의 신하들이 조선 건국 초기 태종의 역할을 창업과 수성을 겸한 것으로 인식하고 있었음을 확인할 수 있다.

태종의 집권기를 전·후기로 구분하는 이 책의 시도는 태종의 시대를 평가하는 변계량의 생각과 부합한다. 이 책은 태종 10년을 전후해 조선은 창업기에서 수성기로 이행한다는 가설을 세우고 그것을 입증하는 작업이 될 것이다. 이를 통해 조선 초기 정치사에 대한 새로운 이해를 얻고, 나아가 정치가 태종의 진면목에 접근하려고 한다.

학계에서는 그간 태종에 대해 두 종류의 이미지를 제시했다. 하나는 '권력의 화신'이고, 다른 하나는 '유교적 군주'다. 태종은 고려 말 유학의 거장 정몽주를 격살한 것을 시작으로, 건국 후에는 조선왕조의 설계자 정도전 그리고 세자 이방석과 이방번을 죽이고 이성계를 왕위에서 밀어냈다. 왕위에 오르기 직전에는 친형인 이방간과 권력투쟁을 벌였고, 재위 중에는 물론 왕위에서 물러나 상왕이 된 후에도 외척과 공신세력을 상대로 권력의 화신으로서의 면모를 펼쳐 보였다.

한편 비록 폭력적 정변이라는 태생적 한계를 가지고 집권했지만, 이후 조선왕조의 유교적 국가 정체성을 유지해 태조 이래 추진되어 오던 유교적 국가건설 프로그램들을 계승, 추진해 갔으며, 그 결과 창업 초기의 혼란을 극복하고 조선왕조의 제도적 기반을 구축한 유교적 군주로서의 업적을 이루어 냈다. 이러한 두 가지 이미지에 기반해 태종에 대한 평가도 부정과 긍정을 달리한다.

먼저 권력의 화신이라는 이미지가 강하게 작용해 태종에 대해 부정적 평가에 이르는 경우다. 골육상쟁을 통한 권력 찬탈과 권력 유지를 위한 무자비한 숙청의 측면이 권력의 화신으로서 태종의 이미지를 결정짓고 있어, 왕권 확립과 신왕조의 문물제도 정비라는 업적도 그러한 태생적 한계를 상쇄하지 못하고, 태종은 기껏해야 세종의 등장을 위한 악역을 수행했을 뿐이라는 부정적 평가에 멈추게 된다. 이러한 유의 태종 평가를 '권력 결정론'이라 할 수 있다.

이에 반해 유교적 군주로서의 업적을 부각시킴으로써 태종에 대해 긍정적 평가에 이르게 되는 경우도 있다. 이는 태종이 행한 권력정치의 모습을 유교적 군주의 통치 행위라는 큰 틀 속에 포섭한다. 신생 왕조의 제도 확립이라는 측면이 강조되어, 그가 행한 권력정치의 측면은 유교적 군주가 통상적으로 행하는 국가 운영의 일환으로 혹은 왕조 초기에 왕권 강화를 위한 부수적인 측면으로 처리되고, 그가 이룬 업적에 세종의 융성한 치세를 위한 기반 확립이라는 긍정적 속성을 부여한다. 이러한 유의 태종 평가를 '업적 포섭론'이라 할 수 있다.

그러나 이러한 두 종류의 설명은 양쪽 모두 문제점을 갖고 있어 태종의 진면목에 접근하는 길을 차단하게 된다. '권력 결정론'은 조선 정치사에서 태종이 성취한 유교적 군주로서의 업적이 갖고 있는 중요한 의미—공론정치의 시작—를 간과하게 만든다. 또한 '업적 포섭론'에서는 다른 유교적 군주와는 달리 태종만이 구사한 권력정치의 독자성—한비자적 술치術治—이 희석된다. 좀 더 설명하자면, 권력 결정론에서는 한 정치가의 정치적 행위에 대한 평가에서 도덕적 판단이 우선시됨으로써 그가 정치권력을 기반으로 해서 성취한 업적을 긍정적으로 평가할 수 있는 길이 차단된다. 업적 포섭론에서는 태종이 구사한 권력정치가 단지 정도의 차이로 귀착되어, 그의 권력정치가 갖는 다른 유교적 군주와의 차별성이 희석됨으로써 태종만이 가진 권력정치의 본질을 놓쳐버리게 된다.

나아가 두 가지 설명 모두 세종을 기준으로 태종을 평가하기 때문에, 권력 결정론에 따른 부정적 평가의 입장은 말할 것도 없고, 업적 포섭론에 따른 긍정적 평가조차도 태종은 세종과 본질적으로 다르다는 것을 전제로 한다. 다시 말해 세종의 시대가 유교적 이상에 가까운 문화와 태평의 시대였다면, 태종의 시대는 이질적 전前 단계에 불과하다는 평가다. 이는 세종을 보는 관점으로 태종을 평가하는 방식이 초래하는 필연적 결과다. 결국 태종의 독자성이 간과되거나 소멸되어 버리는 것이다.

필자는 태종이 보여주는 두 개의 이미지는 어느 한쪽이 결정하거나, 또는 어느 한쪽으로 흡수될 수 없다고 판단한다. 따라서 이 책에서는 태종이라는 한 인물에 존재하는 이 양면성을 연관시켜 입체적인 설명을 시도할 것이다. 태종에게 부여된 권력의 화신이나 유교적 군주라는 외피를 걷어내고, 태종의 정치적 생애에서 펼쳐진 '이념과 권력의 역동성'을 포착하고자 한다. 그것은 한 인물에 나타나는 두 얼굴, 즉 맹자의 얼굴과 한비자의 얼굴을 묘사하는 작업이자, 태종이 펼쳐 보인 인정仁政과 술치術治의 이중주를 연주하는 작업이기도 하다. 이 작업을 통해 필자는 권력의 찬탈에서 시작해 권위를 창출하고 정치적 영광을 성취해 간 정치가 태종의 장대한 서사를 밝혀볼 것이다. 그런 뜻에서 이 책의 부제를 '권력의 화신에서 공론정치가로'라고 했다.

성공한 정치가란 무엇인지를 규정하기는 힘들다. 성공의 기준을 정하기 어렵기 때문이다. 이 책에서 그 기준을 제시하려는 것은 아니다. 그러나 이 책을 다 읽고 나면 태종 이방원 정도라면 정치가다운 정치가로구나 하는 인상을 독자들에게 남겨줄 것으로 기대한다.

이 책에서 태종을 '정치적 리얼리스트'라고 표현했다. 이 책을 접한 독자들은 큰 어려움 없이 이 용어를 납득하고 받아들였을 것이리라. 더 나아가 태종 이방원이 정치적 리얼리스트라는 주장은 새로울 것도 없고, 누구나가 다 아는 진부한 표현에 불과하다고 여겼을 것이다.

일상 정치의 세계에서는 '현실주의자realist' 또는 '정치적 현실주의자political realist'라는 말을 흔히 사용한다. 마치 누구나가 이 용어의 의미를 이해하고 있어서 이 용어를 사용해 의사소통하는 데 전혀 문제가 없는 듯이 말이다. 그러나 이 용어 또한 성공한 정치가와 마찬가지로 그 의미가 애매해 깊이 생각하면 할수록 사용하기 어려워진다.

학문의 세계에서도 마찬가지다. 맹자와 플라톤은 정치적 이상주의이고, 한비자와 마키아벨리는 정치적 현실주의라고 알려져 있다. 이러한 구분이 틀리다, 또는 학문적으로 무의미하다고는 할 수 없지만, 과연 이렇게 구분하는 것이 타당한지에 대해서는 의견의 일치를 보기 어렵다.

이 책에서는 정치적 리얼리스트에 대해 먼저 정의를 내리고 그 정의에 맞춰 태종 이방원을 설명하거나 해석하는 방법을 쓰지 않는다. 오히려 반대로 태종 이방원의 전 생애에 걸친 사유와 행동을 설명하고 서술해, 이런 인물이 정치적 리얼리스트의 전형적인 사례가 됨을 보여주려고 한다.

이제 정치적 리얼리스트, 태종 이방원의 정치세계로 떠나보자.

1 권력을 쟁취하다

[잠저기: 1367~1400]

2 야누스의 정치를 구사하다

[집권 전반기: 1401~1410]

3 유교적 군주로 거듭나다

[집권 후반기: 1410~1418]

4 권위를 창출하다

[상왕기: 1418~1422]

태종 연보

1367년(공민왕 16) 1세	동북면 함주 귀주동(오늘날 함흥시)에서 이성계와 밀직부사 한경의 딸 한씨 사이에서 태어남.
1371년(공민왕 20) 5세	이성계, 지문하성사를 제수받고 본격적인 개경 생활 시작.
1373년(공민왕 22) 7세	이성계는 1373년 이전에 강씨를 후실로 맞이했고, 이후 이방원은 개경으로 이주해 서모 강씨와 함께 삶.
1382년(우왕 8) 16세	진사과에 급제.
	문반 권문세족 민제의 둘째 딸과 혼인.
1383년(우왕 9) 17세	문과 7등으로 급제.
	사설서령(정6품)에 제수되면서 관료 생활 시작함.
1387년(우왕 13) 21세	전리사정랑(정5품)으로 승진.
	주원장, 북원에 남아있던 나하추를 몰아내고 요동 지역 확보.
1388년(우왕 14, 창왕 즉위년) 22세	**3월** 명나라가 철령위 설치를 통고하자 우왕과 최영은 요동 정벌 결정.
	5월 위화도 회군. 이방원이 가족을 이끌고 동북면으로 탈주.
	6월 우왕을 폐위하고 창왕 옹립.
	7월 대사헌 조준의 전제 개혁 상소.
	10월 이색이 명나라에 사신으로 갈 때 이방원이 서장관으로 동행. 북경에서 연왕(후에 영락제)을 조우.
1389년(공양왕 1) 23세	전의사정랑 지제교로 이직.
	11월 창왕이 폐위되고 공양왕 즉위.
1390년(공양왕 2) 24세	**4월** 밀직사 우부대언(정3품)으로 승직.
	5월 과전법 실시.
1391년(공양왕 3) 25세	**6월** 이전에 우대언으로 승직.
	9월 친모 한씨 사망, 상례를 치르기 위해 중앙 정계를 떠남.
	10월 정도전, 나주로 두 번째 유배.
1392년(공양왕 4) 26세	**3월 17일** 사냥을 하던 이성계가 낙마하여 중상을 입음.
	4월 1일 정몽주, 혁명파를 숙청.
	4월 2일 벽란도로 이성계를 찾아가 설득하여 함께 개경으로 돌아옴.
	4월 4일 선죽교에서 정몽주를 살해.
	4월 밀직제학(종2품)으로 승직.
	7월 17일 이성계 즉위.

1392년(태조 1) 26세

7월 18일 명나라에 사신을 보내 왕조교체와 새로운 왕의 승인을 요청.

7월 18일 중앙 군사조직인 의흥친군위 설치. 왕자, 종친, 대신을 각 도 절제사로 임명. 이방원은 동북면 절제사가 됨.

7월 28일 문무관제 발표와 함께 건국 핵심 인물들에게 관직을 제수. 주요 관직에서 왕자들은 배제됨.

8월 2일 공신도감 설치.

8월 7일 태조, 강씨 부인을 왕비로 삼고 왕자들에 대한 봉군 조치(이방원을 정안군에 봉함). 왕자 중 이방과와 이방번만이 의흥친군위에 포함되고 이방원은 제외됨.

8월 8일 이방원을 동북면으로 보냄.

8월 20일 개국공신 발표. 이방원을 포함한 왕자들은 모두 제외됨.

8월 20일 이방석을 세자로 선정. 이후 이방원은 전라도 절제사로 이임.

1393년(태조 2) 27세

3월 9일 공민왕 때 받은 금인을 반환하고 태조의 새로운 금인을 요청.

5월 23일 조선을 책망하는 홍무제의 칙서 전달, 조선과 명나라 사이에 긴장관계 표면화.

9월 14일 의흥친군위가 의흥삼군부로 개편됨. 이방원은 중앙 군사 직을 맡지 못하고 전라도 절제사에 머묾.

1394년(태조 3) 28세

6월 7일 조반, 남재 등과 함께 사신단으로 파견됨. 조명관계를 회복하고 11월 9일 귀국.

장남 이제(양녕) 출생.

1395년(태조 4) 29세

김씨와의 사이에서 경녕군 이비 출생.

1396년(태조 5) 30세

2월 명나라와의 사이에 표전 문제 발생.

8월 13일 신덕왕후 강씨 승하.

차남 이보(효령) 출생.

1397(태조 6) 31세

6월 14일 명나라의 압박에 대응하기 위해 정도전은 군사 훈련 강화.

삼남 이도(충녕) 출생.

1398년(태조 7) 32세

3월 20일 남은, 사병 혁파를 진언.

8월 26일 무인정변(1차 왕자의 난) 발생, 이방과를 세자로 정함.

9월 1일 정안공으로 개봉하고, 의흥삼군부 우군절제사로 함.

1398년(정종 즉위년) 32세

9월 5일 이방과 즉위.

9월 5일 판상서사사를 겸무.

10월 1일 정사공신 선정.

12월 15일 정안공 이방원, 익안공 이방의, 회안공 이방간을 개국 1등공신에 추가.

1399년(정종 1) 33세

3월 7일 개경으로 천도.

6월 27일 건문제로부터 태조의 선위와 정종의 즉위를 승인받음.

10월 17일 조례상정도감 판사로 삼음.

11월 1일 강원도와 동북면 절제사를 맡음.

1400년(정종 2, 태종 즉위년) 34세

1월 28일 2차 왕자의 난 발생.

2월 4일 정안공을 왕세제로 책봉.

4월 6일 권근의 상소로 사병 혁파 실시. 이거이·조영무 등 불만 표출.

11월 13일 태종 즉위.

12월 22일 수창궁 화재로 〈구언교서〉를 내림.

12월 22일 불교 행사 혁파를 명함.

1401년(태종 1) 35세

1월 14일 권근, 〈구언교서〉에 답함(천견론의 변형, 절도와 의리 강조).

2월 12일 공신들과 삽혈동맹.

4월 6일 사섬서를 설치하고 저화법 시행.

6월 12일 건문제로부터 태종을 승인하는 고명과 인신을 받음.

7월 13일 1차 관제 개편. 도평의사사가 해체되고 의정부, 사평부, 승추부의 3부 구조. 예문관과 사간원 독립.

7월 18일 등문고 설치(8월 1일 신문고로 개칭).

11월 7일 죽은 정몽주와 김약항에게 벼슬을 내림.

1402년(태종 2) 36세

4월 1일 이지직과 전가식, 태종의 호색에 관해 상소.

4월 18일 양녕(9세)을 원자로 책봉하고 경승부를 설치.

5월 6일 원자 교육을 위한 학궁이 완성됨.

6월 13일 영락제 즉위.

11월 5일 조사의의 난 발생(11월 27일 진압).

1403년(태종 3) 37세.

6월 29일 삼군도총제부 설치.

9월 10일 사섬서를 혁파하고 저화법을 폐지.

명나라, 건주위 개설.

1404년(태종 4) 38세

4월 4일 왕가인, 여진 회유를 위해 황제 칙서를 가지고 도착.

5월 19일 왕가인 귀환 시, 조선 사신 김첨이 동행하여 십처인원 설득.

8월 6일 양녕(11세)을 왕세자로 책봉.

10월 18일 이거이 부자 역모 사건 발생.

1405년(태종 5) 39세

1월 15일 2차 관제 개편(6조 강화).

3월 11일 왕교화적, 동맹가첩목아를 회유하기 위해 조선에 도착.

9월 6일 노비변정도감을 설치하고 노비결절조목 20개를 제정.

9월 13일 동맹가첩목아, 조선을 배신하고 왕교화적과 함께 명나라에 입조.

10월 8일 한양으로 환도하기 위해 개경을 출발(11일 도착).

1406년(태종 6) 40세

3월 27일 억불정책 단행하여 사찰과 승도 규제.

8월 18일 1차 전위 파동(8월 26일 철회).

1407년(태종 7) 41세

5월 18일 명나라 사신 황엄 도착(6월 4일 전송).

6월 1일 황엄을 위한 광연루 연회(태종과 이숙번 밀담).

6월 8일 황실 혼사 사건 발생.

7월 10일 이화의 상소로 민무구·민무질 숙청 작업 시작.

7월 13일 세자, 김한로의 딸과 혼인.

9월 25일 조현을 위해 세자가 명나라로 출발.

1408년(태종 8) 42세

4월 2일 세자, 한양으로 돌아옴.

4월 10일 세자를 수행했던 이지성을 유배에 처함.

5월 24일 태조 승하.

1409년(태종 9) 43세

2월 14일 권근 사망.

3월 16일 세자에게 궁중에서 활쏘기를 익히도록 명함.

8월 10일 2차 전위 표명.

8월 22일 세자를 처음으로 조계에 참여시킴.

9월 8일 윤목과 정안지에 대한 국문(민무구·민무질 형제 역모 사건과 관련한 당여 색출 작업 시작).

10월 2일 윤목과 색출된 연루자들이 곤장을 맞고 유배됨.

10월 5일 이무를 처형하고 민무구·민무질 형제를 제주도로 옮김.

11월 15일 명나라로 보내는 1만 필의 말 중 첫 500필을 보내는 초운마가 출발.

1410년(태종 10) 44세

2월 3일 여진이 경원부에 침입하여 병마사 한흥보 전사.

2월 15일 영락제, 달단 정벌.

2월 27일 명나라로 보내는 마지막 말 출발.

3월 6일 여진 정벌 단행.

3월 17일 민씨 형제의 자진을 명함.

3월 25일 이현, 여진정벌에 관해 보고하기 위해 명나라로 출발.

4월 28일 박돈지, 여진의 침입을 설명하기 위해 명나라로 출발.

7월 1일 저화법 회복.

7월 6일 이저를 복권시킴(9월 12일 논란 종결).

7월 10일 균름과 사고를 짓도록 명함.

7월 12일 태조의 배향공신 논의.

7월 26일 태조 부묘 행사 거행. '유신의 교화' 내용을 담은 교서 발표.

8월 10일 사직에 관련된 죄수를 제외하고 사면 실시.

9월 3일 명나라로부터 한상경이 귀국(이현과 박돈지가 가져간 주문에 대한 영락제의 선유를 전함).

9월 12일 이저 복권.

9월 17일 개경으로 정부를 옮김(이듬해 2월 16일 한양으로 출발).

9월 29일 문묘를 다시 세움. 변계량이 비문 작성.

10월 9일 말을 제공한 태종을 칭찬하는 황제의 칙서 도착.

10월 19일 3차 전위 표명.

11월 3일 세자의 최초 여색 문제인 기생 봉지련 사건 발생.

1411년(태종 11) 45세

3월 30일 한양 창덕궁으로 돌아옴.

4월 2일 대역죄에 관계된 전 완산부윤 한답 등 29명에 대한 사면 단행.

4월 26일 여진의 수장인 동맹가첩목아, 개원으로 이동하여 명나라에 투항.

6월 29일 이색의 아들 이종선을 동래진으로 귀양 보냄(이색 비명 사건 발생).

6월 9일 호조, 곡식을 저장하는 법을 아룀.

6월 16일 서북면에 기근이 발생하자 홍이를 보내 진휼.

7월 2일 하륜, 스스로 구명을 위해 장문의 상소를 올림.

8월 2일 하륜을 영의정으로 임명(이색 비명 사건 종결).

9월 4일 왕비의 폐위를 언급하지만 신하의 반대로 후궁 간택에 머묾.

10월 4일 처음으로 세자에게 강무 동행을 명함.

10월 15일 대대적인 사면 단행.
10월 27일 한 명의 빈과 두 명의 잉을 들임.
12월 11일 동북면과 서북면의 토지조사 실시.

1412년(태종 12) 46세
2월 14일 봄 강무에 세자의 호종을 허락.
9월 24일 가을 강무에 세자와 동행.
11월 30일 여악을 하는 명빈전의 창기를 궐 밖에 내보내기로 함.

1413년(태종 13) 47세
2월 3일 봄 강무 출발. 28일 세자에게 도성으로 돌아가도록 명함(이후 세자의 강무 동행 없음).
3월 27일 기생 소앵 관련 소란이 발생하여 서연과 경승부 혁파를 언급.
8월 15일 태종의 입에서 폐세자 언급.
9월 1일 노비중분법 시행.
9월 11일 가을 강무 출발. 전주에서 이방간에게 물품을 하사함.

1414년(태종 14) 48세
1월 23일 불충의 죄로 이양우를 가택 연금에 처함(2월 9일 사건 종결).
4월 7일 사헌부에서 이양우의 죄를 다시 청함.
4월 14일 노비변정도감을 다시 설치해 노비중분법을 강력하게 추진(10월 15일 혁파).
4월 17일 3차 관제 개편. 의정부의 업무를 대부분 6조로 나눠 귀속시킴(6조 직계제).
5월 10일 하륜에게 명해 《고려사》를 편찬하도록 함.
6월 23일 이양우를 서울로 돌아오도록 함.
6월 27일 노비종부법 확정.
7월 8일 대간의 관원을 외방으로 쫓아냄(7월 23일 경외종편).

1415년(태종 15) 49세
1월 26일 세자전 출입통제를 잘못했다는 이유로 경승부 질책. 빈객 이래의 폐세자 언급.
4월 9일 염치용 사건 발생. 관련자들을 의금부에 내림(15일 염치용 유배).
4월 12일 염치용 사건에 연루된 민무회 파직.
5월 4일 대사헌 이은 이하 사헌부 관원을 의금부에 내림(7일 유배 보냄).
5월 9일 이직을 성주에 안치.
5월 13일 세자의 기생 초궁장이 궁에서 쫓겨남.
6월 6일 세자, 민무휼과 민무회의 죄를 청함.
6월 25일 민무휼과 민무회를 외방에 거주하게 함.
12월 15일 원윤 이비 건을 거론한 교지를 내림.
12월 30일 충녕이 남재를 위해 향연을 베풂.

1416년(태종 16) 50세
1월 13일 민무휼과 민무회 자진.
2월 4일 봄 강무에 충녕이 동행.
5월 20일 세자에게 대리청정을 지시함(7월 말까지 지속).
9월 24일 선공 구종수와 악공 이오방을 의금부에 가둠.
6월 10일 정도전과 황거정의 자손에게 내려졌던 금고를 풀어줌.
11월 6일 하륜 사망.

1417년(태종 17) 51세
2월 2일 봄 강무 건으로 신하들과 의견 대립 중, 정체성 변화 발언.
2월 15일 세자가 곽선의 첩 어리와 간통하고 궁으로 몰래 들여옴(어리 사건 발생).
3월 4일 이숙번, 함양으로 유배됨.

1418년(태종 18) 52세

2월 4일 성녕대군 사망.
2월 13일 액을 피한다는 명분으로 개경으로 옮김.
5월 10일 세자를 징계하는 명령을 내림.
5월 30일 세자가 손수 편지를 써서 태종에게 올림.
6월 3일 세자 양녕을 폐하고 충녕대군을 세자로 삼음.
6월 9일 세자 책봉을 요청하는 사신 원민생을 명으로 보냄(8월 22일 승인 칙서를 가지고 귀국).
7월 27일 한양으로 돌아옴.
8월 8일 세자에게 전위.
8월 10일 세자, 근정전에서 즉위.

1418년 (세종 즉위년) 52세

8월 15일 상왕의 전지를 선지로 구분함.
8월 25일 병조참판 강상인을 의금부에 가둠.
9월 1일 충녕을 세자로 책봉한 것에 대한 사은사로 심온을 임명하고, 세종의 왕위 계승을 승인해 줄 것을 요청하는 주청사로 박신을 임명.
9월 8일 명나라로 가는 심온을 전송.
9월 14일 강상인을 노비로 삼고, 박습과 형조의 관련자들을 귀양 보냄.
11월 3일 강상인 등을 귀양지에서 다시 압송.
11월 7일 상왕, 새롭게 조성한 수강궁으로 이전.
11월 8일 태종을 상왕으로 봉숭.
11월 26일 강상인을 거열형에 처함.
12월 23일 심온이 사약을 받고 죽음.

1419년 (세종 1) 53세

1월 19일 명나라 사신이 세종의 계승을 인정하는 황제의 고명을 갖고 옴.
2월 21일 낙천정의 낙성식을 거행.
5월 7일 충청도 관찰사 정진, 왜적의 침입을 알림.
6월 19일 이종무, 대마도 출정.
7월 3일 원정군이 거제도로 철수.
7월 17일 병조판서 조말생을 대마도로 보내 도도웅와의 항복을 회유.
9월 20일 도이단도로가 와서 도도웅와의 항복 의사를 전함.
9월 26일 정종 승하.

1420년 (세종 2) 54세

1월 6일 일본국 사신 양예가 세종을 알현.
윤1월 15일 답례사 송희경이 화친의 서한을 가지고 감.
4월 23일 대사헌 홍여방을 의금부에 하옥하여 국문.
7월 10일 대비 원경왕후가 56세의 나이로 승하.

1421년 (세종 3) 55세

9월 12일 상왕이 태상왕의 존호를 받음.
10월 27일 이향(문종)을 왕세자로 책봉.
11월 7일 태상왕이 태조의 배향공신으로 남은과 이제를 추가.
12월 18일 정종을 종묘에 부묘.

1422년 (세종 4) 56세

2월 20일 황희 사면.
5월 9일 박은 사망.
5월 10일 연화방 신궁에서 태상왕 승하.

1
권력을 쟁취하다

{ 잠저기: 1367~1400 }

근거지는 함경도

쌍성총관부와의 인연 고려 정부의 대몽항쟁이 막바지에 이른 1258년 고려인 조휘와 탁청이 고려의 지방관을 살해하고 몽골에 투항하자, 몽골은 화주(함경남도 영흥)에 총관부를 설치해 조휘를 총관으로 삼고 탁청을 천호로 삼았다. 이후 조휘와 탁청의 친족들이 총관과 천호를 세습하며 몽골의 하수인 역할을 수행했다.

이와는 별도로 몽골은 다루가치를 파견해 철령 위쪽과 천리장성 아래쪽에 해당하는 지역(함경남도 안변, 정평, 고원, 문천, 덕원)을 직접 통치했다. 이 지역은 총관부가 설치되기 이전부터 고려 정부의 통치권이 확고하게 미치지 못하는 변방이었다. 고려에서 정착하지 못한 사람들이 떠돌다가 흘러 들어왔고, 여진인들도 섞여 살고 있었다. 고려 정부의 통제에서 벗어나 몽골의 지배가 지속되면서 이 지역에서는 고려인, 여진인, 몽골인이 점점 더 자유롭게 유동하게 된다. 태종 이방원의 조상도 이 지역으로 이주해 왔다.

1

변방 무장의 아들로 태어나다

원나라 관리도 지낸 선조들 이방원의 조상은 개경에 거주하다 관직을 잃고 본관인 전주로 낙향했다. 6대 조상 이안사(목조)는 전주에서 뿌리를 내리지 못하고, 지방관과 갈등이 생기자 170여 호를 이끌고 강원도 삼척으로 이주했다. 얼마 후 또다시 의주(덕원, 오늘날 원산)로 근거지를 옮기게 된다. 고려 조정은 그의 세력을 인정해 그를 의주병마사로 삼아 원나라 군사를 방어하는 책임을 맡겼다. 그러나 쌍성총관부가 설치되어 의주가 총관부의 관할 지역에 포함되자 이안사는 자신의 휘하 세력 1,000여 호를 이끌고 원나라에 투항했다. 고려를 배신한 것이다. 그리고 마침내 두만강을 건너 알동으로 이주해 원나라의 다루가치가 된다.

1274년 이안사가 죽자 아들 이행리(익조)는 아버지의 관직을 이어받고 여몽연합군에 참여해 원나라의 길잡이가 되기도 했다. 이후 알동 지역에서 세력을 확장하던 이행리는 여진족과 마찰이 생겨 다시 의주로 돌아왔다. 얼마 후 등주(안변)로 이주해 뿌리를 내린 그는 마침내 1300년 원나라 황제의 칙명을 받고 쌍성 등지의 고려 군민을 다스리는 다루가치가 되었다.

이행리의 아들 이춘(도조) 역시 아버지의 관직을 세습했다. 패안첩목아라는 몽골식 이름도 갖고 있던 그는 화주로 옮겨 쌍성총관의 딸과 정략적으로 결혼해 세력을 확장했다. 이제 이방원의 가문은 군사력을 기반으로 동북면 지역의 지배자로 확고한 지반을 구축했다.

이춘이 죽자 그의 아들들 사이에 권력투쟁이 발생했으나 우여곡절 끝에 이자춘(환조)이 아버지의 관직을 계승했다. 말타기와 활쏘기에 능했고 행정 실무에도 밝던 이자춘은 이후 더욱 세력을 확장해 갔고, 마침내 공민왕 대에 이르러 고려 정국의 변화에 관여하게 된다.

이방원의 조상이 고려의 중앙인 개경에서 밀려난 후 변방 지역을 전전하다 고려를 배신하고 두만강을 넘어 이민족이 거주하는 지역으로 흘러 들어갔다가 다시 고려로 돌아와 동북면의 지배자로 성장하기까지에는 몇 대에 걸쳐 이루 헤아릴 수 없이 많은 난관을 돌파해야만 했을 것이다. 그들이 살던 지역은 불안정했고 그들의 삶은 불확실했으며 오로지 자신들의 힘과 지략에 의지해 생존을 도모해만 했다.

조부 이자춘, 고려로 회귀하다 1271년 국호를 대원大元이라 칭하고 세계를 지배한 원나라는 백 년을 채우지 못하고 쇠락의 길로 들어선다. 1351년 왕위에 오른 공민왕은 중국 대륙에서 원나라의 지배력이 약화되는 상황을 파악하고 그 지배로부터 벗어나 고려의 자주성을 회복하기 위한 정책을 추진했다. 이러한 정세 변화는 이자춘에게 고려로 회귀할 수 있는 기회를 가져다주었다.

1355년 처음 이자춘을 대면한 공민왕은 자신의 반원정책을 추진하는 데 그를 이용하기로 했다. 먼저 이자춘에게 쌍성 지역에서 반역을 도모한 기철 세력을 평정하라는 명을 내렸다. 기철 일당이 원나라의 비호를 받고 쌍성 지역에서 세력권을 형성하자 공민왕은 이자춘의 군사력을 사용해 부원세력을 제거하고 영토를 회복하고자 한 것이다. 고려군이 쌍성총관부를 공격할 때 공민왕의 명령에 따라 이자춘이 내응해, 1356년 설치 99년 만에 고려는 쌍성총관부를 회복했다. 이어서 이자춘은 원나라에 빼앗긴 천리장성 밖 함주 이북 지역을 수복하는 전공을 세웠다.

공민왕은 이자춘의 공훈을 높이 평가해 종3품의 대중대부 사복경을 제수하고, 개경에 저택을 하사했다. 이후 이자춘은 왜적을 물리친 공로로 정3품으로 승격되었고 상장군에 임명되었다. 그러나 그는 개경에 정착하지 않고 1361년 동북면 병마사가 되어 고향으로 돌아갔다. 고려를 배반하고 북방을 떠돌던 이안사의 후손들이 마침내 이자춘 대에 이르러 다시 고려의 신민이 되어, 고려 왕이 승인한 동북면의 실질적인 지배세력으로 성장한 것이다.

무장 이성계의 화려한 등장

뛰어난 무공, 눈부신 전공 이성계는 어려서부터 북방인의 습속에 따라 아버지 이자춘을 따라다니며 사냥을 익혔다. 당시 사냥은 군사적 기예를 훈련하는 과정이기도 했다. 아버지와 할아버지의 피를 이어받은 이성계의 뛰어난 활 솜씨와 기마술은 어느덧 아버지의 능력을 넘어섰다. 그는 준수한 외모에 지략과 용맹이 출중한 무사로 성장했다.

1356년 이자춘은 22세의 이성계를 개경에 등장시켰다. 단오절에 열리는 격구대회에 출전한 이성계는 공민왕 앞에서 탁월한 기량을 과시하며 무사로서의 존재를 알렸다. 곧이어 이자춘을 따라 쌍성총관부를 탈환하고 북방 영토를 회복한 공로를 인정받아 이성계도 고려의 관직을 제수받았다.

그 후 이성계는 1361년에 반란을 일으킨 독로강 만호 박의를 자신의 사병(가별초) 1,500명을 동원해 응징했고, 그 공로로 중앙 정부의 정3품

무반직인 금오위 상장군과 세습 가능한 동북면 상만호의 직책을 갖게 되었다. 홍건적의 침입 시에는 사병 2,000명을 거느리고 개경 탈환에 공을 세웠으며, 1362년에는 동북면 병마사가 되어 원나라의 잔존세력인 나하추의 침입을 격퇴하기도 했다. 1364년에는 반원정책을 추진하는 공민왕을 폐위시키기 위해 원나라의 군사를 이끌고 압록강을 넘어쳐들어 온 최유의 군대를 격파했고, 또 여진족을 이끌고 함주를 함락시킨 삼선과 삼개를 몰아내고 화주와 함주를 수복했다. 이후 이성계는 자신의 사병을 동원해 동북면의 영토를 확장해 갔고, 고려 조정은 그의 공훈과 세력을 무시할 수 없게 되었다. 1371년 그는 종2품에 해당하는 지문하부사에 임명되기에 이른다. 변방의 무사 이성계가 중앙 정계에 우뚝 서게 된 것이다.

당시 고려는 북방으로부터만이 아니라 남쪽의 왜구로부터도 심각한 위협을 당하고 있었다. 이성계는 전국 각지에서 출몰하는 왜구를 격퇴하며 명성을 날렸고, 1380년에 왜장 아기발도가 이끄는 대군을 황산에서 섬멸하는 공훈을 세웠다. 1388년 위화도 회군에 이르기까지 무수한 전공을 세워 온 이성계는 마침내 수문하시중이 되어 정승의 반열에 오른다.

군사적 기반, 가별초 이성계가 탁월한 무공을 세울 수 있었던 것은 그가 이끄는 사병(또는 가병家兵)이 존재했기 때문이다. 22세에 전쟁에 출전해 54세에 위화도 회군을 단행할 때까지 전쟁터에서 그와 운명을 같이한 군사집단이 가별초(또는 가별치)라고 불린 이성계의 사병이었다.

동북면은 고려 정부의 영향력이 미치지 못하는 변방이었다. 그곳에는 여진인이 섞여 살고 있었고, 고려에 정착하지 못한 사람들이 떠돌다 흘러 들었다. 그들은 국가에 세금과 부역을 부담하지 않았는데 개중에는 그곳의 세력가에게 몸을 의지해 세금과 부역을 제공하는 대신 자신의 생계와 안전을 보장받는 이들이 있었다. 가별초라고 불리는 그들은 노동집단이자 군사집단으로 강한 결속력을 유지하는 특수집단이었다. 동북면에 거점을 두고 있던 이성계의 선조 또한 가별초를 보유해 세력을 확대했다. 선조로부터 가별초를 이어받은 이성계는 자신의 능력으로 동북면 일대의 다른 가별초를 흡수하며 동북면의 최강자로 성장했다.

한편 동북면 지역에 거주하는 여진인들도 여진 세력가를 주인으로 섬기면서 부역과 군역을 부담했는데 이성계는 이들을 잘 이용했다. 이성계는 큰 세력가인 동맹가첩목아를 비롯, 여진인 가별초를 보유하고 있던 여진 세력가들과 우호적인 관계를 유지했고, 자신의 휘하에 두기도 함으로써 군사력을 확대할 수 있었다. 이지란이 그 대표적인 예로 그는 이성계와 의형제를 맺고 함께 전쟁터를 누볐으며, 결국 조선의 개국공신이 되었다.

반면 고려 말에는 중앙 정부가 군사를 장악하지 못하고, 여러 장수들이 각 도의 일반 백성들로 구성된 군사들을 사병처럼 보유하고 있었다. 이러한 고려군의 전투력은 강한 유대로 결속된 이성계의 가별초와는 상대가 되지 못했다. 고려 정부나 지방의 군사들보다 월등한 전투력을 가진 사병을 거느리고 있던 이성계는 지속적인 전공을 세우면서 고려 말 최고 실력자가 될 수 있었던 것이다.

이방원의 탄생 이방원은 1367년(공민왕 16) 이성계의 본거지인 동북면 함주 귀주동(함흥시)에서 태어났다. 그의 탄생을 《태종실록》〈총서〉는 이렇게 기록한다.

> 한씨가 하루는 점쟁이 문성윤에게 물어보자, 그가 '이 명命은 귀하기가 말할 수 없으니 삼가 가벼이 점쟁이들에게 물어보지 마소서'라고 대답했다. 남은은 태종을 만날 때마다 반드시 다른 사람들에게 '이 사람은 하늘의 영묘한 기운으로 가득 찼다'라고 말했다.

이방원의 친모 한씨(사후 신의왕후로 봉해짐)는 안변 지역의 세력가인 밀직부사 한경의 딸이다. 이성계가 장수로서 전장을 누비는 수십 년 동안 편안할 날이 없었지만 한씨는 집안을 잘 다스렸다. 투기를 하지 않는 성품이어서 첩과 시종이 잘 따랐다고 한다. 한씨 소생의 아들은 여섯 명인데, 맏아들 방우(1354년 생), 둘째 방과(1357년 생, 정종), 셋째 방의(1360년 전후 생), 넷째 방간(1364년 생), 다섯째 방원, 여섯째 방연(생년 미상)이다.

이방원의 어린 시절에 관한 기록은 거의 없다. 《태종실록》에는 그가 태어나면서 신비롭고 범상치 않았으며, 자라면서 총명한 머리로 뛰어난 학습 능력을 보여줬다고 기록되어 있다.

이자춘이 아들 이성계에게 그랬듯이, 이성계도 이방원을 포함한 아들들에게 사냥을 통해 무예를 훈련시켰을 것이다. 이런 교육은 동북 지방의 습속이기도 했지만, 가문의 세력을 유지하고 확대하기 위해서는 반드시 필요했던 것이다. "나는 실은 무가의 자손이다. 어려서부터 오로지 말을 내달리고 사냥하는 것을 일삼았다"라는 훗날 태종의 말은 이러한 사실을 잘 반영하고 있다.

이성계 대에 이르기까지 이방원의 조상들은 변방 지역을 전전하면서 생존을 위해 사력을 다했을 것이다. 정의, 은혜, 규범보다는 힘, 음모, 배신이 판을 치는 세상에서 살아남기 위해 투쟁했을 것이다. 그런 곳에서 생존을 위한 최고의 원리는 힘power이다. 그 힘은 자신의 신체적 전투 능력, 전략적 사고 능력, 전술적 상황 판단 능력, 난관을 돌파하는 과감한 의지력 등에서 나온다. 나아가 그 힘은 조직적 군사력에 기반한다. 변방 함주는 바로 그런 세상이었다. 힘을 원리로 하는 세상에서 살아가는 방식을 영민한 이방원은 일찍이 알아차렸을 것이고, 이것은 자라면서 이방원의 내면에 깊이 각인되었을 것이다.

아버지가 바란 문사의 길

10대 전에 시작된 개경 생활 이성계는 1364년 중앙 정부의 밀직부사로 임명된 이후 중앙의 관직을 이어갔다. 그러나 빈번한 출정으로 개경에 있는 시간은 그다지 많지 않았다. 그러다가 1371년 지문하성사를 제수받고 나서는 본격적인 개경 생활을 시작했다고 추측된다. 그러던 중 강씨를 후실로 맞이했다. 그 일이 언제 있었는지는 확인할 수 없으나 1373년 이전이라고 추측된다. 이렇게 이성계는 두 집 살림을 하게 되었다. 함주에서는 본처 한씨가 집안을 다스렸고, 개경에서는 강씨가 보필하게 되었다.

고려의 전통은 일부일처였지만, 몽골에 복속된 동북면 지역에서는 몽골의 영향으로 일부다처가 점차 보급되었고, 이성계의 할아버지와 아버지도 다처를 취했다. 정실이든 후실이든 당시에는 결혼을 통해 신분 상승이나 세력 확대를 도모하는 것은 흔한 일이었다. 이성계 또한 강씨를 부인으로 선택하면서 다면적인 이해관계를 고려했을 것이다.

강씨 부인의 아버지 강윤성은 권문세족인 신천 강씨의 일원이다. 강윤성과 동생 강윤충, 강윤희 형제는 충혜왕에서 공민왕 대에 걸쳐 재상의 권문 집안으로서 세도를 떨쳤다. 결혼 당시에는 혁혁한 무공으로 중앙 정계에까지 진출했다고는 하지만, 이성계는 변방 무장 집안의 출신이고, 한때는 그의 조상이 고려를 배반하고 몽골에 투항한 전력도 갖고 있었다. 이성계를 대하는 전통적인 권문세족의 눈길이 그다지 고울 리 없었다. 자신의 신분적 한계를 잘 알고 있던 이성계는 권문세족의 딸을 후실로 맞이해, 자기 조상의 어두운 전력을 씻어내고 권문세족과 어깨를 나란히 하는 신분적 지위를 확보하고자 했다. 귀족문화의 세련미를 갖춘 강씨는 이성계의 콤플렉스를 잘 보완해 주었다. 함주에서 어린 시절을 보내던 이방원은 8세 즈음 개성으로 이주해 서모 강씨와 함께 살게 되었다.

17세에 7등으로 문과 급제 애초에 이방원이 개경으로 이주한 데는 이성계의 의도가 작용했다. 훗날의 기록인 《용비어천가》(81장)에서 확인할 수 있다.

태조는 평소에 유학을 중히 여겨, 일을 보는 여가에 항상 유학자인 유경 등과 경전과 역사책을 보며 즐거워해 피로함도 잊으니, 뜻을 떨쳐 세상의 도를 돌이킬 뜻이 있었다. 일찍이 가문에 유학을 공부한 사람이 없는 것을 싫어해 태종으로 하여금 학문으로 나아가게 했다. 태종이 날마다 힘써 책 읽기를 게을리하지 않으니, 태조는 일찍이 말하기를, '나의 뜻을 이룰 자는 반드시 너로다'라고 했다. 신덕왕후(강씨)가 매번 태종이 책 읽는 소리를 들을 때면 감탄해 말하기를 '어찌해서 내게서 나지 않았는가'라고 했다.

이 기록이 얼마나 사실인지는 모르겠지만, 동북면에 확고한 무력 기반을 갖고 있고, 중앙 정계의 관직을 받아, 권문세족 가문과 혼인을 한 이성계에게 이제 남은 일은 자식들을 문사文士로 교육시켜 문반관료를 배출하는 가문으로 만드는 것이었다. 당시 이성계 가문 정도면 음서제도를 통해 과거에 합격하지 않아도 자식들이 관직에 나아갈 수 있었지만, 이성계는 거기에 만족하지 않았다.

이방원은 개경에서 많은 친구를 새로 사귀었을 것이다. 그중에 박석명과는 한 이불을 덮고 자면서 우의를 다졌다고 한다. 본격적으로 공부를 시작하면서 원천석에게 배웠고, 원주의 각림사에서 학문을 연마했다. 기록이 남아있지 않아 이방원이 어떻게 과거 준비를 했는지는 알 수 없지만, 그도 당시 개경에 성행하고 있던 사학私學에 출입했을 것이다.

문종 때 문헌공 최충이 개설한 문헌공도文憲公徒가 과거를 준비하는 생도들에게 가장 큰 인기와 명성을 얻고 있었다. 당시 개경에는 문헌공도를 비롯해 12개의 공도가 있었는데 입시 교육은 대부분 이 같은 사학에서 이루어지고 있었다. 벼슬아치 자제들은 물론이고 과거를 준비하는 수험생들은 거의 이들 12공도에 적을 두었다고 하니, 이방원도 어느 사학엔가 들어가서 공부했을 것이다.

이윽고 1382년 16세에 진사과에 급제했다. 한 마을에 사는 길재와 함께 성균관에서 수학해, 이듬해 문과에서 7등으로 급제한다. 같은 동기의 급제자보다 매우 이른 나이였다. 아들이 문과에 급제하고 관직을 받았을 때, 비원을 이룬 이성계의 기뻐하는 모습이 《용비어천가》(81장)에 실려 있다.

"태종이 급제하니 태조가 대궐 뜰에서 사은謝恩하고 감격에 복받쳐 눈물을 흘렸다. 밀직제학에 임명되자 태조는 매우 기뻐해 사람을 시켜서 임명장을 두 번 세 번 읽게 했다."

과거에 급제해 문반관료가 된 아들 이방원이 얼마나 자랑스러웠겠는가?

"태조는 연회를 열 때마다 손님을 모아놓고 태종에게 연구聯句(한시의 일종)를 짓게 하고는 번번이 말하기를 '나와 손님들이 즐거워함에는 너의 힘이 크다'라고 했다."

이방원, 쟁쟁한 인맥을 쌓다 앞서 박석명, 원천석, 길재가 성장기의 이방원과 인연이 있었음을 언급했다. 과거에 급제하면서 이방원의 인맥은 넓어진다.

진사시에 합격한 1382년에 16세 이방원은 결혼했다. 그의 처가 민제의 민씨 일족은 대체로 문반직을 역임해 문반 사대부 가문으로 위상을 점하고 있었다. 민제는 자신의 둘째 딸을 신흥세력으로 등장한 이성계의 자랑스러운 아들에게 출가시켰다. 어려서부터 총명하고 인자했다는 민씨 부인은 이방원이 정치가로 성장하는 데 든든한 버팀목이 되었다. 민씨 부인은 장인과 처남인 민씨 형제들을 이방원의 정치적 후원세력으로 만드는 데 가교 역할을 했으며, 그들은 이방원이 왕위에 오르는 데 결정적인 역할을 하게 된다.

그러나 이방원이 정치적 역량을 확대해가는 데는 무엇보다 과거시험과 관련된 사람들이 중요했다. 과거시험을 주관한 좌주, 급제자인 문생, 함께 합격한 동방, 이 3자는 밀접한 관계를 유지했다. 단순히 친분관계를 유지하는 데서부터 시작해, 사회경제적 이해득실을 공유하기도 했고, 정치적 동지가 되어 운명을 함께하기도 했다.

이방원의 좌주는 우현보와 이인민이었다. 우현보는 2차 왕자의 난 때 이방원과 운명을 같이해 좌명공신이 된다. 이인민의 아들 이직도 좌명공신에 합류한다. 이방원의 동방 30명 중 고려 말 조선 초에 걸쳐 정치적 행적이 확인되는 사람은 21명이다. 이방원이 7등으로 합격한 문과시험에서 김한로가 장원, 심효생이 2등이었고, 그 밖에 이래, 성부, 윤규, 윤사수, 박습, 현맹인 등이 동방이다. 김한로는 훗날 이방원이 왕위에 오르고 나서 딸을 세자 양녕에게 시집보냄으로써 이방원과는 사돈을 맺게 된다. 이래는 신돈에게 거칠게 항의하다가 결국 귀양을 가서 죽은 이존오의 아들이며 2차 왕자의 난 때 결정적인 공을 세웠고 훗날 세자 양녕의 스승이 된다. 윤규는 경승부윤에 오르게 되고 아들 윤형은 태종 때 관직에 나와 세종 때 형조판서, 예문관 대제학에까지 이른다. 성품이 강직하던 윤사수는 태조 시절에는 많은 고초를 겪다가 태종이 즉위한 후 제학과 강원도 관찰사에 오른다. 박습도 태종 시절 대사헌, 형조판서까지 지냈지만 태종이 세종의 장인 심온 등을 제거할 때 함께 형장의 이슬로 사라지게 된다. 쉽게 말해 태종의 동방들은 적어도 태종의 시대가 열리고 난 후 모두 출세하게 될 그의 잠재적 우군들이었다.

조선 건국 이전에 이방원의 사람으로 특별히 언급해야 할 사람이 있다. 하륜河崙이다. 그는 태종 정권을 창출하고 태종 시대를 만들어 간 태종 사람 중의 제1인자이다. 《태종실록》〈총서〉에는 그가 이방원을 만나게 되는 장면이 이렇게 적혀 있다.

> 하륜과 여흥부원군 민제는 뜻을 같이 하는 벗이었다. 하륜은 평소 사람들의 관상을 보는 것을 좋아해 민제에게 말했다. '내가 다른 사람의 관상을 많이 보았는데 공公의 두 번째 사위(이방원)와 같은 사람은 여태껏 없었소. 내가 만나보고 싶으니 청컨대 공이 말해주겠소?' 민제가 태종에게 일러 말하기를 '하륜이 그대를 보고 싶어 하네'라고 하자, 태종이 그를 만나보았다. 이후 하륜이 마음을 쏟아 태종을 섬겼다.

하륜이 이방원을 만난 시점은 명확하지 않지만, 《태종실록》〈총서〉의 이 기사 바로 다음에 '공양왕 2년(1390) 이방원을 밀직사 대언으로 임명했다'는 기록이 보이는 것으로 보아 그 이전인 듯하다. 이러한 개인적 친분이 개국 이후 두 사람이 정치적으로 결합하는 데 작용했을 것으로 보인다.

17세에 급제한 이방원은 바로 정6품 사설서령에 제수되면서 관료 생활을 시작했다. 그의 관료 생활은 21세(1387, 우왕 13)에 정5품 전리사 정랑으로 승진할 때까지 무난하게 이어졌다. 그사이 유교적 관료로서의 경험을 축적해 가면서 이방원은 유교적 정치질서에 어울리는 소양과 품격을 연마해 갔다. 이방원이 이렇게 문사로서 성장하게 된 계기와 동인을 《용비어천가》(81장)에서는 이렇게 기술하고 있다.

> 태종이 뛰어난 덕을 이룰 수 있었던 것은 비록 천성에 의한 것이지만 태조가 애써 학문을 권장함에 따른 것이다.

새 왕조 개창의 변곡점, 위화도 회군

선택의 기로에 선 이성계 1368년 명나라를 건국한 주원장은 원나라의 잔당세력을 빠르게 평정해 갔다. 1387년에는 북원에 남아있던 나하추를 몰아내고 요동 지역 확보에 큰 진전을 이루었다. 대륙 정세가 거의 귀착되어 가던 1388년 3월 명나라는 공민왕이 회복한 쌍성총관부가 있던 지역에 철령위를 설치하겠다고 통고해 왔다. 우왕과 최영은 명나라의 의도에 굴복하지 않고 오히려 요동을 정벌하기로 결정했다. 4월이 되자 우왕의 요청으로 팔도도통사인 최영은 평양에 남고, 좌군도통사 조민수와 우군도통사 이성계가 10만 병력을 이끌고 요동으로 출정했다. 이때 이성계의 이복형 이원계와 이복동생 이화도 함께 출전했다.

압록강 중간의 위화도에 이르렀으나 계속되는 폭우로 인해 강을 건너기 어렵게 되자 이성계와 조민수는 우왕과 최영에게 회군 명령을 요청한다. 그러나 요청은 받아들여지지 않고 압록강을 건너 빨리 진격하라는 회답이 오자, 이들은 독자적으로 개경으로 회군해 궁성을 함락시켰다. 최영은 귀양 후 처형되었고 우왕은 폐위되었다.

이상은 역사적인 위화도 회군 사건의 간략한 경위다. 충성과 반역이 교차하는 이 지점에서 이성계에게는 회군을 포함해 네 가지 선택지가 있었다.

첫째, 압록강을 건너 요동으로 진격하는 것이다. 이 선택지는 최영의 노선을 따르는 것이다. 이러한 최영의 생각을 '충성(또는 반역)의 프레임'이라 부르기로 한다. 충성의 프레임에서 보면 회군은 '반역'에 해당한다. 이성계가 충성의 프레임에 따르기 어려운 이유는 표면적으로는 고려의 존망이 걸려있기 때문이라고 했지만, 근본적으로는 자신이 살아남기 어렵다고 판단했기 때문일 것이다. 고려와 운명을 같이하겠다고 생각한 최영에게는 자신의 생존보다 고려의 존망이 더 중요했을지 모르지만 이성계는 그렇지 않았다. 변방성과 배신의 굴레를 벗어나 몇 세대에 걸친 각고의 노력 끝에 이제 겨우 자신의 대에 이르러 고려의 중앙에 자리 잡은 이때가 아닌가! 최영의 프레임에 쉽게 모든 걸 맡길 수는 없었을 것이다.

둘째, 자신의 휘하 군사만을 이끌고 동북면의 근거지로 돌아가는 것이다. 《고려사절요》에는 이것이 하나의 선택지일 수 있었다는 기록이 남아있다.

> 좌군도통사 조민수와 우군도통사 이성계가 최영에게 사람을 보내어 빨리 군사를 돌이키도록 허락하기를 청했으나, 최영은 생각도 하지 않았다. 군사의 무리 속에서 '태조가 휘하 군사를 거느리고 동북면으로

향하려고 이미 말에 올랐다'라는 헛소문이 돌았다.

물론 사실이 아니다. 이 선택지를 택하게 되면 동북면에서 명나라와 고려 사이에 줄타기를 하면서 독자세력으로 생존을 모색할 수 있을지는 모르지만, 이는 오랜 세월을 통해 성취해 온 고려 중앙에서의 위상을 버리고 변방으로 돌아가는 것을 의미했다. 이성계의 조상이 취한 고려에 대한 배신을 또다시 하게 되는 것이다. 이것은 '배신의 프레임'이라고 부를 수 있겠다.

셋째, 개경으로 회군해 고려를 전복시키고 새 왕조를 세우는 것이다. '혁명의 프레임'이라고 하자. 실제 위화도에서 이 프레임을 구상한 인물이 있었다. 이성계의 참모로 위화도에 종군한 남은과 조인옥이 그들이었음을 확인해 주는 기록이 《태조실록》의 〈남은 졸기〉에 실려 있다.

> 남은은 무진년에 임금(이성계)을 따라 위화도에 이르러 조인옥 등과 더불어 군사를 돌이키려는 의논을 올렸으며, 또 비밀히 임금으로 추대하기를 모의했으나, 임금께서 엄숙하고 근신하신 이유로써 감히 말을 내지 못했다.

아마도 10만 군사와 장군들 사이에서 혁명의 프레임이 명분을 얻기는 쉽지 않았을 것이다. 그래서 이성계는 회군을 단행하면서 혁명과는 다른 명분을 내세워야 했다.

넷째, 개경으로 회군한 후 고려를 개혁하는 것이다. 국가를 환란에 빠뜨린 최영을 처단하고 내정을 개혁해 민생을 안정시키고 명나라와의 관계를 원만히 해결하는 것이다. 《고려사절요》에는 이성계가 회군을 단행할 때 장수들을 설득하는 장면이 나온다.

> 만일 상국上國의 경계를 침범해 천자께 죄를 얻으면 곧바로 종사와 인민에게 화가 이를 것이다. 내가 이치를 따진 글을 올려 회군하기를 청했으나 왕이 살피지 못하고 최영 또한 늙고 어두워 듣지 않았다. 이제 그대들과 함께 들어가서 왕을 뵙고 친히 화와 복의 논리를 말씀드리고, 왕 옆에 있는 악한 사람(최영)을 제거해 생령을 편안케 하겠노라.

네 번째 길만이 공민왕의 유지를 계승해 고려를 '중흥'시키는 방법이고, 이 길을 통해 이성계는 변방으로 회귀하지 않고 중앙에서 자신의 존재를 더욱 확대할 수 있다고 판단했을 것이다. 이를 '중흥의 프레임'이라고 부른다. 회군 이후 실제 역사는 이 길로 진행되었다.

이방원의 기민한 대응 회군 당시 전리정랑이라는 직책을 맡고 있던 22세의 이방원은 개경에 남아있었다. 이성계가 4불가론을 내세우며 요동 정벌에 반대했지만 어쩔 수 없이 출진했다는 것은 알고 있었다. 따라서 이방원은 전선이 어떻게 진행되는지 촉각을 곤두세우고 정보를 수집하고 있었을 것이다.

아버지가 위화도에서 회군을 단행해 개경으로 향하고 있다는 소식을 듣자마자 사태의 심각성을 직감한 그는 퇴궐하면서 집으로 가지 않고 곧바로 포천을 향해 말을 달렸다. 그때 친모 한씨는 경기도 포천 재벽동의 한 농장에 있었고 계모 강씨는 같은 포천의 철현에 있는 농장에서 지내고 있었다. 이방원이 도착했을 때는 노복들이 이미 다 흩어져 도망해 버린 상태였다. 이방원은 두 어머니와 어린 동생들을 이끌고 이씨 집안의 오랜 군사적 근거지가 있는 동북면의 함흥 쪽을 향해 출발했다. 가족들이 만에 하나 인질로 잡힐 경우 이성계의 운신의 폭이 제한되기 때문이었다.

이때 이방원은 피신처로 택한 동북면이 갖고 있는 의미를 잘 알고 있었다. 만약 이성계가 뜻을 이루지 못한다면 동북면으로 후퇴해 후일을 도모해야 한다고 생각했을 것이다. 이방원이 수행한 이 행위는 앞에서 분석한 네 가지 선택지 중 두 번째에 해당한다. 아버지가 네 번째 선택지로 들어섰을 때 이방원은 독자적 판단으로 두 번째 선택지를 단행했던 것이다. 어쩌면 이성계가 출정하기 전에 긴급사태가 발생하면 이렇게 하라고 지시했을지도 모르지만, 어쨌든 이방원은 자신의 판단으로 두 번째 선택지를 실행에 옮겼다.

철원을 지날 무렵 관아에서 자신들을 체포하려 한다는 소문을 들었다. 어둠을 이용해 밤새워 걸었고 신변 안전을 위해 인가에는 들르지도 않은 채 풀밭에서 자기도 했다. 그렇게 철원을 지나 이천에 이르러 한충의 집에 들어갔다. 그곳에서 가까운 마을의 장정 100여 명을 모아 만일의 사태에 대비했다. 이방원은 7일 동안 한충의 집에 머물면서 상황을 지켜보다가 정국이 안정되었다는 소식을 듣고 개경으로 돌아왔다.

위화도의 군사가 개경으로 향하자 최영은 회군하는 장수들의 가족을 잡아 가두라고 명령을 내렸으나, 상황이 급박하게 진행되어 시행하지 못했다.

'혁명' 대신 '중흥'을 택하다 위화도에서 회군한 군대는 최영이 방어하는 궁성을 함락하고 최영을 유배 보냈다. 우왕은 조민수를 좌시중, 이성계를 우시중에 임명했다. 최고의 수장을 조민수가 맡은 것이다.

이즈음 전교부령 윤소종이 정지를 통해 이성계와의 대면을 청했다. 동문 밖에 주둔하고 있던 이성계를 만난 윤소종은 품 안에 품고 있던 〈곽광전〉을 꺼내 바쳤다. 이성계는 그 자리에 함께 있던 조인옥에게 읽게 했다.

곽광은 전한시대 무제 때의 신하다. 무제가 죽자 그의 유지를 받들어 대사마대장군의 직책을 맡아 즉위 당시 8세이던 소제를 13년 동안 보좌했다. 후계자 없이 소제가 죽자, 곽광은 창읍왕 유하로 제위를 잇게 했다. 그러나 곽광은 황제로서의 품위가 없다는 이유로 유하를 폐위시키고 대신 무제의 증손자 유순을 세워 선제로 삼았다. 〈곽광전〉은 이 사실을 적은 곽광의 전기로 《한서》에 실려 있다.

윤소종이 이성계에게 〈곽광전〉을 바친 이유는 분명했다. 최영과 최후의 결전이 끝났으니 곽광이 유하를 폐위시켰듯이 이성계도 우왕을 폐위시킬 것을 권한 것이다. 결국 이성계도 우왕을 폐위하기로 하고, 조민수를 포함한 회군 장군들과도 이를 합의하기에 이른다.

문제는 우왕의 후계로 누구를 세울 것인가였다. 앞에서 말했듯이 남은과 조인옥 등은 위화도에서 회군할 때부터 이성계를 추대해 새로운 왕조를 세우자는 생각을 갖고 있었다. 그들은 회군하여 최영을 격파하고 나서도 여전히 그 생각을 유지하고 있었다.

우왕의 퇴위가 불가피하게 되자, 남은과 조인옥은 이방원을 찾아와 위화도에서 품은 혁명의 뜻을 은밀히 말했다. 그러자 이방원은 함부로

"말하지 말도록 경계했다"(《태조실록》 〈남은 졸기〉). 혁명의 논의가 더 진행되는 것을 차단해 버린 것이다. 이성계의 마음을 이방원이 전했다고도 볼 수 있다. 왜 그랬을까?

이 시점에서 군사력은 여러 장수들에게 나뉘어 있었다. 직급으로 보아 좌시중인 조민수는 우시중인 이성계보다 우위에 있었다. 따라서 이성계의 군사력만으로는 우왕을 폐위시키고 자신이 왕이 되기에는 한계가 있었다. 결국 이성계를 추종하던 남은, 조인옥, 윤소종 등 신진사대부들은 우왕을 폐위시키고 자신들이 선호하는 후계자를 세우는 데 머물 수밖에 없었다. 그러나 그것조차 여의치 않았다. 폐위된 우왕의 후계를 두고 조민수와 이성계가 대립한 것이다. 조민수는 우왕의 아들인 창왕을 옹립하고자 했다. 명망가인 이색과 정비定妃(공민왕의 왕비)가 조민수의 뜻에 찬동한 듯하다. 한편, 이성계파 문사들은 훗날 공양왕이 되는 정창군을 고려하고 있었던 듯하다. 양쪽 모두 자신이 선호하는 왕을 세워 정권을 장악하려는 의도를 갖고 있었다.

결국 조민수와 이색의 주장대로 1388년 6월 9세의 창왕이 뒤를 이었다. 이성계파의 신진세력들은 혁명의 길을 유보하고 그 대신 '중흥'이라는 깃발을 내세우고 적폐 개혁에 나섰다. 중흥의 시대가 열린 것이다. 그들은 즉시 전제 개혁, 관제 개혁, 군정 개혁, 지방행정 개혁 등 다방면에 걸친 개혁에 착수했다.

7월에 대사헌 조준이 중흥의 시대를 상징하는 전제 개혁의 신호탄을 쏘아 올렸다. 그의 상서에 따라 8월에 전국에 걸친 토지조사사업이 시작되었고, 2개월 후에는 급전도감이 설치되었다. 이즈음 이방원은 매우 중요한 경험을 하게 된다. 1388년 10월 이색이 사신으로 명나라로 떠나 다음 해 4월에 귀국하게 되는데, 이때 전의사정랑 이방원이 서장관으로 동행하게 된 것이다. 이색은 자신이 귀국하기 전에 이성계가 변란을 일으킬까 두려워 이방원을 인질로 데리고 갔다고 하지만, 오히려 이성계 일파가 이색의 동정을 살피고 명나라의 정세를 관찰하기 위해 이방원을 보낸 것으로 추측된다. 이때 지나는 길인 북경에서 이방원은 훗날 3대 황제 영락제가 되는 연왕을 만난다. 서거정의 《필원잡기》가 당시의 이야기를 전해주고 있다.

> 태종(이방원)이 명나라 남경에 갔을 때 연왕이 북경에 있었다. 태종이 지나는 길에 만났는데, 연왕이 이야기를 해보고 크게 기뻐하면서 대우가 지극했다. 태종이 돌아와서 말하기를 '내가 연왕을 보니, 번왕(한 지방을 다스리는 군주)으로 오래 있을 사람이 아니다. 장차 천하가 어떻게 정해질지 헤아릴 수 없다'라고 하더니, 얼마 안 되어 연왕이 황제가 되니, 사람들이 태종의 선견지명에 탄복했다. 연왕이 황제가 된 후에 우리 태종을 퍽 생각하고 매양 우리나라 사람을 만나면 말하기를 '짐이 일찍이 너의 군주를 만나보았는데, 참으로 천인天人(하늘이 내린 인물)이다'라고 했다.

《필원잡기》에서는 마치 두 영웅이 훗날 황제와 국왕의 자리에 오르게 되리라는 것을 서로 알아보았다는 듯이 기록하고 있다. 사실 여부를 확인할 길은 없지만 두 사람이 만난 것은 실록을 통해 확인된다. 이후 태종과 영락제 시대의 조선과 명나라의 관계를 보면, 서로에 대한 상당한 신뢰를 바탕으로 하는 협조체제를 형성, 발전시켜 갔다는 점에서 이

때의 만남에 큰 의미를 부여해도 좋을 듯하다.

혁명의 시간을 맞이하다

'중흥' 전략의 한계 위화도 회군 이후 이성계를 따르는 일부 문사들은 혁명을 생각하고 있었을지 모르지만, 당시 군사력의 분포나 중앙 정계의 권력 구도 등의 객관적 상황에서 본다면 이성계 세력이 혁명을 감행하기는 무리였을 것이다. 이성계 본인조차도 혁명을 감당할 만한 비전과 의지를 갖고 있었다고 보이지 않는다.

따라서 회군세력과 신진사대부가 합의하고, 기득권층인 권문세족은 따를 수밖에 없는 노선이 고려의 중흥이었다. 실제 중흥을 위한 개혁이 다방면에 걸쳐 진행되었고, 특히 개혁의 성패를 좌우하는 전제 개혁은 급전도감이 설치되면서 신속하게 추진되었다. 1389년에는 토지조사가 완료되었고, 1390년 정월에 새로운 토지대장이 반포되어, 전제 개혁은 사실상 종료되었다. 같은 해 9월에 새로운 토지제도인 과전법의 탄생을 알리는 의식이 거행되었다.

그러나 여기까지 이르는 길은 순탄치 않았다. 토지 개혁이 진행됨에 따라 개혁에 반대하는 세력들이 강하게 응집했다. 그들의 집요한 저항을 물리칠 수 있었던 것은 말할 필요도 없이 이성계의 군사력이 있었기 때문이다. 그러나 저항세력의 반발은 갈수록 심해져 갔다. 결국 고려의 중흥이라는 깃발 아래 잠재해 있던 대립 축이 전면에 부상하게 된다.

1391년 즈음에 이르러 정국은 고려를 유지하려는 중흥파 대 고려를 전복하려는 혁명파의 대결 구도가 형성되어, 조선 건국까지 1년여에 걸쳐 목숨을 건 투쟁이 펼쳐진다. 혁명파에는 남은, 조인옥, 윤소종, 조준, 정도전 등이 포진하고 있었으며, 이색을 따르는 권근, 이숭인 등이 포함된 중흥파는 정몽주가 이끌고 있었다.

혁명파가 1389년 11월 창왕을 폐위시키고 공양왕을 옹립했음에도 불구하고, 오히려 사태는 공양왕을 축으로 정몽주가 이끄는 반대세력이 강화되는 형국이 되어가고 있었다. 마침내 공양왕의 지지를 업고 정치력을 강화한 정몽주는 이성계의 무력을 배경으로 고려의 전복을 꾀하고 있던 무리들을 물리칠 기회를 엿보기에 이른다. 여기서 두 세력이 충돌하는 과정에서 이방원이 차지한 위상과 그의 행적을 확인해 보자.

전제 개혁을 시발점으로 진행된 중흥 개혁은 이후 처절한 권력투쟁으로 전개되었다. 이 과정에서 주도적인 역할을 한 세력은 이색을 중심으로 성장해 온 신진사대부들이었다. 그들보다 뒷세대인 이방원은 아버지 이성계와 그들 사이를 연계하는 보조역을 담당하고 있었다. 1390년 4월 이성계의 위세와 그의 정무 협찬의 필요성을 절감한 공양왕의 의도에 따라 이방원은 정3품 밀직사 우부대언으로 승직되었고, 1391년 6월 이전에 우대언이 되었다. 대언으로 있을 때 이방원은 왕의 측근에서 기밀 사항에 관여하고 공양왕과 이성계 사이에서 교량 역할을 수행했다.

이러한 역할을 수행하면서 동시에 이방원은 함께 과거에 급제한 김한로, 정역, 박습 등과 친분을 다지면서 경륜을 넓혀가고 있었다. 그러다가 1391년 9월에 친모 한씨가 사망하자 상례를 치르기 위해 퇴직하고 중앙 정계를 떠난다.

정몽주를 격살하다 1392년 3월 17일 사냥을 하던 이성계가 말에서 떨어져 중상을 입었다. 명나라 황제를 만나고 귀국하는 세자를 황주에서 맞이한 뒤 해주로 가서 사냥을 하던 중이었다. 이 소식을 전해 들은 정몽주는 고려를 전복하려는 혁명세력을 제거할 기회로 여겼다.

정몽주는 간관 김진양 등을 불러 이성계 무리들을 탄핵할 것을 사주했다. 먼저 이들을 제거한 후에 이성계를 칠 계획이었다. 그래서 김진양 등은 조준, 정도전, 남은, 윤소종, 남재, 조박, 오사충 등을 탄핵하는 글을 올렸다. 4월 1일 정몽주는 공양왕에게 압력을 넣어 이들을 모두 잡아들여 국문한 다음 유배를 보내게 했다. 한편 이성계는 개경에서 일어나고 있는 일을 전혀 모른 채 병도 치료할 겸해서 바로 개경으로 돌아가지 않고 예성강변의 벽란도에 머무르고 있었다. 사태가 심상치 않게 돌아가자 친모의 상중에 있던 이방원은 이성계를 찾아가 설득해 4월 2일 함께 개경으로 돌아왔다.

정몽주가 성헌을 사주해 공양왕에게 조준, 정도전 등을 죽일 것을 청하니 사태는 일촉즉발의 상황으로 치달았다. 결국 이방원은 정몽주를 죽여야 한다고 이성계에게 청했다. 그러나 이성계는 "죽고 사는 것은 다 천명에 달려있으니 순리에 따를 뿐"이라며, 속히 여막으로 돌아가 죽은 어머니를 위해 삼년상이나 잘 치르라고 이방원을 타일렀다. 이성계는 자신이 군사력을 장악하고 있는 한 정몽주와 공양왕이 조준, 정도전 등을 죽이지는 못할 것이며, 만약 그런 일이 벌어진다면 최후의 순간에 자신의 군사력으로 모든 사태를 종결시킬 수 있다고 생각하고 있었을지도 모른다.

이즈음에서 이방원은 아버지와 결별한다. 회군 이후 선택의 기로에서 아버지와 함께한 이방원은 이제 아버지를 벗어나 홀로서기를 결심한다. 이방원다운 이방원만의 시간이 열리려고 한다. 혁명가 이방원의 탄생이다.

아버지의 뜻을 어기고서라도 정몽주를 반드시 죽여야 한다고 결심한 이방원은 형 이방과, 삼촌 이화 및 이제와 의논해 이지란에게 정몽주를 죽이라고 했다. 그러자 이성계와 의형제의 맹약을 맺은 이지란은 이성계가 모르게 그렇게 할 수는 없다고 거절했다.

"아버님께서 내 말을 듣지 않지만 정몽주는 죽이지 않을 수 없으니 내가 마땅히 그 허물을 책임지겠다(《태조실록》〈총서〉)."

이렇게 응대한 이방원은 자신의 수하 조영규, 조영무, 고여, 이부를 정몽주가 근무하고 있는 곳으로 보내 처단하고자 했다. 그러나 이미 변중량을 통해 이 사실을 전해 들은 정몽주는 사태를 파악하기 위해 병문안을 핑계 삼아 이성계의 자택을 찾아 나섰다. 물론 자신과 함께 일을 도모하길 바라는 이성계가 자신을 죽이지는 못하리라고 예상은 했을 것이다. 평소와 다름없이 자신을 대하는 이성계를 보고 정몽주는 일단 안심하고 이성계의 집을 나섰다. 이 당시 아마도 자신과 맞설 상대는 이성계라고 여기고 있던 정몽주는 혁명가 이방원의 야망을 짐작하지 못했을 것이다.

이방원은 다시 이화 등과 논의했다. 아무도 이성계가 두려워 선뜻 결의하지 못하자 이방원이 말했다. "기회를 잃어서는 안 된다. 공(이성계)이 노하시면 내가 마땅히 대의로써 아뢰어 노여움을 풀어드리겠다."

4월 4일 이방원은 심복인 조영규, 조영무, 고여, 이부 등 45명을 보내 선죽교를 건너던 정몽주를 철퇴로 쳐서 무참하게 살해했다. 이를 알게 된 이성계는 분노해 이방원을 크게 질책했다.

"우리 집안은 본래 충효로 세상에 알려졌는데, 너희들이 마음대로 대신을 죽였으니, 나라 사람들이 내가 이 일을 몰랐다고 여기겠는가? 부모가 자식에게 경서를 가르친 것은 그 자식이 충성하고 효도하기를 원한 것인데, 네가 이렇게도 불효한 짓을 감히 하니, 내가 사약을 마시고 죽고 싶은 심정이다."

그러자 이방원이 반박했다.

"정몽주 등이 우리 집을 모함하려고 하는데 앉아서 망하기를 기다리겠습니까? 정몽주를 죽인 것이 곧 효도입니다."

그러고는 옆에 있던 계모 강씨에게 자기를 위해 변호를 해달라고 요청했다. 그러자 강씨는 이성계에게 조롱하듯이 말했다.

"공(이성계)은 항상 대장군으로 자처했는데, 놀라고 두려워함이 어찌 이 같은 지경에까지 이르렀습니까?"

혁명가의 탄생 보통 사람은 폭력을 사용하는 것을 좋아하지 않는다. 반면 폭력을 사용하는 것을 두려워하지 않는 사람도 있다. 장수가 그렇다. 폭력 사용을 두려워하는 사람은 장수가 될 수 없다. 폭력 사용을 두려워하지 않는 사람이 또 있다. 혁명가다. 혁명가는 결정적인 순간에 폭력을 사용해 정치 상황을 반전시킨다. 이방원은 '정치적' 폭력을 사용하는 데 주저함이 없었다.

강씨는 대장군인 남편이 군사적 폭력을 사용하는 데 두려움이 없으니 정치적 폭력을 사용하는 데도 주저함이 없으리라고 생각했다. 그러나 이성계는 그렇지 않았다. 그는 정치적 폭력을 사용해야 할 순간에 매우 나약했다. 전쟁터에서의 이성계와는 확연히 달랐다. 이런 측면에서 보면 이성계는 '정치적' 인간이 아니었던 것 같다. 이방원은 그런 아버지와 결별했다. 설득해서도 될 일이 아니라고 판단하고 자신의 길을 가기로 결단했다.

이방원이 보기에 아버지는 최영이 쳐놓은 충성의 프레임에서 여전히 벗어나지 못하고 있었다. 아버지는 혁명가, 정치가가 아닌 무장에 불과했다. 그런 아버지를 믿고 있을 수만은 없었다. 혁명의 프레임에서 볼 때 충성의 프레임은 아무런 의미가 없으며, 정치적 폭력은 충성의 프레임 자체를 전도시켜 버린다.

아버지는 아들이 군사적 폭력의 세계에서 떠나 경서를 공부해 문사가 되기를 바랐다. 그러나 아버지는 혁명가가 가진 정치적 폭력성을 이해하지 못했다. 1392년 이방원 나이 26세였다. 그해 4월에 무장인 아버지의 둥지를 벗어난 이방원은 정국을 주도하며 새로운 나라를 세우는 작업에 나섰다. 정몽주를 격살한 이방원은 신속하게 조준, 남은 등 유배에 처해진 이성계파 인물들을 불러들이도록 조치했고, 공양왕을 압박해 정몽주를 따르는 인물들을 조정에서 몰아냈다. 만반의 준비를 마친 7월 17일 마침내 이방원이 주도해 이성계를 새로운 왕으로 추대했다.

"이때 많은 사람들이 다투어 서로 추대하려고 했다. 빽빽하게 모인 많은 사람들 중에서 '천명과 인심이 이미 소속된 데가 있는데, 어찌 빨리 왕위에 오르기를 권고하지 않습니까?'라고 공공연하게 말하는 자도 있었다. 이때에 이르러 전하(이방원)가 남은과 더불어 계책을 정했는데,

남은이 비밀히 평소부터 서로 진심으로 붙좇은 조준·정도전·조인옥·조박 등 52인과 더불어 태조를 추대하기를 모의했지만, 태조의 진노를 두려워해 감히 고하지 못했다. 전하가 들어가서 강비에게 고해 태조에게 전달되도록 했으나, 강비 또한 감히 고하지 못했다. 마침내 전하가 나가서 남은 등에게 일렀다. '마땅히 즉시 의식을 갖추어 왕위에 오르시도록 권해야 할 것이다.'"

정몽주를 격살한 4월부터 이성계를 왕위에 추대한 7월까지는 혁명가 이방원이 주역이었다. 이방원다운 이방원만의 시간이었다.

여기서 잠시 이방원의 행위가 가지고 있던 정치사상의 문제점을 확인해 보기로 한다.

문제의 핵심은 이렇다. 폭력을 동반한 왕조교체, 다시 말해 신하가 자신이 섬기는 군주를 몰아내고 왕위를 차지하는 찬탈 행위는 정당화될 수 있는가? 특히 유교이념을 지향하는 왕조국가에서 이 문제는 어떻게 처리되는가? 나아가 서구 근대의 마키아벨리라면 이방원의 행위를 어떻게 평가할 것인가?

세 명의 사상가에게 묻다

맹자의 역성혁명론 우선 공자에 이어 유교의 대표자로 인정받는 맹자에게 물어보자.

유교는 군주에 대한 신하의 충성을 기본 원리로 삼고 있기 때문에, 신하가 군주를 쫓아내거나 시해하는 행위를 반역이나 찬탈과 같은 용어로 부정한다. 이러한 유교의 원리에서 보자면, 1392년의 이방원의 행위는 과연 정당화될 수 있는가라는 문제를 야기한다. 그런데 《맹자》에는 신하가 자신이 섬기던 군주를 시해하고 자기가 왕이 되어 새로운 왕조를 세우는 것을 긍정하는 얘기가 나온다.

《맹자》 〈양혜왕 하〉에 이 문제를 다룬 장면이 등장한다. 맹자가 제나라를 방문하자, 제나라 선왕은 맹자에게 이 문제를 날카롭게 지적했다.

제나라 선왕이 물었다.

"은나라 탕왕이 하나라 걸왕을 축출했으며, 주나라 무왕이 은나라 주왕을 토벌했다는데 그런 일이 있었습니까?"

맹자가 대답했다.

"전해오는 문헌에 그런 기록이 있습니다."

왕이 말했다.

"신하가 자신의 군주를 시해해도 괜찮은 겁니까?"

맹자가 말했다.

"인仁을 해치는 자를 도적이라 부르고, 의義를 해치는 자를 잔악하다고 합니다. 잔악하고 도적질하는 이런 사람을 한낱 필부라고 부릅니다. 저는 한낱 필부인 주(은나라의 주왕)를 죽였다는 말을 들었을 뿐 군주를 시해했다는 말은 들은 적이 없습니다."

제나라 선왕의 의문에 대해, 폭군 방벌, 즉 폭력을 동반한 왕조교체가 정당하다고 맹자는 분명하게 주장했다. 이것이 잘 알려져 있는 맹자의 역성혁명론이다.

과거시험을 보기 위해 《맹자》를 읽어서 맹자의 혁명론을 잘 알고 있던 이방원 역시 1392년 전후의 정치 상황에서 자신이 취한 행동을 맹자의 혁명론으로 정당화하고 있었을 것이다. 비록 당시에 이에 대한 이방원 자신의 직접적인 언급을 확인할 수 있는 기록은 없지만, 앞에서 인용한 "천명과 인심이 이미 소속된 데가 있는데, 어찌 빨리 왕위에 오르기를 권하지 않습니까?"라는 말은 맹자의 혁명론에 기반한 표현이다. 뒤에서 서술하게 될 정도전과 같은 인물이 사용한 맹자의 논리를 이방원도 공유하고 있었다고 보아도 좋다.

그러나 《맹자》의 혁명론에는 명백한 허점이 존재한다. 현재의 군주가 인과 의를 해치는 폭군임을 어떤 기준으로 누가 판정할 수 있단 말인가? 역사에서 찬탈자들은 자기들이 몰아낸 군주를 폭군이라고 규정함으로써 자신들의 폭력적 행위를 정당화한다. 다시 말해 찬탈자들은 자신의 행위를 사후에 정당화하기 위해 《맹자》의 혁명론을 사용한 것이다.

안타깝게도 '왕자王者'가 등장해 '인정仁政'을 펼쳐서 이상사회를 실현하리라는 맹자의 강한 확신에도 불구하고 왕도정치를 실현하는 성인은 등장하지 않았고, 진시황 이후 맹자의 혁명론은 찬탈을 기획하는 자들의 명분으로, 그리고 찬탈에 성공한 자들의 사후 정당화로 사용되고 말았다. 만약 맹자가 살아있어서 이방원과 이성계를 평가한다면, 이성계를 '패자霸者'라고 평가했을 것이고 이방원은 '이利'를 탐해 패자의 찬탈을 주동한 인물로 폄하했을 것이다.

주자의 조건부 승인 왕도를 실행하는 인자仁者가 출현해 전국시대를 종결시킬 것이라는 맹자의 확신에 찬 주장과는 달리 천하는 법가사상을 따른 진나라에 의해 통일되었다. 진나라가 단명한 이후 맹자의 원래 의도와는 달리 한나라를 운영하는 데는 유교와 더불어 법가사상이 혼용되었다. 이어서 한나라 멸망 이후 천하는 또다시 분열되었고, 이후 유교의 영향력은 소진되어 갔다. 더욱이 인도로부터 전파된 불교가 당나라에 이르러서 정치세계를 지배하게 되자 유교의 존재감은 더욱 약화되었다.

송나라가 시작되면서 사상계에서는 새로운 물결이 일어났다. 전래의 귀족계급을 대신해 정치 무대에 나서게 된 사대부들은 선진시대의 공자와 맹자의 유교를 부활, 계승하면서 불교의 논리를 극복하고자 했다. 주렴계, 장횡거, 소옹, 정호, 정이와 같은 인물들이 등장해 유교를 새롭게 해석하면서 유교에 새로운 시대에 부합하는 생명력을 불어넣었다. 송나라의 학문이라고 해 '송학', 도道나 리理를 중시한다고 해 '도학'이나 '리학', 또는 성과 리를 다루는 학문이라고 해 '성리학'이라고 부른 이 새로운 학풍은 북송에서 시작되고 남송 대에 이르러 주자에 의해 집대성된다. '주자학'은 그의 업적과 권위를 빌려 붙여진 이름이다.

주자에게 《맹자》라는 텍스트는 진리 그 자체다. 따라서 맹자의 역성혁명론도 주자는 그대로 인정한다. 그러나 주자는 진나라 이후 남송에 이르기까지의 역사에서 맹자의 혁명론이 찬탈자의 욕망을 채우는 수단으로 사용되어 왔음을 잘 알고 있었다. 그렇다고 진리 그 자체인 《맹자》를 부정하거나 수정할 수도 없었다. 결국 주자는 《맹자》의 원문 자체를 인정하면서, 다른 한편으로 주석을 붙여 후대의 찬탈자들이 악용하지 못하도록 엄격한 제한장치를 설정해 둔다. 《맹자집주》에서 앞서 인용한 제나라 선왕과 맹자의 대화 구절을 주석하면서 주자는 다음과 같이 엄격한 조건을 붙여놓았다.

"오직 아랫자리에 있는 자(신하)가 탕湯·무武와 같은 인仁이 있고, 윗자리에 있는 자(군주)가 걸桀·주紂와 같이 포악하다면 가하거니와, 그렇지 못하면 이는 찬탈의 죄를 면치 못한다."

탕·무와 같은 성인 왕자가 등장해 이상적인 태평의 시대를 실현해야 한다는 맹자의 말씀을 진리로 믿고 추구해야 하기에 주자는 맹자의 혁명론을 긍정했다. 동시에 맹자의 말씀이 폭력에 의한 찬탈을 정당화하는 논리로 사용되는 것을 방지하기 위해 엄격한 제한조건을 붙였다. 주자가 혁명에 대해 부정에 가까운 긍정을 굳이 했던 이유는 이방원과 같은 자가 《맹자》를 악용하는 것을 방지하기 위해서였다고 보아도 좋다.

이렇듯 1392년의 이방원의 행위는 맹자나 주자의 유교로는 '원리적'으로 정당화되지 못한다. 그럼에도 정도전을 비롯한 조선의 건국세력은 맹자의 혁명론을 사용해 찬탈한 행위를 통한 조선 건국을 정당화했고, 이방원 자신도 그러한 폭력적 행위의 정당성을 의심하지 않았다.

마키아벨리의 네체시타 이방원보다 100여 년 뒤에 살았던 이탈리아의 마키아벨리는 서구 근대 정치사상의 비조로 알려져 있다. 중세의 기독교적 세계관에 입각한 정치관을 탈피하고, 도덕적 기준에서 분리된 권력정치를 정치의 본질로 규정한 사상가다. 오늘날 목적을 위해서는 수단과 방법을 가리지 않는다는 의미에서 '마키아벨리즘'이라는 용어가 통용되고 있으며, 그 연장선에서 통념적으로 그는 '정치적 현실주의자'로 불린다.

여기서는 오해되어 사용되는 마키아벨리즘이나 정치적 현실주의라는 개념에 대한 설명은 그만두고, 그가 사용한 '네체시타necessita'라는 개념을 가지고 이방원의 행위를 평가해 보자.

네체시타란 정치와 도덕의 관계를 설명하는 마키아벨리 사상의 핵심 개념으로, 정상적인 상황에서 통용되는 도덕률을 벗어나 반도덕적인 행위를 허용하는 '불가피한 국면'을 뜻한다.

마키아벨리는 《군주론》(15장)에서 이렇게 말한다.

> 인간이 어떻게 사는가는 인간이 어떻게 살아야 하는가와는 너무나 다르기 때문에 일반적으로 행해지는 바를 따르지 않고 마땅히 해야 하는 바를 고집하는 군주는 권력을 유지하지 못하고 파멸에 이를 것이 틀림없다. 어떤 상황에서나 선하게 행동하기를 원하는 사람은 선하지 못한 많은 사람들로 둘러싸여 있는 상황에서는 몰락이 불가피하다. 그러므로 군주가 권력을 유지하기를 원한다면, 선하지 못할 수 있다는 것을 배우는 것이 필요하며, 네체시타에 따라서 부도덕한 수단을 쓰거나 쓰지 않는 것이 필요하다.

선하지 못한 사람들로 둘러싸인 상황에서 군주는 명예롭게 행동하기보다는 권력 유지를 우선적으로 염두에 두어야 하고, 이를 위해 '필요하다면' 역시 선하지 못한 행동을 할 태세가 되어있어야 한다는 것이다.

그렇다고 마키아벨리가 인간에게 합당한 성품으로 도덕적 면모를 무시하거나 부정한 것은 아니다. 그는 '정상적인' 상황에서 군주가 갖추고 있으면 찬양받을 만한 성품들로 자비, 신의, 절제, 정직, 진지함 등을 꼽는나. 하지만 네체시타 국면에서 신의나 정직 등의 도덕성을 고집하는 것은 오히려 유해하거나 몰락을 재촉하는 것으로 보았다.

예컨대 자비롭고 신의가 있고 인간적이고 정직하며 경건한 것처럼 보이는 것이 좋다. …… 그러나 달리 행동하는 것이 필요하다면 당신은 정반대로 행동할 태세가 되어있어야 하며 그렇게 행동할 수 있어야 한다. …… 가급적이면 올바른 행동으로부터 벗어나지 말아야겠지만 필요하다면 비행을 저지를 수 있어야 한다(《군주론》 18장).

여기서 오해하면 안 되는 점이 있다. 마키아벨리는 권력을 유지하기 위해 필요한 네체시타를 확보하기 위해서는 자신이 선택한 수단이나 행위가 공공선, 공익, 국가이익, 국가이성의 추구라는 목적과 연계되어야 한다고 말한다. 마키아벨리에 따르면 국가의 운명이 존망의 기로에 있는 상황이나, 새로운 국가를 건설하는 국면에서 사용되는 폭력은 공적 목적에 부합하기에 용인된다.

예를 들어 마키아벨리는 로마를 건국한 로물루스가 자신의 동생과 정치적 동지이던 티투스 타티우스를 죽였지만, 그것이 로물루스 자신의 야망을 만족시키기 위한 것이 아니라 공공선을 목적으로 했기 때문에 그를 비난하지 않는다.

그러므로 신중한 지성인이라면 어떤 사람이 왕국을 조직하거나 공화국을 세우기 위해 사용한 부당한 행위에 대해 책망하지 않는다. 비록 그 행위가 비난받을 만한 것이라 할지라도 그 결과가 용서받을 만한 것이라면 여하튼 적절한 것이다. 그러므로 로물루스의 경우처럼 그 결과가 좋다면 그 결과는 항상 그를 용서할 것이다. 왜냐하면 복원하기 위해서 폭력을 행사한 자가 아니라 파괴하기 위해 폭력을 행사한 자가 비난받아 마땅하기 때문이다(《로마사논고》 1권 9장).

이제 이러한 네체시타의 개념을 염두에 두고 정몽주를 격살하는 국면에서 이방원이 한 말들을 상기해 보자. 사건 당시 정몽주의 고려 중흥파와 이성계의 혁명파 간에는 일촉즉발의 위기가 고조되고 있었다. 이방원의 정몽주 살해에는 과격한 폭력적 방법이 구사되었지만 공공선의 관점에서 용인될 만한 여지가 있다. 이방원은 새로운 왕조의 설립이라는 시대의 요구(네체시타)에 가장 민감하게 반응한 인물이라고 볼 수 있다. 고려를 상징하는 정몽주를 제거하지 않고서는 새로운 왕조의 건설이 쉽지 않은 상황이었다. 따라서 이방원은 도덕적 비난을 무릅쓰더라도 정몽주를 살해함으로써 망해가는 고려에 최후의 일격을 가한 것이다.

물론 정몽주의 입장에서는 자신이 추구하는 고려의 중흥이 진정한 공공선이라고 생각했기에 고려의 멸망을 획책하는 자들을 처단하는 것이 당연하다고 판단하고 행동했음에 틀림없다. 그러나 정몽주의 죽음 이후에 이성계가 순조롭게 왕위에 올라 조선을 건국했으며, 이에 대한 백성의 반대가 많지 않았다는 사실로부터 고려의 몰락과 조선 건국을 위한 시대의 네체시타가 무르익었고, 이방원이 대담한 행동으로 그 과제를 성취시켰다고 볼 수도 있다. 따라서 정몽주 살해는 도덕적으로 비난받을 수는 있겠지만 국가 건설이라는 공공선의 관점에서 마키아벨리로부터 칭송을 받을 수 있을 것이다.

건국 이후의 반전

그것은 찬탈이었다 1392년 4월 4일 정몽주가 격살당한 이후 왕조교체를 향한 준비가 신속하게 진행되었다. 정몽주의 공격으로 유배에 처해졌던 조준·남은·정도전 등의 혁명파 인물들이 소환되었고, 반대로 정몽주와 뜻을 같이하던 중흥파 관료들은 유배에 처해져 공양왕은 급속하게 정치력을 상실해 갔다. 마침내 1392년 7월 12일 배극렴 등이 왕대비에게 공양왕의 폐위를 요청했고, 왕대비의 교지를 받드는 형식으로 공양왕의 폐위가 결정되었다. 이에 공양왕은 눈물을 흘리며 양위하고, 백관이 국왕의 옥새를 왕대비전에 가져다 놓았다. 그리고 7월 17일 이성계가 백관의 추대에 응해 신왕조의 태조로 즉위했다.

그것은 '찬탈'이었다. 신하가 자신이 섬기는 군주를 쫓아내고 왕위를 차지한 것이다. 위화도 회군으로 옹립된 창왕 이후의 고려는 내란 상태에 있지 않았다. 분명히 적대 구도가 있기는 했지만, 군사가 무기를 들고 싸우는 상태는 아니었다. 고려왕조는 지속되고 있었으며, 그

속에서 문신관료 사이의 이념투쟁을 수반한 권력투쟁이 있었을 뿐이다. 그 최후의 국면인 1392년 4월(정몽주의 암살)에서 7월(이성계의 추대) 사이에 전개된 사건의 본질은 권력투쟁에 따른 찬탈이었다.

물론 고려 후기 주자학의 수용으로부터 이 시점을, 더 나아가 건국 이후 표방 내지는 추진된 정책까지도 총괄해 본다면, 다른 해석도 가능할지 모른다. 그러나 적어도 4월부터 7월까지의 최후의 핵심적인 시기에 한정해 본다면, 그것은 맹자나 주자가 주장하는 이념과는 거리가 먼 행위였다고 해석하는 쪽이 좀 더 실상에 가깝다. 따라서 찬탈자들, 다른 표현으로 말하자면, 새로운 왕조의 주체세력은 찬탈을 통해 장악한 권력을 공고히 하기 위해 세 가지 신속한 조치를 취했다.

첫째는 태조의 등극을 알리기 위해 명나라에 사신을 보내는 것이다. 이성계가 새로운 국왕으로 추대되어 즉위한 다음 날인 7월 18일 조선 조정(이 시점에서는 아직 고려 그대로였다)은 즉각 명나라에 사신을 보내 왕조교체 사실을 알리고 새로운 왕의 승인을 요청하기로 했다. 승인 요청 문서에는 이성계가 왕이 되어야 하는 이유를 간절하게 적고 있다. "이성계는 백성들에게 은택을 입혔으며, 사직에 공로가 있어서, 조정과 민간의 마음이 일찍부터 모두 진심으로 따랐으므로, 이에 온 나라의 대소 신료와 한량·기로·군민들이 모두 왕으로 추대하기를 원했습니다."

둘째는 군사권을 정비하는 것이다. 이 역시 즉위 바로 다음 날인 7월 18일에 취해졌다. 궁중의 숙위와 도성 경비를 관장하는 최고의 군령·군정 기관인 의흥친군위를 설치하고, 왕자를 포함한 종친과 대신을 절제사로 임명해 지방 각 도의 군사를 통솔하도록 했다. 이때 이방원은

"처음에 임금(태조)이 정안군(이방원)의 건국한 공로는 여러 왕자들이 견줄 만한 이가 없음으로써 특별히 대대로 전해온 동북면 가별치 500여 호를 내려주었다"(《태조실록》 7년 8월 26일)는 기록으로 보아 동북면 절제사가 된 듯하다.

셋째는 왕조교체의 정당성을 확보하는 것이다. 다시 말해 정몽주의 죽음에서 공양왕의 폐위에 이르는 과정이 폭력을 수반한 찬탈이 아님을 설명하고 증명해야 했다. 이 작업은 새로운 왕조의 이데올로그 정도전의 몫이었다.

정도전의 득세 우선 고려 말 권력투쟁 과정에서 정도전의 행적을 확인해 보자.

혁명파의 선봉에 선 정도전은 1391년 9월에 박자량 사건에 휘말려 평양부윤으로 좌천되었다. 이 사건은 혁명파와 중흥파의 대립에서 힘의 균형이 중흥파 쪽으로 기울었음을 의미한다. 좌천된 정도전은 곧 바로 탄핵을 받아 벼슬을 박탈당하고 봉화로 쫓겨났고, 10월에는 나주로 두 번째 유배를 당했다. 잠시 고향 영주로 돌아갔다가 다시 유배되어, 1392년 4월 정몽주가 격살될 당시에는 전라도 광주에 유배 중이었다.

정몽주 격살 이후 왕조교체 작업이 한참 진행된 6월 10일에야 개경으로 소환된 정도전은 7월 20일 정무에 참여하기 시작했다. 그가 맡은 임무는 도평의사사의 기무와 인사를 담당하는 상서사의 업무였다. 이때부터 신생 왕조 건설의 주역으로 등장한 정도전의 시간이 시작된다.

새로운 왕조에서 그의 첫 작품은 7월 28일 공표된 17가지 조목의 〈즉위교서〉였다. 여기서 그는 앞서 언급한 세 번째 조치인 왕조교체의 정당성을 공표한다. 교서의 첫 구절은 이렇게 시작되고 있다.

> 왕은 이르노라. 하늘은 많은 백성을 낳고 이들의 군장君長을 세워, 그로 하여금 백성을 길러 서로 살게 하고, 백성을 다스려 서로 편안하게 한다. 그러므로 군도君道에는 득실이 있게 되고, 인심에는 복종과 배반이 있게 된다. 천명이 떠나가고 머무름은 이에 달려있다. 이것이 바로 변함없는 이법(이지상理之常)이다.

정도전은 고려에서 조선으로의 왕조교체를 '천명'과 '인심'이라는 《맹자》의 혁명 개념을 가지고 설명하고 있다. 게다가 "변함없는 이법"이라는 주자의 애용구를 사용한다. 이것이 무엇을 의미하는지 자세히 알아보자.

맹자는 하·은·주 삼대에 있던 역성혁명을 통한 왕조교체를 '일치일란一治一亂(한 번 다스려지고 한 번 어지러워짐)'으로 설명한다. 즉 하나라의 시조인 우왕이 다스림을 시작해 마지막 왕인 걸왕에 이르러 어지러워졌고, 이에 걸왕을 방벌한 은나라의 시조 탕왕이 다시 다스림을 시작해 마지막 왕인 주왕에 이르러 어지러워졌고, 또다시 주왕을 방벌한 주나라의 시조인 무왕이 다스림을 시작해 전국시대에 이르렀다. 맹자는 이러한 역성혁명에 의한 왕조의 순환을 간명하게 '일치일란'이라는 개념으로 표현했다.

그리고 주자는 《맹자》 〈등문공 하〉에 실린 이 구절에 대해 《맹자집주》에서 다음과 같은 주석을 달았다.

> 한 번 다스려지고 한 번 어지러워지는 것(일치일란一治一亂)은 기화氣化(음양陰陽 이기二氣의 변화)의 성쇠와 인사人事의 득실이 반복해 서로 찾아오는 것이니, 이것은 변함없는 이법이다.

주자는 맹자의 역성혁명을 원리적으로 인정할 때 "변함없는 이법"이란 말을 사용했다. 그런데 정도전은 태조의 〈즉위교서〉를 작성하면서 맹자의 혁명 개념과 주자의 바로 그 "변함없는 이법"이란 말을 사용한 것이다. 정도전의 의도는 명백하다. 고려·조선의 왕조교체는 찬탈이 아니라는 것이다. 오히려 맹자의 혁명론에 해당한다고 주장하고 있는 것이다.

이렇듯 당시의 집권자들은 한편으로 국내의 정치변동을 동시대의 천자인 명나라 황제의 승인에 의지하면서, 다른 한편으로 대내적으로는 주자학을 가지고 사태의 본질을 변질시킴으로써 찬탈에 의한 왕조교체를 정당화시키고자 했다. 그러나 새로운 왕조의 정통성이란 그러한 '담론적'인 정당화만으로 확립되는 것은 아니다. 그것은 정치체제의 확립이라는 '실질적'인 제도화 과정을 통해서 이루어질 수 있었다. 〈즉위교서〉에서와 같은 담론적인 정당화는 실질적 제도화를 위한 선언적 의미를 갖고 있다고 보아야 할 것이다. 즉 〈즉위교서〉는 이제부터 혁명에 상응하는 실적을 올림으로써 비록 출발은 찬탈이었을지 모르나 언젠가는 '정통 왕조'로 만들겠다는 강한 의지의 표현이었다고 볼 수 있다.

이후 정도전은 정통 왕조의 실현을 위한 구체적인 제도화 과정을 주도했다. 그러한 작업을 추진한 정도전의 공식 직책은 개국공신이며 1품인 숭록대부로서, 최고 재정책임자인 판삼사사, 정책기구의 수장인 동판도평의사사, 인사행정을 총괄하는 판상서사사, 국왕 자문을 위한 학술기관의 최고 직인 수문전태학사, 왕을 교육시키고 역사를 편찬하는 지경연예문춘추관사, 최고 군사책임자인 판의흥삼군부사, 세자 교육을 담당하는 세자이사 등이었다. 이 직책은 1393년 9월에 받았고, 이후 약간의 변화는 있지만 그가 죽는 1398년까지 유지되었다. 정도전은 태조의 절대적 신임하에 정권, 병권, 교권을 장악한 국가 경영의 최고 책임자였다.

권력 중심에서 멀어진 이방원 〈즉위교서〉가 반포된 7월 28일 유교국가 건설의 제1보라고 할 수 있는 조치가 발표되었다. 중앙 정부에 해당하는 문무백관의 관제 발표와 함께, 혁명의 핵심 인물들에게 관직이 제수되었다. 물론 문무백관의 관료제도는 정도전이 만들었고, 관직의 제수에는 태조 이성계의 뜻이 반영되었다.

여기서 주의 깊게 보아야 할 점은 주요 관직에 왕자가 배제되어 있다는 것이다. 이 시점에서 왕자는 정무에 관여시키지 않는 방향으로 방침이 정해진 것으로 추측되는데 거기에는 이성계와 정도전의 뜻이 반영되었을 것이다. 이어서 8월 7일 강씨 부인을 왕비로 삼고, 왕자들에 대한 봉군 조치가 취해졌다.

"이방우는 진안군이라 하고, 이방과는 영안군이라 해 의흥친군위 절제사로 삼고, 이방의는 익안군이라 하고, 이방간은 회안군이라 하고, 이방원은 정안군이라 하고, 서자庶子 이방번은 무안군이라 해 의흥친군위 절제사로 삼고, 부마 이제는 흥안군이라 해 의흥친군위 절제사로 삼고, 서형庶兄 이원계의 아들 이양우는 영안군이라 했다."

중앙의 군사 조직인 의흥친군위에 이방과와 이방번만이 포함되고, 이방원은 빠져 있다. 앞서 말했듯이 동북면 절제사를 맡고 있는 이방원으로서는 불만스러울 수 있는 상황으로 보인다.

왕자들에 대한 봉군 조치가 취해진 다음 날인 8월 8일 이방원을 동북면으로 보내 이성계의 4대 선조(목조, 익조, 도조, 환조)의 묘지에 제사를 지내게 하고 묘지 이름을 짓게 했다. 물론 동북면 절제사에게 맡겨진 당연한 임무로 생각할 수도 있으나, 상황은 이방원이 바라는 방향에서 멀어져 가고 있다는 인상을 받게 된다.

이보다 앞서 8월 2일에는 공신도감이 설치되어 개국훈신들의 서열과 대우 등급을 정하는 작업이 진행되고 있었다. 그리고 최고의 관심사인 세자 선정 문제는 물밑에서 논의되고 있었을 것이다. 이방원은 문반 관료나 의흥친군위에서 배제되는 것에도, 주어진 임무를 수행하기 위해 동북면으로 떠나는 것에도 그다지 신경 쓰지 않았을 것이다. 그가 바라던 바는 오직 하나, 세자의 자리였기 때문이다.

8월 8일 개경을 떠난 그가 언제 돌아왔는지는 확인이 안 되는데, 그가 중앙 정계를 비운 사이에 이방원의 운명은 그의 손을 벗어나 그의 바람에 반하는 방향으로 흘러가고 있었다.

마침내 8월 20일 개국공신들의 명단과 공훈이 3등급으로 나뉘어 발표되었다. 1등 공신, 배극렴, 조준, 김사형, 정도전, 이제, 이화, 정희계, 이지란, 남은, 장사길, 정총, 조인옥, 남재, 조박, 오몽을, 정탁, 김인찬 등 17명이었다. 이들은 위화도 회군 때부터 늘 이성계의 주변을 지킨 참모들과 고려의 대신들이었다. 그 밖에 태조 추대 모의에 뒤늦게 참여한 11명은 2등급, 변함없이 태조를 지지한 16명은 3등급으로 개국공신은 모두 44명이었다. 이방원을 포함한 왕자들의 이름은 모두 빠져 있었다.

개국에 가장 큰 공훈을 세운 이방원으로서는 납득하기 어려운 일이었지만, 공신도감 설치 후 20일 가까운 기간에 걸쳐 진행된 공신 책정 논의 과정에서 공신 선정의 기준과 원칙이 알려졌을 것이다. 왕자들을 공신 책정에서 배제한다는 원칙이 그중 하나였을 것임을 확인할 수 있는 기록이 남아있다. 무인정변으로 이방과가 정종으로 즉위한 후, 태조 7년(정종 즉위년) 12월 15일 왕자인 이방원, 이방의, 이방간을 개국 1등공신으로 추가하는 조치를 취하면서 정종이 말했다. "당초에 상왕(이성계)께서는 친아들이기에 그 공을 기록하지 않고서 오늘날까지 이르렀지만, 공이 있으면 마땅히 상을 주는 것은 고금의 변함없는 전례이므로, 과인은 그들을 공신으로 삼지 않을 이유가 없다."

8월 20일의 발표에서는 왕자 배제의 원칙에 따라 왕자 모두를 공신에서 뺐으니 이방원도 어쩔 수 없다고 생각했을 것이다. 그러나 이방원이 진정 납득할 수 없는 일이 공신 발표가 있는 날 일어났다. 차기 왕이 될 세자로 나이 어린 이복동생 이방석이 선정된 것이다. 이성계가 위화도에서 회군하자 두 어머니를 모시고 철원을 거쳐 함흥으로 피해갈 때, 보살펴 주며 데리고 간 그 이방석이 세자란 말인가! 이방원과 신왕조의 운명이 크게 뒤틀리는 순간이었다.

명분도 놓치고 세도 꺾이고

말 많고 탈 많은 세자 선정 건국 이후 신생 왕조의 권력 기반을 다지는 데 가장 중요한 사안이 세자 선정이다. 이성계를 비롯해 모든 왕자, 그리고 개국공신들은 이 민감하고 중차대한 사안에 관심을 기울이며 추이를 지켜보고 있었다. 이윽고 8월 20일 공신 배극렴·조준·정도전이 세자를 세울 것을 청하면서, 나이와 공적을 기준으로 정하기를 주장했다. 나이를 기준으로 한다면 장자가 우선 대상이 되고, 공적을 기준으로 한다면 개국에 가장 큰 공을 세운 자가 선정되어야 한다는 의미다. 장남 이방우는 이미 사망했으니 차남 이방과이거나, 비록 행위 자체에는 도덕적인 문제가 있으나 건국의 공으로 본다면 이방원이 세자로 선정되는 것이 합당하다고 개국공신들은 의견을 모았다.

그러나 이성계는 그들과는 다른 생각을 하고 있었다. 왕비가 된 둘째 부인 강씨의 뜻을 존중해 그녀의 친아들 이방번에게 뜻이 있었다. 그러나 이방번은 망령되고 경솔해 볼품이 없으므로 공신들이 이를 어렵게 여겼다. 이에 공신들은 자기들끼리 다시 의견을 조율했다.

"만약에 반드시 강씨가 낳은 아들을 세우려 한다면 막내아들이 조금 낫겠다."

다시 공식 회의가 시작되자 태조가 물었다.

"누가 세자가 될 만한가?"

이번에는 장자이거나 공적이 있는 사람으로 세워야만 된다고 간절히 말하는 사람이 없었다. 마침내 배극렴이 공신들 사이에서 조율된 의견을 말했다.

"막내아들이 좋습니다."

이에 태조가 뜻을 결정해 이방석을 세자로 세웠다.

《태조실록》 1년 8월 20일 자 기록에 따르면 공신들은 이방과와 이방원을 세자의 재목으로 생각하고 있었다. 그러나 이성계의 심중에는 세자로서 이방원의 존재는 없었다. 조준의 〈졸기〉에는 그러한 이성계의 심중을 잘 보여주는 장면이 묘사되어 있다.

이방번은 둘째 부인 강씨에게서 출생했는데, 이성계가 그를 각별히 사랑했다. 강씨가 개국에 공이 있다고 그를 칭찬하자, 이성계가 그를 세자로 세우려고 조준·배극렴·김사형·정도전·남은 등을 불러 의논하니, 배극렴이 말했다.

"적장자로 세우는 것이 고금을 통한 의리입니다."

이성계가 기뻐하지 아니하고, 조준에게 물었다.

"경의 뜻은 어떠한가?"

조준이 대답했다.

"세상이 태평하면 적장자를 먼저 하고, 세상이 어지러우면 공이 있는 이를 먼저 하오니, 바라건대 다시 세 번 생각하소서."

강씨가 이를 엿듣고, 그녀의 울음소리가 밖에까지 들렸다. 태상왕이 종이와 붓을 가져다 조준에게 주며 이방번의 이름을 쓰게 하니, 조준이 땅에 엎드려 쓰지 않았다. 그러자 태상왕이 마침내 강씨의 어린 아들 이방석을 세자로 삼으니, 조준 등이 감히 다시 말하지 못했다.

이성계는 이방원을 세자로 받아들일 마음이 추호도 없었다. 그렇게 된 데에는 왕비의 강한 요청이 작용했겠지만, 어쩌면 개국 과정에서 보여준 이방원의 행태를 이성계가 용납하지 못했기 때문일 것이다. 아무래도 이성계는 정치적 인간이 아니었던 것 같다. 새로운 왕조의 전망을 크게 그리는 능력이 없었고, 이러한 세자 선정이 가져올 훗날의 파장도 전혀 감지하지 못했다.

여기서 정몽주 격살이 이방원에게 초래한 결과를 생각해 보자.

권력에 대한 야망에서 비롯된 것이든, 권력투쟁 과정에서 '네체시타'로 인해 시작된 것이든, 이방원은 오히려 이 사건 이후 권력에서 더 멀어졌다. 그가 권력투쟁에서는 이겼으나 어떤 전리품도 얻지 못했고, 왕조 창업을 주도했으면서도 결과적으로 대유학자를 척살한 데서 오는 도덕적 부담감만 떠안고 말았다.

명나라 사신으로 가다 이방석이 세자로 선정된 후 이방원은 밀려오는 여파를 고스란히 감내해야 했다. 《태조실록》 7년 8월 26일자 기록은 이러한 이방원의 처지를 전해준다.

> 여러 왕자들과 공신으로서 각 도의 절제사로 삼아 시위하는 병마를 나누어 맡게 하니, 정안군 이방원은 전라도를 맡게 되고, 무안군 이방번은 동북면을 맡게 되었다. 이에 정안군이 가별치를 이방번에게 넘겨주니, 이방번은 이를 받고 사양하지 않았고, 임금(이성계)도 이를 알고 돌려주기를 요구하지 않았다.

개국 직후 이성계에게 물려받은 가별치와 동북면 도절제사의 직책을 세자 선정 이후 이복동생이자 세자의 형인 이방번에게 내주고, 이방원 자신은 전라도 절제사로 옮겨야 했던 것이다.

그가 전라도 절제사로 있는 사이에 군사제도의 개편이 있었다. 태조 1년 7월 18일 설치된 의흥친군위가 태조 2년 9월 14일 의흥삼군부로 개편되었다. 이 개편과 함께 의흥친군위의 절제사 직을 맡고 있던 이방과, 이방번, 이제가 각각 개편된 의흥삼군부에서 중군절제사, 좌군절제사, 우군절제사로 요직을 계승했다. 그러나 이방원은 중앙의 군사 직을 맡지 못하고 도절제사에 머물고 만다. 이때 이방원의 나이 26세였다.

전라도 절제사로서 이방원이 할 일은 유사시에 전라도에 가서 왜구를 방비하는 것이 고작이었다. 절제사로서 할 일이 별로 없었을 뿐만 아니라 정치에서 완전히 배제되었다고 할 수 있다. 왜냐하면 조선이 건국한 1392년부터 무인정변이 일어난 1398년까지 《태조실록》에는 이방원과 관련된 사건은 단 네 개에 불과하다. 명나라에 사신으로 다녀온 일, 사냥하다가 표범의 표적이 되어 위험에 처한 장면, 사형에 처한 박자안을 구명한 일, 진법 훈련을 소홀히 해 징계를 당한 사건이 전부다. 건국 이전까지 혁명가로서 활약하던 때를 생각하면 이방원으로서는 어처구니없는 상황이었다. 여기서는 그나마 국가의 일과 관련된 명나라 사신으로 갔던 일을 소개한다.

1393년 명나라 사신 황영기와 최연이 조선 조정에 문서를 전달했다. 그런데 그 문서에는 전혀 예상치 못한, "조선이 명나라를 업신여긴다"며 책망하는 내용이 담겨 있었다. 깜짝 놀란 태조는 즉각 중추원 학사 남재를 주문사로 임명해 명나라 금릉(남경)으로 가서 홍무제에게 이에 관해 해명하도록 했다. 그해 9월에 돌아온 남재는 "앞으로 3년에 한 번씩만 사신을 보내라. 앞으로 하는 것을 보아가며 내가 사람을 보내 너희를 부르겠다"라는 황제의 말을 조정에 보고했다. 이에 이성계는 즉시 중추원 학사 이직을 사은사로 임명해 다시 예전처럼 1년 3사(1년에 3번 사신을 보냄)로 조공하도록 허락해 달라고 요청하라며 금릉으로 파견했다. 그러나 이직 일행은 요동성 밖 백탑에 이르러 입국을 거부당해 그냥 돌아와야 했다.

게다가 이때 사태를 어렵게 만든 일이 하나 더 있었다. 조선인 해적이 중국 연안을 침입한 사건이다. 뒤엉킨 명나라와 조선의 외교 문제는 다음 해인 1394년 명의 사신 최연과 황영기가 각각 연이어 조선에 당도하면서 해결의 실마리가 잡히기 시작했다. 명나라는 북벌에 필요한 말 1만 필을 보낼 것, 그리고 이성계의 장남이나 차남이 해적 사건의 범인을 직접 압송해 금릉으로 들어올 것 등을 요구했다.

이성계는 고민에 빠졌다. 장남 이방우는 이미 세상을 떠났고, 다섯째 아들 이방원을 제외하고는 이렇다할 학식을 갖춘 아들이 없었다. 이방원은 이미 6년 전인 1388년 이색을 따라서 서장관으로 명나라에 다녀온 적이 있었다. 그러나 이성계로서는 이 중차대한 순간에 목숨까지 위태로울 수 있는 일을 이방원에게 맡기기에는 미안한 마음이 들지 않을 수 없었다. 건국 직후 대부분의 신하들이 당연하게 세자의 재목으로 보았던 이방원을 제치고 이방석을 세자로 정한 게 불과 2년 전의 일이 아니던가? 1394년 6월 1일 태조는 이방원을 불러 이른다.

"명나라 황제가 묻는 일이 있다면 네가 아니면 대답할 사람이 없다."

이방원이 대답했다.

"종묘와 사직의 크나큰 일을 위해서 어찌 감히 사양하겠습니까?"

그러자 태조가 눈물을 글썽거렸다.

조정 신하들은 하나같이 이방원이 위험에 처할 수 있다고 만류했다.

위험은 크게 두 가지였다. 여행 도중의 위험과 명나라에 인질로 잡힐 수 있는 위험이다. 그때 1년 전에 금릉에 갔다 온 남재가 말했다.

"정안군이 만 리 먼 길을 떠나는데 우리들이 어찌 베개를 베고 여기에서 죽겠습니까?"

다시 자기가 따라가겠다고 나선 것이다. 이 건을 계기로 남재는 이방원의 깊은 신임을 얻게 되어, 무인정변 때 동생 남은은 살해되지만, 남재에 대한 신임은 그가 죽을 때까지 지속된다.

이렇게 해서 이방원과 남재 그리고 조반으로 구성된 사신단이 금릉에 들어갔다. 이들은 다행스럽게도 황제를 여러 차례 직접 만날 수 있었고, "민생을 구휼하고 천명을 경계하라"는 조칙을 받아 돌아왔다. 조선에 대한 홍무제의 의구심을 풀어주고 돌아온 것이다. 1년 3사의 외교관계도 회복되었다. 외교적인 대성공이었다.

이방원이 두 차례나 명나라 금릉을 다녀왔다는 것은 중요한 의미를 갖는다. 무엇보다 직접 명나라와 조선의 실상을 두 눈으로 확인할 수 있었다는 점이다. 이것은 조선의 영토에 대한 현실적인 감각을 갖게 하는 것임과 동시에 세계에 대한 열린 시야를 갖도록 해주었을 것이다. 또 요동을 둘러싼 국제 역학관계에 대한 나름의 정확한 인식을 분명하게 할 수 있는 기회이기도 했다. 위험을 감수한 두 차례의 금릉행은 훗날 태종에게 외교·군사적으로 중요한 자산이 된다.

사냥을 낙으로 삼다 정치를 빼고 이방원이 가장 좋아하는 것은 사냥이었다. 어려서부터 사냥을 즐겨온 이방원의 몸과 마음은 온통 사냥으로 차있다고 보아도 좋다. 세종에게 왕위를 물려준 뒤 미친

듯이 사냥을 즐긴 태종을 생각하면 이 시점에서 이방원은 사냥에 탐닉해 황폐해진 마음을 달래며 세월을 보냈을 것이다.

정치적 좌절의 시기에 정도전의 경우는 책을 읽었다. 그리고 사색을 하고 저술을 위한 준비를 했다. 유배에 처해진 후 중앙 정계에 복귀할 때까지 9년여 세월을 그는 다시 찾아올 기회를 멋지게 장식하기 위해 자기계발에 몰두했다.

이방원도 책을 읽고 사색은 했을 것이다. 그러나 정도전 정도의 수준은 아니었다. 이방원이 몰입한 것은 사냥이었을 것이다. 태조 4년 10월 13일에 일어난 사냥과 관련한 사건 하나를 소개한다.

> 의안백 이화가 정안군을 청해 서교西郊에 가서 사냥하다가, 정안군이 성난 표범과 마주쳐 거의 모면하기 어려울 즈음에, 낭장 송거신이 말을 달려 따라가니, 표범이 정안군은 놓아두고 반대로 송거신을 따라와서 앞으로 달려들어 말 위에 올라 안장을 깨물었다. 송거신은 말 위에 누워서 이를 피하니, 표범이 겨우 말에서 떨어졌다. 낭장 김덕생이 달려가서 활을 쏘아 한 발에 표범을 죽였다. 정안군이 두 사람에게 각각 말 한 필씩을 주니, 태조도 송거신에게 말 한 필을 하사하고, 이화와 민제에게도 각각 말 한 필씩을 하사했다.

이화는 이방원이 정몽주를 격살할 때 힘을 보태준 삼촌이다. 이방원의 심정을 누구보다도 잘 이해하고 있었다. 사냥은 그런 이방원을 구원해 줄 최고의 선물이었다. 그런데 그만 사나운 표범이 나타나 이방원이 위험에 처했고, 사냥에 수행한 송거신과 김덕생이 위기에 처한 이방원을 구해준 것이다. 훗날 송거신과 김덕생은 이방원의 집권 과정에 참여하게 된다.

이 장면도 실록에 기록된 네 가지 사안 중 하나로 정치세계에서 멀어진 이방원의 상황을 엿볼 수 있다. 어쩌면 이방원은 의심을 받을 만한 언행을 철저하게 삼가며 자신의 본심을 숨기고 살았을지도 모른다.

또다시 폭력

이성계와 정도전의 나라 새로운 왕조의 이데올로그 정도전은 자신의 역량을 유감없이 발휘했다. 그는 혁명의 정당성을 주장하는 〈즉위교서〉(1392)를 작성했고, 새 왕조의 헌법인 《조선경국전》(1394), 총재 이하 관직들의 변천과 행위 규범을 논한 《경제문감》(1395), 군주의 통치원리를 밝힌 《경제문감별집》(1397) 등을 저술해 조선왕조의 유교적 국가 정체성을 제시했다. 아울러 자신의 시각과 구상에 따라 최고 권력자의 위치에서 정치, 외교를 비롯해 국방, 경제, 건설, 교육, 문화 등 거의 전 분야에 걸쳐 창업기 조선의 국가 건설에 매진했다.

창업이란 왕조교체를 동반한 '충성체계의 전환'이라고 정의할 수 있다. 따라서 창업기는 기존 왕조의 충성체계가 '분열'하는 시점에서부터 새로 탄생한 왕조에서 '형성'된 충성체계가 '안정'되는 시점까지의 기간을 의미한다. 그렇게 본다면 1392년은 새로운 조선왕조의 충성체계가 '형성'되어 이성계를 정점으로 하는 새로운 군신관계가 형성된

4

무인정변의 지침서, 《한비자》

해이다. 이에 대해서는 뒤에 자세히 서술할 것이다.

유교국가에서 가장 중요한 원리는 오륜이다. 그중 첫 번째 원리인 '군신유의君臣有義'는 '군주와 신하 사이에는 의가 있어야 한다'라고 직역되는데 이 원리의 본질은 정치란 권력 또는 권력에 따라오는 이익을 추구하는 것이 아니라, 의(올바름, 의리, 정의)를 실행해야 한다는 것이다. 이러한 유교적 군신관계를 '의합義合', 즉 정의 실현을 위해 맺어진 관계라고 한다.

조선의 창업은 이성계-세자-정도전(재상)-백관으로 이어지는 유교적 의합체제가 형성된 것을 의미한다. 이 체제에서 정도전의 위상은 군주 이성계와 백관을 연결하는 핵심적 지위인 재상이고, 이 자리에서 그는 이성계의 절대적인 신임 아래 백관을 이끌면서 조선 국가를 건설해 갔다. 그 나라는 유교적 국가 정체성이라는 이념을 현실에서 구현하는 '이성계와 정도전의 나라'라고 할 수 있겠다.

이 과정에 참가한 모두가 흥이 났다. 한 장면을 소개한다.

태조 4년 10월 30일 밤에 태조는 정도전 등 개국공신들을 불러 연회를 베풀었다. 주연이 한창 벌어지자 태조는 정도전에게 말했다.

"내가 왕위에 오르게 된 것은 경들의 힘이니, 서로 공경하고 삼가서 자손만대에까지 이르기를 기약함이 옳을 것이다."

정도전이 답했다.

"신이 원하옵건대, 전하께서는 말 위에서 떨어지셨을 때를 잊지 마시고, 신도 역시 유배에 처해졌을 때를 잊지 않으면, 자손만대를 기약할 수 있을 것입니다."

이 말을 옳게 여긴 태조는 사람을 시켜 〈문덕곡〉을 노래하게 했다.

〈문덕곡〉은 태조가 지닌 훌륭한 자질을 찬송한 곡이다. 노래가 끝나자 태조는 정도전에게 다시 말했다.

"이 곡은 경이 지어 바친 노래이니 경은 일어나서 춤을 추라."

정도전이 즉시 일어나 춤을 추었고, 흥이 난 태조는 정도전에게 웃옷을 벗고 춤을 추라고 했다. 이렇게 밤새도록 흥겨운 연회는 이어졌다.

이성계와 정도전의 나라를 만들어 가는 사이에 태조가 정도전에게 보인 신임은 어느덧 군주와 신하 사이를 넘어서 있었다. 태조 6년 12월 22일 정도전은 동북면 도선무순찰사가 되어 함길도의 행정구역을 정하고 성을 수리하며 호구와 군관을 점검하기 위해 동북면으로 떠났다. 다음 해 2월 3일 정도전이 주·부·군·현의 명칭을 정해 보고했다. 이틀 후인 2월 5일 태조는 그의 노고를 치하하기 위해 옷과 술을 보내면서 편지를 보냈다.

> 서로 헤어진 지 오래되어 그리운 생각이 간절하다. 신중추辛中樞를 보내서 얼마나 수고 많은지를 물으려던 차에, 마침 최긍이 와서 소식을 전해줘 조금은 위로가 된다. 이에 찬바람과 이슬이나 막게 솜옷 한 벌을 보내니 받아주기 바란다. …… 봄추위에 맞추어 몸을 조심하고 변방의 일을 잘 마무리하라. 더 적지 않는다. 송헌거사松軒居士 쓰다.

정도전에게 표하는 따뜻한 감정이 고스란히 드러난다. 편지의 마지막에서 태조는 '송헌거사'라는 호를 썼다. 송헌이라는 호는 이 편지를 쓰기 전날 정도전에게 편지를 쓰기 위해 특별히 지어졌다.

태조가 좌승지 이문화에게 말했다.

"내가 들으니 전조의 충숙왕이 거사라고 일컬어 예천군 권한공에게 글을 보냈다. 나도 또한 봉화백(정도전)에게 거사라고 일컬어 글을 보내려고 하는데, 무엇으로 호를 할까?"

이문화가 대답했다.

"상감께서 잠룡(왕이 되기 이전) 때 살던 집의 이름이 어떤지요?"

이렇게 정해진 송헌이라는 호를 다음 날 정도전에게 보내는 편지의 마지막에 쓴 것이다. 그러나 이성계와 정도전의 나라가 만들어져 가고 있는 과정이 순탄하지만은 않았다. 특히 곤혹스러운 점은 조선에 대한 명나라의 강압적인 태도였다.

정변의 불씨가 된 사병 혁파 태조 6년 12월 22일 정도전이 동북면 도선무순찰사의 임무를 수행하러 떠날 즈음, 조선과 명나라의 갈등은 깊어지고 있었다. 그 갈등의 중심에 최고 군사책임자인 판의흥삼군부사 정도전이 있었다. 명과의 갈등을 피하기 위해 정도전은 12월 16일 조준으로 하여금 판의흥삼군부사를 겸임하게 하여 그에게 병권을 넘겨주고 중앙 정계를 떠나 동북면으로 간 것으로 보인다.

건국 이후 여기까지 이르게 된 양국의 관계를 정리해 보자.

조선이 정통 왕조로서 확립되기 위해서는 대내적인 체제 정비뿐 아니라 대외적인 과제를 해결해야 했다. 고려에 이어 조선 또한 중국 중심 천하질서의 일원이 되고자 했기 때문이다. 이성계가 새로운 왕조의 태조로 즉위한 다음 날인 태조 1년 7월 18일 조선 조정은 즉각 명나라에 사신을 보내 승인을 요청했다.

명나라는 처음에 조선의 건국을 우호적으로 인정했다. 조선이라는 국호도 명이 정해주었다. 이에 조선은 전조 공민왕 때 받은 금인金印을 반환하고, 새로운 금인을 요청했다. 그러나 이 요청에 대해 명은 뜻밖의 태도를 보였다. 조선 사신이 가져간 표전문表箋文을 트집 잡으며 태조를 조선의 국왕으로 책봉하는 금인을 보내기는커녕 오히려 조선에 위압적인 자세로 나왔다.

표전이란 중국에 대한 사대문서事大文書로 조선 국왕이 중국의 황제에게 올리는 글을 표문, 황태후·황후 또는 황태자에게 올리는 글을 전문이라 한다. 명나라는 조선이 건국 초에 보낸 표전에서 경박하고 희롱하는 문구로 명나라를 모독했다는 이유를 들어 조선을 책망했다. 표전 문제는 태조 4년 10월 유규가 가지고 간 표문을 트집잡음으로써 부상해, 태조 7년 5월 홍무제가 사망할 때까지 지속되었다.

홍무제는 정도전을 표전 작성자로 간주해, 태조 5년 6월 11일에 그를 명나라로 압송할 것을 명령했다. 그러나 정도전은 그에 응하지 않았다. 정도전은 명나라가 위협적인 존재임에는 분명하나, 조선을 군사적으로 공략할 정도로 체제가 정비되어 있지는 않다고 판단했을지도 모른다. 그러자 태조 6년 4월 17일 마치 최후통첩과도 같은 홍무제의 외교문서가 전해졌다.

> 지금 조선 국왕 이성계의 문인 정도전이란 자는 왕에게 어떤 도움을 주는가? 왕이 만일 깨닫지 못하면 이 사람이 반드시 화의 근원이 될 것이다. …… 조선 국왕은 깊이 생각하고 잘 생각해 삼한(조선의 다른 이름)을 보전하라.

사대정책을 추진하는 조선 조정으로서는 매우 난처한 상황에 직면했다. 정권과 병권을 쥐고 있던 정도전은 조선의 사직에 위협을 느꼈을 것이다. 그에게 선택의 폭은 넓지 않았다. 한편으로는 사대정책을 일관되게 추진하고 다른 한편으로는 언제 있을지 모를 급변사태에 대비해 군사적 준비를 철저히 하는 것이 정도전이 할 수 있는 최선의 선택지였다. 정도전은 군사 훈련과 병제 개혁을 통해 신생국 조선을 지키기 위해 사력을 다했다.

태조 7년 3월 20일 정도전이 동북면 도선무순찰사의 임무를 마치고 돌아오자 태조는 연회를 베풀어 그의 공을 치하했다. 그리고 그 자리에 함께한 남은에게 말했다.

"충성된 말이 귀에는 거슬리나 행실에는 이로우니, 경은 마땅히 숨기지 말고 말하라."

그러자 남은이 거침없이 진언했다.

"상감께서 잠저에 계실 때에 일찍이 군사를 장악하고 있지 않았던들 어떻게 오늘날이 있었겠으며, 신 같은 자 또한 보전할 수 있었겠습니까? 개국하는 처음에 여러 공신으로 하여금 군사를 맡게 한 것은 좋았지만, 지금은 즉위하신 지가 이미 오래되었사오니, 마땅히 여러 절제사를 혁파하고 그들이 거느리던 사병을 합쳐 관군으로 만들면 거의 만전을 기하게 될 것입니다."

개국 이래 왕자와 공신들이 거느리던 사병을 혁파하고 관군으로 통합해 군사권을 일원화하자는 건의였다. 태조는 흔쾌히 허락했다. 사병 혁파는 최고 군사책임자인 정도전을 위해 남은이 나서서 진언한 것으로 보아도 좋을 것이다. 태조의 승인을 얻은 정도전은 한편으로는 사병 혁파를 추진하면서, 다른 한편으로는 군사 훈련을 강화했다.

정도전에게는 명과의 긴장관계를 적절히 이용하면서, 국내 통합에 최대 걸림돌인 사병을 폐지해 군사권을 완전히 장악하려는 의도가 있었을 것이다. 병제 개혁과 군사 훈련에 의한 군사력 강화책은 국내외의 장애를 극복하고 새로운 왕조의 안정을 이루는 최선책이었다. 반면 그것은 사병을 이끌고 있던 사람들의 불만을 야기했다. 특히 반전의 기회를 노리고 있던 이방원으로서는 치명적인 타격을 입게 될 것이 틀림없었다. 정치적 좌절 속에서 절치부심하던 이방원에게 더 이상 기다릴 시간이 없었다.

하룻밤 새 세상이 뒤집히다 태조 7년 8월 14일 태조가 병이 났다. 이후 상태가 호전되지 않고, 8월 26일 태조의 병이 위중해지자 왕자와 사위, 태조의 이복동생 이화가 근정문 밖 서쪽 행랑에 모여 밤을 새우며 태조의 상태를 지켜보기로 했다.

결단의 순간이 다가왔다. 저녁 8시경 이방원은 셋째 형인 이방의와 넷째 형인 이방간, 상당군 이백경과 함께 대궐을 빠져나와 집으로 말을 달렸고 대기하고 있던 사병을 이끌고 정변에 나섰다.

이때 이방원을 따르는 자는 처남인 민무구·민무질 형제를 비롯해 이거이·조영무·신극례·서익·문빈·심귀령 등 측근들과, 사병 혁파를 피해 숨겨둔 기병 10명, 보병 9명, 그리고 몽둥이를 든 하인 10명 등 총 29명이었다. 여기에 정릉 경비를 위해 파견 나온 안산군수 이숙번의 군사가 합류했다.

정변군은 먼저 의흥삼군부를 장악해 관군의 명령 계통을 마비시켰다. 이어서 밤 10시경 송현방 남은의 첩의 집을 급습했다. 거기에는 남은과 정도전, 그리고 세자 방석의 장인인 심효생이 아무런 방비 없이 술자리를 갖고 있었다. 기습을 당한 심효생과 정도전이 바로 제거되었고, 도망친 남은은 성 밖 움막에 숨어있다가 자수했으나 참형을 당했다.

정변을 시작한 이방원은 관군의 심장부를 정확하게 노렸다. 의흥삼군부가 마비되고 최고 군사권자가 죽었으니 비록 숫자는 관군이 많을지라도 소수의 정변군을 당해내지 못했다. 기선을 제압한 이방원은 좌의정 조준과 우의정 김사형을 불러오게 해서 신하들을 모아 정변의 사후 처리를 맡겼다. 이후 도성을 지키던 박위가 죽고 조온이 투항하면서 멀리서 닭 울음소리가 들리는 새벽 무렵 사태는 거의 종결되었다.

밤새 시뻘건 피를 뿌리고 새날이 밝았다. 이방원의 세상이 열렸다. 조정에서 이방원의 정변을 승인하는 절차가 진행되었다. 도당에서 백관들을 거느리고 태조에게 아뢰었다.

"정도전·남은·심효생 등이 무리를 결합하고 비밀히 모의해 우리의 종친과 공신을 해치고 우리 국가를 어지럽게 하고자 했으므로, 신 등은 일이 급박해 미처 아뢰지 못했으나 이미 제거했으니, 바라건대 성상께서는 놀라지 마옵소서."

그러나 이방원은 그가 원하던 왕좌에 곧바로 오를 수는 없었다. 비록 군사권을 장악했다고는 하나 태조가 시퍼렇게 살아있었다. 우선 연장자 이방과에게 세자의 자리를 양보했다.

새로운 세자가 정해지자 도당에서는 세자였던 이방석을 밖으로 내보내 줄 것을 태조에게 요청했다. 태조는 이방석을 지킬 수가 없었다. 그는 궁성 서문 밖을 나서자마자 살해당했다. 이어 이방번도 도성을 떠나 유배지로 가던 도중 살해된다.

이방원과 여러 왕자들은 함께 감순청 앞에 장막을 치고 3일 동안 모여서 숙직하고, 그 후에는 삼군부에 들어가 숙직하다가, 태조 7년 9월 5일 세자 이방과가 왕위를 물려받은 후에 각기 자기 집으로 돌아갔다.

이상이 1차 왕자의 난으로 불리는 무인정변戊寅政變의 개략적인 전말이다. 다섯 번째 왕자인 이방원이 주모자로, 세자 및 태조를 보위하는 신하들을 표적으로 한 기습이었다. 그 결과 세자와 정도전 등이 죽고, 10일 후 태조 이성계는 체념한 상태에서 왕위를 이방과에게 물려주고 말았다. 이렇게 이성계와 정도전의 나라는 끝났다. 왕조교체로부터 만 6년이 지나 새 왕조의 기반이 공고해지려는 시점이었다.

이방원은 정몽주를 격살하고 고려를 무너뜨렸듯이, 이번에는 정도전을 참살하고 이성계와 정도전의 나라를 끝장냈다. 이 두 사건에서 그가 구사한 방식은 동일했다. 그는 냉혹하게 폭력을 사용해 처참하게 정적을 살해하고 정국을 반전시켰다. 불과 몇 년을 두고 혁명과 정변을 실행한 '권력의 화신' 이방원에게 가장 어울리는 표현은 '승부사'일 것이다.

이방원이 정변을 감행한 시점은 군사적으로나 명분상으로나 그에게 압도적으로 불리한 상황이었다. 정변이 성공할 가능성은 그다지 크지 않았으며, 실패는 곧 죽음을 의미했다. 설사 군사적으로 성공한다고 해도 뒷수습을 감당하기에는 엄청난 난관이 기다리고 있었다. 그럼에도 그는 왜 정변을 감행했을까? 정변을 감행한 이유와 목적은 무엇인가? 이방원의 논리와 주장을 들어보자.

정도전 대 이방원

사직 안정론의 허구 정변을 일으킨 다음 날 이방원을 중심으로 한 정변세력은 정당화의 논리를 확정했다. 이를 '사직 안정론'이라고 부르겠다. 그 내용은 이렇다. 정도전을 중심으로 한 불충한 무리들이 어린 세자 이방석을 왕으로 옹립해 권력을 농단하고자 반역을 도모했다. 이로 인해 조선왕조의 사직이 위기에 처했는데, 이를 알아차린 이방원이 선제적으로 반역의 무리들을 처단해 조선왕조의 사직을 안정시켰다.

이것이 허구임을 자세히 밝혀보자. 왕자 중의 연장자인 영안군 이방과를 세자로 삼는다는 태조의 교지에 정변을 정당화하는 세 가지 주장이 담겨 있다.

첫째는 애초에 이방석을 세자로 선정한 것이 잘못되었다는 것이다.

> 적자嫡子를 세우되 장자長子로 하는 것은 만세의 도리이며, 종자宗子는 성城과 같으니 과인(이성계)이 기대하는 바이다. 다만 그대의 아버지인 내가 일찍이 나라를 세우고 난 후에 장자를 버리고 어린 아들 방석을 세자로 삼았으니, 이 일은 다만 내가 사랑에 빠져 의리에 밝지 못한 허물일 뿐만 아니라, 정도전·남은 등도 그 책임을 피할 수가 없을 것이다.

앞서 보았듯이 《태조실록》 1년 8월 20일 자 기사에는 세자 선정의 기준이 장자이거나 공적이 있는 자로 기술되어 있다. 그러므로 장자인 이방과 아니면 조선 건국 과정에서 여러 다른 왕자와는 비할 바 없는 공적을 세운 이방원이 세자가 되어야 했다. 그럼에도 이성계는 계비 강씨에 대한 총애로 눈이 어두워 어린 서자인 이방석을 세자로 책정했고, 그 과정에서 중신들 또한 공정한 기준을 피력하지 못해 이방석이 세자로 결정되었다는 것이다.

두 번째로 주장한 논리는 다음과 같다.

> 그때 만약 초나라에서 작은아들을 사랑해서 발생한 사건을 경계로 삼아 상도常道에 의거해 조정에서 간청했더라면, 내 감히 따르지 않을 수 있었겠는가? 정도전 같은 무리는 다만 간청하지 않을 뿐만 아니라, 오히려 방석을 세자로 세우지 못할까 두려워했다.

태조보다도 오히려 정도전의 무리가 더 잘못했다는 것이다. 교지에는 그들이 더 잘못한 이유가 적혀 있지 않지만, 이 교지가 실려 있는 8월 26일 자 기사의 첫 부분에는 그 이유가 다음과 같이 명백하게 기술되어 있다.

> 정도전과 남은 등은 권세를 마음대로 부리고자 어린 서자를 꼭 세자로 세우려고 했다. 집안이 가난하고 변변치 못한 심효생은 다루기 쉽다고 여겨, 그의 딸이 부인의 덕망을 갖추고 있다고 칭찬해 세자 이방석의 빈으로 삼았고, 세자의 동모형인 이방번과 자부姉夫인 흥안군 이제 등과 같이 모의해 자기편 당을 많이 만들었다.

어린 이방석을 세자로 세우고자 한 이유는 어린 세자를 끼고 도당을 형성해 권력을 마음대로 행사하고자 했다는 것이다.

마지막 세 번째 주장에서는 이방원이 정변을 감행할 수밖에 없던 필연적이며 결정적인 이유가 거론되어 있다.

> 요전에 정도전·남은·심효생·장지화 등이 몰래 반역을 도모해 국가의 근본을 교란시켰는데, 다행히 천지와 종사의 도움에 힘입어 죄인이 형벌에 복종해 참형을 당하고 왕실이 다시 편안하게 되었다.

도당을 형성해 권력을 장악한 자들이 급기야 태조의 병이 위급한 틈을 타 이방원 자신을 포함한 다른 왕자와 종친을 제거하고 어린 서자를 왕으로 세우고자 반역을 도모하기에 이르러 사직이 누란의 위기에 처했으나, 이를 미리 간파한 자신이 선수를 쳐 그들을 처단하고 사직을 안정시켰다는 것이다.

이상의 세 가지가 이방과를 세자로 삼는다는 태조의 교지에 적시된 정변의 필연성을 주장하는 논리다.

물론 이 교지의 내용이 태조의 본심은 아니다. 이미 대세가 기울어 어찌할 수 없는 상황에서 태조는 이방원의 폭력 행사를 체념할 수밖에 없었다. 이방원에 의해 구사된 폭력적 정변을 정당화하는 이 '사직 안정론'은 조선왕조의 정사正史에 남게 된다.

그렇다면 과연 이방원의 사직 안정론의 논리와 주장은 얼마나 객관적 사실에 근거하고 있으며 설득력을 갖고 있었을까?

조선 사직이 불안정하게 된 애초의 원인으로 제시된 이방석의 세자 선정은 어느 정도 그 타당성이 인정될 수 있었고, 따라서 설득력도 있었을 것으로 판단된다. 그러나 문제는 그것만으로는 정변이 정당화될 수는 없었다. 따라서 이방원은 두 번째 논리를 구사하게 된다.

즉, 정도전의 무리가 세자를 세우고자 애쓴 이유가 도당을 형성해 권력을 장악하기 위해서였고, 실제로 그들은 이방석을 세자로 세운 이후 그렇게 행동해 왔다는 것이다. 실제 정도전이 재상으로서 정권, 병권, 교권을 장악해 남은·심효생과 함께 국정을 운영했다는 점에서는 사실성이 있는 듯이 보인다. 그러나 뒤에 다시 설명하겠지만, 그러한 국정 운영이 과연 사적 이익을 추구하기 위한 도당의 형성이었는가는 설득력이 떨어진다.

물론 원래 자기가 세자가 되어야 했다고 생각하는 이방원의 입장에서는 그렇게 보일 수도 있었을 것이다. 그러나 이 역시 정변의 필연성을 주장하는 근거가 되기에는 부족했다. 따라서 이방원은 정변을 정당화할 수 있는 결정적 근거를 제시해야만 했을 것이다. 그것이 세 번째 주장이다.

사적 이익을 위해 도당을 형성해 권력을 장악한 자들이 반역을 도모했기에, 자신의 정변 행위는 그들을 징벌하고 조선의 사직을 안정시킨 정의로운 행위라고 주장했다. 만약 반역이 사실이라면 이 주장은 매우 설득력이 높았을 것이리라. 그러나 정도전의 무리가 반역을 기도했다는 주장이 허구라는 것은 이미 밝혀져 학계의 정설로 굳어졌다. 애초에 정변을 인정할 수밖에 없었던 태조나 조준도 그것이 허구라는 것을 알고 있었다.

여기서는 이방원의 정당화 논리가 허구였고, 그 논리로는 정변을 정당화하지 못한다는 점을 확인하는 데 그치고, 그 허구가 오늘날 초래한 문제, 즉 실록에 기록된 허구에 기반한 오늘날 연구자들의 학술적 오류를 검토해 보기로 하자. 나아가 그 검토가 끝나고 나면, 《한비자》라는 텍스트를 가지고 이방원과 정도전 간에 일어난 대립의 진상에 접근해 보기로 한다.

이른바 왕권론 대 신권론의 오류 한국사에서 흥미로운 장면을 꼽으라고 한다면 이방원과 정도전의 대결이 상위권에 속할 것이다. 대중의 관심이 높은 만큼 학계에서도 이 장면에 대한 그럴듯한 해석을 내놓을 필요가 있었다.

현재 학계에서는 실록에 나타난 이방원과 정도전의 대립을 '왕권 대 신권'의 대립으로 설명하고 있다. 건국 이후 새 왕조를 만들어 가는 과정에서 이방원과 정도전 사이에 대립이 있었다고 전제하고, 그 대립의 사상적 배경을 왕권론 대 신권론으로 설명하는 것이다. 사학계의 대표적인 연구자는 다음과 같이 지적한다.

> 정도전이 말년에 왕자 이방원에 의해 비명으로 죽은 것은 다른 요인도 있을 수 있겠으나, 정도전의 정치이념(현인에 의한 위민정치를 보장하기 위한 재상 중심의 관료지배체제)의 성격으로 미루어 볼 때 왕실 측에 달갑게 받아들여질 수 없었다는 점도 고려되어야 할 것 같다(한영우).

왕은 관념상으로만 절대권을 가지고 재상을 임명하는 데 그치고, 정치 운영의 실권은 재상이 쥐고 통솔해야 한다는 정도전의 견해를 이방원은 용납할 수 없었다고 보는 것이다. 이 경우는 정도전=신권 중심,

이방원=왕권 중심이라고 단정하고 있지는 않지만, 다른 연구자는 한 걸음 더 나아가 다음과 같이 지적한다.

> 정도전이 구상한 상징적 권위와 실질적 권력의 분할에는 왕권과 신권 간의 끊임없는 긴장관계가 유발될 소지가 처음부터 배태되어 있었다. 재상 중심론은 왕권론자의 입장에서는 매우 불만족스러운 주장일 수밖에 없었고, 이러한 왕권 측의 불만을 단적으로 보여주는 사례가 바로 왕권 강화기인 태종 대의 변계량이 제기한 정도전의 군신관에 대한 비판이었다(최연식).

나아가 이 연구자는 이렇게 단정한다.

> 왕권과 신권 사이의 갈등이 최초로 표면화된 사건이 바로 두 차례에 걸쳐 발생한 왕자의 난이었으며, 이후 조선시대의 중앙정치는 왕권 중심론과 신권 중심론이 반복적으로 교대되었다.

이상 두 연구자의 주장을 정리해 보자. 여기서 자세하게 서술하지는 못하지만, 그들은 정도전의 저작과 정치 행위를 분석하고 설명해, 그의 정치사상을 '재상 중심주의'라고 규정한다. 그리고 재상 중심주의는 실질적 권력을 갖고 국정을 운영하는 재상을 중시하는 신권론이라고 설명한다. 이에 반해 왕이 실질적인 권력을 행사해 재상 이하 백관을 통솔해야 한다는 것이 왕권론으로, 이방원의 사고와 행동이 그에 해당한다고 주장한다. 요컨대 정치사상의 측면에서 봤을 때, 신권론자인 정도전과 왕권론자인 이방원의 대립·갈등이 무인정변의 본질이라는 것이다.

과연 그럴까? 우선 재상 중심주의라는 개념의 오류를 지적한다. 군주제라는 정치체제에서 재상 중심주의나 신권 중심론이란 개념이 성립하는가? 맹자, 주자, 정도전의 저작에서 그에 해당하는 부분을 찾아 증명할 수 있는가? 없다!

군주제는 정치의 중심 혹은 정점에 군주를 위치시키고, 군주의 자질과 능력에 따른 등급이 그 정치체제의 수준을 결정한다고 본다. 일반적으로 성군聖君-중군中君-암군暗君의 세 형태로 군주의 수준을 분류한다. 그리고 성군에는 태평시대, 중군에는 소강상태, 암군에는 난세라는 개념이 짝이 되어 각각의 시대를 표현한다.

조금 더 일반화해, 군주제의 순환(왕조교체)을 설명할 수도 있다. 성군이 창업하고, 중군이 수성의 시대를 이어가다, 암군의 난세에 다다르면, 한 왕조의 수명이 다하고, 여기서 다시 성군이 등장해 새로운 왕조를 창업하게 된다. 그리고 창업-수성-난세의 세 시기를 점하는 기간으로 본다면, 창업과 난세는 상대적으로 짧고 수성은 상당히 길다. 물론 창업의 군주가 성군은 아니며, 수성의 시대에 성군이 등장할 수도 있다는 점을 감안한 일반화이다.

이제 정도전의 생각을 추론해 보자. 정도전은 성군을 최고의 군주로 평가하며, 성군의 출현을 기대하고, 나아가 교육을 통해 성군으로 만들 수 있다고 믿은 군주론자이다. 그러나 역사에 대해 이해가 깊은 정도전은 현실적으로 세습 군주제에서 성군의 등장은 기대하기 힘들다는 냉철한 통찰력을 갖고 있었다. 따라서 그는 성군이라는 최선책을 이상으로 설정하면서, 다른 한편으로는 한 왕조의 대부분을 차지하는 중군의 상황에서 정치공동체를 운영하기 위한 차선책이 무엇인가를 구상하고, 그 스스로 실천하는 데 심혈을 기울인 인물이다.

그가 구상한 답 중의 하나가 군주제에서, 그것도 중군이 재위하는 상황에서 재상의 각별한 역할이었다. 그럼에도 그가 주장하는 재상은 왕의 보좌역일 뿐이다. 그가 말하는 재상은 신권을 강조해 왕권을 견제하거나 제한하는 자도 아니고, 더구나 왕을 상징화하고 실권을 장악하는 그런 자도 아니다. 재상은 어디까지나 왕을 보좌해 백관을 통솔하는 중간자에 불과하다. 나아가 중군의 왕권을 견고히 하는 것을 본연의 임무로 하는 자다. 이러한 정도전의 재상관은 유교 정치사상에서 크게 벗어나지 않는다. 그가 강조하는 재상의 역할은 강화된 왕권을 전제로 한다는 점을 놓쳐서는 안 된다. 좀 더 정확하게 표현하자면 '정상적인 왕권'을 전제로 한 재상의 역할이다.

이번에는 이러한 정상적인 왕권이라는 측면에서 정도전의 재상론을 검토해 보자. 이를 위해서는 정도전이 생존한 시대적 배경, 즉 정도전 사상의 시대적 콘텍스트를 볼 필요가 있다.

고려 말기 공민왕부터 공양왕에 이르기까지 국가적 위기와 혼란을 초래한 정치적 폐단과 문제점은 국가 공권력의 중심축이라 할 수 있는 왕권의 유명무실화, 그리고 그에 따른 권문세족의 득세와 국정의 전횡으로 요약될 수 있다. 따라서 정도전은 무엇보다도 국가의 공권력을 대표하는 국왕의 권위를 정상화시키고자 했으며, 이것은 구체적으로 조선 초기 중앙집권체제의 확립 작업으로 이어지게 된다.

이러한 역사적 맥락 속에서 조선 초기는 공적인 국가권력을 사적으로 남용하는 문제점을 보여주던 신하들의 정치적·행정적 권한에 대한 명확한 규정, 그리고 그들 사이의 견제시스템이 제도화되고 있는 시기였다. 그러한 제도화의 기반을 다져놓은 정도전의 정치 기획은 군주를 정점으로 하는 정치체제의 정상화, 즉 왕권의 정상화에 중점을 두고 있는 것이다. 따라서 정도전의 기획은 왕권에 대한 견제나 제한이라는 관점보다는 고려 말 미약한 왕권 아래서 부패의 온상으로 지목되던 신권에 대한 규정과 제한의 관점에서 해석되어야 한다.

정도전과 이방원, 그 대립의 진상 오늘날 정도전이 재상 중심주의자라거나, 정도전과 이방원의 대립이 신권 대 왕권의 대립이었다고 하는 주장은 이방원이 정변을 정당화하기 위해 꾸며낸 실록의 기록을 비판적으로 읽지 못하고 그대로 사실인 양 받아들임으로써 생산된 것이다.

그렇다면 건국 이후 정변에 이르기까지 정도전과 이방원 사이에는 대립이 있었는가? 만약 있었다면 그 대립의 진상은 무엇인가를 밝혀볼 필요가 있다.

먼저 이방원의 입장에서 생각해 보자. 자신은 세자 책봉에서 밀려나고 정도전이 세자 이방석의 스승이 된 시점에서 이방원은 정도전에 대한 적대감을 갖게 되었을 것이다. 그리고 정도전이 주도하는 사병 혁파가 눈앞에 다가왔을 때, 그 적대적 대립은 극에 달했을 것이다.

반면 공권력의 행사를 통해 새로운 왕조의 기반을 구축해 가던 정도전의 입장에서 본다면, 이성계가 건재하고 세자가 선정된 상황에서 일개 왕자 이방원을 정치적 맞수로 볼 리 없었다. 물론 정도전이 이방원을 경계하기는 했을 것이다. 그러나 그것을 적대적 대립으로 확대시킬 이유가 없었다. 따라서 만약 양자 사이에 대립이 있었다면, 그 대립은 '비대칭적'이었을 것이다.

이방원의 행위로 인해 왕위에 오르게는 되었으나, 이성계는 이방원에 대한 반감을 지울 수 없었을 것이다. 왕위에 오르기까지 권력투쟁의 과정에서 벌어진 살육에 대해 불교 행사를 통해 속죄하고 있던 이성계가 이방원을 기꺼운 마음으로 받아들이지는 못했을 것이다. 세자를 선정해야 했을 때, 물론 계비 강씨의 강력한 요청이 크게 작용했지만, 이성계의 마음속에 자신의 후계자로 이방원은 없었다고 보아도 좋을 것이다.

정도전의 마음 또한 이성계와 그다지 다르지 않았다고 추측된다. 여기서 자세하게 서술하지는 못하지만, 주자학을 신봉하여 주자의 이념세계를 현실에서 실현하고자 하는 주자주의자 정도전은 이성계 못지않게 이방원의 행적을 곱지 않은 시선으로 바라보고 있었을 것이다. 요컨대 정도전과 이방원 사이에 대립·갈등이 있었다기보다는 정도전은 주자주의적 시각에서 공리功利를 탐하는 이방원에 대해 경계심을 갖고 있었다고 보는 것이 타당할 것이다.

어쩌면 정도전은 공리를 탐하는 이방원을 새 왕조의 중추부에서 제거하는 것을 신왕조에서 일을 시작할 때 이미 생각하고 있었을지도 모른다. 그렇다면 그것은 사적인 일대일의 정면대결이 아닌, 공적인 제도개혁을 통한 도태—종친과 왕자를 정치에서 배제하는 원칙—였을 것이리라. 그리고 이방원을 부정적으로 생각하는 이성계가 살아있고, 또 이성계의 분신이라고도 할 만한 자신이 병권을 장악하고 있는 이상, 이방원에게 당하지는 않으리라고 생각한 것은 아닐까? 그러나 이방원은 그런 정도의 생각을 훨씬 뛰어넘어 사유하는 인물이었다.

《한비자》의 흔적

다시 마키아벨리에게 묻다 왕위를 둘러싼 권력투쟁은 무인정변 한 번으로 끝날 일이 아니었다. 장남 이방과가 잠시 맡고 있는 왕위를 두고 왕자들이 또다시 피를 흘렸다. 정종 2년(1400) 1월 28일 2차 왕자의 난이 발생한다.

이번에는 넷째 왕자 회안군 이방간이 무인정변의 주모자인 다섯째 왕자 정안군 이방원과 개경에서 시가전을 벌였다. 이방원에게 진압된 이방간은 토산으로 유배된다. 난이 정리되자 후계자가 없던 정종은 2월 4일 이방원을 왕세제로 책봉했다. 그리고 마침내 11월 13일 이방원은 정종으로부터 왕위를 물려받아 태종이 되었다.

이방원의 왕세제 책봉, 정종의 양위, 태종의 즉위 등의 문장에서도 이방원의 행위는 무인정변 때와 마찬가지로 유교적 언설로 포장되어 있다. 그러나 이성계를 비롯해, 그의 행위를 정의롭지 못하다고 생각하는 인물들은 이방원을 비호하는 유교적 언설에 납득하지 않았을 것이다. 오히려 그들은 이방원을 곱지 않은 시선으로 바라보고 있었을 것이다. 태종 이방원은 자신의 권력에 대한 정당성을 인정하지 않는 주변 환경에 대해 마음 편할 리가 없었다.

즉위한 후 만 1년이 지난 태종 1년(1401) 11월 20일 경연을 끝낸 태종은 근신들과 더불어 술을 마시던 중, 다음과 같이 무인정변에 대한 자신의 심경을 토로했다.

"불똥이 팔뚝에 튀면 어느 누가 재빨리 그것을 버리려고 하지 않겠는가? 무인년에 부왕의 병환이 위독할 때 여러 간신들이 자기들 마음대로 나라 일을 처리하면서 우리 형제를 꺼리어 재앙의 발생이 한 호흡 사이에 있었다. 그 형세가 어찌 다만 불똥이 팔뚝에 튀어 박힌 것같이 급할 뿐이었겠는가? 다행히 두어 명의 동지와 더불어 만 번 죽을 계책을 내어 저들이 예상치 못할 때 우리가 먼저 움직여 그들을 제어했는데, 하룻밤 사이에 사람들이 구름처럼 합하고 메아리처럼 응해 여러 간신들이 베임을 당해 큰일이 정해질 수 있었다."

그날의 일은 결코 자신이 먼저 계획한 것이 아니라, 단지 긴급한 상황에서 어쩔 수 없이 대응한 정당방위였다는 호소였다. 정변 당시 급조되어 공식 문서에 명기된 사직 안정론의 내용을 태종 자신이 술김에 감정을 실어 말했다. 태종의 말의 취지는 '사직의 안위가 걸린 위기 상황에서 자신의 계책에 따라 폭력적 수단을 사용해 사태를 수습했다'는 것이다.

이제 이 말을 마키아벨리의 개념으로 바꿔보자. 비록 반도덕적 행위이기는 하지만 국가의 공익을 위해 자신의 비르투Virtu를 발휘했다. 다시 말하자면, 네체시타 국면에서 비르투를 표출했다는 것이다.

마키아벨리의 비르투라는 개념은 남성적 활력, 능력, 남성다움을 뜻하는데, 예를 들어 용맹스러움, 단호함, 상황에 대한 기민한 판단력 등을 포함한다. 정치 영역에서 이 개념을 사용할 때는 개인적인 이익이나 도덕성에 대한 통상적인 고려보다 자신이 태어난 정치공동체의 영광과 공동선을 우선적으로 고려하는 것을 뜻한다.

이방원의 사직 안정론이 사실에 기반한 논리라면, 이방원은 자신의 정변 행위에 대해 당당해도 좋다고 마키아벨리는 평가했을 것이다. 그러나 앞서 기술했듯이, 사직 안정론은 날조된 허구였고, 그것을 자신도 알고 주변도 알고 있는 상황이었다. 따라서 정당방위론으로 보강한 사직 안정론만으로는 객관적 상황이 깔끔하게 정리되지 못했고, 당연히 자신의 주관적 심리도 안정되지 못했다. 그래서 그날 술자리에서 태종은 앞의 말과는 결이 다른 말로 심경 토로를 이어갔다.

"그 처음에는 다만 살기를 구한 것뿐이지, 어찌 감히 한 오라기라도 임금의 자리를 바라는 마음이 있었겠는가? 이로 인해 마침내 오늘에 이르렀는데, 이는 나의 본심이 아니었다. 실로 하늘의 도움에 힘입은 것이니, 어찌 사람의 힘이 미칠 바이겠는가? 지금 안으로는 부왕의 꾸짖음을 받고, 밖으로는 여러 의견들이 흉흉하니, 어찌할 바를 몰라 아침 일찍부터 밤늦도록 삼가고 두려워할 뿐이다."

결과적으로 그 일로 왕위에 오르게 되었지만, 그것은 인력을 넘어서는 하늘의 뜻이었다고 태종은 술자리를 빌려 심경을 토로한 것이다. 전반부만으로는 태종은 마음의 구원을 얻지 못했다. 아무리 비르투를 발휘한 행위라고 내세우려고 해도 스스로 당당해지지 못했기 때문이다. 아무리 자신의 능력 행사로 사태의 본질을 포장하려고 해도 되지 않자, 태종은 그날의 일은 '사람의 힘'이 아닌 '하늘의 도움'이었다고 변명하고 만다. 자력구제를 포기하고 타력구제에 매달리게 된 것이다. 이렇게 해서라도 태종은 구원을 얻고 싶었다.

《군주론》(25장)에서 마키아벨리는 비르투와 대비되는 개념으로 포르투나Fortuna라는 개념을 사용한다. 포르투나는 운명의 여신을 의미하는데, 마키아벨리는 인간의 일에 개입하는 힘 또는 존재로 포르투나를 사용한다. 그러나 포르투나가 인간의 일을 전부 통제하는 것은 아니다.

"인간의 자유의지를 박탈하지 않기 위해서 나는 포르투나란 우리 활동의 반만 주재할 뿐이며 대략 나머지 반은 우리의 통제에 맡겨져 있다는 생각에 이끌린다."

그 반이란 다름 아닌 인간이 비르투를 발휘해 포르투나의 통제에서 벗어나는 것이다. 예를 들어 마키아벨리는 포르투나를 위험한 강에 비유한다. 강이 노하면 평야를 덮치고 나무나 집을 파괴하고 지형을 바꿔놓기도 한다. 그 격류 앞에 사람들은 도망가며 굴복하고 만다. 그러나 인간은 평소에 제방이나 방파제를 쌓아 예방조치를 취해 만일의 사태에 대비할 수 있다. 이것이 포르투나의 통제를 벗어나는 인간의 비르투다.

마키아벨리는 포르투나의 압도적인 힘에 지배되어 순응하며 살아가는 보통 사람보다는, 자신의 비르투를 사용해 포르투나에 적극적으로 대응해 포르투나의 통제를 벗어나는 사람을 높이 평가했다. 특히 그런 정치가를 마키아벨리는 칭송했다.

경연의 뒤풀이에서 무인정변에 대해 자신의 심정을 토로하는 후반부 기록은 흡사 포르투나의 압도적인 힘 앞에 굴복해 버린 태종의 모습을 연상시킨다. 지성이 마비된 채 골육상쟁의 격류에 휘말려 어쩔 줄 몰라하는 태종의 모습을 발견하게 된다.

마키아벨리의 《로마사논고》(2권 29장)에는 다음과 같은 구절이 있다.

> 운명(포르투나)은 사람들이 그녀의 계획에 반하는 일을 하지 못하기를 원할 때, 사람들의 지성을 마비시켜 버린다.

마키아벨리는 운명의 힘 앞에 지성이 마비된 인물이라고 태종을 혹평했을 것이다. 그리고 마키아벨리는 그런 태종을 이렇게 평가하자고 했을 것이다.

> 통상 엄청난 고난 속에서, 또는 성공의 절정에서 사는 사람들은 칭찬할 것도 없거니와 비난할 것도 없다. 왜냐하면 우리가 대부분 목격한 바에 따르면 파멸에 처해 있거나 영달을 누리고 있는 사람들은 하늘(운명)이 그들에게 부여한 커다란 기회에 의해 그러한 지위에 이르게 되었기 때문이다.

태종은 결코 네체시타 국면에서 비르투로 돌파한 인물은 아니다. 권력에 마취되어 지성이 마비된 그런 인물이었을 뿐이다.

이방원의 시각 이방원은 적어도 건국 직후에 행해진 세자 선정 이후 정변에 이르기까지의 일련의 사건에 대해서 지속적인 시각(사유체계)을 가지고 있었고, 그러한 내면세계가 정변 행위를 가능케 했다고 추론된다. 이제 그런 이방원의 시각이 무엇이었는지를 살펴보자. 사직 안정론을 구성하면서 정도전에게 부여된 죄목의 허구성이 드러날 것이다.

우선, 세자 선정의 기준에 대해서이다. 앞에서 인용한 "애초에 공신 배극렴·조준·정도전이 세자를 세울 것을 청하면서 나이와 공적으로 정하기를 주장했다"라는 부분에 관해서인데, "나이와 공적"을 기준으로 삼자는 것은 앞의 두 사람의 주장이었을지 모르지만, 적어도 정도전의 생각은 그렇지 않았다는 것을 《조선경국전》 〈정국본〉에서 확인할 수 있다.

세자는 천하 국가의 근본이다. 옛날의 선왕先王이 세자를 세우되 반드시 장자長者로써 한 것은 왕위 다툼을 막기 위한 것이고, 반드시 현자賢者로써 한 것은 덕德을 존중하기 위한 것이었으니 천하 국가를 공적公的으로 생각하는 마음이 아님이 없었다.

정도전은 나이에는 동조하지만 공적功績에는 동의하지 않는다. 그가 생각하고 있는 세자에 합당한 기준은 장자이거나 아니면 덕성을 갖춘 현자였다. 그렇다면 이방석은 현자였던가? 그렇지는 않다. 그러나 그 가능성을 〈정국본〉에서 이렇게 말한다.

뛰어난 자질과 온화한 성품으로 일찍 일어나고 늦게 자면서 부지런히 서연(세자를 가르치는 자리)에 참여해 강론을 게을리하지 않고 있으니 앞으로 일취월장해 반드시 그 학문이 광명한 경지에 이르게 될 것이 기대된다.

물론 이는 희망을 담은 수사적 표현의 성격을 띠고 있다. 본래 정도전은 군주에게는 그다지 기대를 걸지 않았다. 공功을 탐하는 군주보다는 "중간 정도의 군주(중상지군中常之君)" 쪽이 낫다고 생각하고 있었다. 그래서 세자를 결정할 때, 아무런 말없이 있기만 하면, 적어도 공리功利를 탐하는 자가 세자로 책봉되는 일은 없을 것이라고 생각했으리라.

정도전은 비록 장자를 선정하지 않음으로써 분란을 초래할지라도, 공리를 내세우는 이방원과 같은 자를 세자로 세울 생각은 추호도 없었다. 공적을 강조하고 그에 합당한 상벌의 시행을 정의라고 생각하고 있는 이방원에 반해, 정도전은 현자의 덕을 숭상하는 것이 공정하다고 보았다.

다음으로, 정도전·남은·심효생 등이 어린 세자를 끼고 도당을 형성해 권력을 마음대로 부리고자 했다고 보는 이방원의 시각에서는 군신관계가 '대립적'으로 파악된다. 즉 이방원은 군신관계를 군주 이성계와 사적 이익을 추구하는 신하들 간의 대립관계로 파악하고 있는 것이다. 반면 전형적인 유교적 시각에서 군신관계를 바라보는 정도전이 세자 선정 과정에서 적극적으로 의사를 표시하지 않은 것은 다른 의도가 있었기 때문이라고 생각된다. 이방석이 세자로 선정되면 자연스럽게 공리를 탐하는 이방원이 새 왕조의 중추부로부터 제외될 것이고, 그 후 자신은 이윤伊尹이나 주공周公을 본받아 어린 군주를 도와 삼대三代의 이상정치를 이룩해 보고자 하는 꿈을 품고 있지 않았을까? 정도전이 조선에서 이윤처럼 되고자 하는 꿈은 그의 글을 엮은 《삼봉집》의 도처에서 찾아볼 수 있다.

마지막으로, 도당의 힘이 강해지자 왕자와 종친을 제거하고 반역을 도모했다는 주장은 날조임에 틀림이 없다. 그러나 여기서 주목하고 싶은 것은 객관적 사실 여부가 아니라, 사태를 그러한 시각으로 보는 이방원의 주관적 인식의 차원이다. 즉 비록 이방원 자신이 날조임을 자각하고 있었다 해도 사태를 '적대'와 '반역'으로 단정하고 처리하는 시각 그 자체에 주목해야 한다.

그렇다면 공적과 그에 따른 상벌을 강조하고, 군신관계를 대립적으로 보며, 나아가 반역까지도 상정하는 이방원의 이러한 시각은 어떻게 설명할 수 있을까?

《한비자》라는 지침서 《한비자》에서는 군신관계를 다음과 같이 설명한다.

> 군주는 계산을 하며 신하를 기르고 신하 역시 계산을 하며 군주를 섬긴다. 군신 서로가 계산하는 사이이다. 자신이 손해를 보면서 국가에 이익이 되는 일을 신하는 하지 않으며, 국가에 손실을 끼치면서 신하에게 이득이 되는 일을 군주는 행하지 않는다. 신하의 속마음은 자신의 손해가 이로울 수 없으며, 군주의 속마음은 국가 손실이 즐거울 수 없다. 군신관계란 계산을 하며 결합(계합計合)하는 것이다(〈식시飾邪〉).

한비자가 말하는 군주와 신하 사이의 관계는 유교에서 말하는 '의리로 결합된 사이(의합義合)'가 아니고, 각자 서로의 '이익을 추구하고 계산하는 사이(계합計合)'라는 것이다. 따라서 이해관계가 대립되는 "군신 사이는 하루에도 백 번 싸우기"(〈양권揚權〉)에 현명한 군주는 신하를 제어하기 위해 벌과 상이라는 두 개의 수단을 사용해야 한다(〈이병二柄〉).

> 신하들은 자신의 의견을 말로 진술하며, 군주는 그 진술한 말에 따라 일을 맡겨주고, 그 맡긴 일의 성과를 요구한다. 또한 그 성과가 맡긴 일에 걸맞고 맡긴 일이 그 진술한 말과 걸맞으면 상을 주고, 그 성과가 일과 맞지 않고 맡긴 일이 그 진술한 말과 맞지 않으면 벌을 준다(〈주도主道〉).

그러나 상과 벌로 군주가 신하를 제어하지 못했을 때 신하는 도당을 형성해 군주를 넘보고, 마침내는 군주를 시해하게 된다.

> 신하는 사심을 숨기고 군주의 태도를 살피며 군주는 법도를 가지고 신하를 제재한다. 그러므로 법도가 확립되는 것은 군주에게 소중한 보배이며 도당을 형성하는 것은 신하에게 보배가 된다. 신하가 그 군주를 시해하지 못하는 것은 도당이 형성되지 않았기 때문이다(〈양권〉).

이상의 내용을 요약하면, 군주와 신하는 서로 이익을 추구하고, 따라서 서로 대립하는 속에서 신하는 사익을 추구하기 위해서 도당을 형성하며, 도당을 형성한 신하는 군주를 시해하기조차 한다는 것이다.

이러한 군신관계를 한비자는 매우 리얼하게 묘사한다.

> 군주가 신神 같은 권위를 잃으면 호랑이 같은 악신惡臣이 그 뒤를 노린다. 군주가 알아차리지 못하면 호랑이는 장차 소신小臣인 개들을 모아들일 것이다(도당을 모아 세를 부림). 군주가 빨리 그것을 막지 못하면 개의 수가 점점 늘어 끝이 없을 것이다. 호랑이가 한 무리를 이루게 되면 그 어미인 군주를 죽일 것이다(〈양권〉).

세자 선정 후 정변에 이르는 과정에서 이방원은 이 같은 《한비자》의 지침에 따라 사유하고 행동했다고 보인다.*

---

* 여기서 태종이 과연 《한비자》를 읽었는가 하는 문제가 제기될 수 있을 것이다. 물론 실록 어디에도 그가 《한비자》를 읽었다는 구절은 없다. 따라서 이 문제에 답하기 위

원래 무인정변은 세자 선정에 승복하지 못해, 이성계에 대한 불만, 세자에 대한 시기심, 정도전에 대한 증오를 품고 있던 이방원이 권력에 대한 욕망을 억누르지 못하고, 그 폐지가 눈앞에 다가오던 사병을 동원해 정국을 일변시켰다는 것이 진상에 가깝다. 따라서 앞에서 서술한 한비자적 시각에 기반한 정당화의 논리는 사실에서 멀다. 오히려 그것은 자신의 시각을 정적인 정도전에게 전가한 것이라고 볼 수 있다. 결국 정변은 이방원 자신이 도당을 형성해 건국 이후 설정된 이성계-세자-신하의 의합적 체제를 자신의 사적 이익을 위해서 파괴한 행위였다. 정변 행위는 한비자적 시각에 따라 거행된 한비자적 행위라고 볼 수 있을 것이다.

물론 이방원이 오로지 일관되게 계합적 시각을 갖고 있었다고는 보지 않는다. 그의 내면에서는 의합적 시각과 계합적 시각이 병존, 갈등하고 있었을 것이다. 따라서 그의 내면세계의 일각을 점하고 있던 계합적 시각이 어느 순간 돌출해 외재화한 것이 한비자적 행위라고 본다.

반면 유교적 국가 정체성을 제시하고 몸소 실현해 오던 정도전은 이

해서는 《한비자》가 한반도에 언제 들어왔는지, 그리고 당시 어떤 유통경로를 거쳐서 얼마나 읽히고 있었는지를 밝힘으로써 간접적으로 그 가능성을 추적해 갈 수밖에 없다. 몽골제국 시대에 《한비자》는 자유롭게 유통되고 있었을 것이다. 명나라에서도 《한비자》가 금서로 지정되지도 않았다. 난세인 고려 말 조선 초에는 이방원만이 아니라 많은 사람들이 《한비자》를 읽었을 것으로 추측된다. 그러나 현재로서는 이와 관련한 문헌학적인 연구가 없는 것으로 보이며, 이것을 밝히는 것이 이 책의 일차적인 목적도 아니다. 따라서 여기서는 그와는 역으로 실록에 나타난 태종의 언행 분석을 통해 그가 《한비자》를 읽었을 수도 있다는 입장에서 논의를 전개한다.

성계가 살아있는 동안 이성계의 분신이라고도 할 수 있는 자신이 병권과 정권을 장악하고 있는 이상 안전하리라고 생각했을 것이다. 그러나 이방원은 전혀 다른 시각에서 사태를 바라보고 있었다. 아마도 정도전이 이방원에게 당하게 된 데에는 이러한 시각의 차이가 중요한 요인으로 작용했을 것이다.

사적 권력욕으로 공적 영역을 전복시킴으로써 유교적 국가 정체성을 파괴했다는 것이 정변의 실상이라고 한다면, 이방원을 욕망에 따라 폭력을 구사한 '권력주의자'라고 할 수 있을지언정 '정치적 현실주의자'라고 할 수는 없다. 정치적 현실주의는 정치에서 권력을 중시하기는 하지만, 명분 없이 제한 없는 권력 추구를 인정하지는 않는다.

2

야누스의 정치를 구사하다

{ 집권 전반기: 1401~1410 }

한비자적 상황 관리

맹자와 한비자 사이에서 이방원의 정변은 유교적 국가 정체성으로부터의 일탈 행위였지만, 그는 유교 개념을 사용한 정당화의 논리를 통해 그것이 일탈 행위임을 인정하지 않았다. 오히려 자신이 유교적 국가 정체성의 충실한 수행자임을 자임했다. 비록 그가 일탈임을 자각하고 있었다 해도 결코 인정할 수는 없었다. 오히려 자신이 파괴한 국가 정체성의 회복을 통해 권력 장악의 실질적 정당성을 확보하고자 했다. 태조와의 부자관계를 회복하기 위해 정성을 다했으며(친친親親의 시행), 공신들과의 삽혈동맹(굳은 약속의 표시로 동물의 피를 서로 나누어 마시거나 입에 바르던 일), 정몽주와 길재의 복권, 신관료의 충원(세 가지는 존현尊賢의 시행) 등을 통해 의합체제의 복원을 기도했다. 나아가 유교적 프로그램에 입각한 정치·사회의 제도화에 매진했으며, 백성을 위한 정책을 실행함으로써 인정仁政의 실현을 추구했다. 표면적으로 태종은 유교적 군주였다. 분명히 그는 조선의 어느 군주 못지않게 유교적

5

정변이 초래한 이중구조

이었다. 그러나 그렇다고 해서 유교적 정체성이 곧바로 회복될 수는 없었다.

한편, 이방원의 한비자적 정변 행위는 계합적 시각을 현실화시켰다. 권력은 누구의 전유물도 아닌 강자가 쟁취, 장악한 것에 불과하다는 것을 이방원은 행위를 통해 보여주었다. 그 결과 부자와 군신관계에서 《한비자》가 의미를 가질 수 있는 상황, 즉 '한비자적 상황'이 초래되었다. 실제로 얼마 후 이방간에 의한 2차 왕자의 난이 발생했고, 태종 2년에는 조사의의 난이 일어났다. 따라서 태종으로서는 유교적 국가 정체성의 회복·유지에 노력하면서 다른 한편으로는 자신이 초래한 한비자적 상황을 관리·극복해야만 하는 이중구조에 처하게 되었다.

이중구조 속에서 정국을 운영하는 태종은 두 얼굴의 모습을 보여주게 된다. 한편에서 바라보면 유교적 군주의 얼굴을 하고 있었으나, 다른 편에서 바라보면 한비자적 군주의 얼굴이 보였다. 마치 로마신화에 나오는 야누스를 연상시킨다.*

국가 정체성의 부정이 아니라, 권력 주체의 교체만을 의도한 정변 행위의 결과 형성된 이러한 이중구조를 '정변 구조'라고 부르기로 한다.

---

* 야누스는 그리스신화에 대응하는 신이 없는 유일한 로마신화의 신이다. 고대 로마인들은 문에 앞뒤가 없다고 생각해 두 개의 얼굴을 가지고 있는 것으로 여겼다. 집이나 도시의 출입구 등 주로 문을 지키는 수호신 역할을 했는데, 문은 시작을 나타내는 데서 모든 사물과 계절의 시초를 주관하는 신으로 숭배되었다. 영어에서 1월을 뜻하는 재뉴어리January는 '야누스의 달'을 뜻하는 라틴어 야누아리우스Januarius에서 유래한 것이다. 두 얼굴을 지닌 모습에 빗대어 악마와 천사의 모습을 지닌 이중적인 사람을 가리키기도 한다.

이제 태종 자신이 자신의 권력에 도전하는 자에 맞서야 하는 처지에 놓이게 되었다. 태종 집권 전반기에 걸친 비정하고 처절한 숙청이 보여주는 권력정치의 측면은 바로 이러한 정변 구조에서 기인하는 것이다.

2차 왕자의 난 무인정변에 성공한 이방원은 바로 왕위를 차지하지 않았다. 아니 취할 수 없었을 것이다. 유교적 정체성을 내세우는 나라에서 정변 행위는 도무지 명분이 서지 않았고, 아버지 이성계를 의식하지 않을 수 없었기 때문이다. 결국 왕자로서는 맨 위인 이방과를 왕위에 올려놓았다. 그러나 정종 이방과는 허수아비에 불과했고 실권은 이방원이 장악하고 있었다.

이방원은 정종 즉위년(1398) 9월에 자신을 도와 정변에 공을 세운 29명을 1·2등 정사공신으로 선정해 무인정변을 마무리지었다. 그리고 12월에는 자신과 이방의, 이방간을 개국 1등공신에 추가해 지워져 버린 건국 과정에서의 공적을 밝혀놓았다. 다음 해 정종 1년 1월에 명나라 혜제(건문제)로부터 태조의 선위와 정종의 즉위를 승인받았고, 3월에는 정변의 어두운 분위기를 쇄신하기 위해 개경으로 천도해 태조와 정도전이 추진해 온 유교국가 건설에 매진했다.

그러나 정사공신에 끼지 못하고 여전히 이성계를 추종하는 마음을 갖고 있는 개국공신들은 무인정변과 정변 이후에 진행된 정안공(정변 직후 태조 7년 9월 친왕자를 공公에 책봉함에 따라 정안군에서 정안공으로 개봉됨) 이방원의 통치 행위를 불편한 마음으로 바라보고 있었다. 또한 정변에 참여했으나 정변 이후의 논공행상에서 충분한 대우를 받지 못했다고 생각하는 자들도 있었다. 특히 박포는 무인정변 때 정도전 등이 이방원을 제거하려 한다고 이방원에게 밀고하는 등 이방원을 도와 난을 성공시키는 데 공이 많았음에도 불구하고 1등공신에 오르지 못해 크게 불만을 품고 있었다. 이렇듯 정변 이후에 조성된 불만스러운 분위기는 이방간을 통해 분출하게 된다. 정종 2년 1월 28일 2차 왕자의 난이 그것이다.

이성계의 넷째 아들 이방간은 다섯째인 동생 이방원이 둘째인 형 이방과를 허수아비 왕으로 삼아놓고 통치 행위를 하는 상황이 도무지 마음에 들지 않았다. 정종에게 아들이 없어 다음 대를 이을 후계자가 정해지지 않은 상황이라 이방간도 왕위 계승에 대한 야심을 갖고 있었다. 그러나 인격·공훈·위세가 이방원에 미치지 못한 그는 이방원에 대한 시기와 불만을 품고 기회를 엿보고 있었다.

이러한 불안정한 형세 속에서 박포가 이방간을 충동질했다. 이방원이 장차 이방간을 죽이려 한다는 박포의 거짓 밀고를 들은 이방간은 이 말을 믿고 사병을 동원했다. 이방원도 곧 사병을 동원해 개경 시내에서 치열한 시가전을 벌였다. 결국 이방원이 승리하여 이방간은 유배되고 박포는 처형되었다.

난이 평정된 뒤 이방원의 심복인 하륜의 주청을 받아들인 정종은 상왕 이성계의 허락을 얻어 2월 4일 이방원을 왕세제로 책봉했다. 그것은 단순히 다음 대를 약속받은 것이 아니라, "군국軍國의 중대한 일(중사重事)을 맡게 했다"라고 한 데서 알 수 있듯이 실권을 이양받은 것이다. 아니 그보다는 공식적으로 실권을 장악했다고 말하는 것이 정확할 것이다.

여기서 2차 왕자의 난의 본질을 확인해 보자.

이방원을 왕세제로 책봉하는 공식 문서인 〈태자를 세우는 교서〉에서는 친형제 간의 권력투쟁이 선이 악을 징벌하는 내용으로 꾸며졌다.

> 그런데 뜻밖에 회안공 이방간이 불측한 간신배(박포)의 말을 믿고 망령되이 의심을 품고 시기해 군사를 들어 난을 일으키므로 그 화단이 이루 헤아릴 수 없게 되었다. 그리하여 곧 정안공(이방원)에게 명해 군사를 이끌고 가 치게 했는데, 다행스럽게도 천지신명의 도움으로 즉시 평정해 며칠 만에 말끔히 진정시켰다.

그리고 이방간을 제압해 축출한 이방원의 행위를 유교적 언어로 포장했다.

> 순임금이 자신의 불민한 동생 상象을 걱정하듯이, 형 방간을 생각하는 정이 애처로웠고, 주나라 무왕의 동생 관숙이 반란을 일으키자 주공은 관숙의 목을 베었지만, (이방원은) 방간의 목을 베는 일을 차마 볼 수 없어서, 다만 방간을 잡아다가 안전한 곳에 유배를 보냈다.

그러나 2차 왕자의 난은 유교적 언어로 포장될 성질의 것이 아니다. 한번 벌어진 왕위 쟁탈전은 경쟁하는 왕자들 사이에 왕위 가능성이 열려있는 한 언제든지 재연할 소지가 있었다. 다섯째 왕자 이방원이 세자인 일곱째 동생 이방석을 죽이고 아버지를 왕위에서 밀어내 두 번째 왕자인 형 이방과에게 왕위를 잠시 맡겨놓은 상황에서, 이방원의 동모형인 넷째 왕자 이방간이 왕위 쟁탈전에 나선다는 것은 자연스러운 현상이었다.

이방원의 정변 행위가 한비자의 계합적 시각을 현실화시킨 상황에서 권력은 누구의 전유물도 아닌 강자가 쟁취, 장악하는 것에 불과한 것으로 인식되었다. 2차 왕자의 난은 이렇듯 부자와 군신관계에서 《한비자》가 의미를 가질 수 있는 한비자적 상황에서 발생한 사건이었다.

이방원은 언제 누가 자신의 등에 비수를 꽂을지 모르는 상황에 처하게 되었다. 자신이 그랬듯이 남도 자기에게 그럴 수 있기에 모든 사람을 늘 경계하고 매사를 의심의 눈을 가지고 바라볼 수밖에 없었다. 그렇게 들어오는 모든 정보가 이방원의 기억과 마음속에 저장되어 갔다. 그리고 훗날 왕위에 오른 이후 정치적 숙청을 할 때, 그 기억과 느낌이 어김없이 상기되어 숙청자의 죄목에 포함되었다.

조사의의 난 태조 이성계! 정변으로 사랑하는 아들 세자와, 한몸과도 같은 정치적 동지 정도전을 잃은 그는 정변이 발생하고 열흘 만에 왕위를 버렸다. 원래 그는 정치적 폭력을 사용하는 것을 좋아하지 않았고, 권력을 장악하고 행사하는 것에 집착하지 않았다. 그는 그런 면에서 정치적 인물이 아니다. 출중한 무장이 그의 정체성에 가장 잘 어울리는 표현일 것이다.

만약 무인정변 이후 그가 계속 왕위를 유지했다면 어떻게 되었을까? 그랬다면 2차 왕자의 난이 발생하고 이방원이 왕이 되는 일은 없었을 가능성이 크다. 그는 자신이 왕위를 넘겨줌으로써 초래될 앞날에 대해 그다지 깊게 생각하지 않았다. 그래서 왕위를 버렸을 것이다.

왕위를 이방과에게 넘겨준 후 이성계의 행적은 불교 행사, 온천행,

사냥이 주를 이루었다. 태종은 밖으로 떠도는 이성계를 붙잡을 수 없었지만, 이성계의 동향과 그의 주변 인물들의 동태를 유심히 살펴보고 있었을 것이다. 태종이 즉위하고 난 이후에 이성계의 외유는 더 빈번해졌고, 그에 따라 태종의 감시도 더 예민해졌다.

이성계의 외유 행적을 정리해 보자.

[태종 1년]

1월 1일 신암사에 거동.

윤3월 11일 금강산으로 행차.

4월 10일 안변부에 머묾. 태종, 도승지 박성명을 안변부로 보내 문안함.

4월 16일 안변, 함주 등에 정자를 지어 오래 머무를 뜻을 밝힘.

4월 17일 태종, 성석린을 보내 이성계에게 문안함.

4월 28일 안변에서 돌아옴.

9월 27일 평주에 온천 하러 감.

10월 4일 소요산으로 감.

[태종 2년]

1월 8일 태종, 소요산에 있는 이성계에게 박성명을 보내 문안함.

1월 28일 태종, 소요산에 가서 이성계를 뵘.

3월 9일 소요산에 궁궐을 지음.

8월 2일 태종, 회암사로 가서 이성계를 조회함.

10월 19일 중국 사신이 회암사로 가서 이성계를 알현함.

10월 27일 이성계가 별시위를 거느리고 동북면에 행차하고자 함. 이어서 안변의 석왕사로 향하려고 함.

11월 1일 이성계 동북면으로 향함.

11월 4일 이성계의 행차가 금화현에 머묾.

태종은 이성계가 외유를 나가 장기간 체류할 것 같으면, 지신사 박성명이나 개국공신 성석린 등을 보내 자식으로서 안부를 묻고 이성계가 돌아오기를 요청했다. 하지만 그것 때문만은 아니었다. 이들을 보낸 태종의 또 다른 목적은 이성계의 동향을 살피기 위함이었을 것이다.

마침내 태종 2년 11월 5일 안변부사 조사의가 그의 아들 전 장군 조홍과 함께 군사를 일으켰다. '조사의의 난'으로 불리는 사건이다. 거병의 이유를 실록은 아주 짧게 말한다. "조사의는 곧 현비顯妃 강씨의 족속인데 강씨를 위해 원수를 갚고자 한 것이었다."

조사의가 내건, 왕비를 위한 복수라는 명분은 무엇을 의미하는가? 자신의 거병은 반역이 아니고, 불의에 짓밟힌 정의를 복원하기 위함이라는 것이다. 부연하자면, 무인정변은 정당성이 없고, 무인정변으로 왕위를 차지한 태종을 왕으로 인정하지 않는다는 것이다.

조사의가 이런 명분을 내세우고 거병한 데는 그만한 실질적인 이유가 있었다. 무인정변 당일인 태조 7년 8월 26일 실록에 의하면, 정변 직후 조사의는 순군옥에 갇혔다가 사면되었지만, 그의 아들 장군 조홍은 순성진으로 유배에 처해졌다. 그와 그의 가문은 무인정변의 직접적인 피해자인 것이다. 거병 이후 반군세력은 동북면과 서북면 일대로 급속하게 확대되었다. 그만큼 많은 사람들이 태종의 왕권을 인정하지 않았고, 조사의의 거병은 그런 민심을 잘 반영하고 있었다.

정변 구조는 중앙 정계에만 한정된 것이 아니었다. 조선 전국에 걸쳐 구조화되어 있었는데, 특히 이성계의 근거지였고, 그를 추종하는 세력이 여전히 잔존하고 있던 동북면과 서북면에서는 정변 구조가 상대적으로 더 큰 의미를 갖고 있었다. 조사의의 거병은 이방원의 정변이 자초한 자연스러운 사건이었다.

잠시 짚고 넘어갈 문제가 있다. 조사의의 난에 과연 이성계는 얼마나 관련되어 있었을까? 반란 발생 이후 이성계의 행적을 정리해 보자.

11월 9일 이성계가 함주로 향해 동북면 깊숙이 들어감.
11월 11일 호군 송유가 함주에 이르러 조사의의 군중에게 살해됨.
11월 18일 이성계가 서북면 맹주로 향함.
11월 20일 태종이 보낸 이천우의 군사가 맹주에서 조사의의 군사에게 크게 패함.

분명히 반란군과 이성계의 동선이 겹치고 있음을 확인할 수 있다. 한 연구자는 반란 발생 이전부터 그리고 이후의 정황을 자세히 분석해 이성계가 조사의의 난을 직접 지휘했다고 추론하기도 한다.

그러나 69세의 이성계가 그런 정치적 행위를 직접 했다고 보기에는 무리가 있다. 설령 반란에 성공한다고 해도, 이성계는 태종 이후의 권력 구조에 대한 그림을 그리기 어려웠을 것이다. 여러 경우를 예상해 볼 수 있다. 첫째, 이성계 본인이 직접 권력을 장악한다. 그러나 그는 그런 권력욕이 없다. 둘째, 정종을 다시 왕위에 복귀시킨다. 그러나 정종 또한 원하지 않는 바이다. 셋째, 안치 중인 이방간을 왕으로 세운다. 그러나 그도 권력을 위해 이방원과 전투를 하지 않았던가? 그다지 탐탁하지 못한 인물이다. 넷째, 마지막 남은 왕자 이방의에게 왕위를 준다. 그러나 존재감이 없는 그가 피로 얼룩진 정국을 정리하리라고 기대하기 어렵다.

이성계는 태종 이방원을 용서하지 못했다. 아무리 불심佛心을 키워도 그가 왕위를 차지하고 있는 것이 맘에 들지 않았다. 그러나 그에게는 대안이 없었다. 정변 이후 이성계와 태종의 관계가 좀처럼 좁혀지지 않은 이유는 여기에 있다.

조사의의 난 때 이성계가 보여준 행적 또한 태종을 인정하지도 부정하지도 못하는 이성계의 심리상태가 반영되어 있었다고 보인다. 조사의의 난은 강씨와의 사이에 난 세 자식의 불행을 잊지 못해 외방으로 떠도는 태조와, 그러한 태조의 움직임을 태종에 대한 분노와 절치부심으로 읽은 조사의 간의 이심전심이 엮어낸 사건으로 볼 수도 있겠다.

11월 5일에 거병한 조사의는 초반에 상당한 기세를 올렸지만, 태종은 직접 군사를 지휘해 11월 27일 반란을 진압했다. 그리고 12월 18일 조사의, 조홍, 강현, 홍순, 김자량 등을 처형해 사건을 마무리지었다.

그렇다고 한비자적 상황이 끝난 것은 아니었다. 태종은 그다음 자신을 향해 도전하는 자가 누구인지를 찾아내기 위해 경계의 눈초리를 게을리하지 않았다. 그는 지속적으로 정변 구조를 관리해야만 했다. 그러기 위해서 태종은 한비자의 정치술, 즉 '술치術治'를 구사하게 된다.

태종의 이데올로그, 권근

변절의 낙인 지속되는 정변 구조 속에서 태종은 자신의 정치적 행위를 유교적 언어로 포장할 필요가 있었다. 그 임무를 권근에게 요청했고, 권근은 기꺼이 수락했다. 그 역할을 수행하면서 권근은 태종의 이데올로그가 되었다.

권근은 고려 말에 이색·정몽주와 뜻을 같이해 고려왕조를 지키려고 이성계·정도전에 맞서 대립하다가 공양왕 2년(1390)에 유배되었다. 중앙 정계에서 목숨을 건 권력투쟁이 진행되는 와중에 유배가 풀린 그는 고향 양촌(충주)으로 돌아와 지내다가 조선 건국을 맞이했다.

이색의 제자로 당대 최고 수준의 성리학자인 그는 익주(전북 익산)에서 유배 생활을 할 때 《입학도설》을 저술했다. 이 책은 초학자들을 위해 성리학의 기본원리를 도설을 통해 쉽게 해설한 것으로 훗날 조선 성리학의 특징인 경전의 도설식 설명의 선구적 업적으로 평가되고 있다. 익주에서 유배 생활을 마치고 1391년 양촌으로 돌아온 그는 유학의 경전인 오경을 주석하는 작업에 착수해 마침내 《오경천견록》까지 완결지었다. 《오경천견록》의 저술은 조선 유학의 경학적 신기원을 열어주는 의미 깊은 업적으로 조선 유학 자체의 독립된 학통을 형성할 수 있는 기반을 확보하는 데 크게 기여했다.

조선왕조가 세워지고 정적들에 대한 숙청의 바람이 지나자, 신권력은 구왕조와 운명을 같이하려는 인물들을 회유하게 된다. 태조 2년 1월에 이르러 왕족인 왕씨를 제외하고는 전 왕조에서 목숨을 걸고 싸운 정적들이 거의 사면되었다.

이성계는 태조 2년 1월 19일 개경을 떠나 신도읍의 후보지인 계룡산의 지세를 관람하고 청주를 거쳐 개경으로 돌아왔다. 그 사이에 태조는 양촌에 살고 있던 권근을 불렀다. 이색과 정몽주의 뒤를 이어 당대 최고의 성리학 이론가이자 문장가인 권근에게 유화책의 일환으로 출사를 권유한 것이다. 태조가 머무는 곳으로 달려간 권근은 조선 건국을 칭송하는 〈풍요〉라는 글을 지어 바쳤고, 바로 어가를 따라 개경으로 올라왔다. 이렇게 권근은 신왕조에 출사했다. 그것은 변절이었다.

지난 시절의 정적들이 장악하고 있는 정계에 출사한 권근은 변절자라는 낙인을 지우고 자신의 존립을 확보하기 위해 무진 애를 썼다. 국가와 왕실을 위해서는 물론 정도전을 비롯한 핵심 권력자를 위해 자신의 문장력을 아낌없이 발휘했다. 때로는 목숨을 걸고 명나라 사신으로 가는 임무를 자원하기도 했다. 눈물겨운 노력의 결과 태조 7년 3월에 태조로부터 개국의 공을 인정받아 원종공신으로 책봉되기에 이르렀다. 그렇다고 개국공신들이 그를 공신으로 인정할 리가 없었다. 변절의 낙인이 완전히 지워진 것은 아니었다. 그러다가 그해 7월에 모친상을 당한 권근은 삼년상을 치르기 위해 사직하고 중앙 정계를 떠나게 되었다. 그런데 다음 달인 8월 26일 무인정변이 일어난다.

정변 이후 사직 안정론과 같은 일회성 날조만으로 정국이 안정될 수는 없었다. 주자주의를 국시國是로 하고 있는 조선왕조로서는 주자주의에 의한 지속적인 정당화 작업이 필요했다. 이방원은 적임자로 권근을 생각했다. 그러나 그가 마침 그 자리에 없었다. 모친상으로 사직 중이었다. 이에 이방원은 그에게 삼년상을 중지하고 조정으로 복직할 것을 명했다. 무인정변으로 형성된 정치 공간은 권근에게 변절의 낙인을 지울 수 있는 예상치 못한 큰 기회를 가져다주었다. 이 기회를 놓칠 권근이 아니었다. 고려를 버리고 조선을 택한 변절자가 태조를 버리고 이방원의 명령을 따르는 것은 그다지 어려운 일이 아니었다.

폭력적 권력의 정당화 무인정변 이후 이방의·이방간·이방원 세 왕자를 개국 1등공신으로 책봉함에 즈음해 이방원에게 내려진 교서, 2차 왕자의 난 이후 이방원을 왕세제로 세우며 내린 태자를 세우는 교서, 그리고 정종이 이방원에게 왕위를 전하는 교서 등 중요한 정치적 문건들이 권근의 손으로 작성되었다. 폭력으로 얼룩진 권력투쟁의 사건들을 권근은 성리학적 이론과 용어로 그럴듯하게 포장해 냈다.

정종이 왕위를 이방원에게 전하는 교서의 내용을 살펴보자. 그 교서에서는 조선 건국에서 당시에 이르기까지 모든 공이 이방원에게 돌려지고, 그러한 이방원이 왕이 되어야 함을 '천명'과 '인심'을 가지고 정당화하고 있다.

> 삼가 생각하건대 우리 조종께서 어질고 두터운 덕을 쌓으시어 천명이 집중되었는데, 우리 계운신무태상왕(태조)이 처음 창업할 때에 미쳐, 왕세자 모(이방원)는 기미를 아는 선견지명으로 천명을 환히 알아 맨 먼저 대의를 주창해 왕업을 세웠으니, 우리 조선의 개국은 오직 너의 공로가 컸다. 그러므로 당초 세자를 세우는 논의에 물망이 다 너에게 돌아갔다. 뜻밖에 권력을 가진 간신이 어린 서자를 세우므로 사직이 무너지게 되었는데, 하늘이 그 충심을 유도해 방책을 세우고, 난을 진정시켜 종사를 편안하게 했으니, 우리 조선이 다시 일어난 것 역시 너

의 공로를 힘입은 것이요, 나라는 그때 이미 너의 소유였던 것이다.

사직 안정론의 논리를 그대로 따르면서 기존의 논리에서 더 나아가 이미 무인정변의 시점에서 왕위는 이방원의 것이었다고 말한다.

그러나 진심 어린 겸양으로 태상왕께 아뢰어, 어질지 못한 나(정종)를 적장의 자리에 앉혀 왕위를 명하니, 내가 사양하다 못해 억지로 정사를 돌보게 된 지 이제 3년이 되었는데, 천리가 따르지 않고 민심이 믿어주지 않아, 가뭄과 벌레의 재난이 일어나며 괴이한 일이 계속 발생하고 있다. 이는 내가 어리석고 덕이 부족하여 발생한 일이라, 두려워 떨리며 위를 보나 아래를 보나 부끄러울 뿐이다.

태조의 자리를 곧바로 자신이 차지하지 못하는 상황에서의 이방원의 행위를 겸양의 미덕으로 포장했고, 이어서 왕위에 오른 정종의 부덕함을 지적하면서 이방원이 왕이 되어야 할 때가 도래했음을 말한다.

훌륭하다. 너 왕세제는 강직하고 명철한 덕성을 지녔고, 용맹과 슬기의 자질이 빼어났다. 인의는 태어날 때부터 깨달았고, 효제는 지극히 착한 천성에 따랐으며, 학문은 의리에 밝았고, 영특한 꾀는 변통에 적합하다. 이처럼 진실로 뛰어나게 슬기롭고 겸손한 사람이라 일찍이 세상을 구제하고 민생을 안정시키는 역량으로 능히 난을 제거하고 반정反正의 공로를 세웠다. 그리하여 그 인덕을 칭송하는 백성이 귀복하게 되었고, 종사가 힘입게 되었다. 이처럼 어질고 덕이 있으니 대통을 계승하는 것이 마땅하다. 나는 왕위를 사양해 너에게 전하고 사저에 물러가 편안하게 수양하며 백세까지 살려 한다.

이상의 교서에서 확인했듯이, 권근은 이방원이 왕위에 오르기까지의 과정에서 구사한 폭력적 행위를 유학적 언어로 설명해 냈다. 태종의 이데올로그로서의 임무를 충실하게 수행한 것이다. 그런 권근의 충성에 태종은 보답했다.

태종은 즉위 직후인 태종 1년 1월 15일에 자신의 집권에 공이 있는 46명을 좌명공신으로 책봉했다. 이들은 4등급으로 구분되었는데, 제2차 왕자의 난을 주도하거나 그 난에 적극 가담한 자들이 상위를 점했고, 비록 난에 직접 관여한 것은 아니나 태종의 집권 과정에 공이 있는 자들은 하급 공신으로 선정되었다.

권근은 "정성을 바쳐 힘을 모아 왕실을 돕고 오래토록 부지런히 보호하는 데 힘써 보좌하고 받들어 명을 도왔다"는 이유로 4등공신에 포함되었다. 아마도 자신의 집권 과정을 문장으로 장식해 준 것에 대한 보상이었으리라.

무인정변 이전까지 태종과 특별한 관계가 없던 권근은 자신의 문장력으로 태종 집권기에 권력의 핵심적 지위에 진입했다. 좌명공신으로 책봉된 그해 7월 권근은 예문대제학과 성균대사성을 겸임하게 됨으로써 조선 최초의 실질적인 문형文衡(최고의 지식인)의 지위에 오른다. 이제 더 이상 권근을 변절자로 보는 사람은 없었다.

천견론의 변형 골육상쟁을 거쳐 왕위를 쟁취한 태종은 자신의 권력에 대한 정당성을 인정하지 않는 주변 환경에 대해 마음 편할 리가 없었다.

즉위 직후인 1400년 12월 22일 수창궁에 화재가 났다. 하급 관리가 불을 잘못 다루어 침실에서 시작된 불길이 대전에까지 미쳤다. 태종이 놀라고 두려워해 말했다. "궁궐은 이미 불타서 구제할 수가 없으니 사람이나 상하지 말게 하라."

당시 모든 사람들은 궁궐의 화재를 태종의 권력 장악과 연계시켜 생각했을 것이다. 물론 입 밖으로 내지는 못했겠지만 말이다. 민심은 흉흉했다. 유교국가에서는 이런 상황에서 보통 민심을 안정시키기 위해 구언(신하들의 의견을 구함)을 하게 된다. 바로 당일 태종도 구언하는 교서를 내려 8조목에 걸쳐서 잘못된 정치가 있었는지를 물은 다음에, 앞으로 무엇을 해야 할지 구체적인 정책을 제시하라고 요청했다.

> 이 모든 것(8조목)이 화기和氣를 범해 재이를 부른 까닭이다. 재앙을 없애는 도를 닦고자 하면 마땅히 곧은 말을 구해야겠다. …… 무릇 과인의 잘못과 좌우의 충성하고 간사한 것과 정령의 잘되고 못된 것과 민생의 이해와 폐단을 구제할 방법을 극진히 말해 숨기지 말라.

이 교서가 전한의 동중서에 의해 정비된 천견론天譴論(하늘이 경계를 내림)에 의거하고 있음은 쉽게 알 수 있다. 동중서는 〈대책〉에서 다음과 같이 말했다.

> 나라에 장차 도리에 어긋나 패란敗亂이 일어나려고 할 때, 하늘이 먼

저 재이를 내려 경고한다. 그런데도 스스로 반성할 줄 모르면 또다시 괴이한 재이를 내려 경고하고 두려워하게 한다. 그런데도 그 변화를 알지 못하면 상傷하여 패망하게 된다. 이는 하늘의 마음이 인군人君을 인애해서 그 혼란을 그치게 하고자 하는 것이다. 스스로 크게 무도한 세상이 아니면, 하늘은 모두 붙들고 안전하게 하고자 한다. 인군은 하늘의 경고에 답하는 일에 힘써 진실을 가지고 대하지 않으면 안 된다.

자신의 집권 과정에 문제가 있음을 자각하고 있던 태종은 즉위 직후 빈발하는 재이에 대해 민감하게 반응하지 않을 수 없었을 것이다. 게다가 수창궁이 불타버리는 일마저 발생하자 태종은 천견론에 입각한 〈구언교서〉를 통해 난관을 극복하고자 했다. 이러한 태종의 구원 요청에 권근이 응했다. 태종 1년 1월 14일 그는 절묘한 문장으로 태종을 비호했다.

대체로 재이가 일어남은 항상 사람에게서 연유하는 것으로서 혹은 일이 있기 전에 경계를 보이기도 하고, 혹은 일이 있은 뒤에 벌을 내리기도 하는 것입니다. 하늘의 뜻은 그윽하고 멀어서 실로 엿보아 헤아리기 어려우나, 인사(사람의 일)를 보고서 미루어 알 수 있습니다. 예로부터 하늘의 마음은 임금을 사랑해 분명히 견고를 보여서 반드시 보호해 안전하게 하고자 하는 것이므로, 영특하고 총명한 자질이 있어 큰일을 할 만한 임금이 범상한 옛것만을 따르고 떨쳐 일어나 분발하여 큰일을 하려 하지 않으면, 하늘은 반드시 더욱 비상한 재앙으로 경고해 그 임금으로 하여금 두려워하고 근신해 큰일을 하게 하는 것입니다.

언뜻 보면 동중서의 천견론을 말하고 있는 듯하지만, 그 내용에 있어서는 원래의 천견론과 차이를 발견하게 된다. 즉 악행·악정이 있어 그로 인해 나라에 장차 "도리에 어긋나 패란"이 일어나려고 할 때 하늘이 이를 경계하기 위해 재이를 드러낸다는 것이 천견론인데, 권근은 "혹은 일이 있기 전에 경계를 보이기도 하고, 혹은 일이 있은 뒤에 벌을 내리기도 하는 것입니다"라고 변형시켜, 선행하는 인사人事 없이도 하늘이 경계를 보인다고 하며, 천인감응설天人感應說(하늘과 사람이 서로 연계되어 반응함)에 맞지 않는 주장을 하고 있다. 잘못된 정치에 상응해 견책이 있는 것만이 아니라, 비록 실정이 없어도 왕을 보호하고 격려해 대임을 수행시키기 위해서 견책하는 경우도 있다는 것이다. 권근은 다음과 같이 단정하고 있다.

> 즉위하신 지 겨우 한 달이 넘어 아직 잘못된 일이 없는 이때에 먼저 재앙을 내려 궁실을 태운 것은 반드시 전하께서 큰일을 하라고 경고한 하늘의 뜻이라는 것을 분명히 알 수 있습니다.

요컨대 지난일에 전혀 문제가 없으니 불안해하거나 흔들릴 필요가 없이 당당하게 정사를 펼쳐나가면 된다는 것이 권근의 주장이다. 이미 태종은 그만한 인물이고 실제 하늘로부터 보증을 받았다는 것이 권근의 생각이다.

> 우리 주상전하의 영명하신 천성과 정민하신 학문은 근고近古(그리 오래되지 않은 옛날) 이후의 임금들에게서는 그 짝이 될 만한 이가 드무니,

큰일을 할 수 있는 자질로서 큰일을 하셔야 할 책임을 맡으셨습니다.

이상에서 알 수 있듯이 태종과 권근은 권력을 매개로 해 상호 의존관계에 있었다. 태종은 권근에게 권력의 핵심에 접근할 기회를 주었고, 이에 대한 반대급부로 권근은 문장으로 태종의 권력을 장식해 주었다.

권근이 유교의 기본논리를 변형시켜 가면서까지 태종을 비호한 것은 태종이 저지른 비난받을 만한 일을 정당화하거나 숨기기 위해서만은 아닐 것이다. 과오로 점철된 과거의 일보다는 미래의 일이 더 중요하다고 판단해 그런 작업을 했다고 보인다. 〈구언교서〉에 답하는 글에서 권근은 태종에게 지난일에 신경 쓰지 말고 앞으로 큰일을 하라고 당부하고 격려한다. 그가 태종에게 요청한 큰일이란 유교국가 조선의 기초를 확립하는 것으로 보아도 좋다.

유교적 군주의 길

부자유친의 회복 이방원은 어려서부터 아버지 이성계를 존경했고, 아버지처럼 되고자 노력했으며, 아버지가 원하는 바를 해드리려 하던 효자였다. 이성계는 그런 이방원이 자랑스러웠고 늘 그를 대견하게 여겼다. 이성계와 이방원의 관계에서 유교적 가치의 최고 덕목인 부자유친의 전형적인 모습을 확인할 수 있다. 그러나 이방원이 정몽주를 격살하면서 이방원에 대한 이성계의 친함에 금이 갔다. 그리고 이번에는 이방석이 세자로 선정되면서 이성계에 대한 이방원의 친함에 금이 갔다. 그리고 마침내 무인정변으로 인해 양자 사이의 친함이 깨져버렸다.

제가 이후에 치국평천하가 아니던가? 왕이 된 이방원은 무엇보다도 먼저 아버지 이성계와 예전의 친함을 회복하고자 성심성의를 다해 모셨다. 문안을 드렸고, 연회를 베풀었으며, 이성계가 원하는 것은 무엇이든 들어드리려고 했다. 한 가지 에피소드를 소개한다.

태종 1년 5월 28일 태종이 덕수궁에 조회하고 헌수(장수를 비는 뜻으로 술잔을 올림)하니, 태상왕 이성계가 태종에게 말했다.

"방간이 비록 죄가 있으나 이미 혼이 났다. 불러 돌아오게 하는 것이 어떻겠느냐?"

태종이 대답했다.

"이는 신의 오래된 마음입니다. 명대로 곧장 따르겠습니다."

이성계가 2차 왕자의 난 이후 외방에 안치된 이방간을 개경으로 불러서 함께 살자고 하니, 그 자리에서 태종은 그렇게 하겠다고 대답했다. 자기도 전부터 그렇게 하려고 마음먹고 있었다고 했다. 이 말은 태종의 진심이었으리라. 이 당시 태종은 왕위에서 내려오라는 요구만 아니면 이성계의 요구는 무엇이든 들어줄 준비가 되어 있었다.

이방간을 불러오는 것은 아버지와의 친함을 회복하는 길이기도 했지만, 결과적으로는 집안을 다스리는 길이기도 했고, 나아가 나라를 다스리는 조건을 확보하는 길이기도 했다. 즉답을 들은 이성계도 오랜만에 이방원에 대한 앙금이 옅어졌을 것이리라. 이 건으로 아버지와의 감정의 사이를 좁힌 태종은 6월 4일 의정부에 교지를 전했다.

회안군(이방간)의 경진년 일(2차 왕자의 난)은 그 본래의 마음이 아니고, 다만 박포에게 현혹됐을 뿐이다. 이제 황제께서 고명誥命과 인신印信을 주시어 군주와 신하의 분수가 이미 정해졌으니, 무엇을 더 의심하고 우려할 것이 있는가? 그러니 사람을 보내 불러 올리도록 하라.

조선 건국 이후 태조의 책봉을 홍무제에게 요청했으나 결국 태조 이성계는 명으로부터 승인을 받지 못했다. 이때에 이르러 태종이 처음으로 명 황제(건문제)로부터 조선 국왕으로 인정받게 됨으로써 조선에서 군주와 신하 사이의 분수가 정해졌다. 이로써 명과 조선의 국교가 정식으로 성립된 것이다. 명나라의 승인이 태종에게 왕권에 대한 자신감을 부여해 주었다. 태종이 이성계의 요구에 흔쾌히 응답한 것도 이런 배경이 있었기 때문일 것이다.

그러나 태종의 교지를 전해 받은 의정부의 3정승을 포함한 20여 명이 상소해 불가함을 진언했고, 대간도 연명해 반대하는 상소를 올렸다. 태종은 아버지의 뜻을 어길 수 없으며, 부자 간에 형제 간에 친함을 회복하기 위해서라고 명확하게 말했다. 그러자 다음 날 판의정부사 조준 등이 소를 올려 적극 반대했다.

그래도 태종이 이성계의 명을 어기기 어려워 불러 올리려고 하자, 그 다음 날 대사헌 유관 등이 글을 올려 다시 불가함을 요청했다. 태종이 결단을 못하고 망설이자, 이번에는 정부와 백관들이 연명상소를 올려 절대 불가하다고 말렸다. 결국 태종은 이성계의 바람을 이뤄주지 못했다. 비록 태종이 애쓴 건 들어서 알았겠지만 이성계는 실망이 컸을 것이다. 한편 태종은 모처럼 부자 간 감정의 거리를 좁힐 수 있는 기회를 살리지 못한 것이 못내 아쉬웠을 것이다.

이 에피소드 이후에도 태종은 이성계와의 친함을 회복하기 위해 애썼다. 반면 그런 노력에도 좀처럼 간격이 좁혀지지 않고 도리어 이성계가 외방으로 떠나 체류하는 일이 많아지면서 태종은 불안감마저 느끼게 되었고 그에 따라 점차 이성계의 동향을 예의주시하게 되었다.

그러던 중 마침내 태종 2년(1402) 11월 5일 조사의의 난이 발생한다. 반란이 진압된 후 이성계도 태종에게 미안한 마음이 들었을 것이다. 태종은 이성계를 야속하게 생각했을 것이나 이성계에 대한 지성봉양을 멈추지 않았다. 태상왕 이성계, 상왕 정종, 금상 태종의 3부자 간의 친함을 회복하기 위해 노력하는 장면이 실록에는 많이 등장한다.

어느덧 태상왕은 다른 대안이 없고, 상왕은 이대로 더 바랄 바가 없었다. 이성계의 마음에는 처음부터 이방원을 세자로 선정해서 이 길로 왔으면 더 좋았을 걸 하는 생각이 들었을지도 모른다. 시간이 가면서 아버지와 아들 사이의 거리는 점차 좁혀져 갔다.

의합체제의 복원 군신유의君臣有義! 태조 이성계–세자 이방석–재상 정도전–백관으로 이어지는 의합체제를 전복시키고 왕위에 오른 태종은 태종 이방원–세자 양녕–재상 하륜–백관으로 이어지는 군신체제를 새롭게 구축해 갔다. 그러나 탄생 과정을 잘 알고 있는 사람들에게 이 체제가 '유교적 의합체제'로 여겨지기는 어려웠다. '한비자적 계합체제'라고 보는 것이 그 본질에 가깝다. 따라서 유교적 군주의 길을 가고자 하는 태종으로서는 자신이 구축해 가는 군신체제를 태조 이성계가 형성했던 이전의 의합체제로 복원해야만 했다.

그러기 위해 한편으로는 자신의 공신들과 삽혈동맹을 맺었고, 다른 한편으로는 고려의 충신을 소환하고자 했다.

태종 1년 2월 12일 태종은 공신들과 함께 신명께 제사하고 굳게 맹세하며 우호를 맺었다. 그들은 맹세를 통해 의합적 군신관계로 굳게 결속할 것을 다짐했다. 맹약을 깨고 배신하는 경우 받아야 할 징벌까지도 거론하며 영원히 지킬 것을 맹세했다. 이렇게 유교적 군신으로 새롭게 관계를 설정하는 한편 그들이 따라야 할 모델로서 길재·정몽주·김약항과 같은 전조에 충성을 바친 신하들을 불러오고자 했다. 태종의 목적은 분명했다. 자신의 신하들이 이들과 같은 충신이 되어 자신을 정점으로 하는 의합체제가 복원되기를 기대했다.

가장 먼저 이방원은 정종 2년(1400) 7월 2일 왕세제의 신분으로 길재를 불렀다. 1389년에 벼슬을 버리고 고향에 돌아가 홀어머니를 모시고 있던 그는 효자라는 명성이 지역 사회에 퍼져 있었다. 지난날 과거 공부를 할 때 성균관에서 함께 공부한 적이 있던 이방원이 왕세제가 되어 자신을 부르니 개경으로 올라왔다. 이방원이 정종에게 말해 그에게 봉상박사를 제수했다. 그러나 길재는 정종에게 상서하고는 고향으로 돌아가기를 청했다. 이튿날 정종은 경연에 나가 권근에게 어떻게 처리할까를 물으니, 권근이 대답했다. "이런 사람은 마땅히 머물기를 청해 작록을 더해주어서 뒷사람을 장려해야 합니다. 그러나 청해도 억지로 간다면, 스스로 그 마음을 다하게 하는 것이 낫습니다."

결국 길재는 향리로 돌아갔다. 이 장면은 폭력 정권이 자신의 정당성을 조달하기 위해 유교적 가치인 절의, 즉 '군신유의'의 구현자를 포섭하려 시도했으나, 실패하고 마는 것을 보여준다. 그리고 그 장면의 마지막 부분에서 권근이 관여하고 있으나, 아마도 길재 포섭 공작은 처음부터 권근이 관여하고 있었다고 보아도 좋을 것이다.

이때 길재 포섭에는 뜻을 이루지 못했지만, 반 년쯤 지나 이방원이 태종으로 즉위하고 나서 권근은 같은 의도를 가진 포섭 작업을 또다시 시도한다. 앞서 기술한 1400년 12월 22일 수창궁 화재 사건으로 태종이 〈구언교서〉를 하달하자, 다음 해 태종 1년 1월 14일 권근은 6조목에 이르는 치도治道를 태종에게 상서했는데, 그중 다섯째 조목에서 권근은 이렇게 기술했다.

> 다섯째는 절조와 의리(절의節義)를 기려야 합니다. …… 이미 대업이 정해져 수성할 때에는 반드시 지난 왕조에서 절조를 다한 신하에게 상을 주어야 합니다. 죽은 자에게는 벼슬을 주고 살아있는 자는 불러 쓰면서, 아울러 그 행실을 세상에 널리 알리고 상을 내려 후세의 신하들의 절조를 격려해야 하니, 이는 옛날이나 지금이나 두루 통하는 의리입니다.

그러면서 권근은 구체적으로 정몽주·김약항·길재 3명을 거론했다. 마침내 태종 1년 11월 7일 권근의 견해가 받아들여져 이미 죽은 정몽주와 김약항에게 벼슬을 주었다. 권근은 충신의 상징적 존재로서 생존하는 길재를 꼭 출사시키고 싶었지만, 이번에도 길재의 뜻을 꺾지 못한 것 같다. 훗날 권근이 길재를 위해 읊은 시 〈차운해 길재 선생의 시권에 쓴다〉가 그의 문집인 《양촌집》(10권)에 실려 있다.

> 중한 의리 높이 품어 삶을 던졌거니高依重義自經生

한 몸의 공명은 영화로운 게 아니네身上簪纓匪所榮
도를 지켜 신하의 절개 온전히 했으니守道克全臣子節
봉계 장한 명성 천년을 흐르리라鳳溪千載永流聲

아롱 옷 입고 춤추어 어버이 기쁘게 했고舞彩欣欣善事生
책명으로 어버이를 영화롭게 했네策名科第爲親榮
한번 몸 바치며 신하의 절개 굳혔으니却緣委質堅臣節
충과 효의 장한 명성 세상에 드높았네忠孝雙全播令聲

조정이 바뀐 뒤에는 사는 것도 구차하거든市朝遷革恨偸生
하물며 한 몸의 벼슬을 영화롭게 생각하랴況肯身紆組綬榮
다행히 주나라가 대도를 회복함에 힘입어賴是周家恢大道
서산에서 채미가를 부를 수 있었네西山容得採薇聲

못가에 양구 입은 옛 친구를澤上羊裘舊友生
영화를 같이하자 진정으로 불렀건만徵來誠欲共安榮
끝내 강호의 뜻 빼앗지 않았음은終然不奪江湖志
절의 지킨 그 명성 멀리 전하게 함이라要使遐傳節義聲

지성한 효심이 하늘에 이르러誠孝格天意
담제 날 아침엔 날씨도 맑았더라禫晨風日淸
까마귀처럼 어버이에 못다 한 정을 슬퍼했거니烏啼悲未哺
빠른 세월 멈추지 못함을 얼마나 슬퍼했나駒隙慟難停

성인의 법을 따라 지켜 잃지 않았으니聖制遵無墜
어둡던 사문이 다시금 밝아졌네斯文晦復明
뉘라서 양심이 있지 않으랴良心誰不有
그대 생각하니 눈물이 흐르오感涕爲君零

이 시는《양촌집》의 배열상 태종 5년경의 작품으로 여겨지는데, 그렇다면 권근이 죽기 5년 전이다. 인생의 말년에 이른 권근이 지난날의 행위에 대한 참회의 눈물을 흘리는 것인가? 이방원과 자신의 행위를 부정하고 있는 것인가? 권근은 한순간 그런 생각이 들었는지도 모른다.

그러나 그의 정신세계를 지속적으로 지배하고 있던 것은 위에 인용한 시의 세 번째 연이라고 할 수 있다. 조선의 혁명은 주나라 무왕이 은나라 주왕의 폭정을 종식시키고 대도大道를 회복한 것에, 그리고 길재가 절의를 지키는 것은 은나라의 후예인 백이와 숙제가 주나라에 출사하지 않고 은나라를 향한 절의를 지킨 행위에 각각 비유되어 있다. 길재의 절의를 칭찬하는 것과 조선의 혁명은 모순을 일으키지 않고 있다. 그러므로 "영화를 같이하자 진정으로 부르는" 것과, 그것을 거절하는 것도 모순을 일으키지 않는다.

결과적으로 길재의 절의를 칭찬하는 것은 자신의 행위를 부정하는 것이 아니며, 오히려 길재의 절의조차도 칭찬할 수 있는 자신을 드러내 보이려는 의도가 엿보인다. 적어도 권근은 조선 건국 이후 자신의 행위에 대해서 일말의 거리낌도 없었다. 이런 생각을 가지고 권근은 때때로 흔들리는 태종을 다잡아 주면서 태종이 유교적 군주의 길을 가도록 보좌했다.

백성을 위한 인정仁政 유교적 군주의 최종 종착점은 백성을 위한 정치를 하는 것이다. 맹자가 주장한 어진 정치란 다름 아닌 사직이나 군주보다 백성을 귀하게 여기는 정치였다.

《맹자》〈진심 하〉에 나오는 유명한 구절이다. "가장 귀중한 것은 인민이고, 그다음은 사직이며, 군주는 가벼운 것이다."

태종 이방원은 자기가 왕위에 오르기까지 행한 냉혹한 정치적 행위에 대해 거리낌을 느끼고 있었다. 자기의 행위에 대해 정당화 논리를 개발해 방어하기는 했지만, 마음 깊은 곳에 간직된 아버지, 형제, 친척, 그리고 사대부 관료들에 대한 거리낌을 완전히 지울 수는 없었다. 그들을 상대로 유교적 군주의 품격을 갖추기는 쉽지 않았다.

그러나 백성들에게는 그런 무거운 마음의 빚이 없었다. 그랬기에 태종은 진심으로 성의를 다해 백성을 위한 정치에 전념할 수 있었다. 그렇게 하는 데 허구도 가식도 포장도 변명도 필요 없었다. 그저 군주로서 백성의 어려움을 줄여주고 백성의 삶을 편히 해주면 그만이었다. 어쩌면 태종 이방원은 그렇게 함으로써 마음의 구원을 얻었는지도 모른다.

이러한 태종의 애민 정신을 이한우는 《태종, 조선의 길을 열다》에서 다음과 같이 서술하고 있다. 길지만 태종의 마음을 잘 묘사하고 있어 그대로 적는다.

태종 집권 내내 그를 괴롭혔던 것은 다름 아닌 해마다 찾아오는 가뭄이었다. 그것은 곧 백성들의 고통으로 이어질 수밖에 없었다. 그럴 때마다 태종은 감옥에 혹시라도 죄 없이 벌 받는 사람이 없는지를 살폈고, 그 자신도 음식을 들지 않다가 건강을 상하는 일도 종종 있었다. 측근들에게 푸념조이긴 하지만 부덕한 자신이 왕위에 오르는 바람에 하늘이 벌하는 것이라며 자책을 했고, 왕위를 물러나야 하는 것 아니냐는 이야기도 자주 했다.

아버지 이성계의 강한 압력에도 불구하고 그가 한양 천도를 미룬 이유 중의 하나도 실은 개경 백성들의 불만 못지않게 새로운 수도 건설에 투입될 백성들의 노동력 동원이 가져올 폐해를 무엇보다 중요하게 생각했기 때문이다. 태종 5년 천도를 준비할 때는 한양의 거처가 부족해 신료들이 일반 백성들의 집을 빼앗는 일이 많았다. 이를 알게 된 태종은 진노하며 이를 엄금했다. 또한 백성들이 각종 노역이나 공역에 동원돼 굶는다거나 얼어 죽는 일이 있다는 보고가 올라오면 태종은 즉각 시정을 명했다. 이런 사례는《실록》에 부지기수로 나온다.

또 당시에는 송사나 재판이 지체되어 시설이 열악한 감옥에 갇혀 있다가 죽는 일이 많았다. 태종 6년 태종은 지신사 황희를 불러 호통을 친다. "죽을죄를 졌으면 곧장 죽일 일이지 어떻게 옥 안에서 숨지게 할 수 있는가?" 실제로 재판을 지체했다가 고위 관리들까지 처벌받는 일이 종종 있었다.

그는 개인 성품 면에서도 열정과 냉정이 공존했지만 정치적으로도 백성에 대한 애정(열정)과 제도적 개혁(냉정)의 균형을 유지했던 지도자였다. 사실 하드웨어 설계는 열정 없이 해낼 수 없다는 점에서 결국 그가 조선의 골격을 세울 수 있었던 정신적 원천은 백성에 대한 그의 근원적인 연민과 사랑이었다고 보는 게 온당할 것이다.

하륜, 권력을 향한 정치적 여정

이인임에서 이색으로 하륜의 가문은 진주의 토착세력으로 대대로 과거 급제자를 배출했다. 그러나 그들은 중앙 권문세족의 자제와는 달리 고위직으로 현달해 명문가문으로 성장하지는 못했다. 그러다가 하륜 대에 이르러 중앙 관료가 되어 명문가로 성장한다.

하륜은 공민왕 14년(1365) 19세의 나이로 과거에 급제해 관직 생활을 시작했다. 이때 이인복과 이색이 함께 과거시험을 주관하는 좌주(담당관)였는데, 하륜을 범상치 않다고 여긴 이인복은 자신의 아우 이인미(이인복, 이인임, 이인미는 친형제)의 딸과 혼인시켰다. 이로써 하륜은 당대의 권문인 성주 이씨와 인척관계를 맺게 되고 정치적으로 성장할 수 있는 발판을 마련한다.

한편 또 다른 좌주이던 이색은 공민왕 16년 재건된 국학(성균관)의 책임자가 되어 젊은 학관들을 양성하고 있었는데, 하륜 역시 그들과 교유관계를 유지하면서 학문적으로 성장해 갔다.

6

유교국가의 기틀을 만들다

공민왕 대에 순탄하게 관직 생활을 한 하륜은 우왕 대에도 다른 신진 관료들과는 달리 순조롭게 직급을 높여갔다. 공민왕이 시해되고 우왕으로 교체되는 과정에서 공민왕의 친명정책을 지지하던 대다수의 신진 관료들이 정치적 탄압을 받은 것과는 달리, 공민왕 시해 이후 집권자가 된 이인임이 조카사위인 하륜을 비호했기 때문이다. 하륜은 이인임 정권하에서 우왕 5년(1379)에 성균대사성(정3품)이 되고, 우부대언, 우대언, 전리판서, 밀직제학(정3품)을 거쳐 우왕 11년(1385)에는 첨서밀직사사에 이른다. 밀직사는 조선의 승정원과 중추원 등의 기능이 하나로 합쳐진 것과 같은 핵심 기구였다.

우왕 14년(1388) 이인임 정권이 몰락하고 최영이 등장해 요동정벌을 시도할 때, 하륜이 정벌을 반대하자 화가 난 최영이 그를 양주(양양)에 유배시켰다고 하는데, 이 시점에서 하륜의 유배는 이러한 정책적 요인보다는 이인임이 몰락하자 하륜도 함께 유배된 것으로 추측된다. 그러나 그의 정치적 좌절의 시간은 그리 오래가지 않았다. 위화도 회군 후 정국의 주도권을 장악한 쪽은 창왕 옹립을 지원한 조민수와 이색 쪽이었다. 이때 하륜은 자연스럽게 좌주인 이색 진영에 가담한 것으로 보인다. 이인임에서 이색으로 갈아탄 하륜은 무장 조민수와 문인 이색이 옹립한 창왕을 섬기면서 자신의 능력을 발휘해 권력의 최상층에 진입할 수 있을 것으로 기대했을 것이다.

그러나 얼마 지나지 않아 조민수는 실각하고 이색파는 이성계파와의 권력투쟁에 빠져든다. 그 와중에 하륜은 한 사건에 연루되어 유배되고, 이후 창왕을 폐위시키고 공양왕을 옹립한 이성계파가 정국을 주도하는 상황에서 하륜은 유배지를 옮겨 다니게 된다. 그러다가 정몽주가 부상하면서 이색파에 대한 사면이 이루어지고, 유배에서 풀려난 하륜도 전라도 관찰사로 임명된다. 이제 하륜은 정몽주, 이색 등과 함께 고려왕조의 유지를 위해 이성계파와의 최후의 결전을 맞이한다.

변절과 반역 이성계파의 승리와 고려의 멸망은 정치가 하륜에게 치명적인 타격을 입혔다. 이인임에서 이색으로 이어지는 고려 정치의 본류에 합류해 최고의 권력층을 향해 순항하던 하륜의 정치적 여정은 깊은 나락으로 빠져들었다. 그런 그에게 선택의 순간이 찾아왔다. 고려왕조와 운명을 같이할 것인가, 아니면 신왕조의 회유에 응해 변절할 것인가였다.

이성계파는 고려 말에 투쟁한 반대파를 회유해 신왕조의 일원으로 포섭하려고 했다. 일부를 제외하고는 대다수 인물들이 회유에 응했다. 권근과 하륜은 그 대표적인 인물이다. 두 사람 모두 태조 2년에 출사한다. 이후 이들은 권력의 최상층을 점하고 있는 개국공신 세력으로부터 변절자라는 따가운 눈총을 받아가며 자신의 능력으로 존재감을 확보해야만 했다. 권근이 성리학적 지식과 탁월한 문장력으로 활로를 모색했다면, 천문, 지리, 음양, 도참, 의술 등 잡학에 능하고 사무처리 능력이 뛰어난 하륜은 당시 이성계가 몰입하고 있던 신도新都 건설 사업에서 존재감을 드러내고자 했다. 태조는 계룡산 천도를 추진하고 있었으나 하륜이 무악산 천도론을 주장해 결국 태조는 계룡산 천도를 포기하게 된다.

태조의 부름을 받고 경기도 관찰사의 직책을 받아 출사한 이후 하륜이 담당한 일은 천도 건 외에도 역대 현인들의 비록秘錄 편집 및 강의,

음양산정도감의 일원으로 지리도참 서적의 교정 등이었다. 당시 정권, 병권, 교권을 틀어쥐고 조선왕조의 새로운 제도를 기획하고 만들어 가던 정도전의 일에 비하면 하찮은 일에 불과했다. 권력의 정점에 우뚝 선 정도전을 바라보는 하륜의 심정은 참담했을 것이리라. 태조 대에 하륜과 정도전이 연관된 한 장면이 하륜의 〈졸기〉에 실려 있다.

정도전이 당면한 가장 어려운 과제는 조선을 불신하는 명나라와의 관계를 개선하는 것이었다. 홍무제는 표전 문제를 빌미로 태조 5년 표전 작성의 주관자로 정도전을 지목해 명나라에 입조하도록 강압했다.

> 태조가 비밀리에 조정의 신하들을 각기 불러 보낼지 안 보낼지를 물으니, 모두 정도전의 눈치를 살피면서 반드시 보낼 것이 없다고 했는데, 홀로 하륜만이 보내는 것이 편하다고 말하니, 정도전이 원망했다.

이 부분은 《태조실록》에 실려 있는 하륜의 〈졸기〉 이외의 곳에서 확인할 수 없고, 《태조실록》이 훗날 하륜의 주도하에 편찬된 것을 감안하면 이 부분은 하륜의 조작일 개연성이 높다고 판단된다. 하륜의 〈졸기〉에 따르면 결국 정도전은 가지 않고, 그 대신 태조가 하륜을 계품사로 삼아 명나라에 보냈고, 하륜은 홍무제에게 사정을 잘 설명해 표전 문제를 해결했다고 한다.

이 장면에서는 개국공신 정도전의 위세에 눌리지 않고 정당한 의견을 개진한 하륜, 그리고 정도전을 대신해 국가의 중요 사안을 해결한 하륜을 부각시키면서, 훗날 하륜이 이방원과 정치적 노선을 함께하게 되리라는 복선을 깔아놓고 있다.

하륜의 외교적 성과에도 불구하고 태조 6년(1397) 1월 하륜은 계림부윤으로 좌천되고, 5월에 발생하는 박자안 사건(경상전라 도안무사 박자안이 왜적을 막지 못해 처형될 뻔한 사건)에 연루되어 옥에 갇히게 되는데, 〈졸기〉의 문맥으로 본다면 정도전에게 미움을 사게 되어 그의 견제를 받은 것으로 읽힌다. 이것이 사실이라면 태조 이성계와 정도전의 나라에서 하륜이 권력의 상층부에 진입할 가능성은 없어 보인다. 하륜은 늘 외직으로 떠돌고 때에 따라서는 박자안 사건과 같은 별로 관계도 없는 사건에 연루되어 투옥되기도 하는 상황을 인내하기 힘들었을 것이다.

이런 상황에서 일반적으로는 자중하면서 연명의 길을 모색하기 마련이다. 한편 간혹 비상한 길을 선택하는 자도 있다. 반역의 길이다. 하륜은 이방원과 함께 그 길을 모색한 것 같다. 하륜의 〈졸기〉를 보자.

> 그때 정도전이 남은과 꾀를 합해 어린 서자(세자 이방석)를 끼고 여러 적자嫡子를 해치려고 해 언제 화가 닥칠지 예측하기 어렵게 되었으므로, 하륜이 일찍이 임금의 잠저에 나아가니, 임금(이방원)이 사람을 물리치고 계책을 물었다.
>
> 하륜이 말했다.
>
> "이것은 다른 계책이 없고 다만 마땅히 선수를 써서 이 무리를 쳐 없애는 것뿐입니다."
>
> 이방원이 말이 없자 하륜이 다시 말했다.
>
> "이것은 다만 아들이 아버지의 군사를 희롱해 죽음을 구하는 것이니, 비록 임금께서 놀라시더라도 필경 어찌하겠습니까?"

반역의 길로 들어선 하륜이 이방원을 설득하는 장면이다. 이 대화의 시점은 하륜이 박자안 사건에 연루되어 안치되어 있던 수원에서 풀려난 태조 6년 10월에서 또다시 외직인 충청도 관찰사에 제수되어 임지로 떠나는 태조 7년 8월 2일 사이일 것이다.

태조 7년 8월 26일 이방원은 정변을 일으키고, 하륜은 반역에 참여한다.

> 무인년 8월에 변이 일어났는데, 그때 하륜은 충청도 관찰사로 있었다. 빨리 말을 달려 서울에 도달한 하륜은 사람들이 병사를 이끌고 와 협조하도록 독려했다.

권력을 향한 하륜의 여정 중에서 절체절명의 시점이었다. 그러나 정변이 성공하자 반역에 참가한 보상은 컸다.

> 상왕(정종)이 보위를 잇자 하륜에게 정당문학을 제수하고 정사 1등 공신으로 삼고, 작爵을 진산군이라 주었다. 경진년 5월에 판의흥삼군부사가 되고, 9월에 우정승이 되매 작을 승진해 백伯으로 삼았다. 11월에 임금이 즉위하자 좌명 1등공신으로 삼았다. 신사년 윤3월에 사면했다가 임오년 10월에 다시 좌정승으로 제수되어 사신으로 가 영락제의 등극을 하례했다.

공민왕 때 관직에 진출한 이후 우여곡절을 거치면서 마침내 태종의 2인자로 하륜은 이로써 권력의 최상층에 도달했다.

충성을 다해 이재를 발휘하다 목숨을 걸고 반역에 가담한 하륜이 원한 것은 무엇이었을까? 물론 권력에 따르는 다양한 보상을 계산하지 않았을 리는 없다. 그러나 정치가 하륜이 진정으로 바란 것은 자신의 정치적 역량을 맘껏 발휘하는 것이 아니었을까? 자신이 옹립한 국왕 태종을 모시고 그에게 충성하며 자신의 기획에 따라 조선의 정국을 운영해 보는 것이 정치가라면 목숨을 걸고 권력에 접근하려고 한 본질적인 이유일 것이다. 정도전이 그랬듯이 말이다.

훗날 세종은 하륜을 평가하면서 이 부분을 정확하게 지적한다. 세종 13년 3월 8일 경연에 나아가 강독하다가 세종이 말했다.

> 태종께서 일찍이 말씀하시기를 '하륜의 문장을 권근에 비한다면 마치 문서나 장부를 알아보고 처리하는 아전(지방의 하급 관리)과 같다'라고 하셨는데, 그 뒤에 내가 하륜에게 경서를 물었더니 과연 깊이 알지 못했다. 그러나 문장에는 비록 짧았으나 이재吏材는 뛰어난 데가 있었다.

세종이 말한 '이재'란 국가제도를 만들고 국사를 처리하며 국정을 운영하는 능력을 말한다. 하륜은 정변 이후 태종을 모시고 자신의 이재를 유감없이 발휘했다. 관제 개편, 군제 정비, 재정 확충을 포함한 새로운 왕조의 제도 개혁 및 신설에 하륜의 생각과 손길이 미치지 않은 곳이 없다. 그러나 의욕에 찬 하륜의 행위가 도를 지나치기도 해 다른 사람의 눈에 거슬린 것 같고, 경우에 따라서는 비방을 받기도 했으며, 탄핵을 당하기도 했다. 몇 가지 사례를 들어보자.

태종 2년 1월 17일 하륜과 사이가 좋은 민제조차 하륜이 자주 시법時

法(당시의 법)을 변경하는 것을 꺼려해 자신의 아들 민무구·민무질에게 말했다. "나라 사람들이 하륜을 정도전에 견준다. 사람들이 하륜을 꺼려함이 이와 같으니 환란을 입게 될 날도 머지않았다."

이 말을 전해 들은 하륜이 말했다. "죽고 사는 것은 하늘에 달려있는 것이오. 옛사람들도 곧은 도리를 갖고 있었지만 제 명에 죽지 못한 사람이 있는가 하면, 요행으로 죽음을 면한 사람도 있지요. 후세의 사람들이 스스로 공론이 있을 것이니, 내 어찌 두려워하리오?"

비록 하륜이 자신의 행위를 당당하게 생각하고 있었지만 주위 사람들의 시선은 결코 곱지 않았다. 하륜의 독단적인 행위로 인해 대사헌 박은과 충돌하는 장면을 박은의 〈졸기〉에서 소개한다. 태종 8년 박은이 참지의정부사로 사헌부 대사헌을 겸임하고 있을 때의 일이다.

> 이때(태종 8) 하륜이 좌정승이 되어서 모든 일을 혼자서 결재하고, 우정승 이하는 다만 서명할 따름이었다. 박은은 일이 옳지 못한 것이 있으면, 하륜의 앞에 나아가서 옳지 않다는 것을 역설하다가, 자기의 의견을 받아주지 아니하면 서명하지 않았다.

이렇듯 독단이라는 비난을 들을 정도로 하륜이 유감없이 자신의 이재를 발휘할 수 있던 것은 태종의 신임과 비호가 있었기 때문이다. 태종이 하륜을 비호하는 몇 가지 장면을 소개한다.

태종 7년 6월 19일 하륜이 사간원의 간원으로부터 탄핵을 받게 되자 태종이 간원에게 말했다.

대신을 얻기가 쉽지 않으니 내 어찌 가볍게 고쳐 바꿀 수 있겠는가? 둔전屯田과 연호미煙戶米, 그리고 도읍을 옮기고 군기軍器를 수선하고 전지田地를 고쳐 측량하는 등의 일을 사람들이 모두 하 정승의 계책이라고 말하는데, 사실은 모두 내가 한 일이다. …… 지금부터 이후로 경들은 다시 대신을 움직이거나 흔들지 말라. 임금과 신하가 서로 의지하는 것은 진실로 좋지 않은가?

하륜이 탄핵을 당하자 태종은 하륜이 한 일들이 사실은 자신이 한 것이라고 방어해 주고 있다. 태종이 하륜을 비호해 준 것은 단지 그가 이재가 뛰어나서만은 아니다. 그보다는 하륜의 절대적 충성 때문이었다. 하륜의 충성에 대한 믿음이 강했기 때문에 비록 그가 잘못을 범한 경우에도 태종은 하륜을 구제해 주었다. 충성을 다해 이재를 발휘한 하륜을 비호하는 한 장면을 소개한다.

이색 비명 사건으로 하륜이 궁지에 몰린 태종 11년 7월 2일 태종이 지신사 김여지를 불러 화를 내며 말했다.

너희들은 각자 맡은 업무를 논의해서 보고해도 한 가지 일도 내 뜻에 맞는 것이 없는데, 하륜의 보좌는 큰 도움이 되고 있으니, 우리나라에 이러한 신하가 있는 것이 빛나지 않느냐? …… 너희들이 무능하기 때문에 도리어 하륜을 해하고자 하니 부끄럽지 않으냐?

이때도 태종은 하륜이 자신에게 충성을 다하는 신하라고 평가한다. 태종이 신하를 평가하는 최종적인 판단기준은 자신에게 충성하느냐 아니면 자신의 권력에 도전하려는 반심을 품고 있느냐였다. 적어도 하륜은 자신에게 반역을 할 마음을 갖고 있지 않다고 태종은 굳게 믿고 있었다고 보인다. 이러한 믿음은 하륜이 생을 마칠 때까지 유지되었다. 그것은 하륜이 죽기 4개월여 전인 태종 16년 6월 22일 태종이 한 말에서 확인할 수 있다. "진산(진산부원군 하륜)은 충직한 신하이므로 내가 그 덕의를 높여서 신하라고 일컫지 않고 항상 빈사(스승)로 대접했다."

무인정변 이후 하륜은 충성을 다해 태종을 섬기며 유교국가 조선을 제도화하는 데 자신의 이재를 십분 발휘했다. 하륜이 자기가 제도화한 유교국가를 운영하면서 그의 마음이 진정 유교적 원리에 충실했는지는 별개의 문제다. 태종 역시 본인의 마음이 얼마나 천리와 인성에 따르고 있었는지와는 별개로, 하륜을 신뢰하고 비호하며 만들어낸 조선의 제도들은 그가 유교적 군주임을 부정하기 어렵게 한다.

조선왕조의 하드웨어를 구축하다

수차례 거듭된 관제 개편 태종은 관제 개편에 심혈을 기울였다. 정종 때 세제의 지위에서 한 번 그리고 즉위 후 세 번으로 총 네 차례에 걸쳐 실행했다. 네 번 모두 하륜이 주도해 왕권을 강화하는 방향으로 추진되었다. 미리 지적해 두지만, 왕권 강화라는 표현은 오해의 소지가 있다. 이에 대해서는 이 장의 마지막 부분에서 언급하겠다.

2차 왕자의 난을 평정한 이후 왕세제의 지위를 확보한 이방원은 하륜과 함께 왕권 강화 작업에 착수했다. 정종 2년 4월 6일 하륜에게 명해 관제를 개정하게 했다. 형식상으로는 왕인 정종이 명령을 내린 것이지만, 실질적으로는 왕세제 이방원의 뜻에 따라 진행되었다. 하륜이 제시한 관제 개혁안의 핵심은 도평의사사를 의정부로, 중추원을 삼군부로 하여, 직임이 삼군을 맡은 자는 삼군부에만 전적으로 나가게 하고, 의정부에는 참석하지 못하게 한 것이다. 이 관제 개편이 갖고 있는 의미를 확인해 보자. 먼저 고려의 중앙 관제를 잠시 알아보자.

고려의 중앙 관제는 3성(중서성, 문하성, 상서성) 6부(이부, 병부, 호부, 형부, 예부, 공부)제로 시작해 점차 중서성과 문하성이 통합해 2성 6부제로 바뀌었다. 중서문하성은 국가 정책을 심의, 결정하고, 상서성은 6부를 거느리고 결정된 정책을 집행했다. 그 외에 왕명을 전달하고, 군사 기밀을 다루며 궁궐을 숙위하는 기능을 담당한 중추원, 감찰과 풍기 단속을 담당한 어사대, 그리고 재정과 회계를 맡은 삼사 등이 중앙 관제를 구성하고 있었다.

고려에는 이런 중앙 관직과는 별도로 국경 지역의 군사 문제를 전담하는 도병마사라는 회의기구가 있었다. 당시 동북면(함경도)과 서북면(평안도)에는 병마사가 파견되었는데 막강한 군대를 이끄는 이들의 반란 기도를 막기 위해 중앙에서는 3성의 수장인 문하시중·상서령·중서령을 판사로 임명해 이들을 통제했다.

도병마사는 무신정권기를 거치면서 그 기능이 크게 강화되어 충렬왕 5년 도평의사사로 이름이 바뀌었다. 참석자의 범위도 재추(2품 이상의 재상과 중추원의 고관인 추관) 전원이 참석하는 고려 후기의 최고 정무기관으로 발전했다. 도평의사사는 조선 건국 후 태조 때 유명무실해졌으나, 정종 때 왕권이 약화되자 더욱 강화되어 무소불위의 지위를 누렸다. 무인정변 이후 이방원 자신은 이러한 도평의사사를 통해 권력을 행사했다. 이런 상황에서 정종 2년의 관제 개편의 의미를 확인해 보자.

도평의사사를 해체해 신설된 의정부가 정부의 기능을 담당하게 하고, 중추원을 개편해 신설된 삼군부가 군부의 기능을 담당하게 했다. 이렇게 정부와 군부를 분리함으로써 양 부를 통해 막강한 권한을 유지하고 있던 권신 및 공신세력을 약화시키고자 했다. 이는 이방원이 왕위에 오르기 위한 준비 작업이었다고 보아도 좋을 것이다.

여기서 주목할 점은 이 관제 개혁을 주도한 하륜이 5월 8일 판삼군부사가 되어 먼저 군부를 장악하고, 9월 8일에는 우의정에 올라 의정부마저도 통솔하게 된다는 것이다. 당시 이거이가 영의정이고 민제가 좌의정이었으나 실질적인 정무는 하륜이 주도하고 있었다. 이렇게 만반의 준비가 갖춰지자 11월 13일 정종에게서 왕위를 물려받아 왕세제 이방원이 즉위하게 된다.

태종 집권 동안 세 번의 관제 개편이 이루어지는데, 1차 개편은 태종 1년에 시행된다. 문하부가 해체되어 의정부로 흡수되고, 문하부에 속해 있던 낭사를 분리해서 사간원으로 독립시켰고, 예문춘추관을 분리해 예문관을 강화시켰으며, 재정을 맡던 삼사를 사평부로, 의흥삼군부를 승추부로 이름을 바꿔 국왕의 직할체제로 전환시켰다.

이로써 태종 초기의 통치기구는 정치의 의정부, 재정의 사평부, 군사의 승추부로 이루어진 3부 구조가 되었다. 정치의 문하부, 재정의 삼사, 군사의 중추원이 함께 참여해 국정 현안을 논의하던 도평의사사가 해체되고 3부 구조로 개편되었다는 것은 신하들의 권한이 약화되고 국왕의 권한이 강해졌다는 것을 의미한다.

태종 5년 1월 15일 태종은 2차 관제 개편을 단행한다. 이번 개편에서 가장 중요한 내용은 6조를 강화해 내실화한 점이다. 재정을 담당하던 사평부를 없애고 해당 업무를 호조에, 승추부를 없애고 군사 업무를 병조에, 그리고 상서사의 인사 선발 권한인 전형권을 문관은 이조에, 무관은 병조에 넘겼다. 이렇게 해서 6조의 구색이 갖춰지자 각각 정2품에 해당하는 판서를 두었다. 이로써 6조는 정3품 아문에서 정2품 아문으로 격상되었다. 그전까지는 좌정승과 우정승이 6조의 판사를 겸하는 바람에 6조가 직접 국정에 참여할 수 있는 길이 차단되어 있었다. 그러나 의정부 찬성사와 직급이 같은 6조 판서의 등장으로 6조의 행정 관료들이 국정에 적극 참여할 수 있는 길이 열렸다. 동시에 비서실에 해당하는 승정원을 독립 관서로 설치하고 6대언을 두어 각각 6조의 일을 맡아 국왕의 뜻을 직접 전하면서 해당 업무를 조정토록 했다.

이렇게 함으로써 형식적인 차원에서 이른바 주요 국정에 관해 의정부가 상대적으로 주도권을 갖는 의정부 서사제의 골격이 완성된다. 그러나 의정부 서사제는 특히 태종 개인이 볼 때는 고려 말 조선 초의 비정상적인 도평의사사를 혁파하고 궁극적으로 6조 직계제로 가기 위한 과도기적 조처에 불과했다. 의정부 서사제하에서 이미 6조의 권한은 막강해지고 있었다.

관제 개편이 있고 두 달이 지난 3월 1일 강화된 6조의 실상이 드러난다. 당시 조선에는 100여 개의 관아가 있었다. 그중 정3품 당상관 이상이 최고 책임자로 있는 의정부, 중추원, 사헌부, 사간원, 승정원, 한성부 등 10개의 관아를 제외한 관아들이 6조에 나뉘어 소속되었다. 그 이전까지 정확한 관장 업무도 모르던 6조로서는 장관의 직위 상승에 이어 다양한 실권을 갖추게 된 것이다.

2차 관제 개편에서 하륜의 역할을 다시 확인하자. 1월 15일 2차 관제 개편이 시행된 당일 새로운 직제에 맞춰 인사를 단행했는데, 영의정에 조준, 좌정승에 하륜, 우정승에 조영무, 찬성사에 권근, 참찬사에 이숙번을 임명했다. 이 중 실제적인 핵심 요직은 영의정이 아니라 좌정승이었다. 태종 5년의 새로운 직제를 만든 것도 하륜이고, 그 직제의 운영자가 된 것도 하륜이었다.

3차 개편은 2차 개편 이후 10년의 세월이 지난 태종 14년 4월 17일 시행된다. 그나마 남아있던 의정부의 업무를 거의 다 6조로 나눠 귀속시키는 조처가 단행되었다. 부연하면 그동안 의정부에서 해오던 일 중 명나라와의 외교 문제와 중죄인을 재심하는 문제를 제외한 일체의 업무를 6조로 넘겼다. 물론 그동안 갖고 있던 6조에 대한 감독권도 사라졌다. 이제 6조는 해당 업무를 의정부를 거치지 않고 곧바로 국왕에게 올려 결재를 받게 되었다. 이로써 의정부는 하루아침에 국정의 중심에서 원로원보다 못한 신세로 전락했다. 태종 5년 관제 개혁의 핵심이 6조 강화였다면, 태종 14년 관제 개혁은 의정부 약화를 겨냥한 것이었다.

이때 태종으로 하여금 의정부 권한 축소라는 또 한 번의 혁명적 조치를 하도록 촉구한 인물이 바로 좌정승 하륜이었다. 이번 관제 개혁에 앞서 하륜이 태종을 알현하고 요청했다. "마땅히 정부를 개혁해 6조로 하여금 계사(문서로 임금에게 사안을 아룀)하게 해야 합니다."

6조 직계제로 불리는 태종 14년의 관제 개혁 역시 태종의 뜻을 충실하게 받든 하륜의 이재가 발휘된 작품이었다.

국가 통제를 강화한 군제 정비 권력은 군사에서 나온다는 것을 누구보다 잘 알고 있던 인물이 태종 이방원이다. 그는 조선 건국도 무인정변도 모두 휘하에 병사가 있었기 때문에 가능했다는 점을 직접 몸으로 체험한 인물이다. 따라서 태종이 권력을 장악한 이후 가장 먼저 취한 일은 병권을 확실하게 장악해 통제하는 것이었다. 태종 대의 군제 정비를 알아보기에 앞서 먼저 건국 이후의 상황을 확인한다.

조선 건국 직전 고려의 중앙 군사체제는 비록 내실을 갖추지 못했지만 형식적으로는 중추원–삼군총제부–8위로 구성되어 있었다.

태조는 즉위한 지 9일 만인 태조 1년 7월 28일 문무관제를 반포했다. 무반인 서반은 문반인 동반과 구분해 별도로 설정했고, 중앙 군제는 10위로 구성했다. 10위는 고려 말 거의 그 기능이 마비되어 있던 중앙의 8위에다 이성계의 친위병인 의흥친군좌위와 우위를 합해 구성되었다. 이성계가 거느리던 함경도 출신의 토착적 사병의 성격을 띤 의흥친군위가 중앙군의 핵심으로 등장한 것이다.

이렇듯 조선 건국 초기의 중앙군은 법제적인 측면에서 10위로 구성되었으나, 사실상 왕실 사병인 의흥친군위가 중앙 군사력의 주축을 담당하고 있었다. 그 밖에 공신과 종친들이 거느리는 사병인 시위패와 반법제적인 존재이던 궁중부위 병력인 성중애마가 혼재하고 있었다. 따라서 이후에도 중앙군을 국가체제하에 일원적으로 통합해 재편성하려는 노력이 계속될 수밖에 없었다.

태조 2년 9월 14일 내실을 갖추지 못하고 이름만 남아있던 삼군총제부를 의흥삼군부로 개편했다. 판의흥삼군부사의 직을 맡은 정도전은 의흥삼군부가 실질적으로 군사 전반에 걸친 일원적 통제권을 갖도록 시도했다. 나아가 그는 10위는 물론 각 지방에서 번상하러 온 시위패도 의흥삼군부의 통제를 받고, 진법 훈련도 의흥삼군부에서 관장하도록 하는 등 모든 군사에 관한 감독권과 지휘권을 의흥삼군부로 귀속시키려는 노력을 계속했다.

정도전은 태조 3년 2월 29일 10위를 강화 개편해 10사司로 명칭을 변경하고, 10사(4시위·6순위사)를 3군에 분속시켰다. 의흥삼군부에 10사를 분속시킴으로써 비로소 실제 병력에 대한 지휘 계통이 명백해졌다. 그 결과 중추원의 기능이 상실되고 의흥삼군부가 10사를 통솔하는 군령체제가 갖추어졌다.

그러나 의흥삼군부는 독자적인 군사를 갖고 있지 않았고, 10사가 소속된 중군·좌군·우군의 3군마다 종친·대신들이 절제사로 임명되어 그들의 영향력하에 운영되었다. 따라서 군령·군정 기관으로서의 의흥삼군부가 중앙군을 실제적으로 통제하지는 못했다. 게다가 종친이나 공신들은 중앙의 통제권에서 벗어난 독자적인 사병을 거느리고 있었다.

정도전이 꾸준히 추진해 온 병권의 중앙 집중화는 무인정변으로 결실을 맺지 못했으나, 오히려 권력을 장악한 이방원에 의해 중앙군사체제가 급속하게 이루어지게 된다. 그는 먼저 중앙군사체제에서 벗어나 있던 사병을 혁파하고자 했다.

이 일은 정종 2년 4월 6일 대사헌 권근이 상소를 올리면서 시작된다. 공신 및 절제사가 가지고 있는 사병을 모두 국가의 군사로 편입시켜 군권을 일원화해야 한다는 것이다. 사병 혁파가 있던 날 동시에 관제 개편도 이뤄졌는데, "도평의사사를 고쳐 의정부로 하고, 중추원을 고쳐 삼군부로 하라"는 표현에서 확인할 수 있듯이 중추원을 폐지하면서 중추원이 담당하던 군무를 의흥삼군부로 이관한 것으로 추측된다.

이것은 사병과 중추원을 없애고 절제사를 무력화시켜 왕(실권을 장악한 이방원)–의흥삼군부–10사로 이어지는 일원적인 군사통제권을 확보해 왕권을 강화하려는 의도에서 취해진 조처였다.

이 같은 혁명적 조처의 주요 표적은 시위패라는 이름의 사병을 거느리고 있던 종친과 공신들이었다. 따라서 종친과 공신들로 이루어진 절제사들이 거느리고 있던 군마는 즉각 해체되었고 병사들은 각자 자기 집으로 돌아가야 했다. 이거이·이저 부자를 포함해 졸지에 사병을 잃게 된 자들은 밤낮으로 같이 모여서 격분하고 원망함이 많았다.

사병이 혁파되고 12일 후인 4월 18일 드디어 이거이가 불만을 터뜨렸다. 자신은 정승이 되고 싶었는데 문하판사가 된 것이 못마땅하다는 것이었다. 직위는 정승보다 높지만 실권이 없는 데 대한 일종의 항의 표시였다. 또 같은 날 삼군부 참판사 조영무는 삼군부에서 병기를 거둬들이자 삼군부에서 파견된 사령을 구타했고, 결국 병기를 반납하지 않으려 한 죄로 황주로 귀양 가야 했다. 조영무와 비슷한 죄목으로 문하부 참찬사 조온과 삼군부 지사 이천우는 대간의 탄핵을 받고 파면되었다.

귀양을 가던 조영무는 도중에 반성의 뜻을 표하여 평양부윤으로 발령받았다. 이방원의 배려였다. 5월 8일 이천우는 실권이 없는 완산후로, 이거이는 계림부윤으로, 이저는 완산부윤으로 발령되어 지방으로 내쳐진 반면 조온은 다시 문하부참찬사로 임명되어 사실상 복권되었다.

이상에서 기술한 사병 혁파는 반역의 가능성을 차단하기 위한 긴급 조치에 불과했다. 명실상부한 국가체제를 갖추기 위해서는 군사제도를 정비할 필요가 있었다.

태종이 왕위에 오른 이후 태종 1년 7월 13일 의흥삼군부를 개편해 군령기구인 승추부를 설치해 10사를 지휘하게 했다. 그리고 다시 태종 3년 6월 29일에는 군령기구인 승추부에 예속된 중군·좌군·우군의 3군에 독자적인 삼군도총제부를 설치하고 각 군의 도총제부에 도총제(1인), 총제(2인) 등을 두었다. 그리고 각 군 도총제는 승추부에 합좌하면서 명을 받아 각 군별로 분속되어 있는 10사의 각각에 명을 전달하게 했다. 이 조치는 최고 군령기관인 승추부의 군령 기능을 약화시키고 병권을 삼군도총제부에 분산시켜 병권이 집중되는 것을 방지하기 위한 의도에서 비롯되었다. 이로써 삼군도총제부는 중앙군인 10사를 통할하는 군령기관으로 정착하게 된다.

태종 5년 6조의 권한을 격상시키는 관제 개편을 하면서 승추부를 혁파하고 그 기능을 격상된 병조에 귀속시켰다. 병조를 최고 군령기구로 삼음으로써 삼군도총제부는 병조의 지휘를 받아 군령권을 행사하게 되어 병조–삼군도총제부–10사의 지휘체계로 개편되었다.

세제 개혁으로 재정을 확충하다 개국한 조선은 고려 말의 재정기구를 계승해 3사와 호조 등의 공적 기구와 왕실의 사유재산인 5고庫 7궁宮을 관리하는 사적 기구를 통해 재정을 운영했다. 이 재정기구가 이후 정종 대까지 지속되다가, 앞서 서술했듯이 태종 대에 관료제도의 정비, 6조제의 정착 등과 함께 3사가 폐지되고 3사가 관장하던 기관들이 호조에 귀속되면서 호조가 재정을 전반적으로 총괄하는 기관이 된다.

국가 재정의 근간을 이루는 것은 토지제도와 조세제도다. 조선의 토지제도는 고려 말에 마련된 과전법이 운영되고 있었고, 조세제도는 토지에 부과되는 전세, 호구 단위로 지역의 토산물을 바치는 공납, 그리고 16세 이상 60세 미만의 남자들이 져야 하는 요역으로 구성되었다. 그중 전세는 토지제도와 연계되어 운영되었다.

국가 재정의 확충은 크게 두 측면에서 이루어진다. 하나는 세금을 거둘 수 있는 토지를 확대하는 것이고, 다른 하나는 수취제도를 개선해 세금을 증대하는 것이다. 그러나 재정 확충은 민생 안정과 상충하는 속성을 갖고 있다. 즉 국가는 조세를 증대해 재정 기반을 확대하고자 노력하지만, 과도한 수취가 백성을 궁핍화시키고 중간지배층의 휘하로 몰리게 해 장기적으로 재정 기반을 약화시키고 사회 불안을 야기한다.

태종이 중시한 사업은 양전(토지 조사)이다. 이를 통해 세수의 기반이 되는 토지를 확보했다. 태종 1년 개국 이래 처음으로 동·서 양계의 토지를 양전해 1만여 결의 수세지를 추가로 확보했다. 태종 5년부터 6년까지는 양계를 제외한 6도에 대한 토지 측량을 대대적으로 실시해 당시까지 왜구로 인해 양전하지 못한 연해의 진황전과 개간전 등 30여 만 결을 추가로 확보했다. 나아가 태종 11년부터 13년에 걸쳐 평안도·함경도의 양전을 본격적으로 실시했고, 태종 13년에 제주도의 토지를 양전했다. 이렇게 해 전국의 모든 토지에 대한 양전·개량이 완료되었다. 그 결과 고려 말의 80여 만 결에 비해 40여 만 결이 증대되어 120여 만 결에 달하는 성과를 이루었다.

토지 분급에서 큰 비중을 차지한 것은 공신전이었다. 원래 개국공신에게 6,260결이 지급된 상황에서 다시 1차 왕자의 난으로 정사공신에게 4,450결이, 이어서 2차 왕자의 난으로 좌명공신에게 3,930결이 추가로 지급되어 공신전은 총 1만 5,640결에 이르렀고, 그 밖에 고려 말

회군공신전과 태조·태종의 원종공신전까지 합하면 총 3만 1,240결이 공신전으로 지급되었다. 그러나 1, 2차 왕자의 난에서 처단된 공신으로부터 1,400결이 회수되었고, 집권 이후 정치적 숙청에 따라 2,100결이 회수되는 등 태종 말까지 3,500결의 공신전이 회수되어 공신전은 2만 7,000여 결로 감소해 재정 부담이 되지 않도록 관리했다.

정변으로 인해 공신전의 수요가 추가로 발생했지만 그 정도는 전혀 부담이 되지 않았다. 태종 6년 고려 말의 전제 개혁에서 제외된 사원전을 혁파해 새로이 확보한 5만~6만 결을 군자전에 충당했다. 또한 태종 9년 한량전의 군전을 몰수해 군자전으로 했고, 태종 12년 원종공신전의 세습을 폐지하고, 태종 14년 수신전·휼량전의 지급을 제한하면서 액수를 감해 토지 수요를 줄였다.

한편 태종은 수취제도의 개선을 통한 세금 증대로 재정 확충을 기도했다. 태종 2년 과전법을 개정해 종래까지 무세지이던 사원전과 공신전을 유세지로 편입시켰고 태종 6, 9, 13년에도 사원전과 공신전에 과세했다. 또한 태종 6년부터 백관과 민호에게 차등을 두고 연호미를 징수했다.

태종은 전세를 효과적으로 확보하기 위해 고려 말에 시작해 태조 대에 시행하던 손실답험제를 크게 개정했다. 손실답험이란 한 해의 농업 작황을 현지에 나가 조사해 등급을 정하는 답험법과, 조사한 작황 등급에 따라 적당한 비율로 조세를 감면해 주는 손실법을 합칭한 수세법이다. 손실과 답험의 규정을 개선하고, 태종 2년부터 손실답험 실시의 자의성을 배제하기 위해 수시로 중앙에서 경차관을 파견했다.

조세 수송의 방법도 개선했다. 개국 초 하삼도의 조세 수송은 고려 말

이래의 왜구로 인한 육운이 답습되었지만, 태종 대에는 왜구의 감소와 함께 조운이 복구되면서 세곡이 배로 운송되었다. 그러나 조운선이 침몰하는 폐단이 발생해 경상도를 제외한 지역에만 조운이 실시되었다.

이상과 같은 조세제도의 정비로 태종 17년에는 비축 곡식이 태종 9년의 148만 1,857석에서 415만 5,401석으로 증가된다. 이렇게 충실해진 재정은 태종 대의 도성 건설·국방 강화는 물론 유교국가 건설의 토대가 되었다.

이때 만들어진 제도들이 이후 개편을 거치면서 성종 대에 《경국대전》으로 정착되었다는 점을 보면, 태종은 분명 유교국가 조선의 초석을 다진 유교적 군주였다.

유교적 정치 운영의 제도적 기반

경연과 《대학연의》 유교국가에서 정치 운영의 제일 원리는 최고 통치권자인 군주가 유교를 배워서 실행하는 것이다. 이때 유교를 배운다는 것은 다름 아닌 요임금이나 순임금과 같은 옛 성인이 실현한 적이 있는 이상적인 정치를 본받는 것인데, 그들의 행적이 경전에 기록되어 있으니, 결국 군주가 경전을 강독해 체득하는 것을 말한다.

한편 경전과는 달리 역사책에는 후대의 군주에게 모범이 되기보다는 오히려 그들이 반면교사로 삼아야 하는 잘못된 행적이 많이 수록되어 있으므로, 유교적 군주는 성인의 행적이 담겨있는 경전만이 아니라, 역사책도 아울러 공부해야 한다.

이렇게 볼 때 유교국가의 성패는 군주가 얼마나 배우느냐에 달려있게 된다. 유교국가는 그것이 가능하도록 제도적 장치를 마련했으니, 세자의 교육을 위한 제도가 서연이고, 왕을 위한 제도가 경연이다.

경연의 진행 방식은 학식과 덕목을 고루 갖춘 경연관과 왕이 경전이나 사서를 읽으면서 질의응답을 통해 심화학습을 하는 것이다. 여기서 중요한 점은 단순히 경전에서 제시하는 당위론적인 원리나 규범, 또는 사서가 보여주는 과거의 행적을 강론하는 데 그치지 않고 당시의 국사, 즉 국가적 현안을 논의하고 대책을 마련하기도 한다는 것이다. 이렇듯 경연은 월등한 지식을 보유한 신하가 군주를 학습시키는 단순한 학습기관이 아니었다. 경전과 사서를 매개로 해 군주와 신하가 현안을 다루는 정치적 논의의 장으로서의 기능을 수행했다. 이런 의미에서 경연제도는 공론정치와 긴밀한 관계를 갖고 있는데, 공론정치에 대해서는 뒤에서 상세히 다룰 것이다.

태조 1년 7월 28일 태조는 건국 후 문무백관의 관제를 정비하면서 고려시대부터 실시해 온 경연제도를 보완해 경연관의 수와 품계를 정했다. 그러나 태조 자신은 재위 시 《대학연의》를 진강하게 한 적은 있으나 제도화된 경연을 열지는 않았다. 정종은 재위 2년 동안 약 36회 정도의 경연을 열었다. 횟수로는 상당히 많은 편이지만, 정종이 당시의 정치적 현실에서 의미 있는 행위자가 아니었고 재위 기간이 워낙 짧았기 때문에 정치적 의미를 부여하기는 어렵다.

태종은 짧은 기간이지만 왕세제가 된 후부터 서연에 참여해 왔으며 즉위 당일인 태종 즉위년 11월 13일 경연에 참석했다. 이때 권근이 《대학연의》를 진강했는데 태종이 매우 자세하게 질문해도 권근이 정미한 뜻을 잘 분석해 설명했다는 기록이 남아있다. 즉위 날에 다른 많은 일정이 있었음에도 경연에 나가 강론했다는 것은 비록 과시적인 측면이 있었다고 해도, 유교적 군주로서의 포부만큼은 인정해 줄 수 있을 것이다. 태종이 참석한 경연의 한 장면을 소개한다. 경연의 생생한 모습이 태종 1년 윤3월 23일 자 실록의 기록에 보인다.

《대학연의》를 강독하다가 당나라의 배연령이 탁지가 되었을 때의 일에 이르러서 태종이 조선의 사안을 물었다.

"일찍이 듣건대 사복시에 신참에게 말 값을 바치게 하는 법이 있다던데, 정말 있는가?"

시독관이 있다고 대답하자 태종이 다시 물었다.

"애초에 이런 법을 세운 것은 어째서인가?"

시독관이 대답했다.

"예전에 참외관(조참에 나아가지 못하는 7품에서 9품까지의 관료)은 말을 탈 수가 없고 참상관에 올라 말을 배정받은 다음에야 말을 탈 수 있었기에 그 값을 내는 것입니다. 그런데 지금은 말을 내어주는 법은 없어지고 값을 내는 것은 그대로 남아있는 것입니다."

태종이 웃으면서 말했다.

"말을 내어주고 그 값을 받는 것도 이미 잘못이거늘 하물며 말을 내주지 않고도 값을 내도록 하다니!"

곧바로 의정부에 명을 내려 그것을 없애도록 했다.

이어서 《대학》을 강독하다가 생재(재물을 생산함)에 관한 구절에 이르자 태종이 물었다.

"옛날에 백성 된 자들은 사·농·공·상뿐이었지?"

사관 민인생이 말했다.

"지금은 노는 사람은 많고, 재물을 만드는 백성은 적습니다."

태종이 말했다.

"그렇다. 손을 놀리는 무리가 참으로 많다."

민인생이 응대했다.

"손을 놀리는 무리 중에 이단(불교를 말함)만큼 많은 것은 없습니다."

그러자 태종이 웃으면서 말했다.

"사헌부에서도 오교와 양종의 헛된 이름과 이익만을 좇는 중들을 없애고, 사사寺社와 토전과 장획(노비)은 모두 관청에 속하게 하고, 불교에 관한 일은 오직 산문의 도를 닦는 중들에게만 맡겨두기를 청했다. 나도 그래서는 안 된다는 것을 알기에 꼭 그것을 없애고 싶었지만, 태상왕께서 불사를 좋아하시기에 차마 갑자기 없애지를 못하고 있다."

태종이 또 물었다.

"옛날에 불교가 어느 시대에 처음 흥했고, 부처를 좋아하게 된 것은 어느 시대이며, 부처를 배척했던 것은 어느 시대인가?"

시독관 김과가 역대로 부처를 좋아했으나 끝내 패망에 이른 경우와 부처를 배척했어도 마침내 잘 다스린 경우를 《자치통감》에 실려 있는 대로 명확하게 아뢰었다. 그러자 유창은 단호하게 말했다.

"불교에서 말하는 화복의 설은 허무맹랑해 믿을 만하지 않습니다."

태종은 그렇다고 말하고, 강독이 끝나자 강관들에게 술을 내려주었다.

이날의 기록은 경전을 강독하면서 현안을 논의하는 경연의 전형적인 모습을 전해주고 있다.

이날 강독한 텍스트가 《대학연의》였는데, 태종은 이 책을 가장 좋아하였다. 즉위 당일 시작한《대학연의》강독을 1년여 만인 태종 1년 12월 22일 끝마치면서, 태종이 시독관 김과에게 말했다.

"이 책을 다 읽고나니 이제서야 학문의 공을 알겠다."

태종은《대학연의》를 완독하고서 학문에 상당히 자신감이 붙었던 모양이다. 그래서인지 이후로 경연을 소홀히 하게 된다. 사실 원래부터 태종은 경연에 그다지 열심이지 않았다. 어쩌면 즉위 첫날의 경연 참석은 퍼포먼스에 불과했던 것 같다. 경연을 멀리하는 태종에게 신하들은 경연의 중요성을 진언하고 참석을 요청했다. 마침내 태종 9년 8월 9일 경연 참석을 요청한 사간원의 상소에 이렇게 말했다.

"경연 같은 것은 내가 늙어서 할 수 없으니, 세자의 학문을 권하는 것이 좋겠다."

결국 태종 7년부터 집권 말기까지 태종은 경연에서 한 번도 강독하지 않고 태종 18년 세종에게 왕위를 물려준다. 태종의 경연 횟수는 집권 18년 동안 기록상으로 보면 15회 정도에 불과하다. 경연에서 가장 친근하던 강독관은 김과였는데 그와 강독한 책은《대학연의》,《상서》,《십팔사략》,《중용》등 4종뿐이었다. 그렇다고 해서 태종이 경연의 기능을 무시하거나 제도 자체를 없애버린 것은 아니다. 창업기인 만큼 경연제도가 아직 정착되지 못했고, 창업기 군주인 태종에게 경연은 그다지 친숙하거나 유익한 공간은 아니었을 것이다.

그럼에도 경연은 태종에게 중요한 의미를 갖고 있었다. 적어도 경연장에서는 태종과 그의 신료들이 지위를 떠나 '대등한' 입장에서 학문과 정책을 논의할 수 있었다. 나아가 필요한 경우에 태종은 자신이 가지고 있는 경전 지식을 활용해 신료들을 책망하거나 제어하기도 했다.

처벌이나 숙청과 같은 사법적 공간이 아니라, 언어를 이용한 세련된 논의 공간에서 정치를 운영하는 가능성을 태종은 보여주었다.

보좌기구의 설치, 예문관과 승정원 정치권력의 행사는 문장을 통해 이루어진다. 국내에서는 국왕의 명령이 교서라는 형식으로 집행되었고, 중국과의 관계에서는 표전문이, 주변국과는 국서라는 외교문서가 사용되었다. 그리고 국왕의 정치 행위는 사관이 기록했다가 국왕 사후에 사관의 사초에 기반해 실록과 같은 역사서가 편찬되었다. 따라서 국가의 문서를 담당하는 관료는 최고 수준의 학식을 갖춘 엘리트로 충원되었다.

조선 건국 초기에는 고려의 제도를 답습해 예문춘추관이 이러한 기능을 담당했다. 그러다가 태종 1년 관제 개편이 이루어질 때 예문춘추관이 분리되어 예문관은 독립 관청이 되었다. 예문관은 대제학(정2품) 1명, 제학(종2품) 1명, 직제학(정3품) 2명, 직관(정4품) 2명, 봉교(정7품) 2명, 대교(정8품) 2명, 검열(정9품) 4명으로 구성되었고, 그중 봉교·대교·검열은 사관의 직을 겸했다. 3품 이상의 고위직은 다른 부서의 고위직 인사가 겸직했다. 특히 대제학은 권근이 태종 9년 사망할 때까지 유지했고, 이후 변계량이 20여 년 동안 맡았다.

태종이 예문관을 독립시켜 그 기능을 강화한 목적에 대해서 생각해보자. 그 실마리는 실무진에 해당하는 봉교·대교·검열에서 찾을 수 있다. 그 직들은 사관 직을 겸해 매우 명예롭게 여겨졌고, 과거에서 우수한 성적으로 선발된 자들이 임관해서, 직을 마치면 고위관료로 승진하는 엘리트 코스였다. 그들의 역할이 왕권을 강화하는 데 주요한 요인이 되었다.

원래 태종은 공신세력을 비롯한 구세력으로부터 일정한 협조를 얻어 정권을 수립했기 때문에 그들을 완전히 제압할 수가 없었다. 태종 1년에 예문관이 독립할 당시 비록 고려 때와는 비교할 수 없지만 권신이나 재상은 여전히 태종의 정책 추진을 지연시킬 정도로 영향력을 갖고 있어서, 그들의 존재는 왕권의 약화뿐만 아니라 사대부들의 공론을 널리 수렴할 수 없게 하는 근본 요인으로 작용할 수 있었다. 따라서 태종은 그들을 견제할 필요가 있었다.

태종이 예문관을 독립시켜 하급 실무관의 기능을 강화한 데에는 공신과 권신들이 독점하고 있던 국가의 의사결정체제에 보다 많은 사대부들의 공론이 반영되기를 의도한 측면이 있었다. 예문관은 국왕의 국정 운영에 자문 역할을 함과 동시에 공신과 재상 등 고위관료를 견제하고 비판하는 기능을 수행했다. 이는 국왕 중심의 통치체제를 구축해 왕권의 안정과 강화에 기여했다고 볼 수 있다.

이번에는 또 하나의 보좌기구인 승정원에 대해 알아보자. 승정원은 왕명의 출납을 관장하는 관청으로 국왕의 비서기관에 해당한다.

태조 1년 7월 28일 신왕조의 관제가 반포되었다. 고려의 제도를 이어받은 중추원은 왕명 출납과 병기·군정·숙위·경비 등의 군국기무의 일을 맡아보던 강력한 기구였다. 이때 왕명 출납의 기능을 수행하는 부속기관인 승지방이 중추원에 설치되었다. 승지방에는 정3품의 도승지, 좌·우 승지, 좌·우 부승지 각 1명이 임명되었다.

그러다가 무인정변 이후 이방원이 세자가 되어 권력을 장악하고 사병을 폐지하는 과정에서 정종 2년 4월 6일 중추원의 기능을 분할해 축소시켰다. 군기의 사무는 의흥삼군부로 이관하고, 왕명 출납을 수행하던 승지방을 승정원으로 독립시켰다. 태종 1년 7월 13일 의흥삼군부가 승추부로 개편되면서 승정원의 기능도 여기에 귀속되어, 도승지는 승추부 지신사로, 승지는 대언으로 하고, 승선방은 대언사로 그 명칭이 바뀌었다. 태종 5년에 6조 강화책의 하나로 승추부가 병조에 흡수되면서 대언사는 승정원으로 다시 개편되어 독립된 기구로 부활했다.

승정원의 기능에 대해 당시에 만들어진 법전에서는 "왕명의 출납을 관장했다"고만 되어있고, 그 구체적인 세부사항에 대해서는 거의 언급된 바가 없다. 그러나 승정원이 정치 운영에 끼친 영향은 적지 않았다.

승정원은 왕명 출납과 비서 업무를 맡아보았기에, 왕과 밀접한 관계를 갖고 조정의 논의를 이끌 수 있었다. 왕의 최측근 비서들인 대언들은 6조의 업무를 나누어 담당해 각 부문의 행정실무를 태종에게 직접 보고했고, 이들은 때로 의정부 및 6조 등과 함께 국정 논의의 주체로 참여해, 그들과 함께 적극적으로 조정의 공론을 형성할 수 있었다.

승정원이 독립된 기관으로 설립된 것은 태종의 왕권 강화 방침과 밀접한 관련을 지니고 있었다. 태종은 승지들을 6조 출신 관료들 중에서 발탁했으며, 승지에서 퇴임하는 관료들을 바로 의정부와 6조의 핵심 관료로 다시 기용해 행정실무에 대한 장악력을 극대화했다. 즉 태종 대의 승정원은 왕의 비서 및 자문기구임과 동시에 권신세력을 견제하고 왕권을 뒷받침한 보좌기구였다.

여기서 태종의 왕권 강화가 갖고 있는 의미에 대해서 확인해 둘 점이 있다. 태종의 왕권 강화는 자의적·전제적 권력 추구와는 거리가 있었다. 만약 태종이 그럴 의도를 갖고 있었다면 아마도 사찰기관이나 첩보기구를 강화했을 것이다. 실제로 중국의 황제들은 환관과 같은 친위조직이나 강력한 첩보조직, 그리고 대량숙청을 통해 황제권을 강화한 바 있다. 송나라 태종은 태조 때의 무덕사를 황성사로 확대, 강화해 외척과 환관 등을 그 간부로 임명해 전국적인 규모의 정보정치를 구사했다. 명나라 태조 홍무제는 환관의 정치 개입은 막았으나 대신 수많은 옥사와 역모 사건의 날조를 통해 황제권을 강화했다. 명나라 성조 영락제는 환관을 친위조직으로 다시 중용했고 동창과 같은 비밀첩보기구를 통해 황제권을 강화했다.

태종이 왕권 강화를 위해 제도화한 자문·보좌 기구와 6조의 기능 확대는 왕의 절대적 권력 강화를 위한 것이 아닌, 강화된 왕권으로 권신세력을 억제함으로써 의정부와 권신들로 대표되는 소수의 중신들에게만 열려 있던 정치적 논의 공간에 다양한 소장파 관료들과 사대부들이 참여할 수 있도록 한 것이다. 즉, 고려 말기 이래 공론을 왜곡하고 저해한 권신세력을 약화시켜 공론의 폭넓은 형성과 확대를 조성한 측면이 강하다고 볼 수 있다. 왕권의 비정상적인 비대화가 아니라, 공론의 확대를 저해하는 권신세력을 제어하고 공론을 확장할 수 있을 정도로 왕권이 정상화된 것이다. 태종 대의 왕권 강화 정책은 결과적으로 공론정치의 발달에 긍정적인 효과를 거두고 있었다.

언관제도와 직소제도 왕권 강화가 왕권의 절대화가 아닌 왕권의 정상화였다는 것을 확인할 수 있는 증거로 태종이 독립기관으로 제도화한 사간원이라는 언관제도를 들 수 있다.

유교적 정치 운영에 필수적인 요소가 언관이다. 의합체제에서 신하는 언제나 군주에게 바른말을 할 수 있어야 한다. 그러나 그것은 어디까지나 당위론적인 얘기이지 실제 신하가 군주에게 바른말을 한다는 것은 결코 쉬운 일이 아니다. 따라서 유교국가에서는 아예 바른말을 하는 기관을 제도화해 그 직을 맡은 간관에게 군주의 잘못을 간쟁하거나 논박할 수 있는 권한을 부여했다.

건국 직후 태조 1년 7월에 관제를 제정하면서 고려시대의 제도를 계승해 문하부에 소속된 낭사에게 간관의 기능을 담당시켰다. 태조 1년 11월 9일 간관이 태조에게 올린 상서에는 간관의 기능과 역할을 정확히 표현했다.

> 신 등이 가만히 생각하건대, 공론이란 것은 천하 국가의 원기元氣입니다. 간쟁은 공론의 바탕이 되고 아첨하는 말은 공론을 해치는 적이 되니, 국가를 다스리는 사람이 항상 그 바탕을 배양하고 그 적을 제거한다면, 바른 논의가 날로 앞에 나아오고 감언·비사卑辭(비천한 말)가 귀에 들리지 않게 될 것입니다. …… 삼가 원하옵건대 전하께서 가르쳐 인도해 간언諫言을 구하시고, 진실로 믿고 들어주신다면, 신 등은 마땅히 할 말을 다하고 숨김이 없게 됨으로써 백성의 이해를 다 진술해 막힘이 없게 하고, 국가의 원기가 유통해 막히지 않게 될 것입니다.

이것이야말로 유교적 정치 운영의 핵심이라고 볼 수 있다. 다름 아닌 공론에 따르는 정치가 이루어지는 것이다. 당시의 언관은 자신들이 공론정치를 가능케 하는 근원이자 뿌리로 인식하고 있었다.

태종 1년 7월 13일 문하부를 폐지하고 의정부를 설치할 때, 문하부의 낭사가 사간원으로 독립해 비로소 최초의 독립된 간쟁기관으로 자리 잡는다. 사간원의 독립은 정무기관인 문하부에 포함되어 있던 간쟁 기능이 제도적으로 보장된 것으로 유교 정치를 운영하고자 하는 태종의 의도가 반영된 것으로 볼 수 있다.

물론 태종이 언관의 활동에 대해 항상 호의적이지는 않았다. 집권 초기에 강무나 사냥 등 태종 자신의 개인적 선호와 관련된 문제에 대해서는 첨예하게 대립하기도 했다. 그러나 유교적 군주로서 태종의 언관제도에 대한 입장은 두 가지 점에서 분명했다.

첫째, 태종은 어떤 경우에도 간쟁제도 자체에 손을 대지 않았으며, 간관에 대한 처벌에도 매우 신중했다. 둘째, 태종은 간관과 충돌했을 경우에도 간쟁 자체보다는 간관의 간언 태도를 더 문제시한 것 같다.

태종 2년 5월 11일 태종은 자신의 사냥과 성색聲色을 노골적으로 비판한 전가식과 이지직에 대해 파면이라는 징계를 내린다. 이들의 경우 '세 사람을 갖추어 상소해야 한다'는 간언 절차를 어겼을 뿐더러, 배후에 임금의 장인인 여흥부원군 민제가 관련되어 있었음에도 불구하고 태종은 이들에 대한 처벌을 상당히 주저하다가 결국 그 직을 파면하는 선에서 종료한다. 반면 태종 9년 윤4월 22일에 있었던 지사간원사 한상덕의 간언에 대해 태종은 극찬했다.

"내가 즉위한 이후로 간관과 더불어 옳거니 그르거니 서로 말했으나, 오늘처럼 잘하는 자는 보지 못했다."

한상덕이 간한 내용은 태종에게는 불쾌할 수 있는 내용이었음에도 그는 태종의 심기를 배려하는 은유적인 자세로 간언해 오히려 태종의 신뢰를 얻을 수 있었다.

비록 태종이 간관과 충돌하기도 했지만, 그 자체를 부정적으로 보기는 힘들다. 세종 역시 언관과의 충돌이 잦았으며, 실제로 세종의 재위 기간 동안 언관의 활동 빈도는 태종 대와 거의 비슷한 수준이었다. 세종 역시 대간의 탄핵을 거부한 적이 많았으며, 특히 그가 아끼는 중신에 대한 탄핵은 용납하지 않았다. 또한 세종 자신이 분명한 의지를 갖고 추진하는 정치적 사안에 대해서는 반대하는 신료들을 내쫓으면서 자신의 의도를 관철시켰다.

이제 마지막으로 다룰 주제는 직소제도다. 직소제도는 신원자가 직접 왕에게 호소할 수 있는 제도로 신문고제도와 대가大駕 앞 상소를 들 수 있다. 신문고제도는 처음 등문고라는 이름으로 태종 1년 7월에 설치되었다가 태종 2년 1월 26일 이름을 바꿔 신문고를 설치하는 교서를 반포했다.

> 내 귀와 눈이 미치지 못하는 바가 있어 막히고 가려지는 우환에 이를까 두렵다. 이에 옛 법도를 상고해 신문고申聞鼓를 설치한다. 온갖 정치의 득실과 민생의 휴척休戚(편안함과 근심)을 아뢰고자 하는 자는 의정부에 글을 올려도 위에 보고하지 않는 경우, 즉시 와서 북을 쳐라. 말이 쓸 만하면 바로 채택해 받아들이고, 비록 말이 사안에 맞지 않는다 해도 또한 용서해 줄 것이다. 원통함과 억울함을 아뢰고 싶어도 그것을 호소하지 못한 사람은 누구나 서울에서는 주무 관청에, 외방에서는 수령과 감사에게 글을 올리되, 따져 다스리지 아니하면 사헌부에 올리고, 사헌부에서도 따져 다스리지 아니하면, 마침내 와서 북을 쳐라. 원통하고 억울함이 훤하게 밝혀질 것이다.

신문고제도는 설치 초기부터 상당히 활발하게 작동한 것으로 파악된다. 태종 2년 3월에 태종이 전지한 내용을 보면, 노비변정사업과 관련한 사안일 경우는 더 이상 신문고를 치지 못하도록 지시한다. 이것은 노비변정과 관련된 사안에 집중되었다는 한계에도 불구하고 역설적으로 신문고제도가 상당한 수준으로 작동했다는 증거이기도 하다. 실제로 《태종실록》은 멀리 동북면에 살던 사람, 여인, 심지어 승려들까지 집단적으로 신문고를 이용했고, 이를 통해 구체적으로 관리가 감찰되거나 정책이 결정된 일이 있었음을 알려준다.

척불정책과 관련해 조계사의 중 성민이 동료 수백 명을 몰고 와서 신문고를 쳤다거나(태종 6년 2월 26일), 각 도 군영의 색장 149명이 집단적으로 신문고를 쳐서 서용해 주기를 청했다는(태종 8년 3월 1일) 실록의 기사는 신문고제도의 활발한 작동을 증명한다.

왕의 대가 앞에 엎드려서 소리치거나 심지어는 직접 의장에 부딪혀 호소하는 대가 앞 상소 역시 자주 이용된 직소 방법이었다. 이 또한 노비변정에 억울함이 있는 사람들이 주로 사용했으나, 국가나 관리의 부당한 처사에 항의하는 수단으로도 이용되었다.

억울하게 병조정랑에게 문책당한 대전견룡 등이 대가 앞에서 상소하자 즉시 병조정랑 유장을 파직한 사례가 있다(태종 10년 10월 25일). 노비변정사업과 관련해 억울함을 호소하거나 정책의 변경을 주장한 예는 매우 많아 마침내 이 문제를 갖고 대가 앞에서 호소하는 것을 금하기까지 한다(태종 15년 4월 1일).

물론 직소제도를 통한 호소를 곧바로 공론이라고 하기는 어렵다. 상당수의 호소가 이기적인 동기에 기인한 것이었고, 심지어 타인을 무고

하는 일까지도 있었기 때문이다. 그러나 직소제도 자체가 가진 의미는 일상적인 제도를 통해 수렴하지 못하는 긴급하고 중요한 의견을 개진할 수 있도록 하는 것이었으며, 이것은 유교의 민본주의 사상을 구체화한 제도로 유교적 정치 운영의 한 모습임에 틀림없다.

야누스의 얼굴이 드러나다 이방원의 정변은 유교적 국가 정체성으로부터의 일탈 행위였지만, 그는 유교 개념을 사용한 정당화의 논리를 통해 그것이 일탈 행위임을 인정하지 않았다. 오히려 자신이 유교적 국가 정체성의 충실한 수행자임을 자임했다. 자기가 처단한 상대들은 유교적 원리에 반하는 자들이고 자신이야말로 유교적 원리를 수행할 적임자라고 내세웠다. 유교국가의 기틀을 정립해 가는 그는 분명히 유교적 군주의 얼굴을 하고 있었다. 그러나 유교적 정체성이 곧바로 회복될 수는 없었다. 이성계의 근거지였고, 그를 추종하던 세력이 여전히 잔존하고 있는 동북면과 서북면에서는 태종의 왕권을 인정하지 않는 분위기가 넓게 퍼져 있었다. 그런 민심을 배경으로 마침내 태종 2년 11월 5일 조사의의 난이 발생했다.

조사의는 무인정변 이후의 정치 과정을 부정했고, 자신의 거병 목적이 정치 상황을 무인정변 이전으로 돌려놓는 것이라고 공언했다. 태종

7

한비자의 술치를 구사하다

을 포함한 조선 조정은 그런 조사의를 '변란'을 꾀한 '적신賊臣'으로 단정하고, 춘추대의에 따라 조사의의 '역모'를 진압했다고 사태를 규정했다. 난이 진압되고 해가 바뀌어 태종 3년 1월 1일 신년을 하례하는 조회가 끝난 후에 태종은 신하들에게 잔치를 베풀었다. 거기서 태종은 감회를 말했다.

"불과 얼마 전까지만 해도 사직의 평안함과 위태로움 사이에 터럭을 용납할 틈도 없었는데, 지금은 태상왕(이성계)께서 아무 탈 없이 돌아오셨고, 종사가 다시 편안해졌으니, 오늘의 즐김이 어찌 우연이겠는가?"

난신적자가 역모해 일으킨 반란을 진압하고 정의로운 질서를 회복한 즐거움을 태종과 그의 신하들은 향유하고 있었다. 그러나 태종은 쿠데타를 통해서 집권한 만큼 정권의 취약한 정통성에 대한 우려를 가지고 있었고, 그것은 이미 이방간의 난과 조사의의 난 등을 겪으면서 현실화되었다. 그리고 또다시 누군가가 난을 일으킬 수도 있다는 의구심과 강박감 속에서 끊임없이 자기에게 도전할 수 있는 잠재적 위협세력이 누구인지를 생각하고 있었다. 자기도 이방석이 세자로 선정된 후 7년을 본심을 숨기고 지내오지 않았던가? 이런 상황에서 누군가가 왕권을 위협하고 있다는 '객관적 사실'보다는, 태종 자신의 '주관적인 인식'이 더 크게 작용한다. 자신의 권력에 도전할 자가 누구인지를 주시하는 태종의 얼굴에서 한비자적 군주의 모습이 드러났다.

정변이 초래한 이중구조 속에서 태종은 유교적 군주의 얼굴과 한비자적 군주의 얼굴이라는 야누스의 얼굴을 지닌 존재로서 사유하고 행동했다. 태종은 한비자적 군주로서 자신에게 도전해 오는 권신을 어떻게 제어하고 왕위를 지켜냈을까? 우선 한비자가 제시하는 답을 살펴보자.

양권의 정치술 한비자는 군주주의자이다. "가장 귀중한 것은 인민이고, 그다음은 사직이며, 군주는 가벼운 것이다"라고 주장하는 맹자와 달리 한비자는 군주제에서 군주의 절대권력을 유지하는 것을 최고의 가치로 간주한다. "만물 가운데 군주 자신의 몸보다 더 귀한 것은 없고, 자신의 지위보다 더 존엄스러운 것은 없으며, 군주의 권위보다 더 중한 것은 없고, 군주의 세력보다 더 성한 것은 없다"(〈애신愛臣〉).

군주가 자신의 절대권력을 유지하고 나라를 다스리기 위해 사용해야 하는 두 가지 방법으로 한비자는 '술術'과 '법法'을 제시한다.

> 술이란 것은 담당할 힘에 맞추어서 관직을 주고 명분에 따라서 실적을 추구하며 살생하는 권병을 손에 들고 여러 신하들의 능력을 시험하는 것이다. 이것은 군주가 장악하는 것이다. 법이란 것은 관청에 명시된 법령과 인민의 마음속에 새겨진 형벌로, 상은 법을 지키는 자에게 주어지고 벌은 명령을 어기는 자에게 가해지는 것이다. 법은 신하가 모범으로 삼을 바이다(신하는 법을 잘 집행해야 한다). 군주에게 술이 없으면 윗자리에서 신하들이 군주의 눈과 귀를 가리고, 신하에게 법이 없으면 아래에서 (나라가) 어지러워진다. 이것은 하나도 없을 수 없이 모두 제왕이 갖출 조건들이다(〈정법定法〉).

계합적 군신관계에서 군주가 속임을 당하지 않고 신하를 제어하기 위해서는 술이 필요하고, 술을 구사하는 데는 법과 달리 비밀성을 유지해야 한다.

> 군주에게 큰일은 법 아니면 술이다. 법이란 것은 문서로 엮어내어 관청에 비치하고 백성들에게 공포하는 것이다. 술이란 것은 가슴속에 감추어 두고, 많은 사례들에 맞추어 몰래 여러 신하들을 부리는 것이다. 그러므로 법은 분명하게 밝히는 것만 못하며, 술은 드러내 보이기를 바라지 않는다(〈난삼難三〉).

한비자는 군주가 사용해야 할 술책으로 일곱 가지를 들고 있다.

> 첫째, 많은 사람들의 언행을 모아 대조해 보는 것이다. 둘째, 죄지은 자에게 반드시 벌을 주어 위엄을 내세워 보이는 것이다. 셋째, 공적이 있는 자에게 반드시 상을 주어 그 재능을 발휘하게 하는 것이다. 넷째, 신하의 말을 하나하나 들어서 그 실적을 추궁하는 것이다. 다섯째, 헷갈리는 지시를 내리고 거짓으로 일을 시켜 시험하는 것이다. 여섯째, 알면서 모르는 척하며 질문하는 것이다. 일곱째, 일부러 뒤바꿔서 말을 하고 반대 행동을 보이는 것이다(〈칠술七術〉).

넷째까지가 정술正術이라면 나머지 세 가지는 사술邪術이라고 할 수 있겠다. 정술은 의합체제를 전제로 하는 유교적 군신관계에서도 사용되는 군주의 통치술과 흡사하다. 반면 사술은 의합체제의 원리와 배치되는 것으로 유교적 군주가 마음에서라도 품어서는 안 된다.

그러나 한비자는 정술과 사술을 구별하지 않는다. 그에게는 신하를 제어한다는 목적이 중요하지 그것을 이루는 수단과 방법은 가리지 않는다. 《한비자》에는 이러한 사술에 관한 내용이 부지기수로 등장한다.

"보고도 못 본 척하고, 들어도 못 들은 척하며, 알고도 알지 못하는 척한다(〈주도主道〉)."

"일부러 속여 넘보지 못하게 막고, 말을 뒤집어 의문 나는 데를 시험하고, 반대로 논리를 펴 숨겨진 악을 살핀다(〈팔경八經〉)."

군주는 은밀히 함정을 파놓고 신하가 걸려들기를 어둠 속에서 기다리는 것을 서슴지 않는다. 그렇게 해 걸려들면 가차 없이 처단하라고 한비자는 권한다.

이렇게 군주가 자신의 절대권력을 유지하기 위해 사술조차도 거리낌 없이 구사하는 것을 '술치'라고 부르겠다. 이러한 양권揚權, 즉 군주의 권력을 드높이는 정치술은 법과 정술을 사용하는 유교적 군주의 통치술과는 전혀 성격이 다른 기술이다. 한비자가 제시하는 술치의 핵심은 다음과 같은 사태가 발생하지 않도록 하는 것이다.

> 총애 받는 신하는 지나치게 친숙해지면 반드시 군주 자신을 위태롭게 하고, 대신의 지위가 너무 높아지면 반드시 군주의 자리를 빼앗아 갈아 치우게 된다(〈애신愛臣〉).

애신이나 대신은 붕당을 형성해 세력을 확대하고 결국은 군주를 시해하기에 이르므로 그들이 붕당을 형성하지 못하도록 하는 것이 필요하다.

> 신하가 그 군주를 시해하지 못하는 것은 도당徒黨이 형성되지 않았기 때문이다. 따라서 군주가 나라를 잘 다스리려면 반드시 붕당을 쳐야만 한다. 그 붕당을 치지 못하면 장차 많은 무리를 모을 것이다(〈양권〉).

따라서 그들이 '호랑이'(〈주도〉·〈양권〉)가 되어 군주를 해치기 전에 그 싹을 잘라버려야 한다. '가지치기(피목披木)'가 한비자의 술치가 제시하는 백미다.

> 군주가 된 자는 (신하를 나무에 비유하자면) 그 나무를 자주 베어 가지가 뻗어나가지 못하게 해야 한다. 나뭇가지가 무성하게 뻗으면 장차 공가公家의 문을 막게 될 것이다. 사가私家로 사람이 모여들면 조정 안은 텅 비어 군주는 장차 이목이 가려지고 갇히게 될 것이다. 그 나무를 자주 베어 가지가 밖으로 자라지 못하게 해야 한다. 나뭇가지가 밖으로 자라면 장차 군주의 자리를 위협하게 될 것이다(〈양권〉).

가지치기야말로 군주의 권력을 드높이는 길이라고 한비자는 제시한다.

가지치기 대 춘추대의 여기서 한비자가 말하는 가지치기는 유교에서 말하는 춘추대의, 즉 국가와 왕실에 반역하는 난신적자를 《춘추》의 법에 따라서 엄히 처벌해야 한다는 주장과 어떻게 구분되는 것인가?

《춘추》는 노나라 사관이 기록한 춘추시대 각국의 역사를 공자가 수정하고 정리한 책으로, 유교 경전인 오경五經 중의 하나다. 노나라 은공 원년(기원전 722)부터 애공 14년(기원전 481)까지 242년간의 역사가 기록되어 있다. 단순히 사실만을 기록한 것이 아니라, 공자가 춘추시대 242년간의 사실을 빌려 자기의 사회적 이상과 정치적 관점을 표현한 책이다. 따라서 춘추는 구절마다 포폄(시비선악을 판단해 칭찬하거나 나무람)의 의미를 함축하고 있는데, 이것을 춘추대의라고 한다.

춘추대의의 내용은 수십 가지에 이른다. 그것은 《춘추》를 읽는 사람이 자기가 읽은 기사를 해석해 끌어내는 '큰 의리(대의大義)'이기 때문에 자연히 《춘추》를 읽는 사람이 처한 시대 상황과 관계가 있다. 예를 들어 왕실을 지키고 난신적자를 토벌하는 것, 중화中華를 받들고 이적夷狄을 물리치는 것, 군부君父를 위해 원수를 갚는 것 등이 그중에서 큰 것들이다.

의합체제를 전제로 하는 군주제에서 가장 중요한 대의는 군신 간의 의리를 바로 세우는 것이다. 따라서 여기에서는 난신적자의 금장지심今將之心(반역의 마음을 품는 것)을 밝혀내는 것이 필수적인 과제가 되고, 그것이 확인되고 나면 누구라도 예외 없이 베어야 하는 것이며, 그것도 지체 없이 베어버려야 한다. 심지어는 낌새와 조짐만으로도 벨 수 있으며, 먼저 베고 나중에 보고하는 것도 허락된다.

그러나 춘추대의는 군신 간의 쌍무적인 의무를 조건으로 한다. 다시 말해 군주 역시 신하에 대해서 죄 없이 부당한 살육이나 처벌을 해서는 안 된다. 죄 없이 신하를 살해하는 군주는 군주로 인정되기 어렵고, 그 자식에 의한 복수도 긍정된다. 이는 인仁을 해치는 자를 적賊이라 하고 의를 해치는 자를 잔殘이라 하면서, 잔적殘賊의 무리는 더 이상 군주가 아니라 일개 필부에 지나지 않으며, 필부를 토살하는 것은 불가하지 않다고 하는 《맹자》의 방벌放伐사상과 상통하는 것이다.

춘추대의에서 군주는 객관적 사실에 기초해서 신하의 사고와 행위를 판단해야 한다. 다시 말해 신하의 모반이 객관적으로 입증되어야 하고, 신하를 처단하기 위해 군주는 없는 사실을 날조해서는 안 된다.

반면 가지치기에서 가장 중요한 것은 양권, 즉 왕권의 강화이다. 계합으로 이루어진 군신관계에서 군주와 신하는 상대를 살피면서 서로 자신의 이익을 도모한다. 따라서 군주가 왕권을 유지하고 강화하기 위해서는 권신의 세력이 왕권을 위협하는지를 살펴야 하고, 이때 그가 실제로 모반을 꾀했는지 객관적 사실 여부보다는 그의 세력이 왕권을 가리고 위협하고 있는가 하는 정치적 고려가 더 중요하다. 즉 객관적인 사실보다도 군주의 주관적인 인식과 판단이 더 크게 작용하게 된다.

따라서 가지치기는 군주의 마음에서 시작된다. 그의 마음에서 제거할 대상자가 정해지면, 그의 죄목을 구성해 공개한다. 이와 동시에 사건을 진행해 갈 에이전트agent를 설정한다. 이 부분이 술치의 핵심이 된다. 나아가 권신을 제거하는 것뿐만이 아니라 그 세력을 형성하고 있는 당여를 색출하는 작업이 병행된다. 이를 위해서 시간을 두어 권신 제거의 명분을 축적하고, 적절히 술을 구사해 당여를 제어하고 처벌하는 연속적이고 지속적인 술치의 과정을 밟게 된다.

실제의 군주가 정치의 장에서 신하를 통제·제어할 때, 그가 사용하는 정치술이 명확하게 가지치기인지 춘추대의인지를 구별하기는 어렵다. 따라서 여기서 설명한 가지치기와 춘추대의는 일종의 이념형ideal type으로 보는 것이 좋겠다.

사돈 이거이, 첫 번째 가지치기

이거이의 정치적 행보 이거이는 우왕 10년(1384) 이성계의 추천으로 동북면 강계의 관군 만호가 되었다. 그는 처음에 개국공신에는 포함되지 않았지만, 그의 장남 이저가 태조의 장녀(경신공주)와 결혼했고, 훗날 개국원종공신에 올랐다. 그러나 그는 어느 때부터인가 이방원 쪽에 가담해 무인정변 때에는 필두에 서서 이방원의 거사를 도와 정사공신에 책봉된다. 그리고 정종 1년(1399)에 그의 사남인 이백강이 이방원의 장녀(정순공주)와 혼인해 거대한 외척세력으로 성장한다.

무인정변 이후 최대의 현안은 사병 혁파 문제였다. 이방원 자신이 정도전 일파의 사병 혁파 시도에 대해서 "어린 서자를 세자로 세워 동모형제를 제거하려 한다"는 이유로 반대하면서 정변을 일으켰으나, 권력을 장악한 이후 왕권을 안정시키고 언제 발생할지 모르는 또 다른 변란의 위험을 사전에 제거하기 위해서는 반드시 추진해야 하는 과제임을 알고 있었다.

정종 2년 4월 6일 대사헌 권근이 나서서 사병을 혁파할 것을 상소했다.

> 바라건대 이제부터 서울에 머물러 있는 각 도의 여러 절제사를 모조리 혁파하고, 서울과 외방의 군마를 모두 삼군부에 소속시켜 국가의 군사로 삼아서, 체통을 세우고 국권을 무겁게 하고, 인심을 편안케 할 것입니다. 양전兩殿(상왕과 정종)의 숙위를 제외하고는, 사적 가문에서의 숙직은 일절 금지하고, 조회하는 길에도 사적인 무리가 병기를 가지고

수행하는 일이 없게 하여, 집에 병기를 감추지 않는다는 예전의 규범에 따르고, 후일에 서로 의심하여 난을 꾸미는 폐단을 막으면, 국가에 심히 다행이겠습니다.

이 상소가 올라오자 정종과 세제 이방원은 바로 시행에 들어갔다. 이날 여러 절제사가 거느리던 군마를 해산해 모두 그 집으로 돌아가게 했다. 이때 정사定社 일등공신이자 왕실의 종친이며 최대의 사병세력이라 할 수 있는 이거이 부자의 반발과 저항을 어떻게 처리할 것인지가 문제였다. 사병 혁파를 계기로 이거이가 먼저 난을 일으킨다면 오히려 처리하기가 쉬웠을 테지만, 그는 불평만 하는 데 그치고 별다른 움직임을 보이지 않았다. 결국 이 문제는 6월 1일 대간에서 일종의 타협안을 제시함으로써 수습된다. 이에 따라 정종은 이거이를 외방에 안치하도록 명하고, 이로써 일단락된다. 당시 함께 반발한 조영무, 이무, 조온 등도 함께 외방에 안치되었다. 그러고 나서 3개월쯤 지난 9월 8일 이거이는 다시 판문화부사로 돌아오고, 11월 11일 태종이 즉위하자 바로 이틀 후인 11월 13일 좌정승으로 임명된다. 이로써 사병 혁파에 대한 불만으로 인한 처벌은 쉽게 마무리되는 듯했다.

그러나 이후 재이 발생에 따른 책임을 지고 사직하는 우의정 하륜을 따라, 태종 1년 3월 29일 이거이도 사직했다. 두 정승의 동반 사직에 관해 실록에서는 태종은 다만 이거이의 마음을 기쁘게 하려고 잠시 좌정승 자리를 맡겼을 뿐인데 그가 이를 알지 못하고 사면할 뜻이 없자, 하륜이 임금께 고하고 재이를 칭탁해 사직한 것이었다고 지적하고 있다. 또한 이때 태종은 1년 전 사병 혁파 때의 일을 언급하고 있는데, 이는 태종이 사병 혁파에 반발한 이거이 부자에 대한 미움과 의심을 여전히 가지고 있음을 말해준다.

그러다가 1년이 조금 지난 태종 2년 4월 18일 이거이가 다시 영의정으로 복귀하고, 11월 5일 조사의의 난이 발생하자 이거이는 군직인 좌도통도사까지 겸직한다. 난이 진행되는 와중인 11월 17일 이거이가 영사평부사로 자리를 옮겼고, 성석린이 영의정부사를 맡게 된다.

비록 사병 혁파 때 표출한 불만으로 인해 정치적 위기가 있기는 했지만, 이거이는 그 위기를 무사히 잘 넘기고 최고의 권신으로 살아남았다.

태종의 발심과 사술의 구사 태종 2년 11월 27일 조사의의 난이 진압되고 이후 국내외적으로 별다른 동향이 없이 평온한 시기가 이어졌다. 태종은 유교적 군주로서 자신을 보좌하는 유교적 관료들과 더불어 유교국가의 제도화 작업에 박차를 가했다.

그러던 어느 날 태종에게서 한비자의 면모가 드러난다. 태종 4년 10월 18일 태종이 의안대군 이화와 완산군 이천우 등을 불러 밀지를 전하면서 이거이 부자는 역모에 휘말리게 된다.

태종이 내린 밀지의 내용은 다음과 같다.

> 신사년(태종 1, 1401)에 조영무가 이거이의 집에 갔더니, 이거이가 조영무에게 말했다.
>
> "우리들의 부귀함이 이미 지극하나, 처음부터 끝까지 그것을 보존하기란 예로부터 어려우니, 마땅히 서둘러 도모해야 한다. 상왕(정종)은 일 만들기를 좋아하지 않지만, 금상(태종)은 아들이 많으니, 어찌 그들

모두가 우리들을 온정과 연민을 갖고서 대하겠는가? 마땅히 이들(태종과 왕자)을 베어 없애고 상왕을 섬기는 것이 좋겠다."

조영무가 이를 나(태종)에게 전하자, 나는 누설하지 말라고 단단히 지시했다. 그로부터 이미 4년이 지나 이거이도 이미 늙었고 조영무도 또한 곧 늙을 것이다. 만약 한 사람이라도 죽게 된다면, 이 말은 변별하기가 어렵다.

실록에서는 태종이 이런 밀지를 전하게 된 계기가 무엇이었는지 찾을 수 없다. 조사의의 난 이후 이거이 부자의 언행에서는 태종의 권력에 반발하거나 도전하려는 아무런 조짐도 나타나지 않았다. 이거이 부자는 한편으로는 태종이 추진하는 유교국가 건설의 충실한 보좌역을 수행하면서 다른 한편으로는 이 시점에서 더 바랄 게 없는 권세를 향유하고 있었을 뿐이다. 왜 태종은 갑자기 이거이 부자를 향해 한비자의 얼굴을 드러낸 것일까?

정변 구조가 지속하는 한, 누군가 이방간이나 조사의와 같은 행동에 나설 개연성이 있었다. 잠재적 위협인물인지를 판단하는 데는 기억으로부터 형성되는 주관적 인식이 크게 작용한다. 그 과정 속에서 어느 순간 그를 위협인물로 단정하고 처단해야겠다고 마음을 굳히게 된다. 이걸 '발심發心'이라고 부르겠다.

태종이 이미 이빨 빠진 호랑이에 불과한 이거이를 처단해야겠다고 발심하게 된 데에는 두 개의 기억이 작용했다. 하나는 앞서 기술한 사병 혁파 때의 반발과 저항의 기억이다. 또 하나는 무인정변 당시에 새겨진 기억이다.

무인정변이 성공하자 태조의 허락을 얻어 외방에 안치하기로 한 세자 이방석이 성문 밖을 나섰다. 이때 이거이·이저(이백경)·조박 등이 도당에서 의논해 이방석을 도중에 죽여버렸다. 이어서 이방번이 먼 지방에 안치되기 위해 궁성을 나서는데, 이방원이 말에서 내려 이방번의 손을 잡고 말했다.

"지금 비록 외방에 나가더라도 얼마 안 되어 반드시 돌아올 것이니, 잘 가거라. 잘 가거라."

그러나 이번에는 이방간이 이저 등과 더불어 또 도당에서 논의해, 양화도를 건너 도승관에서 머물고 있는 이방번을 죽여버렸다. 이방석과 이방번이 죽었다는 말을 들은 이방원은 비밀히 이숙번에게 말했다.

"이거이 부자가 나에게는 알리지도 않고 도당에게만 의논해 나의 동기를 살해했는데, 지금 인심이 안정되지 않은 까닭으로 내가 속으로 견디어 참으면서 감히 성낸 기색을 보이지 못하니, 그대는 이 말을 입 밖에 내지 말라."

이방원이 정변 당시 이방석 형제를 어떻게 처리하고자 했는지는 분명치 않지만, 적어도 실록에서는 세자뿐만 아니라 태종이 보전하고자 한 이방번까지 이거이 부자가 살해했다는 것에 대해서 분노하고 있었음을 말해준다. 태종은 왕실의 종지를 해친 이거이 부자에 대해 시기를 기다리면서 처벌의 수위와 방법을 고민하고 있던 것으로 보인다.

물론 이 두 기억이 태종이 발심하는 데 작용은 했겠지만, 그렇다고 이거이 부자를 역모로 처단하기는 어렵다. 사병 혁파 건은 이거이 부자만 반발한 것이 아니었고 게다가 이미 정종 때 한 번 처벌을 받아 종결된 사안이었다. 이방석·이방번 건도 이거이 부자가 주도는 했지만 정변 상황이었고, 게다가 도당 협의라는 절차를 밟았기에 그것으로 이거이 부자만을 처벌할 수는 없었다. 이 지점에서 태종은 한비자가 권하는 사술을 구사했다고 본다. 앞의 밀지에 등장하는 조영무는 사술의 에이전트로 동원된 인물이다. 물론 실록에서는 이런 내용을 직접 확인할 수 있는 증거가 없으므로 그 사술의 내막을 추론해 보자.

태종 4년에 내린 밀지의 핵심은 태종 1년에 이거이가 금상인 태종과 왕자들을 제거하고 상왕인 정종을 다시 추대하려고 했다는 것이고, 태종은 그 증인으로 조영무를 내세웠다. 이거이의 반역죄가 성립하느냐 마느냐는 조영무의 입에 달려있는 상황이었다. 이제 밀지에서 말한 신사년(태종 1, 1401) 즈음으로 돌아가서 이거이와 조영무의 접점을 살펴보자. 이거이와 조영무가 함께 태종에게 불만을 표출할 만한 시점은 두 번 정도 있었다.

첫 번째는 사병 혁파 시점에서다. 정종 2년(1400) 4월 6일 시행의 명이 내려진 사병 혁파에 조영무가 반발하자, 대간에서 조영무의 처벌을 요청하는 상소를 올렸고, 4월 18일 조영무는 황주로 유배에 처해진다.

상소를 보면 사병을 빼앗기게 된 조영무가 왕세제 이방원에게 불만을 토로했던 것으로 확인된다. 이어서 5월 8일에는 대간에서 이거이 부자의 처벌을 요청하는 상소를 올렸다. 이를 보면 사병을 혁파할 즈음 이거이와 조영무는 실제 사병 혁파를 주도하는 이방원에 대한 불만을 주고받았을 것으로 추측된다. 어쩌면 이때 그들은 이방원이 훗날 왕이 되면 자신들의 지위를 보존하기 어려울지도 모르니 정종이 계속 왕위에 있었으면 좋겠다는 말을 주고받았을지도 모른다. 조영무는 이거이와 나눈 대화를, 태종이 발심한 태종 4년의 시점에서, '정종 재추대'로 가공한 것으로 보인다. 그리고 태종은 조영무가 가공한 '정종 재추대' 라는 역모의 증거를 이화에게 밀지로 전달했을 것이다. 사병 혁파에 대한 반발로 이거이는 잠시 귀양을 가게 되지만 4개월 후인 9월 8일 문하시랑찬성사로 복귀하고 이후 관직의 품위가 높아졌다.

이거이와 조영무의 두 번째 접점은 태종 1년의 시점이다. 3월 29일 이거이가 하륜과 함께 동반 사직할 즈음에, 자기 집에 찾아온 조영무에게 태종의 불신임에 불만을 말했을 수도 있겠다. 그러나 태종의 신임을 받고 승진하던 조영무에게 이거이가 '정종 재추대'를 말했을 리가 없다. 밀지에서 신사년(태종 1)을 언급한 것은 거의 날조로 보인다.

밀지에 담겨있는 태종 1년 조영무가 태종에게 했다는 말은 태종 4년 시점에서 만들어진 가공이거나 날조라고 보아도 좋다. 좀 더 추론하자면, 태종 4년 이거이를 처단하기로 발심한 태종이 이거이를 역모로 몰기 위해 에이전트 조영무에게 지시한 명령이라고 본다.

술치 권력의 본질이 드러나다 밀지를 받은 이화가 그 내용을 상소하자 이거이의 역모 발언이 공론화되었다. 이어 종친·공신·삼부(의정부, 사평부, 승추부)·대간이 모인 대궐 뜰에서 이거이와 조영무의 대질 심문이 벌어졌다.

이거이는 그런 일이 없었다고 부정했다.

"두 아들이 부마가 되었고 신이 정승이 되었는데, 무엇이 부족해서 이런 말을 했겠습니까?"

이어서 조영무가 밀지의 내용이 사실이라고 말하니, 듣고 있던 이거이가 조영무를 비난했다.

"어찌하여 나를 해치려고 하는가?"

조영무가 대답했다.

"그대가 있고 없는 것이 나에게 무슨 손해나 이익이 되겠는가? 또 같은 때에 함께 공신이 되어 집안을 일으킨 사람이다. 다만 군신의 분수가 붕우의 사귐보다 무겁기 때문에 그대의 말을 주상에게 고한 것일 뿐이다."

조영무는 붕우보다 군신이 더 중요하기에 태종에게 '사실대로 보고했다'고 대답했지만, '태종의 명령에 따랐을 뿐이다'라고 말하는 것이 실상에 가까울 것이다. 더 이상 대질심문은 이어지지 않았다. 이것으로 이거이의 역모 기도는 '사실로 확정'되었다.

조영무가 태종에게 보고한 '정종 재추대'는 가공이거나 날조일 것이라고 앞서 추론했다. 그렇다면 조영무는 왜 에이전트의 임무를 수용했는가?

이에 대한 대답을 얻기 위해 조영무가 어떤 인물이고, 그가 이방원과 어떤 관계였는지를 짚어볼 필요가 있다.

조영무는 고려 말 이성계의 장수로 활동하다가, 1392년 이방원의 지시로 정몽주를 격살하는 데 참여했고, 이성계를 추대하는 데도 참여해 개국 3등공신으로 책록되었다. 그러나 정도전이 사병 혁파를 주도하자 반발했고, 무인정변 때 이방원을 도와 정사 1등공신이 되었으며, 2차 왕자의 난에서도 이방원을 지원해 좌명 1등공신이 되었다. 정종 2년 이방원이 주도하는 사병 혁파에 반발해 일시적으로 이방원의 노여움을 사서 대간의 탄핵을 받고 유배되었으나 얼마 후 중앙 정계로 돌아와 태종의 충실한 보좌역을 수행했다. 조영무는 정몽주 격살 이래로 이방원의 충실한 심복 무장으로 유학적 교양, 지식, 원칙, 신념 따위와는 거리가 먼 인물이었다. 태종 4년 어느 날 이거이를 처단하려고 발심한 태종이 조영무를 불러 정종 재추대 건을 지시했다. 이때 조영무에게는 선택의 여지가 없었다. 태종의 명령에 불복한다면 언젠가는 자신도 이거이 신세로 전락해 응징을 당할 뿐이었다.

이제 다시 한번 대질심문 장면에서의 이거이를 상상해 보자. 자신의 목숨이 걸린 조영무와의 대질에서 이거이는 왜 강하게 자신의 무죄를 주장하지 않았는가?

대질심문 장에 모인 주요 인물들은 이방원의 무인정변에 참여했거나, 이방원이 왕위에 오르는 데 동참한 인물들이다. 그들은 폭력 행사에 동참하고 그 정당화에 공감하는 운명공동체였다. 이 공동체에서 태종의 명령은 곧 사실이요, 진실이요, 진리였다. 설령 태종이 말한 것이 거짓이라 해도 진실로 받아들여야 했다. 무인정변과 사직 안정론을 부정하지 않는 한, 태종의 의도에 거스르는 것은 원천적으로 불가능했고, 태종의 지시는 따를 수밖에 없는 절대 명령이었다. 삽혈동맹은 그들이 태종 이방원을 중심으로 한 운명공동체임을 피로써 확약한 행위다.

이거이는 자신이 속한 집단의 속성을 누구보다도 잘 알고 있었다. 태종이 그 집단에서 하차시키기로 마음먹은 이상 하차할 수밖에 없다는 것을 알고 있었다. 대질심문 때 조영무의 입에서 정종 재추대의 말이 나오자, 이거이는 자신의 명운이 여기까지라는 것을 절감했을 것이다.

대질심문으로 이거이의 역모가 확정되자, 이후로는 '춘추의 법'에 따라 처결해야 한다는 대간의 상소가 이어진다. 그러나 이에 대해서 태종은 공신을 보전키로 한 맹약과 종친에 대한 사정을 이유로 내세워 춘추의 법에 따르기를 거부한다. 그리고 이후 논의는 외형상 태종과 대간 사이에 '공법에 따른 처벌'과 '공신·종친에 대한 사정私情'을 중심으로 전개된다. 사술을 통해 진행되던 가지치기는 역모가 확정된 순간부터 유교적 춘추대의로 장식되고, 태종과 그의 신하들은 의합체제의 용어를 사용하면서 유교적 군신관계를 연기하고 있었다.

춘추대의에 따라 공법대로 이거이를 처벌해야 한다는 신하들, 이거이가 공신이자 인척이기에 사적인 은혜를 저버릴 수 없다는 태종, 이 연기의 결말은 이 공동체의 주인인 태종의 마음에 달려있다. 애초에 이거이를 처단하기로 발심하고 시작한 일이니 태종의 마음은 이미 정해져 있었다. 그러나 뜻하지 않은 사태가 발생한다. 태종이 밀지를 내린지 이틀 후인 10월 20일에 태상왕에게 헌수하는 자리에서 태종이 이거이의 일을 고하자 태상왕이 간절히 타일렀다.

"네가 마음으로 결정했겠지만, 회안이 이미 쫓겨났고, 익안군은 이미 죽었으며, 상왕은 출입할 수가 없으니, 친척 가운데 살아있는 사람이 몇이냐? 일이 이뤄질 때에는 돕는 자가 많지만, 일이 실패할 때에는 돕는 자가 적다. 생사가 오갈 때 돕는 자로는 친척 같은 이가 없으니 너는 그들을 보전해야 할 것이다. 국가의 재앙이나 천변지괴는 작은 것이고 이런 일은 큰 것이다. 나는 장차 큰 근심이 있을까 두렵구나."

이후 태종은 태상왕의 뜻을 충실히 받들어서, 밀지로 인해 이미 반역죄로 탄핵되어 고향인 진주에 안치된 이거이를 죽을 때까지 보호했다. 그러면서 그를 처벌하라는 대간의 상소는 묵살했다. 태상왕 이성계의 개입으로 술치는 끝을 보지 못하고 신속히 종결된다.

비록 이거이에게 형벌을 가해 처단하지는 않았지만, 그를 외방에 안치해 버림으로써 위협인물을 제거했다. 가지치기는 충분한 성과를 올렸고, 신하들에게 술치의 본보기를 보여줌으로써 자신의 권력에 도전하려는 싹이 자라지 못하게 하는 효과를 거두었다.

처남 민무구·무질 형제를 처단하다

함정을 파다, 전위 파동 태종 4년 이거이 부자에 대한 미완의 술치가 있은 이후 태종은 유교적 군주로서 국정을 운영해 갔다. 그러나 여전히 태종은 잠재적 위협인물이 누구인지에 늘 관심을 갖고 있었다. 그러던 중 2년이 지난 시점에서 가지치기 대상을 색출하기로 결심한다. 미리 그 대상(민씨 형제)을 설정해 두고 전위(왕위를 물려줌)라는 함정을 판 것으로 보인다. 태종 6년에서 10년까지 장장 4년에 걸쳐 화려한 술치가 펼쳐진다.

먼저 부원군 민제, 좌정승 하륜, 우정승 조영무 그리고 안성군 이숙번에게만 '비밀히' 전위 의사를 표명했으나 모두 불가하다고 반대하자, 태종 6년 8월 18일 태종은 공개적으로 세자에게 전위하겠다고 전격 선언했다. 이에 혼비백산한 백관과 기로(연로하고 덕이 높은 신하)가 지신사 황희를 통해 아뢰었다.

"전하께서 춘추가 한창이시고, 세자의 나이는 성년이 못 되었고, 아직 아무런 변고도 없었는데 갑자기 전위하고자 하시니, 신 등은 그 이유를 알지 못해 두려워 어찌해야 할 바를 알지 못하겠습니다."

태종이 말했다.

“내가 아직 늙지 않았고, 세자가 어리다는 것도 내가 잘 알고 있다. 그러나 내 마음은 이미 결정되었으니 바꿀 수 없다. 내가 전위하려는 까닭을 두 정승(하륜, 조영무)은 이미 알고 있다.”

태종의 ‘발심’에 많은 주요 신하들이 다양한 논리로 불가함을 말했지만, 이틀 후인 20일 국새를 세자궁에 보내 세자에게 전위해 버렸다. 그러자 신하들은 더욱 목소리를 높여 불가함을 주청했다. 이후 국새를 가지고 옥신각신하다가 26일 왕위를 세자에게 전한다는 명령을 거둔다.

이 장면은 마치 충성 경쟁을 보는 듯하다. 전위 반대자는 충신이요, 전위 찬성자는 불충이라는 이분법적 구도에서, 이 장면의 참여자들은 전위 반대의 논리를 개발하고 목청을 높여가며 서로 자신이 충신임을 드러내기 위해 사력을 다했다.

두 정승이 알고 있다는 태종이 전위하려는 이유는 전위 파동이 지나가고 민무구·민무질 형제에 대한 옥사가 시작된 다음 해 태종 7년 9월 18일 태종이 민무휼·민무회 형제에게 한 말로 추측이 가능하다.

“내가 세자에게 전위하고자 한 것은 대개 몸이 구속받지 않고 혹은 덕수궁(태상왕 이성계의 거처)에도 가고, 혹은 인덕궁(상왕 이방과의 거처)에도 가고, 혹은 들판에 나가 유람하고, 혹은 매 놓는 것도 구경하며, 내 뜻에 맞게 살고자 한 것이다. 이것이 즐겁지 않겠는가! 옷이 아무리 많더라도 다 입을 수 없고, 밥이 아무리 많더라도 한번 배부르면 그만이요, 말이 아무리 많더라도 다 타지는 못한다. 내가 어찌 임금의 자리를 즐겁게 여기겠는가!”

태종의 마음에 이런 바람이 있었다는 건 사실일 것이다. 그러나 이 시점에서 태종은 전위할 생각이 없었다고 보아도 좋다. 태종 6년의 전위 표명은 한비자가 제시한 사술邪術 중의 하나인 '도언반사倒言反事'라고 보는 것이 적절하다.

도언반사란 신하가 하는 간악한 일의 실정을 알기 위해서 군주가 일부러 뒤바꿔서 말을 하고 반대행동을 보이는 것인데, 한비자는 연나라의 재상이 사용한 사례를 들고 있다.

> 자지는 연나라의 재상이었다. 자리에 앉아서 일부러 거짓말을 꾸며, '문밖으로 달려 나간 것이 무엇인가 백마가 아닌가'라고 물었다. 좌우 측근들이 모두 보지 못했다고 말했다. 어떤 한 사람이 쫓아갔다가 돌아와서 보고하기를 '백마가 있습니다'라고 했다. 자지는 이것으로 좌우 측근들의 성실 여부를 확인했다.

태종은 전위할 의사가 없으면서 반대로 전위하겠다고 말하고, 이에 대해 신하들이 어떤 반응을 보이는지 기다렸다. 전위라는 함정을 파놓고 누가 걸리는지 지켜보고 있었던 것이다.

여기서 이숙번이란 인물을 주목해 보자. 이숙번은 태종이 공개적으로 전위를 선언하기 전에 비밀히 전위 의사를 타진한 네 명 중 한 명이다. 그리고 태종 6년 8월 26일 전위를 철회하기 전에도 태종은 이숙번만을 비밀히 불러 전위 철회를 의미하는 대화를 주고받는다. 태종이 모후의 꿈 얘기를 하자, 이숙번이 해몽했다.

"이것은 실로 모후께서 진심으로 고하시기를 '전위하는 것은 안 된다'라고 하신 것이니, 어찌 신령과 사람이 모두 싫어하는 것이 아니겠습니까? 바라건대 세 번 더 생각하소서."

이숙번은 신하 중에 유일하게 그리고 비밀스럽게 전위 파동의 처음과 끝을 태종과 함께하고 있었다. 뒤에 자세히 서술하겠지만, 이숙번은 전위 파동이 진행되는 18일에서 26일 사이에 가지치기의 대상자를 함정에 빠뜨리기 위해 태종의 심복으로 활약한다. 그는 태종이 술치를 구사하기 위해 사용한 에이전트였다고 보인다.

태종 6년 8월 18일에서 26일까지 일주일여에 걸쳐 일어난 제1차 전위 파동은 비상사태를 맞아 외척 및 공신의 움직임을 살펴봄으로써 잠재적 위협인물을 색출하는 기회로 삼고자 하는 태종의 정치적 목적과 계산 속에서 일어났다. 그 결과 그는 누구를 숙청해야 하는지를 명백히 확인할 수 있었다. 그로부터 10개월 정도가 지난 시점에 숙청 착수의 계기가 되는 사건이 발생한다.

태종 7년 5월 18일 황제가 보낸 사신 황엄이 도착했다. 6월 1일 태종은 그를 위해 광연루에서 잔치를 베풀었다(이날의 연회장에서 태종과 이숙번의 대화가 있었던 것으로 추측된다. 이숙번이 에이전트였음을 방증해 주는데, 후술함). 6월 2일 태종의 명으로 민무질은 자신의 집에서 황엄에게 잔치를 베풀었다. 민무질은 이방원이 명나라에 입조할 때 황엄과 함께 갔었기 때문이다. 6월 4일 태종이 떠나는 황엄을 전송했다.

황엄이 도성을 떠나고 4일 지난 6월 8일 태종의 명으로 옥사가 벌어진다. 황엄이 사신으로 오는 것을 계기로 몇몇 신하(공부, 이현, 민제, 민무구, 민무질, 조박, 하륜 등)가 태종 몰래 사사로이 세자와 명나라 황녀의 혼인이라는 국가의 대사를 논의했다는 것이 그 이유였다. 논의에 가담한 자들은 명나라 황실과의 결혼이 조선에 가져올 국가이익을 이렇게 말했다.

"만일 명나라 황실과 결혼하게 된다면, 비록 북쪽으로 건주 여진의 핍박이 있고, 서쪽으로 왕구아(원래 여진인으로 홍무제 이래 명나라에 귀의한 자)의 군사가 요동에 있다 하더라도 무엇이 족히 두려우랴?"

"만일 대국의 원조를 얻는다면 동성同姓이나 이성異姓이 누가 감히 난을 일으키며, 난신적자가 어떻게 생기겠습니까?"

그리고 대간이 민제, 민무구, 민무질, 하륜을 핵문(죄를 따져 물음)하니, 모두가 대답했다.

"국가를 위해서이지 다른 뜻은 없었다."

태종도 인정했다.

"모의는 비록 잘못된 것이나, 그 실상을 캐어보면 다만 나랏일을 위한 것뿐이고, 간사한 꾀를 품은 것은 아니다."

이렇게 말한 태종은 6월 11일 처음부터 숨기는 바가 있다고 여긴 조박을 제외하고 모두 석방했다. 4일 만에 옥사는 간단히 끝나는 듯했다. 그러나 곧 전위 파동 때 함정에 걸려든 민무구·민무질 형제의 숙청으로 이어진다. 황실 혼사 사건은 민씨 형제 숙청의 계기가 되었다. 그들에 대한 숙청의 움직임은 이미 황엄이 조선에 와 있는 사이에 진행되고 있던 것으로 보인다.

혼인 관련 옥사를 벌이기 전인 6월 1일 황엄을 위한 광연루 연회에서 태종과 이숙번은 이런 대화를 주고받았다.

"지금 가뭄 기운이 없어지지 않는 것은 아래에 불순한 신하가 있기 때문이니라."

"불순한 신하는 제거하는 것이 좋습니다."

비록 황실과의 혼인 논의가 국가이익을 위한 것이라는 점을 인정해

석방하기는 했지만, 그래도 태종의 마음에는 그 논의의 주인공들, 즉 민제, 민무구, 민무질 그리고 민제의 사위 조박 등이 명나라 황실을 끼고서 세자에게 의탁해 자신의 권력에 도전할지도 모른다는 의구심이 떠나지 않았을 것이다.

마침내 7월 10일 영의정부사 이화가 상소해 민무구·민무질의 반역죄를 청했고 숙청 작업이 시작되었다. 이화의 상소문에서 드러난 민씨 형제의 죄목은 크게 두 가지다. 첫째는 태종이 지난해 전위하고자 할 때 기뻐하는 빛이 얼굴에 나타났으며 복위한 뒤에는 이를 슬프게 여겼다는 것이고, 둘째는 "세자 이외에 왕자 가운데 영기英氣 있는 자는 없어도 좋다"라고 하여 왕실의 종지를 제거하고자 하는 반역의 마음을 품었다는 것이다.

술치의 에이전트, 이숙번 7월 10일 이화의 상소가 있고 나서 곧바로 7월 12일 민무구·민무질 형제를 외방에 안치하라는 명령이 하달된다. 그리고 두 달이 조금 지난 9월 18일 태종은 동생들인 민무휼과 민무회를 불러놓고 외방에 안치된 형들이 왜 불충인지를 자세히 설명한다. 그중 중요한 네 부분을 인용하면서 에이전트 이숙번이 어떤 역할을 했는지를 확인해 보자.

> [A] 하루는 민무구가 이숙번과 함께 와서 알현하기에, 내가 왕위를 사양하려는 이유를 말하니, ① 이숙번이 대답하기를 '주상이 이러한 뜻을 내신 것도 역시 하늘이 시킨 것입니다'라고 했고, ② 민무구는 성을 내면서 말하기를 '이게 무슨 말씀이십니까? 이게 무슨 말씀이십니까?

주상께서 만일 왕위를 사양하신다면 신도 또한 군무軍務를 사임하기를 청합니다'라고 했다. 내가 말하기를 '네 말이 지나치다. 어린 임금이 즉위하면, 너희들이 군권軍權을 맡아서 나를 따라 어린 임금을 돕는 것이 옳지 어찌하여 군권을 사양하고자 하는가!'라고 했다.

처음에 태종이 전위의 뜻을 보이자 이숙번이 이를 '하늘의 뜻'이라고 받아들이고 있다. 그러나 이숙번의 이 말은 본심에서 우러나온 것이라기보다는, 민무구를 끌어들이기 위한 함정이었던 것으로 보인다. 민무구는 처음에는 함정에 걸려들지 않았음을 보여준다. 이화의 상소와는 달리 그는 기뻐하지 않았고, 오히려 성을 내며 자신의 사임을 청하면서까지 전위의 불가함을 말했다. 그러나 며칠 후에 민무구가 다시 찾아와서 태종의 뜻을 따르고자 한다는 '정승들'의 뜻을 전달한다. 이를 듣고 태종은 크게 기뻐한다. 민무구가 덫에 걸렸기 때문이다.

[B] 하루는 민무구가 나에게 말했다.

"정승들이 모두 저에게 '주상의 뜻이 이미 정해졌으므로, 신 등이 감히 고집할 수 없으니, 미리 전위할 여러 일을 준비해 주상의 명령을 따르고자 한다'라고 했습니다."

내가 민무구의 이 말을 듣고 심히 기뻐했는데, 조금 뒤에 정승들이 다시 백관을 거느리고 대궐 뜰에서 전위의 부당함을 간쟁하길래 내가 민무구에게 말했다.

"내가 경이 전날 한 말을 이미 여러 대언에게 말했는데, 지금 정승들이 어찌하여 다시 이렇게 하는가?"

민무구가 대답했다.

"신이 들은 것은 정승 중 한 사람이 남몰래 한 말(밀언密言)입니다. 전하가 어찌하여 신의 말을 대언에게 누설하셨습니까?"

내가 대답했다.

"네가 정승들이라고 말하길래 나는 반드시 여러 사람의 의견이라고 생각했다."

민무구는 정승들의 의사를 반영해 전위 명령을 시행하겠다고 태종에게 말했다. 그것은 '불충'을 의미하는 발언이었다. 그러자 태종은 그의 말을 여러 대언에게 의도적으로 누설했고, 사태가 이상하게 돌아가자, 이를 원망하는 민무구에게 태종은 "여러 사람의 의견이라고 생각했다"라고 둘러댄다.

여기서 재미있는 대목은 민무구에게 남몰래 말한 "정승 중 한 사람"이 누구인가라는 점이다. 이자야말로 불충한 신하이고, 그렇다면 태종은 이자가 누구인지를 밝혀야 했을 것이다. 그러나 민씨 형제의 숙청 과정이 진행되는 동안 이 인물에 관한 내용은 등장하지 않는다.

찬성의 뜻을 태종 앞에서 공개한 자는 [A]에서 확인했듯이 이숙번이다. 처음에 삼자대면 시 민무구가 그물에 걸려들지 않자, 이숙번은 남몰래 민무구에게 또 다른 덫을 놓았고, 여기에 민무구가 걸린 것으로 추측된다. 당연히 태종은 '그 정승'이 누구인지를 밝힐 필요가 없었다. 이런 추측을 증명할 수 있는 기록이 태종이 심복 이숙번을 숙청할 시점에서 등장한다. 태종 16년 6월 21일 성석린이 이숙번의 죄를 다음과 같이 상소했다.

(태종 6년) 성상이 전위할 뜻을 가지고 이숙번에게 말씀하시자, 이숙번은 대의로써 그 불가함을 강력히 진달하지 못하고 바로 말하기를, [A] '하늘이 실로 이렇게 함이다'라고 하고, 마침내 [B] 민무구와 함께 여러 대신들에게 전해 알리고 힘써 이 일을 성사시키고자 했습니다. 또 성상 앞에서 고하기를 '민무구 등이 죄를 받았으니 세자(양녕)가 신에게 기뻐하지 않을까 두렵습니다'라고 하고, 그 뒤에 유양과 같이 의논하여 '신 등은 이제부터 자주 세자에게 뵙기를 원합니다'라고 했습니다.

10년 가까운 세월이 지난 시점에서 성석린은 태종 7년에 태종이 민무휼·민무회 형제에게 말한 [A]와 [B] 두 가지를 섞어서 회상하면서, 이숙번이 그 "여러 정승 중 한 사람"임을 확인해 준다.

또 인용한 성석린 상소의 후반부에서 민무구가 죽게 되자, 세자 양녕이 자신을 미워할 것을 우려하는 이숙번의 행태를 전해준다. 성석린의 상소는 많은 점이 불명확하지만, 적어도 태종 7년 당시 이숙번이 에이전트였다는 것을 확인해 주고 있다.

다시 앞으로 돌아가 태종의 다음 말을 들어보자.

[C] 되풀이해서 생각해 보니 아마도 이것이 산올빼미의 뜻인가 보다 하고 여겼다. 이에 과연 전위를 실행하지 않았다. 여러 신하들은 청한 것을 허락받았다고 기뻐하면서 모두 하례를 드리고 물러갔는데, 민무구는 들어와 알현할 때 성낸 빛이 있었으니, 당시에 나는 그 뜻을 알지 못했다. 내가 어찌 임금 노릇하기를 좋아했겠는가!

태종이 산올빼미의 울음소리를 핑계로 전위를 그만두자 민무구는 비로소 전위라는 것이 함정이었음을 깨닫고 분노한 것이다. 이런 상황에서 태종이 또다시 [A]에서 나온 민무구가 군권을 사임코자 한 것을 물어봤다.

> [D] 또 하루는 민무구가 곁에 있기에, 그 뜻을 살펴보고자 '네가 지난번에 군권을 사임하고자 했는데, 지금 사임할 테냐? 내 사위 조대림도 군권을 해임할까 한다'라고 물으니, 민무구가 매우 성을 내며 좋지 않은 기색으로 '신을 만일 해임하면 전하의 사위도 해임해야 합니다'라고 말했다. 그 마음이 불경하고 그 말이 천박하기가 이와 같았다.

여기서 민무구의 '천박한 말'은 어쩌면 당연하고 자연스러운 반응이었을 것이다. 자신을 모함에 빠뜨려서 곤란하게 하고 전위 의사를 철회한 후에 또다시 군권 사임 의사 여부를 확인하는 태종의 행위에 대해서 심한 배신감을 느낀 것이다.

이상 민무휼·민무회 형제를 불러서 말한 내용을 통해 민무구의 '얼굴 빛'의 의미와 그를 함정으로 몰아간 태종의 술치 구사를 확인할 수 있다. 그리고 이숙번이 그의 술치 구사를 위해 사용된 에이전트였음을 추론해 보았다.

훗날 태종 16년 6월 9일 용도가 다한 이숙번을 숙청할 때, 이숙번을 처벌하라는 신하들의 요청을 물리치고 외방에 안치하는 걸로 종결하고자 하는 상황에서 태종의 이 말은 불명확하지만 의미심장하다.

"(태종 6년의) 전위는 나의 마음에서부터요, 이숙번의 음모는 아니다."

공포정치, 민씨의 당여를 색출하다 이화의 상소가 제시한 민무질 형제의 죄목은 두 가지다. 하나는 지금까지 설명한 전위 파동 때 그의 언행이다. 전위 명령에 따르겠다는 의사 표명이 '불충'이라고는 하지만, 사실 그것은 어디까지나 태종의 뜻에 따르는 것이니, 그것만으로 처단하기에는 충분하지 못하다. 그래서 반역의 난신으로 단정하기 위해 두 번째 죄목이 추가되었다. 민씨 형제가 세자 이외의 다른 왕자들을 제거하려는 반역의 마음(금장지심今將之心)을 먹었다는 것이다.

이에 대해서도 태종은 민무휼·민무회 형제에게 설명했다.

"옛날 내가 민무구에게 이르기를 '내가 장의동 본궁本宮을 헐어서 조순의 옛 집터에다 고쳐 지어서 한 자식을 살게 하고, 가까운 이웃 정희계의 집을 사서 한 자식을 살게 하여, 형제들로 하여금 서로 따르고 우애하고 공경하게 하는 뜻을 돈독하게 하려 한다'라고 했다. 민무구가 대답하기를 '그렇지만 반드시 그 사이에 유액(인도해 도와줌)하는 자가 없어야만 가합니다'라고 했다. 민무구의 이 말은 대개 여러 아들이 난을 꾸밀 것을 염려해 제거하고자 한 것이니, 세자에 대해서는 충성을 다하는 것 같으나, 내게 대해서는 불충함이 이미 이와 같았다. 어찌 그 아비에게는 박하면서, 그 아들에게는 후할 수가 있겠는가!"

여기서 태종은 형제 간에 우애를 강조하는 자신의 뜻과 달리 민무구가 '유액'을 말하면서 형제 간의 불화와 반목을 조장하고 있다고 설명한다. 즉 형제 간에 우애를 강조해도 누군가가 인도해 도와주면 형제들 사이에 난이 있어날 수 있다는 것이다. 그러면서 태종은 민무구가 장차 세자를 둘러싸고 이러한 난이 일어날 것을 염려해 다른 왕자들을 제거하려는 마음을 먹고 있었다고 설명한다. 그러나 민무구가 유액이라는 말을 했다고 해서, 그가 다른 왕자들을 제거하려는 반역의 마음을 품었다고 말하는 것은 비약이다. 민무구의 염려는 지난 1·2차 왕자의 난을 돌이켜 볼 때 어쩌면 당연하고 원론적인 것이었다.

문제는 이것을 바로 역모로 몰아가고 있는 태종의 주관적 인식이다. 태종은 피의 숙청을 수반하는 쿠데타를 통해서 집권했다. 그 과정에서 자신의 이복형제들을 무참히 참살했다. 친형인 회안군 이방간과도 칼을 겨누며 권력 다툼을 벌였고 유배를 보냈다. 그가 형제들에 대한 우애를 특별히 강조하는 이유는 바로 이러한 자신의 모습에 대한 일종의 '속죄'라고 할 수 있다. 언제 또 누군가가 난을 선동해 왕실의 종지를 해치고, 나아가 자신의 왕위를 찬탈할지 모른다는 강박관념이 그로 하여금 민무구의 말을 꼬투리 잡아서 대역 사건으로 몰아갔던 것이다.

이렇게 두 가지 죄목을 담은 이화의 상소로 민씨 형제의 죄가 공론화되자, 이거이 부자 사건 때와 마찬가지로 그들의 처벌을 둘러싸고 태종과 신하들은 유교적 언어를 사용하며 대립했다. 태종은 부원군 부처와 처남인 민씨 형제에 대한 사정私情 때문에 결단을 내리기 어렵다고 주장했고, 신하들은 공법(춘추의 법)에 따라 단죄해야 한다고 강변했다.

만약 이화의 상소가 사실이라면 '춘추의 법'에 따라 간단히 처벌할 수 있고, 해야만 하는 사안임에도 불구하고, 이러한 공법 대 사정의 논쟁은 이후로도 4년이나 지속된다. 태종이 사정을 들먹이며 오랜 기간 이 사건을 끌고 간 데에는 다른 목적이 있었다. 민씨의 당여를 색출하기 위함이었다.

태종은 그들에게 당부黨附하는 세력이 많아서 그 근거를 뿌리 뽑기가 어렵다는 점을 잘 알고 있었기 때문에, 자신의 생각과 의도를 감추고 조용히 지켜보면서 누가 민씨에게 아부하고 있는지, 그 뿌리를 캐간다. 그러면서 한비자가 〈칠술〉과 〈주도〉 그리고 〈이병〉에서 강조한 바대로 보고도 못 본 척, 들어도 못 들은 척, 알면서도 모르는 척하면서 신하들이 그 본심을 드러내기를 기다린다. 춘추의 법대로 민무구·민무질을 처치할 것을 종용하는 대간의 상소에 대해서는 "바쁠 것 없다"고 대답한다.

당여 색출 작업이 성과를 거두고 동시에 민씨 형제를 죽일 만한 명분이 충분히 쌓이는 시간을 기다리던 태종은 태종 9년 9월 8일 회안군과 민씨 형제를 동정하고 임금을 비판한 윤목 등을 국문케 해서 열 명의 당여를 색출했다. 그리고 태종은 주모자를 좀 더 찾아낼 것을 지시하고, 이무가 거기에 개입된 정황이 드러나자 10월 5일 그를 처형한다. 이때도 앞서 이거이 부자 사건을 통해 살펴본 태종의 술치, 즉 사후에 약점과 잘못을 들추어내면서 권신을 제거하는 모습이 보이는데, 이무의 경우 10여 년 전 무인정변 때 이방원 측과 정도전 측을 오가며 기회를 살폈다는 죄목이 추가된다.

이제 남은 일은 민씨 형제를 처단하는 것인데, 이무를 벤 지 5개월이 지난 후인 태종 10년 3월 17일 성석린, 김한로, 조영무 등 대신들이 명분이 충분히 쌓였음을 주장했다. 특히 여기서 성석린은 "나라라는 것은 한 사람의 사유물이 아니니, 신료의 말을 어찌 거절하고 받아들이지 않을 수 있습니까"라고 하면서 태종으로 하여금 공론에 따를 것을 종용한다. 이에 대해 태종은 "다시 생각해 보겠다"라는 말로 회피하고 마지못해 따르는 모습을 보이면서, 결국 민씨 형제를 자진케 한다.

태종이 만약 정상적으로 왕위에 오른 군주라면, 그래서 덕치와 인정을 실천하고자 하는 군주라면 신하의 표정과 감정에서 드러나는 실수 하나하나, 말 한마디 한마디를 확대해석하면서 이처럼 모역의 올가미를 씌우고 사건을 몰아가지는 않았을 것이다. 이런 점에서 볼 때 4년에 걸친 태종의 행위는 유교에서 말하는 춘추의 법에 따른 난신적자의 제거가 아닌, 한비자가 말하는 권신을 제거하기 위한 가지치기였다.

정도전, 국가 전략을 세우다

명나라 중심의 천하질서 전략 1368년 주원장은 명나라 건국을 선포했다. 1279년 남송이 멸망한 후 100년도 채 되지 않는 짧은 시점이었다. 그러나 이적(오랑캐)에게 정복되어 중원을 내주었다는 것은 한족에게 적지 않은 상처를 남겼다. 그러기에 한족인 주원장은 명나라 건국을 통해 정통 왕조를 회복하고 중화문명을 재현하겠다는 의식이 강했다.

이러한 명나라의 중화 회복 작업은 주변국과의 새로운 국제관계 설정과 함께 진행되었다. 무제한의 무력 팽창정책을 추구한 원나라와는 달리 명나라는 무력 사용을 제한하는 대외정책을 추진했다. 명 태조인 홍무제(주원장)는 건국 초부터 새로운 왕조의 성립을 알리는 외교사절을 주변 여러 나라에 파견해 그들과 우호적인 관계를 맺고자 했다. 이러한 정책은 상대국에 대해서 무력을 사용하지 않고 책봉·조공 관계를 형성해 명나라 중심의 천하질서를 구축하고자 하는 국가 전략에 기반

8
중화공동체 전략을 추진하다

해 추진되었다.

책봉이란 중국의 황제가 주변 국가의 통치자를 국왕으로 인정하는 것이다. 황제와 국왕은 군신관계를 맺음으로써 양자 사이에 수직적 상하관계(종주국 대 번속국이라는 관계)가 형성된다. 그 상하관계의 구체적 표현이 조공으로, 조공은 번속국의 국왕 혹은 그의 사절이 종주국의 황제를 찾아뵙고 토산물을 바쳐 군신의 예를 갖추는 것이다. 황제는 이에 대한 답례로 많은 예물을 주어 대국으로서의 덕을 과시했다. 한나라 무렵부터 시작된 이러한 책봉·조공 체제는 당나라에 이르러 동아시아의 국제질서를 규정하는 제도로 정비되었고, 몽골을 몰아낸 명나라는 이를 철저히 실현하려고 했다.

명나라가 책봉·조공 체제를 구축하면서 사용한 논리는 '일시동인一視同仁'이었다. 이는 하늘이 천하를 골고루 비추듯이 천자가 주변국(의 인민)을 중국(의 인민)과 최대한 동등하게 대우한다는 것이다. 일시동인의 논리는 처음에는 각축하던 중국 내 점령 지역에 대해 사용되었다. 그러다가 중국 대륙을 통일하고 나서는 주변국에도 적용되었다. 통일을 이룩한 명나라에 귀속해 오는 주변국을 인仁의 마음으로 품어주겠다는 것으로, 이들을 무력으로 정벌하는 것이 아니라 책봉을 함으로써 천자의 덕을 보여주겠다는 것이다. 비록 주변의 오랑캐일지라도 천자의 덕으로 천하질서 내에 포섭하겠다는 논리였다.

여기서 주의해야 할 점은 일시동인이 오랑캐를 감화시켜 중화로 만들겠다는 것이 아니라는 사실이다. 접경 지역에서 문제를 일으키지 말고 단지 명나라의 울타리가 되어주기를 기대했을 뿐이다.

명나라와 주변국 사이에 책봉·조공 제도를 통해 수직적 질서를 형성하는 데 이론적 자원으로 사용된 것이 '화이론華夷論'이다. 화이론은 명나라를 문명을 구현하고 있는 중화로 설정하고 주변국을 그러한 중화문명으로부터 벗어난 이적, 즉 야만적인 오랑캐로 간주하는 이분법적 사유다. 고대 이래 있어온 중화-이적의 이분법 논리는 남송의 주자에 이르러 이기理氣론이라는 그의 이론체계를 통해 강력한 이데올로기로 확립되었고, 명나라는 주자의 화이론에 따라 천하질서를 구축하고자 했다. 명나라 중심의 천하질서 속에서 조선은 제후국 중의 하나로 포섭되었으며, 명나라의 입장에서 보았을 때 다른 제후국과 뚜렷한 차별성은 없다. 명나라에게 조선은 베트남, 일본, 유구(현재의 오키나와) 등과 더불어 하나의 변방국에 불과했다. 명나라 중심의 천하질서를 도식화하면 〈그림 1〉과 같다.

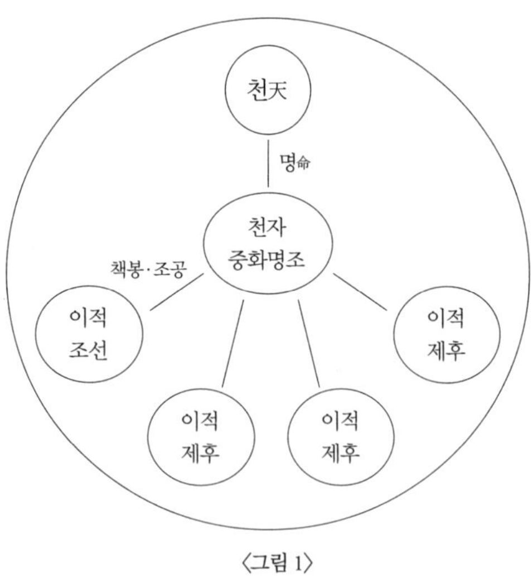

〈그림 1〉

조선 전략의 철학적 기초 1392년에 건국한 조선은 이러한 명나라의 전략을 그대로 받아들이지는 않았다. 조선은 명나라 중심의 천하질서를 부정하는 것은 아니지만, 그렇다고 거기에 수동적으로 '포섭'되기를 원하지 않았다. 조선은 천하질서 속에서 다른 주변국과는 달리 조선만의 독자적인 위상을 설정하고자 했다. 그것은 당시 건국 주체세력의 일원인 정도전의 전략으로 구체화되었다.

건국 후 3년이 지난 태조 3년 정도전은 새 시대에 합치하는 새로운 정치체제와 그 지향점을 제시한 지침서인 《조선경국전》을 지어 태조 이성계에게 바쳤다. 태조는 이를 보고 감탄해 포상하고 금궤에 보관하도록 했으며, 정총에게는 서문을 짓게 해 조선 만세의 귀감이 되도록 했다. 《조선경국전》은 기본적으로 신생 국가 조선의 '국가 경영'을 위한 텍스트다. 그러나 이 텍스트를 더 큰 시각에서 보면, 거기에는 명나라를 중심으로 하는 천하질서 속에서 조선이 취해야 하는 '국가 전략'이 담겨 있다.

《조선경국전》은 크게 두 부분으로 구성되어 있는데, 앞부분은 정보위·국호·정국본·세계·교서의 5개 항목이 배열되어 있고, 뒷부분은 치전, 부전, 예전, 정전, 헌전, 공전의 육전체제를 갖추고 있다. 앞부분에는 국가 전략의 철학적 기초가 함축되어 있고, 뒷부분에는 그 전략을 구현하기 위한 구체적인 정책 항목들이 제시되어 있다고 본다.

이제 정도전이 설정한 조선의 국가 전략의 철학적 기초를 살펴보자. 《조선경국전》의 첫머리인 〈정보위〉는 이렇게 시작된다.

《주역》에 '성인의 큰 보배는 지위(位)요, 천지의 큰 덕은 만물을 생육시켜주는 것(生)이니, 무엇으로 지위를 지킬 것인가? 바로 인仁이다'라고 했다. 천자는 천하가 받들어 모시고, 제후는 경내의 인민들이 받들어 모시니, 모두 부귀가 지극한 사람들이다. 현명하고 능력 있는 사람들은 지혜를 바치고, 호걸들은 힘을 바치며, 백성들은 각기 맡은 직분을 충실히 수행하되, 오직 인군人君의 명령에만 복종할 뿐이다. 그것은 인군이 지위를 얻었기 때문이니, 큰 보배가 아니고 무엇이겠는가?

정도전은 천자와 제후를 수직적 관계가 아닌 동일한 원리에 의해 존재하는 각각으로서 수평적으로 묘사하고 있다. 양자는 비록 천하와 경내라는 규모의 차이는 있지만 모두가 인군이라는 지위를 갖고 있으며 그 보배를 유지하기 위해서는 인仁의 원리에 따라야 한다는 것이다. 정도전은 동아시아에서 보편적 진리로 인정되고 있는《주역》이라는 경전을 사용해 천자와 제후의 '수평성'을 확보하고자 했다.

이어서 정도전은 또 다른 경전인《맹자》를 사용해 '인의 원리에 의한 수평성'에 관해 보충 설명을 시도한다.

인군이 천지가 만물을 생육시키는 그 마음을 자기의 마음으로 삼아서 불인인지정不忍人之政을 행해, 천하 사방 사람으로 하여금 모두 기뻐해서 인군을 마치 자기 부모처럼 우러러볼 수 있게 한다면, 그 인군은 오래도록 안녕과 부유, 그리고 존경과 번영의 즐거움을 누릴 수 있게 될 것이요, 국가는 위태롭거나 멸망하는 일이 없을 것이다. 인仁으로써 지위를 지킴이 어찌 마땅한 일이 아니겠는가?

'불인인지정'이란 《맹자》 〈공손추상〉에 나오는 '인정仁政'을 의미한다. 명나라의 천자도 조선의 왕도 똑같이 인정을 펼치느냐 못 하느냐에 따라 정치공동체의 생존과 번영이 결정된다는 것이다. 조선왕조의 유지는 책봉한 천자가 해주는 것이 아니라 조선의 임금이 인정을 베푸는가에 달려있다. 정도전은 조선왕조의 존립 근거를 천자의 책봉에 두지 않는다.

> 삼가 생각건대 주상 전하(태조 이성계)는 천명과 인심에 순응해 신속히 보위를 바르게 했으니, 인仁으로 마음의 덕을 온전히 하시고, 그 인이 발현해 만백성을 어여삐 여기심을 알겠노라. …… 아! 그 지위를 보유해 천만세에 길이 전해질 것을 누가 믿지 않으랴.

조선은 맹자가 말하는 '천명'과 '인심'에 따른 혁명을 통해 건국했고, 맹자가 말하는 '인정'을 시행함으로써 존속해 갈 것이라고 정도전은 선언한 것이다. 요컨대 《조선경국전》 〈정보위〉에서 정도전이 말하고 싶은 것은 조선은 명나라와 대등하게 《주역》과 《맹자》와 같은 보편적 원리에 따라 건국했고, 그 원리에 따라 유지해 가겠다는 것이다. 정도전은 맹자의 인정론과 혁명론을 통해 '조선 정치체제의 독자성'을 확보함과 동시에 명나라와의 대등한 위상도 확보하고자 했다. 정도전은 이러한 '원리적 수평성'에 기초해 조선과 명나라의 관계를 설정하고자 했다.

〈정보위〉에 이어지는 〈국호〉에서는 수평성의 구체적 사례를 제시한다. 정도전은 조선 이전에 존재한 국호들을 모두 폄하하고, 주나라 무왕의 명령을 받아 조선후로 봉해진 기자에게만 의미를 부여한다.

> 지금 천자(홍무제)가 '오직 조선이란 칭호가 아름다울 뿐 아니라, 그 유래가 오래되었다. 이 이름을 그대로 사용하고 하늘을 본받아 백성을 다스리면, 후손이 길이 창성하리라'라고 명했다. 아마도 옛날 주나라의 무왕이 기자에게 명하던 것으로 (홍무제가) 전하에게 명한 것이리니, 이름이 이미 바르고 말이 이미 순조롭게 된 것이다.

여기에는 조선 건국 이후 명나라에 사신을 파견해 국호를 선정해 주길 청하자, 홍무제가 조선이라는 칭호를 선정해 주면서 한 말이 인용되고 있다. 조선을 건국한 신세력은 이성계의 책봉 요청에 앞서 국호 선정을 명에 요청했다. 이에 명은 선뜻 조선이라는 국호를 선정해 줌으로써 명나라 중심의 천하질서에 조선을 포섭하려고 했다.

반면 정도전의 생각은 홍무제의 의도와는 결을 달리한다. 그의 복심은 조선의 독자성을 전제한 위에 명과의 관계를 설정하려고 했다. 그런 목적을 위해 그는 조선과 명을 연결시키는 매개체로 기자라는 성인군주를 사용하고 있다.

> 이제 조선이라는 아름다운 국호를 그대로 사용하게 되었으니, 기자의 선정善政 또한 당연히 강구해야 할 것이다. 아! 명나라 천자의 덕도 주나라 무왕에게 부끄러울 게 없거니와, 전하의 덕 또한 어찌 기자에게 부끄러울 게 있겠는가? 장차 홍범洪範의 교훈과 팔조八條의 가르침이 금일에 다시 시행되는 것을 보게 되리라. 공자가 '나는 동주東周(동쪽

의 주나라)를 만들겠다'라고 했으니, 공자가 어찌 나(정도전)를 속이겠는가?

《맹자》에는 고대 중국 주나라의 무왕과 조선의 기자가 모두 유교의 최고 인격자인 성인으로 묘사되어 있고, 무왕이 세운 주나라는 이상적인 시대로 설명되어 있다. 한편 《서경》에는 기자가 무왕에게 유교정치의 핵심 내용을 전해준 〈홍범〉편이 실려 있다.

《조선경국전》에서 정도전은 무왕이라는 성인이 통치하는 주나라와 기자라는 또 다른 성인이 통치하는 기자조선의 관계를 무력에 의한 수직적인 지배가 아닌, 덕치와 선정을 실현한 수평적 공존으로 설정하고 있다. 대국 명나라의 홍무제는 주나라 무왕의 덕치를, 소국 조선의 태조는 기자의 선정을 실현하기 위해 각자 노력하면서 동시에 서로를 대해야 한다. 즉 대국과 소국이 서로 도道를 실천, 지향하는 '원리적 수평성'에 입각한 예禮적 상하관계를 조선 전략의 철학적 기초로 정도전은 제시하고 있다.

조선의 중화공동체 전략 정도전은 조선을 '동주東周'로 만들겠다고 선언했다. 동쪽의 주변국 조선을 중화문명의 상징인 고대의 주나라와 같은 이상적인 국가로 만들겠다는 의미이다. 한마디로 말하자면 작은 주나라, 즉 '소중화小中華'로 만들겠다는 선언이다. 분명히 지적할 수 있는 점은 정도전이 제시한 소중화가 단순히 문화적 차원에서 소국이 중화문명을 모방한다는 의미가 아니라는 사실이다.

이 선언에서 정도전이 표출한 조선의 국가 전략을 읽어낼 수 있다.

바로 조선은 작은 주나라(=소중화)를 만들 것이니 명은 큰 주나라(=대중화)를 만들어서 함께 '중화공동체'를 형성하자는 것이다. 이러한 조선의 중화공동체 전략은 조선 '중심주의'가 아니라 명나라와의 협조체제를 형성하고자 하는 공동체 지향의 전략이다. 물론 명나라와의 국력 차이를 충분히 인지하는 '비대칭적' 협조체제이다.

조선 건국이 갖고 있는 역사적 의미는 여러 측면에서 조명될 수 있다. 국가 전략의 측면에서 본다면, '고려의 대국주의 전략에서 조선의 소국주의 전략으로 전환'이라는 의미를 부여할 수 있다.

고려는 중원으로의 진출을 예정하고 있는 대국주의 전략을 유지해왔다. 대국주의는 중원 왕조와의 전면전을 상정하고 있으며, 최영의 요동정벌은 그러한 대국주의의 발로라고 볼 수 있다. 위화도 회군을 계기로 새로운 왕조를 건국하게 된 조선의 건국세력은 이전 왕조인 고려의 대국주의가 초래한 고려 멸망이라는 전례를 잘 알고 있었다. 따라서 당대의 전략가인 정도전은 《조선경국전》에서 조선의 국가 전략을 대국주의에서 소국주의로 전환했음을 선언했다. 정도전이 만들겠다는 소중화 '동주'는 결코 중원의 패권을 지향하지 않는다.

이것을 《대학》의 개념으로 바꿔 말하자면, 조선은 천자가 추구하는 '평천하'의 길을 포기하고, '치국'이라는 제후국 국왕의 길을 전략적으로 선택한다. 그리고 소중화 조선은 대중화 명나라와 함께 중화공동체를 형성해 평천하의 한 부분을 담당하겠다는 전략이다.

그리고 이러한 중화공동체 전략의 일환으로 명나라와의 책봉·조공관계를 맺는 사대정책이 추진되었다. 중화공동체 내에서의 조선의 사대事大는 명조의 사소事小를 전제로 하는 쌍무적 관계로 성립된다. 명나라의 천하질서 전략이 '수직적 포섭'의 원리에 기반한다면, 정도전의 중화공동체 전략은 '수평적 공존'의 원리에 기반하고 있다.

정도전의 중화공동체 전략을 표현한 것이 〈그림 2〉이다. 이러한 중화공동체 전략은 대중화인 명나라 중심의 국제질서 속에서 조선이 소중화로서 존재하는 '조선 예외주의' 전략이다. 중화의 주변국, 즉 이적 중의 하나인 조선을 중화로 간주해 다른 이적과의 차별성을 설정하는 것이다. 이렇게 차별화된 소중화 조선은 대중화 명나라와 함께 중화공동체를 형성함으로써 주변의 이적과의 관계에서 우월한 위치를 차지하게 된다.

중화공동체는 세 가지 차원이 중첩된 개념이다. 첫째는 도道의 동일성同一性이고, 둘째는 문화의 동질성이고, 셋째는 정치체제의 동존성同

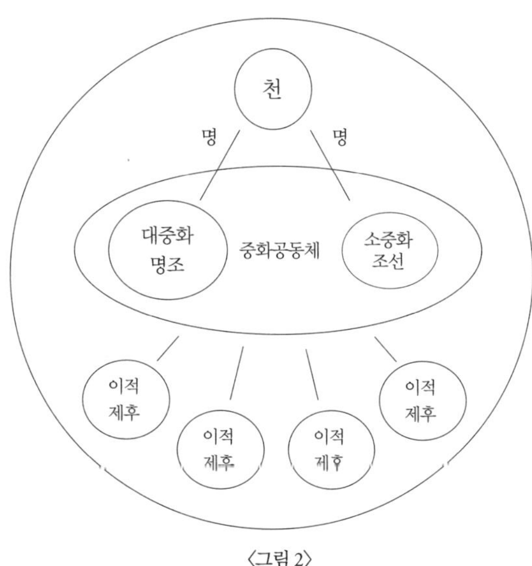

〈그림 2〉

存性이다. 조선과 중국은 동일한 도, 즉 유교를 국가이념으로 채택해, 동질적인 유교문화를 실현하면서도, 정치적으로는 자립을 유지하는 것, 바로 이것이 정도전이 구상한 국가 전략이다. 이 중화공동체 전략을 통해 정도전은 고려에 잔존하고 있던 대국주의에서 벗어나 소국주의로의 전략적 전환을 시도했다. 소국주의에 입각한 그의 중화공동체 전략은 결코 중국 중화주의의 아류가 아니다. 대중화 명나라를 중심으로 하는 국제질서 속에서 추구된 조선의 철저한 주체적 전략이었다.

태종, 정도전 노선을 계승하다

조선의 대명 사대정책 정도전은 중화공동체 전략을 구상하면서 동시에 그것을 추진하기 위한 구체적인 정책들도 제시했다. 그중 가장 중요한 정책이 대명 사대정책이다.

앞서 언급한 것처럼 《조선경국전》 앞부분이 국가 전략을 함축하고 있다면, 뒷부분에는 육전체제에 따라 국가정책이 나열되어 있다. 사대정책은 그중 하나인데, 〈예전〉에는 다음과 같은 〈견사遣使(사신을 파견함)〉 항목이 있다.

> 우리나라는 예로써 사대를 해 중국과 서로 교류하고 공물을 바치며 때에 맞추어 사신을 파견하니, 이것은 제후가 법도를 닦고 맡은 바의 직무를 보고하기 위함이다.

건국 이래 국정을 운영하고 있던 정도전은 스스로 사대정책을 실행했다. 건국 직후인 1392년 10월 정도전은 이성계의 창업을 알리고 신년인사를 올리기 위해 사신이 되어 명나라에 가서 다음 해 3월에 돌아왔다. 이때 말 60필을 공물로 가지고 갔다.

이어서 조선 조정은 국호 선정을 명에 요청했다. 명이 국호를 정해 주자 조선은 고려 공민왕 때에 받은 금인을 반환하고 새로운 금인을 요청하며(1393) 명의 책봉을 받아내려 했다. 조선의 사대정책은 순조롭게 전개되는 듯했다. 그러나 상황은 반전된다. 홍무제는 조선 사신이 가져간 표전문을 트집 잡으며 이성계를 조선의 국왕으로 책봉하는 금인을 보내기는커녕 오히려 조선에 위압적인 자세로 나왔다.

이러한 명의 태도는 사대정책을 추진하는 조선에게는 상당한 난관이었다. 건국 반대세력이 잔존하는 상황에서 명으로부터 책봉을 받지 못하고 오히려 갈등관계가 심화된다면 새로 출발한 조선왕조에 정치적 혼란이 발생할 수도 있었다. 따라서 명의 강경한 태도에 직면한 조선은 때로는 설득하고 때로는 변명하며 때로는 사소事小를 애원까지도 하는 사대정책을 지성으로 다할 수밖에 없었다. 국가 전략을 수정하지 않는 한 이 시점에서 사대라고 하는 것은 전술도 위장도 아닌, 성의를 다해 상대가 인정해 줄 때까지 진력할 수밖에 없는 국가정책이었다. 그러나 정도전이 추진한 사대정책은 조선의 이성계가 명으로부터 책봉을 받지 못한 상황에서 발생한 이방원의 정변으로 결실을 보지 못하고 만다.

정도전 노선의 계승 무인정변을 통해 정도전을 살해하고 권력을 장악한 후, 2차 왕자의 난을 거쳐 왕위에 오른 태종은 정도전을 부정하지 않을 수 없었다. 철저하게 '정도전 부정하기'가 진행되었다. 사직 안정론을 상기해 보면 금방 알 수 있다. 그러나 '정도전 부정하기'의 내면을 주의 깊게 살펴보면 중요한 사실을 알게 된다. 태종은 정도전의 '사람됨', 즉 사적인 욕망을 채우기에 급급한 소인배로 규정하고 폄하했을 뿐이지, 그가 설정하고 추진한 조선의 전략과 국가정책을 비판, 변경, 폐지한 적이 없다. 오히려 태종은 정도전의 중화공동체 전략과 그에 따른 국가정책을 충실히 계승했다.

사대정책 또한 마찬가지다. 무인정변 이후 태종은 명나라의 동향을 예의주시하면서 명나라와의 공식적인 관계 수립을 위해 노력했다. 마침내 태종 1년 명나라 2대 황제 건문제는 태종의 사대정책을 수용해 고명과 인신을 보내서 태종을 조선 왕으로 책봉했다. 고려 말 공민왕이 홍무제의 책봉을 받은 이래 추진해 온 대명 사대정책이 왕조가 바뀌어 조선의 태종 대에 이르러 결실을 보게 된 것이다.

태조와 태종이 동일한 사대정책을 추진했지만 이를 대하는 명나라의 상황과 태도에 따라 결과는 달랐다. 홍무제는 아직 명나라가 대내외적으로 체제가 공고화되지 않은 상황에서 개인적으로 의심이 많았기 때문에, 조선의 정세 변화와 명나라를 대하는 조선의 정책에 대해서도 의구심을 갖고 대했고, 결국 조선의 책봉 요청에 대해서도 부정적인 입장을 취했다. 반면 어린 나이에 즉위한 건문제는 황제의 지위가 안정되지 못했다. 특히 북경에 자리 잡고 있던 연왕燕王은 황제의 자리를 노리고 있는 상황이었다. 따라서 태종의 사대정책을 쉽게 받아주었다.

얼마 후 명나라에서 연왕이 정변을 일으켜 건문제를 몰아내고 3대 영락제로 즉위하자 태종은 신속하게 영락제의 즉위를 경하했고, 그에 대한 응답으로 새로운 고명과 인신을 보내 태종을 신임하면서 조선과 명나라의 책봉·조공 관계가 재설정되었다. 이때 완결된 조선과 명나라의 관계는 이후 명나라가 멸망할 때까지 지속된다.

주목해야 할 점은 조선에서 무인정변으로 사대정책의 추진 주체가 정도전에서 태종 이방원으로 변경되었음에도 불구하고 사대정책이 일관성 있게 추진되었다는 점이다. 정도전의 경우에는 명나라의 불합리한 요구에 대해 담대하고 냉철하게 대응하며 '전술'을 구사하기도 했고, 태종의 경우에는 면밀한 정보 수집을 통해 중국에서 전개되는 정치적 변화를 정확하게 파악하고 신속하게 대응했다. 이러한 조선의 주체적인 전략과 적극적인 정책 그리고 능동적인 전술이 어우러지면서 조선의 사대정책은 결실을 보게 된다.

여기서 한 가지 지적하고 싶은 점은 사대정책을 추진하면서 발생하는 비용의 측면이다. 조선이 추진한 사대정책에는 일정한 비용이 수반되었다. 앞에서 정도전이 사신으로 가면서 말 60필을 공물로 가지고 갔다고 언급했다. 태종은 건문제의 책봉 승인을 받으면서 말 7천 필을 진헌했다. 이러한 조공을 위한 경제적 부담, 대국의 요청에 따른 군사적 부담, 조선 처녀의 제공, 대국 사신의 횡포, 북방 여진이나 남방 일본과의 외교관계의 제한 등이 그 비용의 대표적인 예이다. 이러한 비용들은 천하질서를 담당하는 중화공동체의 일원이 됨으로써 조선의 안위를 보장받고 중화문명을 수용하는 수익에 비한다면 일정 수준에서는 감당할 수 있었다.

그러나 사대정책의 비용이 감당할 수 없는, 혹은 감당하기 싫은 수준에 도달하게 되면 약소국은 선택을 해야 하는 국면에 봉착한다. 사대정책의 부당성을 계속 감내하든지, 아니면 일시적인 전술을 사용하든지, 그도 아니면 국가 전략을 수정하든지 등, 그 어느 것이 되었든 약소국으로서는 국가의 운명이 걸린 힘든 결정이 된다.

건문제를 몰아내고 황제위를 찬탈한 영락제가 즉위해 대외 팽창정책을 추진하게 되자, 여진에 대한 통제권을 둘러싸고 양국이 충돌하는 상황이 발생한다. 그로 인해 조선은 여진과의 외교관계에서 제한을 받게 되었고, 나아가 여진과의 관계를 재설정해야 하는 국면이 되었다. 대명 사대정책의 비용이 크게 증가한 것이다. 태종은 한편으로는 기존의 정도전 노선을 유지하면서 다른 한편으로는 새롭게 주어진 이 과제를 돌파하기 위해 자신의 역량을 발휘해야만 했다.

영락제의 등장과 두 전략의 충돌 조선의 중화공동체 전략은 명에 대한 사대정책이 주축을 이루고 있지만, 동시에 주변국(또는 주변 세력)에 대한 기미정책(기미羈縻는 굴레와 고삐라는 뜻으로, 이민족에 대해 자치를 인정해 간접적으로 지배하는 것을 말함)과 연계되어 있다. 조선의 입장에서 보았을 때 주변국이란 몽골(타타르라고 함. 실록에서는 달단韃靼이라고 표현함. 이하 달단으로 표기), 여진, 일본, 유구(오키나와)가 해당되지만, 이 시기에 유의미한 관계를 갖고 있는 나라는 여진과 일본이다. 태종 전반기의 주요 주변국 사안은 여진과 관련해 발생하는데, 그것은 명나라와의 삼각관계 속에서 전개되었다. 달리 표현하면, 조선과 여진의 관계는 명나라의 동향에 큰 영향을 받았다.

명나라를 건국한 홍무제는 요동도사를 중심으로 위소제衛所制를 실시하며 요동 경략에 나섰다. 그러나 홍무제의 요동 경략은 철령위 설치의 좌절에서 드러났듯이 요동 지역을 실질적으로 장악하는 데까지는 이르지 못했다. 오늘날의 요양–심양–개원으로 연결된 방어선을 유지하며 압록강과 두만강 유역에 대해서는 적극적인 관심을 기울이지 않았다. 결국 압록강에서 연산관에 이르는 180리 지역 변경지대는 조선과 명의 중립지대로 남아있었다. 따라서 태조 이성계는 한편으로는 명나라와 책봉·조공 관계를 맺기 위해 사대정책을 추진하면서 다른 한편으로는 이러한 홍무제의 무관심 속에서 자율적이며 적극적으로 대 여진 기미정책을 추진했다.

태조는 동북면 출신으로 이 지역 여진인과 밀접한 관계를 맺었고, 이들은 조선 건국에도 일정한 역할을 했다. 태조는 두만강 유역과 그 이북에 거주하던 여진인을 초유해 올량합과 오도리·골간올적합 등이 조선에 내조했다. 조선은 이들에게 각종 하사품을 내리고, 벼슬을 주었다(수직受職). 이들은 정조하례에 참석했고, 왜구와 달리 한 차례도 조선을 침입한 적이 없었다. 태조 대 여진과의 관계는 원만했다. 그리고 무인정변으로 정권을 장악한 태종이 왕위에 오른 후에도 태종은 태조 대의 대 여진 기미정책을 충실히 계승했다.

그러나 태종 2년 영락제가 즉위해 적극적인 대외 팽창정책을 추진하게 되자 여진에 대한 통제권을 둘러싸고 명나라의 천하질서 전략과 조선의 중화공동체 전략이 충돌하게 된다. 명나라는 천하질서 전략에 따라 여진과 일대일 관계를 통해 여진을 통제하려고 했다. 비록 명나라에는 사대정책을 유지하지만, 두만강 국경 지역의 여진에 대해서는 기미정책을 통해 독자적으로 통제하려고 한 조선과의 충돌을 초래하게 된 것이다. 그 양상을 좀 더 자세히 알아보자.

영락제는 건문제 때(1401) 책봉·조공 관계를 맺은 조선과는 즉위 직후인 1403년 책봉·조봉 관계를 재설정해 조명관계를 확고히 했다. 일본의 경우, 1404년에 무로마치 막부의 아시카가 요시미츠足利義滿를 일본 국왕으로 책봉해, 몽골의 일본 침공 이후 단절되어 있던 외교관계를 개설해 일본을 명나라 중심의 천하질서 내로 포섭했다.

한편 여진의 경우, 홍무제 때의 좌절 이후 소강상태이던 대 여진 통제권을 확대하기 위한 적극적인 조치를 취했다. 1403년 건주위를 개설해 아합출을 건주위지휘사로 임명하고, 각처의 여진인을 회유해 명나라에 내조시키려고 했다. 이러한 노력은 조선과의 충돌을 거치면서도 지속되어 1410년에는 흑룡강 하류에 노아간도사奴兒干都司를 설치해 여진에 대한 영향력을 확대했다. 그러나 무엇보다 중요한 대상은 달단이었다. 홍무제 때 설치된 요동도사를 중심으로 달단에 대한 경계와 통제를 시도하다가 1410년에 이르러 영락제는 직접 고비사막을 넘어 정벌을 시도했다. 이후 1424년까지 5차례에 걸쳐 달단 정벌을 시도했다.

이렇듯 영락제는 전방위에 걸쳐 회유와 정벌의 두 방법을 사용하며 명나라 중심의 천하질서를 확립해 갔다. 이러한 영락제의 팽창정책은 조선의 기미정책을 변경할 것을 강요했고, 대명 사대정책의 비용이 증대하는 결과를 초래했다.

영락제의 천하질서 전략에 따른 정책 실행으로 난처한 국면에 직면한 조선의 태종은 어떤 입장을 취했을까?

소중화의 위상을 확보하다

두 전략의 조정 과정 태종은 영락제가 추진하는 천하질서에 수동적으로 포섭되려고 하지 않았다. 비록 명나라와의 책봉·조공 관계가 힘의 비대칭성을 전제로 하고 있었지만, 조선은 소국의 입장에서 상대적 자율성을 확보하면서 여진 문제를 해결하고자 했다.

조선이 이런 입장을 관철하려고 한 이유는 여진 문제가 조선의 영토 문제와 안위가 걸린 중대한 사안이었기 때문이다. 그러나 명나라의 입장에서 여진은 천하질서의 한 부분에 불과했다. 그것도 사활이 걸린 사안이 아닌, 비중이 크지 않은 부분이었다.

명나라가 1403년 본격적으로 압록강과 두만강 유역의 여진인을 회유하기 시작하자 조선은 그에 대한 대응책을 마련하기 위해 태종 3년 6월 25일 회의를 열었다. 그 대책이란 명나라에 성실히 사대정책을 취하면서 동시에 여진을 더욱 후대해 그들이 명에 조공하지 않도록 하는 것이었다. 태종은 이 두 대책을 신중하게 양립시키려고 노력했지만, 명나라 중심의 천하질서에서 이 두 대책은 양립하기 어려웠다.

마침내 태종 4년 4월 4일 왕가인이 여진에게 전할 황제의 칙서를 가지고 조선에 왔다. 영락제는 여진에 대해 회유책을 구사했다. 사해 내의 모든 국가나 세력들이 명을 중심으로 일가를 이루었으니, 여진 세력들도 그 체제 안으로 들어오라는 것이다. 구체적으로는 여진을 건주위의 관할하에 포함시키려는 조치였다. 이것은 명나라의 천하질서로의 편입을 의미했다.

그런데 여기서 주목할 점은 명나라가 직접 여진을 대하지 않고 조선을 경유하고 있다는 사실이다. 명나라는 조선이 여진에 영향력을 미치고 있다는 점을 알고 있었고, 따라서 명나라에 사대하는 조선이 천하질서를 구축하려는 황제의 명령에 따라줄 것을 요구한 것이다.

며칠 후 왕가인은 칙서를 들고 여진 지역으로 출발했다. 물론 명나라에 사대하는 조선은 표면적으로는 왕가인을 호위해 주며 황제의 명령에 충실히 협조해 주는 듯한 행동을 취했다. 그러나 여진에 대한 조선의 지속적인 관리가 유효했기 때문에 왕가인의 회유에 응하는 여진은 많지 않았다. 여진으로서는 조선과의 기존 관계를 유지하면서 명나라에 내조하기도, 그렇다고 조선과의 관계를 정리하고 명나라에 내조하기도 쉽지 않았을 것이다.

이런 상황에서 조선도 가만히 있을 수만은 없었다. 태종은 명나라 요구의 부당성을 지적하면서 조선의 요구를 강하게 주장하기로 했다. 5월 19일 왕가인이 명나라로 돌아갈 때, 조선은 김첨을 사신으로 보내 여진에 대한 조선의 기득권을 설득했다. 이때 조선이 명나라에 보낸 주청문은 상당히 길고 자세한 내용을 담고 있는데, 조선이 주장하는 핵심은 두 가지다. 하나는 공험진 이하 동북면은 조선의 영토라는 것이다. 이를 뒷받침하기 위해 예전에 공험진 이북은 요동에 환속하고 공험진 이남에서 철령(원산)까지는 조선에 환속해 달라는 조선의 요청을 홍무제도 인정했다는 사실을 제시했다. 다른 하나는 공험진 이남의 십처인원十處人員(10곳에 거주하는 인민)은 원래는 여진족이지만 예전대로 조선이 관할하겠다는 것이다.

이러한 역사적 사실에 기반한 조선의 강한 주장을 명나라도 인정하지 않을 수 없었다. 10월 1일 김첨은 조선의 요청을 인정한다는 칙서를 가지고 돌아왔다. 이로써 조선은 공험진 이남의 십처 여진의 관할권을 확보하게 되었다. 십처인원의 귀속을 둘러싸고 전개된 이 장면은 중원 왕조와 한반도 왕조의 관계사에서 중요한 전환점이었음을 보여준다.

태종과 영락제는 홍무제 때의 철령위 설치 시도가 최영의 요동정벌 강행을 초래했다는 사실을 잘 알고 있었다. 따라서 태종과 영락제는 건주위 개설과 그에 따른 조선 귀속의 영토와 여진인을 명나라로 전환시키려는 상황이 철령위 설치 때와 같은 군사적 충돌을 초래해 양국 관계가 파국에 이르지 않도록 해야 한다는 것을 잘 알고 있었을 것이다.

소국주의 전략을 택한 조선의 태종은 왕가인의 사례에서 드러났듯이 사대정책을 성실히 유지하는 동시에 여진에 대한 조선의 기득권을 지키기 위해 신중한 태도를 취했다. 그러나 명나라의 정책이 조선이 감내할 수 있는 일정 선을 넘어서자 태종은 조선의 입장을 전달하고 시정을 요구한 것이다. 만약 십처인원을 조선에 귀속시켜 달라는 태종의 요청에 영락제가 긍정적으로 응하지 않았다면 태종은 어떤 대책을 취했을까? 태종도 최영과 같이 군사적 충돌의 길을 택했을까? 그것은 국가 전략의 수정이 필요하기 때문에 쉽지 않은 선택이었을 것이다.

그러나 이런 가정은 무의미했다. 영락제가 조선의 요구를 수용한 것이다. 그렇다고 영락제가 천하질서 전략을 수정한 것은 물론 아니다. 전략의 추진 과정에서 발생하는 동맹국과의 충돌 사안을 '조정'하는 수준에서 유연성을 발휘한 것이다. 태종과 영락제는 자국의 전략을 수행하면서 사안에 따라 과감성과 유연성을 보여주는 정치적 행위를 함으로써 불필요한 충돌의 확대를 방지할 수 있었다.

이 시점을 통과하면서 조선은 대국주의에서 소국주의로의 전략적 전환을 테스트할 수 있었다. 이 테스트에서 조선은 명나라와의 전쟁에 돌입한 철령위 시점으로 회귀하지 않고 중화공동체 전략에 따라 명나라와 새로운 관계를 만들어 가는 전기를 마련했다.

그러나 영락제가 태종의 요청을 인정했다고 해서 명나라가 조선의 전략을 이해하고 조선의 정책을 조선이 원하는 대로 들어준 것은 아니다. 명나라는 조선의 전략에 관심이 없었다고 보는 게 좋을 것이다. 영락제의 입장에서는 조선과 책봉·조공 관계를 유지하며 변경 지역을 안정적으로 유지하는 것이 유일한 관심사였을 것이다. 명나라는 십처인원이 조선에 귀속한다는 것을 인정한 반면, 한편으로는 그 인정이 무색하게 여진인에 대한 회유를 지속했다. 게다가 그 대상에는 십처인원에 속하는 여진인도 포함되어 있었다. 대표적인 인물이 동맹가첩목아다. 그는 오도리의 수장으로 당시 여진 중에서 상당한 영향력을 행사하고 있었고, 훗날 청조를 세운 누르하치의 선조다. 고려 말 이성계가 전장을 누비며 전공을 세울 때 늘 그의 좌우에서 활약하던 30여 명의 여진족 지도자가 있었는데 동맹가첩목아가 그중에서 제일의 인물이었다고 한다. 조선 건국 후 그는 조선에 내조해 관직을 받아 두만강 유역에서 오도리를 지휘하고 있었다. 태종 역시 그를 후대했고, 영락제가 그를 회유하려고 하자 태종은 그를 더욱 극진히 대했다. 동맹가첩목아 회유를 둘러싸고 태종과 영락제가 경합하는 형국이 되었다.

영락제는 조선의 개입으로 여진 초유가 여의치 않자 이번에는 왕교화적을 조선에 보내 동맹가첩목아를 초유하는 데 조선이 직접 협조해 줄 것을 요구했다. 나아가 영락제는 동맹가첩목아에게 명나라 조정에 내조할 것을 요구하는 칙서를 직접 보내기도 했다. 동맹가첩목아는 자신을 회유하는 조선과 명나라 사이에서 상당한 자율성을 갖고 주체적으로 담판하고 결정했다. 결국 태종 5년에 동맹가첩목아는 명나라에 입조해 관직을 받았다. 그의 입조는 주변 여진인들에게 큰 파급효과를 미쳐 결국 동북면 대부분의 여진인이 명나라에 입조하게 되었다. 태종으로서는 상당히 불만스러운 상황이었다. 그래서 영락제가 추진하는 천하질서로 편입되는 여진을 바라보고만 있지 않았다. 태종은 접경 지역에 설치한 무역소를 폐지하는 등 여진에 대해 경제적 압박을 가했다. 그러자 생활에 직접적인 곤경을 겪게 된 올적합·김문내 등이 태종 6년 2월 경원을 공격하기에 이르렀다. 김문내의 침략은 조선 건국 이후 최초의 여진 침략으로 태조 대부터 우호적이던 대 여진관계는 이때부터 '침략과 방어'라는 관계로 전환된다.

1차 여진 정벌과 사대 문제 명나라가 천하질서를 유지하는 데 가장 힘든 상대는 북원의 잔존세력인 달단이었다. 영락제도 1402년 즉위 이후 적극적인 대외 팽창정책을 시행하면서 달단의 위협에 대해서는 각별히 대처해 왔다. 조선이 모범적인 사대정책을 취하고, 1410년에 흑룡강 하류에 노아간도사가 설치되어 여진에 대한 통제력도 확대되면서 천하질서가 안정적으로 확립됐다고 판단한 영락제는 마침내 1410년에 이르러 달단에 대한 적극적 공략에 나서게 된다.

출정을 준비하면서 영락제와 명나라 조정은 어떤 식으로든 조선의 협조를 구하려 했다. 조선군의 참전도 고려 대상이 되었던 것 같다. 그러나 결국 명나라는 조선과의 '협공'보다는 '말 무역'을 택했다. 군사행동을 함께할 정도로 명나라가 조선을 신뢰하지 않았기 때문이라고 추측할 수 있다.

영락제는 태종 9년(1409)에 조선에 말 무역을 요구했다. 당시 군마는 한 국가의 안보와 직결되는 전략무기였다. 명의 참전 요청을 예상해 대비하던 태종은 선뜻 1만 필을 제공하기로 했다. 1만 필이란 숫자는 태종 본인이 말하고 있듯 조선이 제공할 수 있는 최대치였다. 태종의 입장에서 1만 필은 단순히 사대정책에 수반하는 소극적 비용이 아니었다. 달단을 주적으로 설정하고 조선 국가의 안보를 확보하기 위한 전략적 지출이었다. 현대 국제정치 이론에 따르면 태종은 동맹 전략을 구사하고 있었다.

영락제의 달단 정벌을 계기로 명나라와 조선 간에 군사 협력이 진행되는 사이에 두만강 접경 지역에서 여진과 조선 간 대형 사건이 발생한다. 태종 9년 11월 15일 1만 필 중 첫 500필을 보내는 초운마初運馬가 요동을 향해 출발한 이래 착착 말을 명으로 보내던 중, 태종 10년 2월 3일 오도리, 올량합과 합세한 올적합 김문내와 갈다개가 경원부에 침입해 병마사 한흥보가 전사한 것이다.

2월 10일 조선은 길주 찰리사 조연을 주장으로 삼아 올적합을 정벌하기로 결정했다. 그러나 이 결정에는 국제관계상 중요한 문제가 있었다. 조선이 명 황제의 승인 없이 명나라로부터 관직을 받은 여진의 올적합을 정벌할 수 있는가 하는 문제다. 태종은 이 문제를 인지하고 있었던 것으로 보인다. 2월 22일 청주 이북의 군마 150필을 조발해 북정을 위한 군사에 보태고, 3월 그믐이나 4월 초에 출병하기로 결정했는데, 이날 태종이 밝힌 출정 명분에서 그것을 확인할 수 있다.

"올적합이 천자에게 불충을 행하고, 지금 또 까닭 없이 우리 변경을 침공했으니, 그 죄로 보자면 마땅히 정벌해 사로잡아야 할 것이다."

여기서 주목할 점은 정벌의 명분으로 올적합이 천자에게 불충했다고 지적한 점이다. 이 자리에서 불충한 내용이 무엇인지를 구체적으로 적시하지는 않았지만, 태종의 이 말은 천자를 대신해 조선의 왕이 응징한다는 뜻을 담고 있다. 태종은 천자에게 내조하는 여진을 천자에게 사대하는 조선의 국왕이 천자의 승낙 없이 정벌하는 것은 국왕의 분수를 넘어서 천자에게 참월하게 되는 문제가 있다는 것을 인지하고 있었고, 따라서 조선의 여진 정벌은 천자에 대한 참월이 아니라 천자를 대신해 수행하는 정당한 행위라고 말했던 것이다.

2월 27일 요동으로 마지막 말을 보내고, 3월 6일 태종의 명을 받은 조연이 전격 기습 작전을 단행했다. 그다음 날 태종은 말 1만 필을 요동으로 보내 교부를 완료했다는 주본을 경사로 보냈다. 이러한 전후 맥락을 보면 영락제의 달단 친정과 태종의 올적합 기습은 연계되어 있다고 보는 것이 타당할 것이다. 영락제의 입장에서는 아닐지 모르지만, 적어도 태종의 입장에서는 두 사건은 연계되어 있었다. 이 연계를 묶어주는 것이 조선의 중화공동체 전략이라고 본다.

주적인 달단 정벌에 나선 영락제에게 전략무기를 제공해 천하질서 유지의 일익을 담당하고, 황제가 출정한 사이에 변경에서 여진이 흔단을 일으키자 '황제 대신에' 응징해서 '후방의 안정을 도모해' 황제의 친정이 순조롭게 진척되도록 기반을 마련한다. 달단과 여진이라는 두 이적을 대중화인 명나라와 소중화인 조선이 각각 정벌해 천하질서를 유지한다. 태종은 이런 사고와 언행을 하고 있었다고 추론할 수 있다.

태종이 입수한 정보에 의하면 영락제는 2월 15일에 출정했을 것이고, 그 출정에 기여하기 위해 영락제와 약속한 전략무기인 군마 제공을 완료하고, 천자에게 불충한 올적합을 천자를 대신해 정벌한다는 명분을 내세워 여진 정벌을 단행했다.

그러나 여진 정벌 이후 3월 9일 정벌에 관한 조연의 보고가 조선 조정에 전해지자, 황제의 승인 없이 실행된 조선의 행위가 내재하고 있는 문제점이 부각된다. 보고를 접한 태종은 다음과 같은 명령을 하달한다.

"모련위 지휘 등이 모두 중국 조정의 직책을 받았는데, 지금 우리 마음대로 죽였으니 이것은 상국에 흔단(사달)을 일으킨 것이다. 마땅히 서둘러 명나라 조정에 아뢰어 보고하고 사로잡은 사람들은 모두 찾아내 본고장으로 돌려보내라."

작성된 주문을 가지고 이현이 3월 25일에 경사로 출발했다. 주문은 여진의 침입으로 병마사 한흥보가 전사하자 이에 대한 대응으로 출정했다는 사실을 기록하고 다음과 같이 황제의 처분을 요청하는 말로 끝나고 있다.

> (여진 정벌 시) 죽은 파아손 등이 일찍이 명 조정의 직책을 받았다 하오니, 황공함을 이기지 못해 이치상으로 주문하는 것이 합당합니다. 그리고 올량합·오도리의 무리가 잇달아 변방의 흔단을 일으켜 불편할 것이 염려되오니, 엎드려 바라옵건대 황제께서 밝은 조치를 내리시면 한 나라가 매우 다행하겠습니다.

이에 대해 영락제는 어떤 대답을 할 것인가? 그 답은 상당한 시간이 지나 9월 3일에 경사에서 돌아온 한상경의 보고에서 밝혀진다. 황제의 답을 확인하기 전에 그 사이에 발생한 사건들을 확인해 보자.

조선이 여진 정벌을 단행하자 여진도 보복에 나섰다. 4월 5일 동맹가첩목아가 침입했고, 4월 13일에는 경원부에 침입한 올적합에 대항하다 병마사 곽승우가 패했다. 이에 태종은 15일 조선 조정에 지시를 내렸다.

“올량합 등이 또 우리 변방을 침략해 사람을 살해하니, 마땅히 정상을 갖춰 명나라 조정에 주문하라.”

그리고 대신들에게 이 주문에 대해 황제가 어떤 대답을 할지 예상하면서 앞으로 명나라의 반응과 여진의 침입에 대해 조선이 어떻게 대응할지를 지시했다.

> 이렇게 하면 황제가 뭐라고 대답할지 모르겠다. 장차 황제가 말하기를 ① ‘짐이 장차 제지하겠다’라고 할 것인가, 아니면 ② ‘너의 나라에서 잘 알아서 처치하라’라고 할 것인가? 만일 ‘잘 알아서 처치하라’라고 한다면, 이는 황제의 마음이 좋아하지 않으면서, 이것을 칭탁해서 말해 우리가 어떻게 하는지를 엿보자는 것이다. 지금 주본에 사건의 실상만 갖춰 기록하고, 보복을 행하려 한다고 말할 것도 아니며, 또 조정의 명령을 기다린다고 말할 것도 아니다. 혹 적이 또 와서 침략한다면, ③ 우리 집(문정門庭)에 들어온 도적은 황제의 명을 기다리지 말고 우리가 알아서 막아야 한다.

황제가 만약 명나라가 제지할 테니 조선이 마음대로 보복하지 말라고 하면 중화공동체 전략을 구사하는 조선으로서는 상당히 불만스러운 상황이 된다. 이 경우 조선은 조선의 국방을 명나라의 손에 맡기고 명나라 중심의 천하질서에 수동적으로 포섭되어 조선의 자율적 주체성을 상실하게 되고 만다. 중화공동체 전략의 핵심 요소 중의 하나인 '정치체제의 동존성'이 상실되는 것이다. 중화공동체 전략을 고수하는 태종으로서는 조선의 국방을 스스로의 판단에 따라 자주적으로 지키려고 했다.

반면 황제가 명나라의 관할에 속하는 여진인을, 즉 명나라에 내조해 관직을 받은 자들을 조선이 마음대로 알아서 처치하라고 한다면, 이 또한 명나라에 사대하는 조선으로서는 녹록지 않은 상황에 직면하게 된다고 태종은 판단했다. 조선의 사대정책의 목적은 명에 대한 성실한 사대를 통해 명으로부터 신뢰를 확보하는 것이다. 그런데 명나라가 조선을 의심하고 조선의 행위를 테스트하는 상황에 이르면 조선이 추진하는 중화공동체는 실현이 어려워지게 된다.

태종은 이상 두 가지 어느 경우도 원하는 답이 아니기에 둘 중 어느 쪽으로 황제의 답을 유도 혹은 요청하는 식의 주문을 작성할 것이 아니라, 일단 여진이 침입했다는 사실만 알리는 것이 좋겠다고 판단했다. 그리고 앞으로 여진이 침입한다면 황제의 명령을 기다릴 필요 없이 우선 조선의 독자적 판단으로 적을 방어하는 데 주력해야 한다고 결론을 내렸다. 이러한 태종의 판단에 따라 4월 28일에 그동안 발생한 여진의 침입과 그로 인한 피해 사실만을 나열한 주문을 작성해 박돈지로 하여금 경사로 가져가게 했다.

이후 5~6월에 걸쳐 여진의 침입과 이에 대한 조선의 독자적인 방어가 이어졌다. 그러던 중 7월 11일 달단 정벌을 성공리에 마치고 천하질서를 확고히 했다는 영락제의 조서가 조선에 도달했다. 그리고 마침내

9월 3일에 한상경이 경사에서 돌아와 황제의 말을 보고했다. 앞에서 언급한 3월 25일에 이현과 4월 28일에 박돈지가 가지고 간 주문에 대한 황제의 답도 그 보고 안에 포함되어 있었다.

조선, 소중화로 서다 태종과 조선 조정이 노심초사하며 이현과 박돈지를 보내 황제에게 물었던 점에 대해서 황제는 문서를 보지 못했다고 간단히 말하고, 한상경의 경위 보고를 들은 영락제는 대뜸 이렇게 말했다.

"저 올량합이 참으로 그렇게 무례하다면, 우리가 요동의 군마를 거느리고 갈 것이니, 그대들도 군마를 거느리고 와서, 저놈들을 깨끗이 잡아 죽이자."

명나라와 조선의 군사가 공동으로 징벌하자는 것이다. 영락제의 이 말은 태종이 예상한 "짐이 제지하겠다"도 아니고, "잘 알아서 처치하라"도 아니었다. 뜻하지 않게도 '협공하자'라는 제3의 답이었다. 조선을 신뢰한다는 표시였다. 출정하기 전에는 조선이 달단, 여진과 합세해 명나라를 공격할지도 모른다는 불신감을 갖고 있던 영락제가 친정을 성공리에 마치고 천하질서를 구축했다고 자축하는 성지를 조선에 보낸 후에는 조선을 대하는 인식과 태도가 달라졌다고 볼 수 있다. 여진 협공은 태종이 추구하는 중화공동체 전략이 실현되어 간다는 증험이라고 볼 수 있다.

이날 한상경의 보고는 영락제가 봉천문에서 행한 선유의 내용으로 마무리되었다. 영락제는 천하질서에 순종하는 여진인은 살려두겠지만 그들이 또다시 조선에 침략해 흔단을 일으키면 용서하지 않고 조선과 협공해 응징하겠다는 것이었다.

여기까지 이르는 데 결정적인 계기가 된 것은 명에게 1만 필의 군마를 제공한 태종의 과감한 결단이었다. 10월 9일에 말을 제공한 태종의 충정을 칭찬하는 영락제의 칙서가 도착했다. 영락제는 칙서에서 천하질서를 구축하는 데 공헌한 태종을 칭찬하며 조선을 치켜세웠지만, 칙서를 읽은 태종은 중화공동체를 형성하는 기반이 구축됐다고 확신했을 것이다.

이 시점에 이르러 조선 건국 이후 정도전이 구상하고 태종이 계승해 추진해 온 중화공동체 전략의 가시적인 성과가 나타났다. 조선은 소중화의 위상을 확보했다고 보아도 좋을 것이다.

태종의 충정을 칭찬하는 영락제의 칙서가 도착하기 열흘 전에 조선에서는 큰 이벤트가 있었다. 태조 때 건축된 문묘(공자와 그 제자들 및 후대 공자의 학문을 계승한 특출한 학자들의 위패를 모신 사당)가 불타 소실된 후 태종 7년에 다시 조성하기 시작해 태종 10년 9월에 준공되었다. 준공을 기념해 9월 29일에 문묘의 비를 세우는 의식이 거행되었다. 비문에는 조선이 지향하는 중화공동체의 이상이 고스란히 담겨 있다.

> …… 하물며 우리 동방은 오랜 옛날부터 풍속이 예의를 숭상하고 기자가 내려준 팔조의 가르침에 복종해, 이륜(떳떳한 인륜)이 펼쳐진 것과 전장문물이 갖춰진 것이 중국과 비길 만했고, 우리 부자(공자)께서 일찍이 이 땅에 살고자 하신 뜻이 있었으니, 문묘를 건립해 문교文敎를 일으키고 높이는 것이 진실로 다른 나라에 비할 바가 아니다.

비문을 작성한 변계량은 소중화 조선이 다른 나라에 비할 바가 없고 오직 대중화 명나라에 견줄 수 있을 뿐이라고 자부하고 있다. 여기서 확인해야 할 점은 중화공동체의 기반이 구축된 태종 10년의 시점에서 조선 스스로가 철저히 주체적으로 소중화를 추진하고 있다는 사실이다.

12월 24일에 일본의 구주절도사 원도진源道鎭이 글을 올려 성명과 자호字號의 소인小印을 주기를 청하자, 이렇게 이유를 제시하며 거절했다.

"인장과 부절符節은 제후의 나라에서 주는 것이 아닙니다. 지금 조선이 원도진에게 주는 것은 온당치 않을 것 같습니다."

또 25일에는 남교에서 하늘에 제사할 때 태조를 함께 배향하자고 예조에서 청하자, 정부에서는 그런 말을 올린 자를 처벌해야 한다고 주장했다.

"나라의 시조를 하늘에 배향하는 것은 천자의 일입니다. 번국(조선과 같은 제후국)에서는 일찍이 듣지 못했습니다. 지금 예조에서 갑자기 예에 어그러지는 요청을 했으니, 마땅히 유사(해당 관청)로 하여금 핵문(죄를 따져 물음)하게 해야 합니다."

이러한 사례들은 중화공동체를 지향하는 조선 스스로가 제후의 분수를 지키고자 하는 철저한 의식을 반영하고 있다. 소중화의 위상을 스스로 확립하고 있었던 것이다.

태종 10년 조선이 여진을 정벌한 이후 북방을 침입하기도 하고 화친을 타진하기도 하며 활로를 모색하던 동맹가첩목아가 마침내 태종 11년 4월 26일 개원으로 이동했다. 태종 5년 조선을 배신하고 명나라에 내조한 이래 두만강 변경 지역의 골칫거리이던 그가 명나라로 투항한 것이다. 이로써 태종 3년 영락제의 적극적 팽창정책의 여파로 여진에 대한 통제권을 둘러싸고 전개된 조선과 명의 갈등 상황이 일단 종결됐다. 조선은 여진에 대한 직접적인 통제권을 상실하기는 했지만, 명이 주도하는 천하질서가 안정됨으로써 동북면 지역의 평화가 찾아왔다.

조선 건국 이후 추진해 온 중화공동체 전략의 가시적인 성과가 나온 태종 10년(1410)이 지나면서 태종과 그의 신하들은 '사방무사四方無事'의 태평성대를 향유하고 있었다. 1400년에 즉위한 태종은 자신의 치세 전반기를 이렇게 마치고 후반기를 맞이한다.

3 유교적 군주로 거듭나다

{ 집권 후반기: 1410~1418 }

소멸된 정변 구조

태조 이성계의 죽음 태종 8년(1408) 5월 24일 태조 이성계가 죽었다. 1398년 무인정변으로 왕위에서 물러난 지 어느덧 10년의 세월이 지난 시점이었다. 그의 죽음이 정변의 주모자 태종에게 의미하는 바는 무엇일까?

이성계가 죽자 통상적인 정치 일정이 중단되었다. 실록에는 중국과 일본의 사신에 관련된 일을 제외하고는 정치적 사안이 보이지 않는다. 단지 태조의 상례에 관한 기록만이 남아있을 뿐이다. 태종은 국정 운영을 중지했던 것이다. 그렇게 한 달이 다 되어가는 6월 21일 마침내 영의정 하륜이 태종에게 정무를 재개할 것을 요청했다. 태종은 허락하지 않았다. 이성계의 죽음을 맞이해 무인년의 정변이 부친이자 군주인 이성계에게 지울 수 없는 마음의 상처를 안겨주었다는 생각을 떨쳐버릴 수 없었던 것이다. 그러한 태종을 지켜보던 무인정변의 기획자 하륜이 6월 25일 상소한다.

9

수성의 시대를 열다

순舜은 대효大孝(큰 효도)로 일컫고 주공周公은 달효達孝(모두가 칭찬하는 효도)로 일컫는데, 이분들은 대개 부모 형제의 변란을 만나 잘 처리한 분들입니다. 무인년 변에 간신들이 우리 태상왕께서 편치 않으신 때를 틈타 어린 서자를 끼고 난을 꾀해, 종사의 안위가 털끝을 용납할 틈도 없었는데, 다행히 전하께서 사태에 잘 대응해 간신들을 제거하시고 다시 종사를 안정시켜 만세토록 이어지도록 하셨습니다. 우리 조선의 억만년 무강한 위업을 태상께서 앞에서 열어놓으시고 전하께서 뒤에 안정시키셨으니, 전하께서 간신들의 변란에 잘 대처하여 부왕의 위업을 계술(이어받아 유지함)한 것은 실로 순과 주공에게 부끄러울 바 없는 것입니다. 이것은 종사의 대체大體를 생각하시어 대효를 행하신 것입니다.

하륜은 무인정변이 '불효'가 아닌 '대효'라고 했다. 이게 무슨 궤변인가! 권력의 논리에 빠진 하륜이 도착 증상을 드러낸 것이 아닌가?

하륜의 생각은 이렇다. 태조 이성계가 조선왕조의 종묘와 사직을 세우는 대업을 이루었다면 태종은 난을 평정시키고 종사를 안정시켰다. 이러한 태종의 행위는 태조의 대업을 잘 계승한 것으로 이야말로 순임금이나 주공과 같은 성인이 행한 '대효'라고 할 수 있다.

아들인 정안군 이방원의 무인정변이 아버지인 태조 이성계에게 큰 효를 행한 것이라고 태종에게 상소한 하륜의 사유와 논리는 도덕과 정치를 구분해 도덕적 가치와는 차별되는 정치적 영역의 독자성을 확보하고사 한 마키아벨리를 방불케 한다. 하륜은 상소를 올리면서 놀랍게도 주자주의의 제1경전인 《중용》의 구절을 이용하였다. 위의 인용문에서 사용된 용어의 출처를 확인해 보자.

- ○ 공자가 말씀하셨다. 순임금은 큰 효자(대효大孝)이시다(17장).
- ○ 공자가 말씀하셨다. 무왕과 주공은 모두가 칭찬하는 효자(달효達孝)이시다(19장).
- ○ 효라는 것은 선인(선친, 부왕)의 뜻을 잘 계승하고, 선인의 일을 잘 따르는 것이다(夫孝者 善繼人之志 善述人之事者也)(19장).

하륜은 '대효', '달효', '계지', '술사'와 같은 《중용》의 용어와 논리를 사용했다. 그러나 《중용》 17장이나 19장에는 아들이 부왕을 정변으로 몰아냈다는 내용은 없다. 하륜은 폭력적 권력을 위한 곡학曲學의 진수를 보여주고 있다. 이러한 상황에서 원래 뜻에서 벗어나서 《중용》이 이용되는 것에 이의를 제기하는 자는 없었다. 오히려 6조의 판서들은 백관을 동원해 하륜이 구사한 논리에 따라 정사 재개를 요청하는 상소를 태종에게 올렸다. 아무런 대답을 하지 않던 태종이 이윽고 7월 3일 정사를 다시 보기 시작했다. 태종은 '태조 없는 정치'를 시작했다. 태조 없는 정치란 무엇인가?

태종에게 이성계의 존재는 정변 구조의 근원이자 정변 구조 지속의 상징적 존재이다. 따라서 그의 죽음은 정변 구조의 객관적 요인이 소멸했음을 의미한다. 적어도 객관적으로는 한비자적 상황이 종결되었고 그에 따라 이중구조의 한 축이 소멸했다. 한 축이 소멸했다는 것은 이중구조 자체가 소멸했음을 의미했다. 태종은 이제 더 이상 정변 구조를 관리해야 할 이유가 없게 되었다.

공법 vs. 사은 태조의 죽음을 전후로 한 시기의 최대의 정치적 현안은 민무구·민무질 형제의 처단에 관한 사안이었다. 부왕의 죽음으로 정변 구조가 소멸하자 태종은 민씨 형제 문제를 처리해야겠다고 결심한 듯하다.

태종 8년 10월 1일 태종은 태조 없는 정치의 시작을 알리는 교서를 발표한다. 태조의 죽음과 정사 복귀를 언급하는 도입부에 이어 본론에서는 민씨 형제의 사안을 다룬다. 당시 민무구는 여흥에, 민무질은 대구에 안치되어 있었다. 이 상황(조치)에 대해 태종은 이렇게 설명한다.

> 그들 마음의 근원을 캐어보면, 은혜를 잊고 은덕을 배반해 불충하고 만족함이 없는 죄이니, 극형에 처치해 많은 이들의 분노에 대답하고 후대의 사람을 위해 징계하는 것이 실로 지극히 공정한 도리(지공지도至公之道)가 된다. 그러나 다만 오랫동안 친애하며 더불어 노닌 세월을 생각해 차마 갑자기 법으로 처단하지 못했으니, 이것이 비록 과인의 고식지계이나, 또한 인정상 차마 어쩌지 못하는 것이다. 그러므로 폐하여 서인을 만들어 종신토록 상종하지 아니하여 여러 신하들이 그들의 죄를 청하는 의논을 막음으로써 그들의 목숨을 보전해 천년天年을 마치게 해서 과인의 불쌍히 여기는 정(불인지정不忍之情)을 폈으니, 이로써 사은私恩과 공의公義가 아울러 행해져서 서로 어긋나지 않을 것이다.

민씨 형제를 어떻게 처결할 것인지에 관해서는 두 입장이 있었다. 한편에는 공법·공의에 따라 이들을 극형에 처해야 한다고 주장하는 신하의 입장이고, 다른 한편에는 인정에 끌려 차마 그러지 못하고 사적인 은혜를 베풀어야 하는 태종의 입장이다. 위 인용문에서 태종은 이러한 두 입장의 균형을 이루어, 민씨 형제를 외방에 안치하고 목숨을 보전케 했다고 말했다. 이어지는 교서에서 가벼운 처벌을 받은 민씨 형제가 그만 자신을 실망시켰음을 지적하고서 지금까지 베푼 사은을 철회하고 공법에 따른 조치가 필요함을 공언한다. 그러고는 민씨 형제가 무슨 잘못을 했는지 그 죄목을 열 개에 걸쳐 세세하게 나열해 확정했다. 그들이 법적으로는 죽어야 함을 선고한 거나 마찬가지였다. 교서가 대소신료에게 반포되자 사헌부·사간원·형조에서 공법에 따른 처단을 요청했다. 그러나 태종은 민무구를 풍해도 옹진진에, 민무질을 강원도 삼척진에 옮겨두는 것으로 그쳤다. 그리고 민씨 형제와 연루된 '붕류'가 걸려들 때를 기다렸다.

민무구·무질 형제를 처단하다 해가 바뀐 태종 9년 9월 8일 민씨 형제 역모 사건의 결말을 재촉하는 사건이 발생한다.

원평군 윤목과 한성소윤 정안지가 순금사에 감금되었다. 이지숭이 사은사로 북경에 갈 때 동행한 윤목과 정안지가 요동에 이르러 나눈 말이 사건의 발단이 되었다. 윤목이 정안지에게 말했다.

"회안군은 그 공이 심히 크고, 여강군(민무구)·여성군(민무질) 또한 왕실에 공로가 있는데, 주상과 국가에서 처치하는 바가 잘못되었소."

그러고는 유배에 처해진 회안군과 민씨 형제의 처지를 애통해하며, 자신 또한 무사하기 어려울 것이라고 하소연했다.

"여강군 형제가 공로가 있는 친속親屬으로서 역시 귀양을 가게 됐으니, 우리 같은 공신은 더욱 보전하기 어렵소! 주상의 여러 공신이 모두 목숨을 보전하지 못할 것이오!"

윤목은 민씨 형제와 가까운 사이였는데 2차 왕자의 난 때 공을 세워 좌명공신 4등에 책록되어 원평군의 작호를 받았다. 그는 태종이 구사하는 숱치의 칼날이 누구에게 향할지 모르는 상황 속에서 불안감을 느끼고 정안지에게 털어놓은 것이다.

이때 이지숭은 말 위에서 곤하게 졸며 못 들은 척했고, 북경에서 돌아와 이 사실을 태종에게 보고했다. 윤목과 정안지에 대한 국문이 열렸다. 두 사람에 국한될 사안이 아니었다. 태종은 이때를 기다리고 있었던 것으로 보인다. 이 사건을 계기로 민씨 형제를 두둔하며 태종의 처사에 불만을 품고 있는 당여를 색출하기 위한 작업이 이어졌다.

윤목의 입에서 이빈, 조희민, 강사덕, 김첨, 이무, 유기 등의 이름이 흘러나왔다. 민씨 형제와 관련된 그들의 언행에 대한 탄핵과 심문이 이어졌다. 대사헌 이문화는 민씨 형제와 결탁해 태종에 대한 불충을 범한 이무의 죄를 여섯 가지로 거론했고, 마침내 이무가 순금사에 투옥되었다.

윤목의 발언이 발단이 되어 전개된 민씨 형제의 당여 색출 작업에서 단연 눈에 띄는 인물은 이무였다. 이무는 무인정변 때 이방원을 도와 정사공신 1등으로 단산부원군에 봉해졌고, 이어서 2차 왕자의 난 후 좌명공신 1등으로도 책록되어 우정승에 오른 태종 정권의 핵심 인물이다. 이런 이무를 처리하는 태종의 수법을 확인해 보자.

10월 1일 태종은 의정부 관리와 세 공신(개국, 정사, 좌명)을 인정전으로 불렀다. 그리고 진선문 앞에 이무를 세워두고 신하들에게 그가 어떤 죄를 지었는지 자신의 입으로 말한다. 먼저 자신 외에는 아무도 알지 못하는 10년도 지난 무인년의 기억을 환기시켰다. 당시 민무질의 가까운 인척인 이무가 정도전이 거사할 것이라는 정보를 이방원에게 알려주었고, 이에 이방원은 거병하게 되었다. 그런데 막상 거병하고 보니 이방원의 군세가 열세였다. 이 상황에서 이무의 행적을 태종은 이렇게 말한다.

"이무가 내 뒤에 있었는데, 나의 세력이 약한 것을 보고 거짓으로 말 위에 엎드려 내게 말하기를 '정신이 몽롱하니 군께서 나를 구제해 주시오'라고 했다. 내가 급히 따르는 자를 시켜 그를 부축해 말에서 내려놓게 했다. 조금 뒤에 조온과 이지란이 궐내에 도착하니 붙좇는 자가 점점 많아졌다. 이무가 곧 다시 왔기에 내가 말하기를 '그대의 병이 급한데 왜 갑자기 왔는가?'라고 하니, 이무가 말하기를 '좁쌀미음을 마셨더니 곧바로 나았다'라고 했다. 이무가 중간에 서서 변을 관망하며 두 마음을 품은 것이 여기에서 은근히 드러난 것이다."

이 말은 들은 이무는 땅에 이마를 대고는 항변했다.

"무인년의 일은 정말 정신이 어지러워 말에서 떨어졌다가, 좁쌀미음을 마시고 조금 나아져서 억지로 일어난 것이지, 실로 다른 마음이 없었습니다."

이에 태종이 신하들에게 말했다.

"이무의 말이 맞는다면 도리어 내 말을 허망하다 한 것이다."

옆에 있던 조영무가 말했다.

"신 등이 일찍이 무인년의 변에 참여했지만, 이무의 마음씀씀이가 이와 같은 줄은 몰랐습니다."

태종은 이렇게 무인정변의 기억을 상기시키면서, 동시에 민씨 형제와 연관된 이무의 죄도 따로 언급했다. 당연히 이무는 항변했지만 소용이 없었다. 이무가 두 마음을 품었다는, 아무도 모르는 태종만의 기억이 이무를 죽음으로 몰아갔다. 10월 2일 윤목과 색출된 연루자들이 곤장을 맞고 유배되었고, 10월 5일 사람을 보내 귀양을 가는 이무의 목을 베었다. 그리고 민씨 형제는 제주도로 유배지가 옮겨졌다.

민씨 형제와 귀양 간 자들에 대해 사형을 요구하는 상소가 이어졌다. 태종은 그 끝을 알고 있었다. 애초에 태조 없는 정치를 선언하면서 민씨 형제의 처단을 결심한 태종이 아니던가? 윤목 사건을 계기로 민씨 형제의 당여를 충분히 색출해서 처리한 태종은 마침내 해가 바뀐 태종 10년 3월 17일 민씨 형제에게 스스로 목숨을 끊을 것을 명령했다.

태종 6년 전위 파동에서 시작하여 4년여에 걸쳐 진행된 민씨 형제 역모 사건이 종결되었다. 술치의 진면목이 유감없이 발휘되었다고 해도 과언이 아니다. 역모 사건을 4년이나 끌어온 것은 민씨 형제의 처단에 어려움도 있었겠지만 본질적으로는 정변 구조의 관리라는 측면이 더 중요했다. 이제 정변 구조의 근원인 태조가 죽고 민씨 형제도 처단했으니 정변 구조는 완전히 소멸되었다. 태종의 왕권은 확고해져서 그의 왕권에 위협이 될 인물은 존재하지 않았다.

이 단계에 이르렀을 때 왕권이 구조적 관성에 매몰되어 권력의 전제화로 나아가는 것은 쉽게 예상할 수 있다. 태종이 어떻게 여기까지 왔는지를 상기한다면 태종의 권력이 전제화의 길로 나아간다 해도 이상할 것이 없다. 그러나 태종은 이 시점에서 결정적 전환을 시도한다. 그는 혁명이나 정변과는 또 다른 의미에서 자기 자신과 조선의 앞날을 위해 승부수를 던진다.

유신의 교화를 선언하다

태조를 종묘에 모시다 태종 8년 5월 24일에 죽은 태조는 먼저 죽은 신의왕후와 함께 2년 만인 태종 10년 7월 26일 종묘에 모셔졌다. 이를 부묘祔廟라고 하는데 이때 성대한 의식이 동반되었다.

종묘는 사직과 함께 유교왕조를 상징하는 핵심 시설로 역대 왕과 왕비의 위패를 모시는 왕실의 사당이다. 사직은 국토의 신인 사社와 곡식의 신인 직稷을 아울러 이르는 말로, 두 신에게 제사 지내는 시설을 사직단이라고 한다. 왕조 창업 때 만들어져서 왕조 멸망과 함께 없어지기 때문에 종묘와 사직은 왕조와 같은 의미로 사용된다. 태조 3년 10월 한양으로 도읍을 옮긴 태조는 그해 12월에 종묘 건설을 시작해 이듬해 9월에 완공했다. 곧이어 개성에서 태조의 4대조와 그 왕비들의 신주를 모셔왔다.

태조가 죽자 3년상을 치르기로 하고 《주자가례》에 따라 상례 절차가 마련되었다. 5월 26일 태종은 몸소 창덕궁 동남방 모퉁이에 있는 작은 집을 여막으로 삼아 거처하며 《주자가례》를 읽었다. 9월 9일 태조의 시신을 건원릉에 장사하고, 신주(위패라고도 함)를 신의왕후의 신주가 모셔져 있는 문소전에 봉안했다. 이후 27개월이 지난 태종 10년 7월 15일 태종은 담제를 거행하고 3년상을 마쳤다. 그리고 7월 26일 태조의 신주를 종묘에 모시는 부묘 의식이 거행되었다.

그에 앞서 5월 3일 부묘도감이 설치되어 행사를 준비하였다. 5월 26일에는 종묘 담 안쪽 정전 뜰 앞에 공신당이 설치되었고, 7월 12일 태조와 함께 공신당에 배향될 최고의 신하를 선정하는 논의가 벌어졌다.

남은·김사형·조박 등도 후보로 거론되었으나, 태종의 뜻이 강하게 반영되어 이화·조준·이지란·조인옥 4명으로 결정되었다.

이 선정 장면에서 눈에 띄는 인물이 남은이다. 의정부에서는 사전 논의를 통해 조준, 남은, 조인옥 세 명이 적합하다고 의견을 모았다. 본 논의가 시작되어 이 세 사람을 제시하자 태종은 가부를 말하지 않고, 이화와 이지란을 추천했다. 반대할 사람이 있을 리 없었다. 그다음으로 거론된 김사형이 배제되고 난 후, 다시 의정부에서는 다음과 같이 말했다.

"남은이 비록 개국한 큰 공이 있으나, 서얼(이방석)을 끼고 적장을 해치려고 했으니, 이 사람은 전하의 자손만대의 원수입니다. 어찌하여 종묘에 배향해 제사를 지내려 하십니까?"

의정부가 처음의 의견을 철회하고 스스로 남은의 배향이 불가한 이유를 말하자, 태종이 옳게 여겨 남은이 배제된다. 아마도 의정부 내에 남은을 배향하는 것에 대해 의견을 달리하는 자가 있었던 것 같다. 처음 남은을 추천한 쪽은 개국공신 계열의 인물(우의정 조영무, 좌의정 성석린)이고, 태종의 뜻을 간파하고 남은의 부당함을 주장한 쪽은 정사·좌명공신 계열의 인물(영의정 하륜)이 아닌가 추측된다. 여기서 확인할 수 있는 점은 비록 무인정변으로 죽임을 당한 남은이지만 개국 시 그의 공을 누구도 부정하지 않는다는 점이다. 태종 또한 그렇게 생각하고 있다고 판단했기에 의정부에서도 처음에 남은을 추천했을 것이다(훗날 세종 3년 태상왕은 남은을 태조의 배향공신으로 삼는다). 어쩌면 당시 의정부 찬성사로 태종의 각별한 신임을 받고 있던 남은의 친형 남재의 의도가 반영되었는지도 모른다.

여기서 잠시 눈여겨보아야 할 점이 있다. 태조의 배향공신을 선정하면서 남은에 대한 평가를 둘러싸고 개국공신과 정사·좌명공신 사이에 긴장관계가 살짝 드러났다. 개국공신 세력은 무인정변으로 큰 타격을 입었고, 2차 왕자의 난을 거쳐 태종이 즉위하면서 정사·좌명공신이 핵심세력으로 등장한 반면 개국공신의 위상은 자연스럽게 하락했다. 그러나 태종의 권력이 견고한 상태에서는 양자 사이에 잠재하는 긴장관계가 표출되거나 충돌로 이어지지는 않았다. 잠시 뒤에 서술할 이색 비명 사건에서는 개국공신의 불만이 표출되면서 좀 더 심각한 상황으로 전개된다.

장마철이라 연일 큰 비가 내렸다. 날씨가 좋아지기를 기원하는 의식이 실시되었다. 부묘 행사를 앞두고 일정을 조정하려는 논의가 잠깐 있었으나 마침내 7월 26일 부묘 행사가 거행되었다. 태조는 태종으로부터 완전히 떠났다. 민씨 형제의 자결로부터 약 4개월이 지난 시점이다.

유신을 선언하다 부묘가 끝나고 정전으로 돌아온 태종은 신료들에게 준비된 교서를 반포했다. 교서는 두 부분으로 구성되었는데, 부묘를 하게 된 경위를 설명한 전반부에 이어 부묘를 마친 이날을 기점으로 새로운 정치를 하겠다는 태종의 포부를 밝혔다.

> 생각건대 태조 강헌대왕의 높으신 공과 성대한 덕이 천인天人에 이르렀고, 나 소자小子 또한 이루어진 공렬을 이었으니, 조선 억만년의 무강한 아름다움을 맞이할 것이 분명 오늘에 있다. 하물며 성대한 예를 거행함에 마땅히 비상한 은택을 내려야 하겠다. …… 아아! 이미 황고를 높여 지극한 의례를 베풀었으니, 아름답게 신민과 더불어 크게 유

신의 교화를 펴고자 한다(嘉與臣民, 誕布維新之化).

이 시점에서 태종은 '유신의 교화(維新之化)'라는 표현을 통해 나라를 새롭게 하겠다는 각오를 선언했다. 유신이라는 용어는 오늘날에도 친숙하다. 가령 일본의 메이지유신을 모르는 사람은 없을 것이다. 물론 가까운 시기에 한국에서도 10월유신이 있었다.

유신이라는 말이 처음 나오는 경전은 《시경》(대아大雅, 문왕文王편)이다. "주나라가 비록 오래된 나라지만, 천명은 새롭도다(周雖舊邦, 其命維新)." 주나라는 비록 오래되었지만 문왕 때 이르러 천명을 받아 새롭게 혁신했다는 의미다. 동아시아의 역사에서 오랜 기원을 갖고 있는 유신이라는 용어는 다양한 문맥에서 사용되었다. 《조선왕조실록》 한문 원문에서는 502회나 검색된다.

《태종실록》에서 유신이라는 표현은 모두 6번 나오는데, 이 중 '維新之化'가 2번(태종 10년 7월 26일, 태종 11년 7월 2일), '維新之治'가 3번(태종 1년 9월 9일, 태종 7년 5월 22일, 태종 13년 3월 12일), '維新之慶'이 1번(태종 18년 8월 10일)이다. 1년, 7년, 11년, 13년의 경우는 신하의 상소문 속에 나타나고(11년은 태조의 창업과 관련), 오직 10년과 18년 두 번만이 태종이 반포하는 교서 형식으로 표현되었다. 첫 번째 10년의 교서가 여기서 주목하는 것이고, 두 번째는 세종에게 전위하는 교서이다. 18년의 〈전위교서〉의 비중을 감안한다면, 10년에 사용된 유신이란 표현의 의미심장함을 알 수 있다.

태조의 신주를 종묘에 모시는 날, 태종의 입장에서는 태조를 현세에서 완전히 떠나보냈다. 이날이야말로 태종에게는 태조 없는 정치가 시작되는 날이다. 유신의 교화는 태조 없는 정치의 시작을 알리는 선언이었다.

여기에서 자신이 초래한 이중구조를 자신의 정치적 역량으로 극복하고 진정한 권위를 창출하고자 하는 '승부사' 태종의 적극적·자율적·창조적 상상력에 주목해 보자. 구조적 제약의 관성에 매몰되어 권력의 자기 전제화, 즉 술치적 행위가 지속된다면 진정한 권위라 할 수 없을 것이다. 태종은 이 시점에서 '유신'이라는 표현을 통해 내면의 한 부분을 차지하고 있던 한비자적 시각을 털어버리고 진정한 유교적 군주로의 전환을 선언한 것이다. 태종이 유교적 군주로서 성취한 업적의 진면목은 바로 여기에서 찾아야 한다.

이렇게 본다면 태종의 집권기를 전후 두 시기로 구분하는 것이 가능하다. 1398년의 정변에서 시작해 태종 10년 민씨 형제의 처결까지를 전반기로 하고, 유신의 교화 선언 이후를 후반기로 한다. 전반기가 정변으로 인한 이중구조의 시기였다면, 후반기에는 전반기에 이루어진 정치제도와 강화된 왕권을 바탕으로 유신의 교화 선언 이후 본격적으러 유교정치를 시도하는 시기다.

유신의 교화 선언 이후 태종은 전반기와 전혀 다른 차원의 정치세계를 지향했다. '공론정치'다. 그는 전반기의 이중구조 속에서 이루어진 유교적 군주의 성과물을 바탕으로 조선 정치의 중요한 특징인 공론정치를 집권 후반기에 시작했다. 세종 대에 펼쳐지는 공론정치는 그 연장선상에서 가능했다고 본다.

이저를 복권시키다 앞서 교서에서 공언한 비상한 은택이 보름이 지난 8월 10일 시행되었다. 사직에 관련된 죄수를 제외하고는 모두 사면되었다. 사직에 관련된 죄수란 국가에 반역하거나 군주에게 불충한 자를 말한다. 가령 2차 왕자의 난을 일으킨 회안군 이방간이나 태종 4년에 쫓겨난 이거이와 이저 부자가 해당된다. 어떤 경우에도 이들을 구제하는 일은 없었다. 그러나 이저만은 예외였다. 유신의 교화를 선언하기 전부터 이저에 대한 복권 절차가 신하들의 강한 반대에도 불구하고 진행되고 있었다. 이저의 복권이 갖고 있는 의미는 무엇일까? 우선 사건의 경위를 살펴보자.

태종 10년 5월 3일 설치된 부묘도감이 주체가 되어 7월 26일로 예정된 부묘 행사 준비가 한창 진행되던 7월 6일 태종은 다시 이저를 정사·좌명공신 숭록대부 상당군으로 삼고 한양으로 불러들였다. 이날 신하들의 반발을 예상하고 그를 다시 부른 이유를 이렇게 말했다.

"동모형 회안군은 그 잘못이 지극히 현저해 많은 사람이 아는 바이니, 형제 간의 우애를 두텁게 할 수 없다. 이저는 나의 매부로서 아직 용서를 받지 못해, 오래 외방에 머물러 있어 내가 보지 못한 지가 이미 7년이다. 만일 이거이와의 연고 때문이라 한다면, 나의 사위 청평군(이백강)도 서울에 있다."

정사·좌명공신인 이거이는 태종이 집권하자 영의정까지 올랐다. 그의 장남 이저는 태조의 장녀 경신공주와 혼인했고, 사남 이백강은 태종의 맏딸 정순공주와 혼인했다. 막강한 위세를 자랑하던 이거이였지만, 태종 4년 태종이 구사한 술치의 희생양이 되어 낙향했다. 이때 이백강은 서인으로 폐해져 유배되었다가 이듬해 풀려났고, 함께 처벌된 이저는 그때까지 복권되지 않은 상태였다. 유신의 교화를 선언할 즈음에 태종은 매부 이저를 복권시키고자 한 것이다.

7월 10일 대사헌 황희에게 이저의 공신녹권을 가져오라고 명했다. 그리고 12일 배향공신을 결정하고 나서 가까이 모시는 신하에게 단단히 일러두었다.

"앞으로 부묘할 터인데, 만일 이저를 논핵하는 자가 있으면, 비록 경사慶事 중에 있다 하더라도 내가 반드시 용서하지 않겠다."

그럼에도 17일에 사헌부에서 반대하고, 19일에는 사간원에서 반대했지만, 결국 태종은 녹권을 받아내고 말았다. 신하들의 반발이 이어졌고, 26일 부묘에 이어 유신이 선언된 당일에도 의정부에서 이저의 죄를 청했다. 태종이 대언에게 일렀다.

"이것은 정부가 서로 부추겨서 나를 협박하는 것이다. 내가 생각건대 진안과 익안은 이미 다 죽었고, 상왕은 형제로 따질 수 없다. 그리고 회안은 나 때문에 외방에 나가 있고, 또 무인년의 변을 만나 여러 아우가 다 죽고, 오직 이저만이 남아있다. 그런데 아직도 세상에 용납되지 않는단 말인가? 천명과 인심은 한 가지니, 지금 내가 이저를 부른 것이 인심을 거스른 것이라면, 어찌 또한 하늘에 부합하겠는가?"

그래도 신하들의 반대 상소는 이어졌다.

8월 7일 태종은 공신 이원을 불러 다그쳤다.

"이저의 죄는 나만이 안다. 민무구와는 비할 바가 아니니, 부디 다시 모여 죄를 청하지 말라."

8월 9일 태조의 삼년상을 마친 종친들을 위로하는 잔치에서 술에 취한 태종은 이천우에게 울며 얘기했다.

"이저가 외방에 유배 간 지 7년 만에 돌아오게 한 나의 조치가 잘못은 아니다. 이저는 본래 불충한 뜻이 없었는데, 어찌 그리 심하게 제거하고자 하는가?"

그 후로도 이저에 대한 탄핵은 이어졌지만 9월 12일 호조에 명해 공신전과 과전을 도로 줌으로써 이저의 복권은 종결되었다.

이거이·이저 부자는 정변 구조의 첫 번째 희생양이었다. 정변 구조가 종결된 시점에서 원래 죄가 없던 매부 이저를 복권시킨 것은 정변의 흔적을 지워버리고 새로운 정치를 시작하고 싶어서였을 것으로 추측된다. 이저는 죄가 없다는 태종의 말은 7년간 잘못된 조치가 지속되었다는 것을 인정하는 명백한 자기부정이다. 그럼에도 불구하고 그가 이저를 복권시킨 것은 자신이 선언한 유신의 교화의 진정성을 신하들에게 보여주고 싶어서였을 것이다.

이색 비명 사건이 터지다

태종의 발심과 술치의 관성 　　태종 11년 6월 29일 이색의 아들 이종선이 동래진으로 귀양 가는 결정이 났다. 조선 역관 임군례가 북경에서 돌아와 명나라 학자 진련이 지은 이색의 비명碑銘을 태종에게 바친 것이 계기가 되었다. 비명이란 죽은 사람의 사적과 공적을 후세에 전하거나 기념하기 위해 비석에 새긴 글인데, 이 비명이 조선 조정에 공개되자 논란이 발생했다.

이 사건의 발단은 한참 전으로 거슬러 올라간다. 태조 5년 이색이 죽자 이색의 제자인 권근이 스승을 칭송하기 위해 평생의 이력과 업적을 기록한 글을 지었다. 이런 글을 행장行狀이라고 한다. 이색은 고려 말 원나라 과거시험에 합격해 원나라 조정에서 벼슬을 한 경력이 있고, 명나라가 중원을 장악한 이후에도 명나라와의 외교에서 중추적인 역할을 담당했다. 이종선은 그런 연유로 중국 학자로부터 부친의 비명을 받고 싶었던 것 같다.

태종 2년 사신으로 온 축맹헌이 임무를 마치고 명나라로 돌아갈 때, 이종선은 권근이 지어놓은 이색의 행장을 그에게 주면서 명나라의 인사가 이색의 비명을 지어 보내주기를 부탁했다. 그로부터 10년 가까이 지나서 진련이 지은 비명이 통사 임군례를 통해 조선에 전달되었다.

진련이 지은 이색의 비명에는 건국 전후의 정치적 상황에 관한 민감한 내용이 담겨 있었다. 비명을 읽고 의아하게 생각한 태종은 권근이 지은 이색 행장을 가져오게 해 꼼꼼히 읽었다. 권근이 불경하고 불충하다는 생각이 들었다. 특히 다음 표현이 태종의 심기를 매우 불편하게 했다.

> 공양군(공양왕) 때를 당해 용사자는 공(이색)이 자기를 따르지 않는 것을 꺼려했다(用事者忌公不附己).

용사자란 권력을 장악하고 국정을 운영하는 자를 의미한다. 그렇다면 권근이 표현한 용사자란 당시 수상인 이성계를 가리키는 것이라고 태종은 의심했다. 만약 용사자가 이성계를 지칭한다면, 권근이 지은 행장의 내용은 당시 권력자인 이성계가 자기를 따르지 않는 이색을 무함해 축출했다는 것이 된다. 태종은 불경하고 불충한 권근의 문장을 용납할 수 없었다. 이래서 태종의 발심은 시작되었다.

태종은 이렇듯 중요한 국가적 사안을 왜 국왕인 자신에게 보고하지 않았느냐고 공신들을 추궁했다. 또다시 술치가 시작되었다. 이 순간 공신들은 앞으로 벌어질 사태를 예감하며 두려움에 실색하지 않을 수 없었다. 그들 모두는 행장을 본 적이 없다고 잡아뗄 수밖에 없었다. 태종 즉위 이후 태종이 구사한 술치에 공신과 인척이 죽어나가는 것을 숨죽이며 바라본 신하들은 불경과 불충이 의미하는 바가 '정치적·신체적 죽음'이라는 것을 너무도 잘 알고 있었기 때문이다. 바로 1년 전에 민씨 형제가 처단되는 것을 본 그들은 술치의 표적이 되지 않으려고 애써야만 했다.

권근이 술치의 표적이 되자 영의정 하륜도 이 사건에 연루되고 만다. 진련의 비명이 조선에 전해지기 전에 하륜도 권근의 행장을 보고 또 다른 비명을 작성한 적이 있었기 때문이다. 이 사실을 안 사헌부에서 하륜이 지은 비명을 가져다가 행장과 비교하고는 권근과 하륜을 단죄해야 한다고 상소했다. 사헌부의 상소를 받은 태종이 하륜에게 묻자, 하륜은 강하게 부정했다.

"신이 말한 용사자란 조준과 정도전입니다."

이성계는 그럴 뜻이 없었는데, 밑에서 용사하는 자인 조준과 정도전이 이성계의 뜻을 어기고 자기들 멋대로 반대파를 모함하거나 죽였다고 항변한 것이다.

권근과 하륜이 불경과 불충을 범했다는 의심을 풀지는 않았지만 태종은 이 사건을 더 이상 확대하는 것을 주저했다. 권근과 하륜에 대한 조치를 유보한 채, 이종선에 대한 귀양 처분만을 명했다. 태조의 부묘와 유신의 선언으로 새로운 정치를 시도하고 있던 태종이 술치로 향하던 자신의 마음을 바꾼 것이다.

이종선에 대한 귀양 처분이 내려지고 이틀이 지난 7월 1일, 태종의 결심을 아랑곳하지 않고 세 공신과 대간에서 용사자란 바로 태조를 가리킨 것이라고 '단정적'으로 말하며, 더욱 강경하게 나왔다. 이미 이 사안을 더 이상 확대하지 않기로 마음먹은 태종은 그들의 요청을 거부했다.

이쯤해서 권근이 쓴 행장을 직접 확인해 보자. 현존하는 행장에는 용사자라는 표현이 삭제되고 "공을 꺼리는 자(기공자忌公者)"라고만 되어 있다(이 사건 이후 수정됨). 기공자는 세 번 등장하는데, 모두 정도전(복수일 경우에는 조준, 남은 등을 포함)을 지목하고 있다. 권근이 행장을 지을 때 태조 이성계와 참모를 명확하게 분리해 서술했기에 기공자는 결코 이성계가 될 수 없다. 원래의 행장에는 용사자가 이성계를 지칭하고 있었는데, 비명 사건 이후에 수정된 행장이 오늘날 전해지고 있다고 생각할 수도 있으나, 그럴 가능성은 없다고 본다. 왜냐하면 이색의 행장은 태조에게 충성을 다해 변절의 낙인을 지워보려 애쓰던 태조 5년 이후에 작성되었으며, 게다가 용사자가 이성계를 지칭하고 있었다면 태종이 그렇게 쉽게 사건을 처리하지는 않았을 것이기 때문이다.

그렇다면 당시의 행장을 검토한 신하들은 무슨 근거에서 권근이 표현한 용사자가 태조 이성계를 지칭한다고 단정한 것일까? 생각건대 태종이 그렇게 생각하고 말했기 때문이라고 짐작된다.

7장에서 태종이 이거이를 제거하는 장면을 설명할 때 언급한 '운명공동체'라는 말을 상기해 보자. 그 공동체에서 태종의 말은 곧 사실이요, 진실이요, 진리였다. 전위 파동을 겪으면서 공포감에 휩싸여 있던 신하들은 화근을 미연에 방지하고자 태종의 의중에 따르고 있었다고 보인다.

그런데 태종은 처음 발심할 때의 입장에서 변화하지 않았는가? 그렇다면 변화한 태종의 말에 신하도 맞추어야 하지 않겠는가? 그러나 신하들은 변화한 태종에 맞추지 않았고, 오히려 태종과 신하 사이의 주장의 차는 점점 벌어지고 있었다. 왜 신하들은 태종이 처음 발심한 입장에 집착하고 있는가? 이 현상을 '술치의 관성'이라는 관점에서 알아보자.

신하들은 태종의 말을 믿을 수가 없었다. 분명 처음에는 권근과 하륜을 의심하던 태종이 어느 시점에선가 자신의 입장을 후퇴시켰다. 이 변화가 자신들의 마음을 탐색하기 위한 태종의 전형적인 술치라고 생각했다면, 변화된 듯 보이는 태종의 말에 장단을 맞추다가 자신에게 미쳐올 화를 두려워했기 때문에 신하들은 태종의 처음 발심에 따르는 것이 안전하다고 판단했을 것이다. 태종과 신하들 사이의 대립은 점점 더 심해져갈 수밖에 없었다. 공신과 대간은 술치의 관성에 따라 물러설 줄 몰랐다. 마침내 공신들 사이의 긴장관계가 표출되고 급기야 태종과 정면충돌하기에 이른다.

앞에서 언급했듯이 개국공신과 정사·좌명공신 간에는 긴장이 잠재되어 있었다. 개국공신은 원래 하륜과 권근이 맘에 들지 않았을 것이다. 건국 전에는 적대세력이던 그들이 변절해 태조의 신하가 되었지만, 결국 무인정변을 통해 개국공신을 밀어내고 핵심세력으로 행세하는 것이 불만이었다. 그러나 태종의 권력을 지탱하는 그들에 대한 불만을 표출할 수는 없었다. 그러던 차에 태종이 먼저 하륜과 권근에 대한 불신을 표명하자 개국공신은 그들에 대한 공격을 멈추지 않았던 것이다.

태종의 만류에도 불구하고 더욱 강하게 나오는 장면에서 실록의 기록자는 이렇게 설명을 붙였다.

> 이보다 앞서 사람들이 하륜과 권근의 글을 알면서 고하는 자가 없다가, 임금이 의심하는 뜻을 듣고 나서 뇌동하여 죄를 청하기를 마지않기 때문에 임금이 탄식한 것이었다.

태종은 왕 앞에서 바른말을 하지 못하는 이유가 "밖에 나가면 꾸짖는 자가 있음을 두려워하기" 때문이라고 말했지만, 사실은 바른말을 할 수 없는 술치의 관성 때문이라고 판단된다. 그것은 술치의 부작용이었다. 술치를 통해 냉혹하게 처단하고, 그것을 통해 신하를 통제하던 태종 자신이 사태를 이렇게 만든 것이다.

하륜의 상서와 공신 간의 충돌 이렇게 태종과 신하들 사이에 치열한 논쟁이 이어지는 7월 2일의 긴 하루가 지나가고 있던 중에 하륜의 상서가 도달했다. 무려 네 통에 이르는 장문의 상서였다. 태종의 힘으로도 사태가 진정될 기미가 보이지 않자, 하륜 스스로가 상황을 돌파하기 위해 승부수를 던졌다. 오늘날 번역문으로 A4 6장에 이르는 장문이다.

핵심은 두 가지였다. 하나는 이성계와 참모를 분리해 용사자는 참모를 지칭함을 증명하고자 했다. 다른 하나는 이 사건을 무인정변과 연관시켜 자신과 태종이 운명공동체임을 상기시킨 것이다.

첫 번째 목적을 위해 하륜은 이성계 모르게 참모가 저지른 악행을 구체적으로 제시했다.

만일 처음 개국하던 때에 용사하는 신하의 기이한 계책과 음모한 일이 모두 태조의 명령에서 나왔다고 한다면, 이종학을 목매어 죽이고 이숭인을 매질해 죽인 것 같은 일을 태조가 알고 있었다는 것이 되는데, 태조는 모르고 있던 일입니다.

건국 직후 이성계의 승인도 받지 않고 '용사자(정도전)'가 정적인 이색에 대한 묵은 원망을 갚기 위해 이색의 당여인 이종학을 목매어 죽이고, 이숭인을 매질해서 죽였다는 것이다. 이 주장을 통해 하륜이 전하고 싶은 내용은, 임신년(1392, 개국 때)의 용사자가 참모 정도전이듯, 비명에서 문제가 된 기사·경오년(1389·1390, 공양왕 때)의 용사자도 이성계가 아닌 참모였다는 것이다. 여기서 주목해야 할 점은 이종학과 이숭인의 죽음에 관한 내용은 권근의 행장이나 하륜의 비명에는 없다는 점이다. 아마도 어느 누구도 그 내용을 아는 사람이 없었을 것이다. 20년이나 지난 시점에서 정치적 위기를 모면하기 위해 하륜이 이종학·이숭인의 죽음 건을 창작한 것으로 추측된다.

두 번째 목적을 위해 하륜은 행장과 비명에는 있지도 않은 또 하나의 폭발성이 매우 강하고 위험한 새로운 논점을 제시한다.

무인년(1398, 무인정변 때)에 용사자가 곧 임신년(1392)에 용사자이니 사실대로 쓰지 않고 비호할 수 있겠습니까?

개국 때의 용사자인 정도전이 무인년에도 용사자였고, 그 무인년의 용사자를 죽이고 정권을 장악한 자신들이 정도전을 비호하면 무인정변의 주체인 태종과 정사공신을 부정하게 된다는 점을 부각시켰다. 태종은 이러한 하륜의 주장에 동조하지 않을 수 없었을 것이다.

이색 비명 사건의 최초의 쟁점은 건국 전 공양왕 시기의 용사자가 누구냐였는데, 하륜은 상서에서 건국 직후의 용사자, 나아가 무인년의 용사자로 논의를 확대하면서, 세 시기의 용사자는 모두 정도전과 같은 참모이고, 그들은 태조 이성계의 뜻(公, 仁)과는 달리 사적인 원망과 사사로운 뜻으로 일을 처리했다고 주장했다.

무인정변까지 동원하며 자력으로 자신의 무죄를 입증하려 한 하륜의 상서가 태종의 동의를 얻었을지는 모르지만, 공신(특히 개국공신)과 대간을 설득하지는 못했다. 오히려 공신들 간의 충돌을 초래하고 말았다.

대간은 개국공신 대 변절자(정사공신)의 대립구도로 하륜을 논박한다. 만약 권근과 하륜 등이 출사하지 않고 절의를 지키다가 고려의 전왕前王에 대한 충분忠憤(충성심에서 나오는 분함)을 이기지 못해 이성계와 개국공신을 비난했다면 그건 그것대로 가능한 일이다. 그러나 하륜과 같은 변절자가 개국공신을 용사자라고 하며 그들의 잘못을 주장하는 것은 태조에 대한 불충이라고 직격탄을 날렸다. 무인정변 이후 절대적인 태종의 권력 아래 잠재해 있던 개국공신과 정사공신의 충돌 가능성이 현실화되자, 태종은 화를 내며 이 건을 다시는 말하지 말라고 명령했다.

그러나 태종의 명령대로 되지 않았다. 이제는 술치의 관성이라는 차원을 넘어섰다. 개국공신의 입장에서는 조선 건국의 정당성과 자신들의 정체성에 관한 문제로 확대되었고, 한편 정사공신의 입장에서는 하륜의 정치적 생명 차원을 넘어 태종 정권의 정당성 차원으로 확대되었다.

하륜의 간지와 수성의 군주 태종은 건국 초에 태조가 모르게 이종학을 교살하고 이숭인을 장살했다는 말이 있는데 당시 그 사건과 관련된 자들을 조사하라고 명령을 내렸다.

"진실로 이 말과 같다면 명령을 꾸며 죽인 자(정도전)가 유죄이고, 만일 이 말이 사실이 아니라면 말한 자(하륜)가 유죄이니 마땅히 법으로 논하겠다."

조사하라고 했지만, 태종은 이미 결론을 가지고 있었다. 왜냐하면 태종은 하륜의 간지奸智, 즉 그가 꾸며서 제시한 방책에 따라서 조사를 명했기 때문이다. 실록에는 하륜이 태종에게 "밀봉"해서 태종이 이러한 명령을 내렸다고 기록하고 있다. 당연히 태종은 밀봉한 하륜의 방책을 묵인하고 조사를 명한 것으로 추론된다.

용사자는 태조 이성계를 지칭하는 것이라는 기존의 프레임을 유지하고 있는 공신들이 여전히 비명의 작성자인 불충한 하륜을 어떻게 조치할 것인지 결단을 내리라고 주청하자, 하륜이 제공한 새로운 프레임으로 무장한 태종은 이렇게 응대했다.

"임신년에 이숭인과 이종학 등을 잘못 형벌해 죽게 한 것은 태조의 본의가 아니고, 국정을 운영한 자(정도전)가 이들을 꺼려 그릇되게 형벌해 죽게 한 것이다."

이렇듯 이미 예상되었던 결과를 태종이 발설한 마당에 하륜의 죄를 주장하는 것은 의미가 없다고 판단한 공신과 대간은 더 이상 하륜의 죄를 청하지 않았다. 이로써 이색 비명 사건은 사실상 종결됐다고 보아도 좋을 것이다. 이제 권력을 동원해 이숭인·이종학 살해 건을 확정하는 부수적인 일만 남게 되었다.

이렇게 7월 2일의 길고 긴 하루가 끝났다. 이후 조사가 진행되었다. 처음 태종이 조사를 명령한 지 27일이 지나서 사헌부는 정도전과 남은의 지시를 받은 손흥종과 황거정이 함부로 형벌한 죄가 드러났다고 조사 결과를 보고했다. 태종은 즉시 황거정과 손흥종을 가두고 자백을 받기 위해 매질해 심문하라고 순금사에 명했다. 그리고 8월 2일 태종은 다시 하륜을 영의정으로 임명했다.

하륜은 자신의 간지로 정치적 죽음의 늪에서 벗어났다. 이날 태종은 의정부·육조·대간에게 "하륜과 권근이 말한 용사자가 태조를 가리키는 것이 아니라고 내가 말한 것이 맞지 않는가?"라고 하자, 어느 누구도 대답하지 않았다. 누가 무슨 말을 할 수 있으랴!

그리고 태종은 판결 명령을 하달했다. 이색 비명 사건은 정도전의 옛 동지인 황거정과 손흥종, 그리고 죽은 정도전을 다시 한번 희생양으로 삼고는 마무리 단계에 접어들었다. 이제 남은 일은 황거정과 손흥종의 형량을 정하는 것뿐이었다.

그러나 형량을 논의하는 중인 8월 11일 의정부에서 이 사건의 핵심 지점을 또다시 거론하며 이의를 제기했다. 설령 태조를 속이고 꾸민 정도전과 남은의 계책을 황거정과 손흥종이 따랐다는 점은 인정한다고 해도, 정도전과 남은이 사적인 원한으로 이종학과 이숭인을 죽인 것이 아니라 사실은 조선의 사직을 호위하고자 하는 공적인 마음에서 고려의 잔당을 처단했다는 것이다. 이것은 조선 건국의 정당성과 자신들의 정체성을 공유하는 개국공신의 논지다.

이에 태종이 반발했다.

"임신년 7월에 대업이 이미 정해졌는데, 어찌 피차의 당이 있겠는가? 정도전 등이 방자하게 임금을 속이는 짓을 자행했는데, 어째서 사직을 호위했다고 말하는가?"

그러고는 처음 이 말을 낸 자가 누구냐고 다그쳤다. 그러자 개국공신들이 나섰다. 조영무·조온·안경공·정탁·유창·한상경·조견 등이 정도전을 비호하며 말씀을 올렸다.

"남은과 정도전은 개국 초에 거의 죽을 뻔하다가 다행히 종사의 영靈의 도움으로 죽음을 면했습니다. 만일 이들이 없었다면 태조가 누구와 더불어 개국했겠습니까?"

태종은 뜨악했다. 무인정변 이후 변절자인 권근과 하륜 등의 정사공신에게 주도권을 내주고, 태종의 기세에 눌려 내심을 드러내지 않던 개국공신이 급기야 이색 비명 사건을 처리하는 태종과 하륜에게 집단적으로 불만을 표출한 것이다. 마침내 개국공신과 정사공신 간에 잠재되어 있던 충돌점이 드러났다.

원래 무인정변이 발생하자 조선왕조의 충성체계에 균열이 발생했다. 이 균열이 드러나지 않은 채 권력의 핵심세력으로 등장한 정사공신과 잔존한 개국공신은 강력한 태종의 왕권하에 공존하고 있었다. 그러다가 이색 비명 사건이 전개되는 과정에서 잠재되어 있던 양자 간의 대립 구도가 현재화된 것이다. 충성체계의 균열이 현재화하는 이 장면에서 태종이 웃으면서 응대했다고 실록은 전한다. 그러고는 태종이 한발 물러서서 형량을 낮출 것을 명하면서 사건을 종결지었다.

태종 11년 6월 29일 이종선을 귀양 보내면서 시작된 이색 비명 사건은 10월 15일 이종선을 용서해 유배를 풀어주는 것으로 완전히 막을 내린다. 3개월 반 만에 죄를 용서하고 풀어주었다는 것은 원래 죄를 줄 만한 사안이 아니었음을 방증한다. 태종 본인도 처음에는 자식인 이종선이 아버지 이색을 위해 한 일이니 죄가 되지 않는다고 분명히 말했다. 그러나 태종이 이렇게 빨리 이종선을 용서한 데는 그럴 만한 정치적 상황이 있었다.

태종 10년부터 새로운 정치 국면이 펼쳐지고 있었다. 태종은 '유신의 교화'를 통해 새로운 정치를 하겠다고 선언했다. 이런 국면에서 이색 비명 사건이 확대되고 공신이 충돌해 정국이 불안해지는 것을 태종은 원하지 않았다. 이종선을 용서할 때 이종선만을 용서한 것이 아니다. 태종은 유신의 교화를 실행하는 차원에서 다수의 사람을 용서하면서 그중에 이종선도 포함시킨 것이다. 이종선의 유배를 풀어주면서 태종은 다음과 같이 '교화의 정치'에 대한 포부를 밝혔다.

"예전에 여러 실직失職한 자를 거느리고 변란을 꾸민 자가 있으니, 너희들은 아느냐? 임오년(1402) 조사의의 난에 참여했다가 쫓겨난 자가 매우 많고, 이무의 무리, 민씨의 무리, 강·신씨의 일가가 그 뒤로 쫓겨났다. 지금 내가 건장하니, 어찌 난을 선동하는 자가 있겠는가? …… 내가 모두 용서해 나의 큰 교화의 정치(홍화지정洪化之政)에 포용하고자 한다. 지난날 쫓겨난 근심을 씻어주어 즐겁고 기뻐한다면 반드시 내게 마음과 힘을 다할 것이니, 한편으로는 관대한 은혜를 보이고, 다른 한편으로는 마음에 품은 원한을 풀어주고자 하는데 어떠한가?"

이색 비명 사건을 계기로 잠재적 충돌점들이 현재화되는 것을 막고, 과거에 처벌된 자들을 모두 용서해, 진정한 유교적 군주로 전환하겠다는 태종의 의지를 읽을 수 있다. 이러한 태종의 뜻에 정사공신의 대표자인 영의정 하륜 그리고 개국공신의 정체성을 지키려 한 좌의정 성석린과 우의정 조영무도 태종의 뜻에 동조했다. 이렇게 태종은 이색 비명 사건으로 흔들리던 충성체계를 안정시켰다.

이제 이 장을 마무리하면서 태종 11년에 발생한 이색 비명 사건으로 흔들리던 충성체계가 태종의 주체적 판단과 행위로 안정되었다는 것이 조선왕조의 역사에서 의미하는 바가 무엇인지 생각해 보자.

동아시아 전근대 왕조국가의 역사란 일정 지역에서 창업, 수성, 쇠퇴, 멸망을 반복하는 왕조국가의 순환이라고 인식되었다. 따라서 조선왕조의 창업(기)과 수성의 시기가 언제인지에 대해 당대의 학자들은 물론 오늘날의 학자들 또한 지대한 관심을 가지고 설명을 시도한다.

이 책에서는 '충성체계의 전환'이라는 관점에서 이 문제에 접근했다. 하나하나 많은 설명을 해야 하지만 여기서는 간단하게 핵심만을 정리해 보고자 한다.

먼저 창업이란 왕조교체를 동반한 충성체계의 전환이라고 정의한다. 따라서 창업기는 기존의 충성체계가 분열하는 시점에서 새로 형성된 충성체계가 안정되는 시점까지의 기간을 의미한다. 조선의 경우는 1390년에 고려왕조의 충성체계가 분열해, 1392년에 새로운 조선왕조의 충성체계가 형성된 후, 1411년에 안정되기까지의 기간이 창업기에 해당한다.

부연하자면, 쇠퇴를 거듭하던 고려왕조가 중흥파와 혁명파로 분열한 것이 1390년, 혁명파가 조선왕조의 새로운 충성체계를 형성한 것이 1392년, 무인정변이 발생해 새로운 충성체계 내에 균열이 생긴 것이 1398년, 이색 비명 사건이 종결되어 충성체계가 안정되는 것이 1411년이다.

이색 비명 사건은 1390년 이후 전개되어 온 충성체계의 전환 과정에서 생겨나 잠재되어 있던 대립·갈등의 요소들이 1411년에 현재화될 수 있는 계기를 부여했다. 만약 그 요소들이 현재화되어 실재적 충돌이 발생했다면, 새로 형성된 신왕조의 충성체계는 불안해졌을 것이다. 이 국면에서 태종은 자신의 역량으로 이 사건을 마무리 짓고 충성체계를 안정시켜 수성의 시대를 열었다. 이 시점에서 조선왕조는 창업기가 끝나고 수성기로 이행한다.

태평성대가 도래하다

사방이 무사하다 태종 11년 5월 1일 편전에서 정사를 보는 중에 태종은 좌정승 성석린과 대화를 나누었다. 태종시대의 후반기를 상징적으로 보여주는 대화였다.

성석린이 아뢰었다.

"지금 사방이 무사해 나라에는 남은 곡식이 있고, 백성들은 생업을 잃는 자가 없사오나, 염려해야 할 바는 편안할 때에 위태로움을 잊지 않는 것입니다. …… 원하옵건대 성상께서 생각하시기를 처음과 끝을 한결같게 하시기를 바랄 뿐입니다."

태종이 대답했다.

"편안할 때에 위태로움을 잊지 아니함은 옛사람이 경계한 바이다. 그러나 반드시 일의 기미를 기다려야 하는 것이니 미리부터 도모할 수는 없는 것이다."

성석린은 조선을 둘러싼 국제관계에 평화의 시대가 도래했고, 국내

적으로는 국가 재정이 튼튼하고 민생이 안정되어 있다고 판단한다. 그리고 이어서 국정을 운영하는 좌의정 직책에 따라 장래 위험에 대비해야 한다고 태종에게 경각심을 불러일으켰다. 이에 태종은 지금은 위험의 기미조차 없다고 단정한다. 그는 조선에 도래한 태평의 시대를 자신하고 있었다.

고려 말의 난세에 태어나 혁명과 정변의 시기를 거치면서 이 지점에 이르기까지 태종 이방원이 거쳐 온 지난한 과정을 돌아본다면 성석린의 주장에 대한 태종의 반응이 이해가 된다. 성석린의 주장을 전면적으로 부정하지 않았지만, 태종은 더 이상 경계심과 긴장감을 유지하면서 정치를 하고 싶지는 않았다. 그는 지금까지와는 달리 태평의 시대에 어울리는 정치를 하고 싶다는 생각을 하고 있었다. 다름 아닌 '유신의 정치'이며, '수성의 정치'다.

태종 10년을 전후로 해 태종의 시대는 전반기에서 후반기로 전환한다. 3월 17일에 단행된 민씨 형제의 처단, 이어서 7월 26일에 선언된 유신의 교화는 전환을 상징하는 사건이었다. 이러한 조선 안에서의 전환은 명나라를 중심으로 하는 국제질서의 변화와 밀접하게 연계되어 있었다. 태종 11년 5월 1일 조선 조정에서 태종과 성석린이 나눈 대화는 이러한 시대적 상황을 고스란히 보여줬다. 조선 건국 이후 추진해 온 중화공동체 전략의 가시적인 성과가 나온 태종 10년이 지나면서 태종과 그의 신하들은 '사방무사四方無事'의 태평성대를 향유하고 있었다.

마음이 가벼워진 태종은 9월 17일 신료들을 동반하고 한양을 떠나 개성으로 정부를 옮겼다. 한양에는 세자가 이끄는 정무 팀이 운영되었다. 신료들의 가족도 동반한 정부는 만 5개월이 지나 해가 바뀌어 태종

11년 2월 16일 한양으로 출발했다.

실록에는 정부를 옮긴 이유를 액막이 때문이라고 기록하고 있다. 액막이란 도교의 의식으로 닥쳐올 액운을 미리 막기 위해 취하는 조치다. 태종은 "명년 운수가 신축일辛丑日이 되면 태세太歲에 임하리라"라는 점치는 자의 말에 따라 개성으로 피하려고 했다.

그러자 하륜과 조영무는 굳이 개성으로 이동할 필요가 없다고 반대했다.

"액막이는 반드시 옛 서울에서 할 것이 아니라, 이 땅에서 길한 날을 골라 하는 것이 마땅합니다. 또 중국 조정의 사신이 장차 이를 것이니 참으로 옳지 않습니다."

다시 종묘에서 점을 치게 하고, 움직이는 것이 길하다는 점괘에 따라 개경으로 이동했다. 하륜과 조영무의 말에서 알 수 있듯이 굳이 옮길 필요도 없었지만, 옮긴다고 해도 크게 문제될 것은 없었다. 고려의 수도 개성은 정부를 운영하기 위한 기반시설이 그대로 유지되고 있었기 때문이다. 태종은 사방이 무사한 시절을 즐기고 싶었던 듯싶다. 그는 오며 가며 사냥을 즐겼다.

2월 20일 한양으로 돌아오는 태종을 맞이하는 경축 행사가 마련되어 있었다.

"성균관의 학생과 과거를 보러 온 생도 1,100여 명이 결채(환영하는 장식품)를 베풀고 가요를 바치려고 했다."

비록 태종이 그만두게는 했지만, 태종과 신료 그리고 관료 예비생들은 태평의 시대를 향유했다.

한양으로 돌아왔지만 액막이를 계속해야 한다는 이유로 태종은 궁궐로 들어가지 않고 흥인문 밖 장전(임금의 임시 거처)에 머물렀다. 며칠 후 태종이 광주로 강무를 떠나겠다고 하자 우헌납 박서생이 간청했다.

"강무는 비록 시기적으로 시행하는 일이긴 하나, 양경(한양과 개경)의 왕래로 인해 군사와 말들이 피곤해졌고, 또 전하께서 지금 액을 피하시는 참이오니, 진실로 마땅히 정좌하고 계시며 공구수성(매사를 두려워하며 자신을 닦고 성찰함) 하셔야지, 험한 곳을 다니심은 불가합니다. 청컨대 한때의 권도(임시 방책)로써 이번 행차를 정파하시기 바랍니다."

태종은 "내가 부인도 아닌데 어찌 조용하게 장막 안에 앉아만 있을 수 있겠는가?"라고 하며 신하들의 만류를 뿌리치고 2월 27일 광주로 사냥을 떠나 3월 2일 장전으로 돌아왔다. 이후 태종의 일정을 보자.

○ 5일 "한식이어서 건원릉에 제사하고 동교에서 사냥을 구경했다."
○ 11일 "서교에 행차해 사냥을 구경했다."
○ 18일 "창덕궁에 행차해 종친들을 모아 놓고 활쏘기와 격구를 구경하고, 술자리를 베풀고 놀다가 저물어서 돌아왔다."
○ 19일 "창덕궁에 행차해 활쏘기를 구경하고 저물어서 돌아왔다."
○ 21일 "창덕궁에 행차해 종친들의 격구를 구경했다."
○ 23일 "창덕궁에 행차해 광연루에 나아가니, 의정부에서 헌수했다. 종친들도 또한 참여해 즐기다가 저물녘에 이르러서 돌아왔다."

이렇게 태종이 신료 및 종친들과 즐겁게 지내는 동안 3월 한 달이 지나가고 있었다. 이윽고 3월 30일 액막이를 위한 막장에서의 생활을 끝내고 창덕궁으로 돌아왔다. 개성으로 떠난 게 지난해 9월이었으니 6개월 만에 돌아온 것이다. 액막이라는 명분을 내세웠지만 태종은 하고 싶은 사냥을 실컷 즐기며 놀았다.

태평을 구가하는 시대적 분위기는 6월 1일에 전 헌납 장이가 의정부에 상서하는 글에서도 여실히 드러난다.

"오늘날 밝으신 임금과 훌륭한 신하가 서로 만났고, 다스리는 도구가 모두 베풀어져 태평의 아름다움이 성왕과 강왕을 능가하옵니다."

성왕은 주나라의 제2대 왕으로 아버지 무왕이 죽었을 때 어렸으므로 무왕의 아우 주공이 섭정했다. 이후 주공과 소공의 보좌를 받아 치세에 힘썼고 그로부터 강왕시대에 걸쳐 주나라의 태평시대를 실현했다고 한다. 비록 장이의 말이 과장된 것은 틀림없지만 적어도 당시의 분위기를 반영하고 있다고 보아도 좋을 것이다.

그리고 이해 12월 11일 동북면과 서북면에 토지조사를 실시하라는 명이 내려졌다. 번경 지역에 대한 토지조사가 실시될 정도로 국방이 안정되었던 것이다. 태종과 그 신하들이 향유하던 태평성대를 실록의 기록자는 "승평한 시절이 지속되고 있다"라고 표현했다.

태종 12년 5월 16일 재전 북쪽에 있는 돌샘에 도랑을 파서 작은 못이 만들어지자, 태종은 〈분지저한천盆池貯寒泉〉이라는 시를 지었고, 이 못을 구경한 여러 신하들에게도 시를 짓도록 했다. 그리고 하륜은 시집의 서문을 지어 바쳤다.

"신이 생각건대 예전에 송나라가 번성할 때에 고기를 낚고 꽃을 구경하는 모임이 있어 여러 유신으로 하여금 시를 지어 노래하고 읊게 했으니, 실로 태평한 때의 성대한 일이다. 지금 전하께서 이러한 명이 있으니, 실로 또한 우리 동방의 태평성사의 기초가 되리라."

주자주의가 탄생한 송나라의 태평시대를 태종과 그 신하들은 동방의 소중화의 나라 조선에서 실현하겠다는 꿈을 시로 주고받으며 노래했다.

신설되는 곡식 창고 태평성대를 구가하는 이 시기에 실록에서 눈에 띄는 점은 백성으로부터 걷어들이는 곡물이 많아져 어떻게 조치해야 할지를 논하는 장면이다.

태종 10년 7월 10일 태종은 명했다.

"균름囷廩을 넓히고 사고瀉庫를 짓도록 명했는데, 서울과 외방에 저축이 많기 때문이었다."

균름이란 각 지방의 곡물을 저장하기 위해 만들었던 창고로 태종 원년에 안노생이 경상도의 주와 현에 이 제도를 처음으로 실시했다. 사고란 쥐의 침입을 막기 위해 주위에 물을 빙 두른 창고로 경상도에서 처음 실시하고 다른 도에도 권장했다. 백성들로부터 수취해 사용하고도 남은 곡물을 저장하기 위한 조치였다. 저장 기간을 늘리기 위한 방안도 시도되었다. 태종 11년 6월 9일 호조에서 곡식을 저장하는 법을 아뢰었다.

"무릇 창고의 곡식은 수년이 지나게 되면 썩게 마련입니다. 판자를 땅에 깔아 곡식을 저장해도 오래가지 못합니다. 지의정부사 박신이 말하기를 '일찍이 들으니 중국에서는 벽돌을 땅바닥에 배설해, 곡식이 오래가도 썩지 않는다고 한다'라고 했습니다. 신 등이 이것을 시험하고자 하면서도 아직 그 뜻을 이루지 못했습니다."

태종은 그 방법을 시험해 보라고 허락한다. 무엇보다도 군량미를 저장·관리하는 일이 급선무였다. 이 일을 담당한 관청이 군자감이다. 군자감에서는 창고를 신설할 필요성을 주청했다. 태종 10년 2월 14일 공조판서 박자청이 공사 감독을 맡아서 용산강에 창고를 지으라는 명이 떨어졌다. 실제 작업을 수행한 자는 하전과 도부외와 품종이었다. 하전은 관아에 속해 말단 행정실무에 종사하던 서리이고, 도부외는 순금사에 소속된 군사이며, 품종은 관리들이 자신의 품계에 따라 나라의 역사에 내보내어 일을 돕게 하던 종이다.

태종 10년 11월 15일에는 군자감이 또 말씀을 올렸다.

"창고가 비좁아 축적할 여지가 없으니 더 지어야 합니다."

축적되는 곡물은 늘어나는데 창고 신설이 따라가지 못한 듯하다. 작업 속도를 높이기 위해 호조판서 이응이 주장해 승도가 동원되기도 했다. 그래도 창고 신설은 여의치 않았지만, 태종 11년 7월 25일 군자감의 창고 조성 역사를 정지하라는 명이 의정부에 하달되었다.

"토목 역사는 내가 싫어하는 바이니, 우신 개경 유후사留後司의 중들이 없는 사원에 군량을 쌓아두라."

군자감 창고 신설 공사는 중지되었지만, 이후로도 각 지방별로 창고 신설 작업이 이어졌다. 태평성대는 이러한 물적 기반 위에 이루어졌다.

태종이 변하다

나는 무가의 자손이다 유신의 교화를 전후로 태종의 내면세계는 변화하고 있었다. 이러한 태종의 정체성 변화는 22년에 걸친 태종의 정치를 이해하고, 나아가 태종에서 세종으로 이어지는 조선 정치의 연속성을 이해하는 데 중요한 실마리를 제공해 준다.

태종이 천신만고 끝에 왕좌에 앉은 지 얼마 안 된 태종 1년 1월 14일 태종의 이데올로그 권근이 왕으로서 신속히 시행해야 할 시무책을 바쳤다.

"넷째는 경연을 부지런히 하셔야 합니다. 제왕의 도는 배움으로 말미암아 밝아지고 제왕의 다스림은 배움으로 말미암아 넓어집니다. 예로부터 왕자王者(군주다운 군주)는 반드시 경연을 베풀어 성학聖學(제왕의 학문)을 강구한 것도 진실로 이런 때문이었습니다. 전하께서 즉위하신 이래로 비록 경연을 베풀기는 했지만, 강독하는 것을 미루는 날이 참으로 많았습니다."

권근은 정치와 학문의 관계를 명확하게 지적하면서 옛 성인군주의 정치를 배우고 익혀서 실행하는 것을 주문했다. 태종이 왕이 되어 경연을 시작하기는 했으나 자주 시행하지 않자 경연의 중요성을 환기시키며 자주 열기를 요청한 것이다.

3월 23일에도 문하부 낭사에서 상소했다.

"사냥을 멈추고, 놀이와 잔치를 그만두고, 날마다 태상전을 찾아뵙고, 경연에 나아갈 것을 청했다."

낭사의 요청을 태종은 깊이 받아들이고, 경연청의 수리가 끝나는 대로 경연을 재개하겠다고 시독관 김과에게 말했다.

이후 윤3월 23일 경연을 열어 《대학연의》를 강론했고, 12월 22일에 《대학연의》 강독을 끝냈다는 기록이 나온다. 그사이 5월 8일과 11월 20일에 경연이 열린 기록이 있을 뿐이다. 권근과 낭사가 기대한 만큼 태종은 경연에 적극적이지 않았다.

해가 바뀐 태종 2년 6월 18일 사간원에서 시무책을 올리면서 거듭 경연청에 나가기를 요청했다. 9월 17일에는 여전히 경연에는 관심을 보이지 않고, 조회하러 모인 신하들을 두고 몰래 교외로 나가 사냥을 즐긴 태종에게 사간원에서 강하게 경계하는 글을 올렸다.

해가 바뀌어도 태종이 경연에 임하는 태도는 여전했다. 태종 3년 2월 23일 《십팔사략》 강론을 재개했으나 부진하자 3월 3일 사간원에서 시무소를 올렸다.

"경연에 임하는 것을 하루도 폐할 수 없는 것입니다. 그런데 지금 전하께서는 경연에 임하시지 않은 지가 매우 오래되었습니다. 신 등이 속으로 두려워하건대 뒤를 잇게 될 군주가 이를 본받아서 마침내 경연을 폐기한다면 이는 작은 일이 아닙니다."

태종은 사간원 장무를 불러 변명한다.

"내일 경연에 임하는 일만은 내가 장차 늙어가니 이미 더 진보될 리도 없고, 또 병만 될까 두렵다."

태종의 솔직한 본심을 들은 사간원의 반응은 어땠을까? 유학의 원리주의자(근본주의자)들이 물러설 리가 없었다.

"신 등이 죽음을 무릅쓰고 감히 말하는 것입니다. 지금 전하께서 매번 무사와 더불어 과녁을 베풀고 이를 쏘는 것은 싫어하지 않으시면서, 신 등의 경연에 납시라는 청은 물리치시니, 전하의 뜻이 안일과 놀이에 빠지고 빼앗겨 점점 도학(성학의 다른 표현)에서 멀어질까 두렵습니다."

원래 이방원은 무장인 아버지 이성계를 롤 모델 삼아 성장한 무인의 기질을 가진 인물이다. 그의 무인적 기질은 정몽주 암살이나 1, 2차 왕자의 난과 같은 무력을 동반한 권력투쟁의 결정적 시점에서 극명하게 드러났다. 그러나 왕위에 오른 후에 자신의 무인적 기질을 공식적으로 해소할 수 있는 공간은 강무와 사냥밖에 없었다. 따라서 집권 초기 무인적 기질을 발휘하고자 태종은 유교적 군주관에 입각해 그를 제한하려고 하는 대간들과 종종 대립 국면을 맞이했다.

태종 3년 9월 25일 기러기 떼가 동교에 날아들었다는 소식을 들은 태종은 행선지를 알리지도 않고 측근 몇 사람과 갑사 30여 기를 거느리고 단기單騎로 달려가 매를 놓았다. 뒤따라온 이저에게 말했다.

"즐겁도다. 매가 새를 낚아채는 저 순간이여!"

태종은 사냥이 정말 좋았다.

다음 날 대간에서 성학에 기반해서 바른 소리를 하자 "지금 매우 후회한다"라고 했고, 사헌부에서도 성학을 들어가며 "사냥을 일삼지 마옵소서"라고 쓴소리를 하자 그러겠노라 했다. 그러고 나서는 28일에 또 단기로 사냥을 했고, 그로 인해 신하들과 대립하면서 태종은 노여움을 드러내며 억지를 부리기도 했다. 사냥을 둘러싼 태종과 간원의 의견 충돌 속에서 마침내 태종이 자신의 정체성을 표출하게 된다.

태종 3년 10월 1일 장령 이관을 불러 다그쳤다.

"지난날에 너희들이 내가 사냥하는 것을 불가하다 했다. 그렇다면 임금은 사냥을 해서는 안 되는 것이냐?"

이관이 그런 건 아니라고 말하자, 태종은 강하게 말했다.

"나는 구중궁궐에서 태어나 자란 사람이 아니다. 비록 대충 시서詩書를 익혀 유자儒者라는 이름은 얻었으나, 실은 무가의 자손이다. 어려서부터 오로지 말을 내달리고 사냥하는 것을 일삼았는데, 지금 왕위에 있으면서 할 수 있는 것이 없다. 그래서 일찍이 경전과 사서를 보았더니,

정말로 재미가 있어 하루도 손에서 책을 놓지 못했다. 이는 근신들이 다 아는 바이다. 다만 조용하고 편안한 겨를에 어찌 놀며 구경하고 싶은 뜻이 없겠는가? 요새 교외에 기러기 떼가 많이 온다고 들었고, 때가 마침 매를 날리기에 좋다. 내가 생각하기를 '이는 의장儀仗을 갖춰 행할 수 없고, 또 많은 수의 말로 대낮에 행할 수도 없다'고 여겨, 새벽에 나가 매를 날리고 돌아왔다. 너희와 사간원이 서로 잇달아 소를 올렸기에 곧바로 아뢴 대로 따랐다. 대개 내가 사냥을 하는 것은 심심하고 적적한 것을 달래기 위함일 뿐이다. 너희들은 옛사람의 글을 읽고 그 뜻을 익혔을 것이니, 어찌 〈무일無逸〉의 글을 알지 못하겠는가?"

태종 자신의 솔직한 심정을 표현한 것으로 보아도 좋을 것이다. 게다가 이중구조 속에서 한비자적 상황을 관리해야 하는 태종의 입장에서는 유교적 군주관으로 무장한 신하들이 성학을 무기로 삼아 자신을 견제하려고 할 때, 그들의 말을 그대로 따를 수만은 없었을 것이다. 태종이 자신의 정체성을 무인 쪽으로 경사시킨 것은 단지 강무나 사냥과 관련한 사안에서 자신의 의견을 관철시키기 위해서만은 아니라고 생각한다. 태종은 술치를 구사하기 위해 스스로 유교적 군주상과 일정 정도의 선을 그어 신하들로부터 자율성을 확보하려 했다고 판단된다. 무인적 정체성과 술치가 직접적 연관성을 갖는다고 보기는 어렵지만, 유교적 군주관을 가지고 접근하는 신하로부터 자율성을 확보하는 데는 무인적 정체성과 술치는 친화성을 갖고 있었다고 할 수 있다.

이렇게 자신의 정체성을 무인으로 규정하던 태종은 집권 후반기에 들어서는 자신의 정체성을 스스로 유교적 문인으로 변화시키게 된다.

성학의 본원, 문묘를 다시 세우며 유교국가를 상징하는 곳이 종묘와 사직이다. 종묘와 사직 못지않게 중시되던 곳이 문묘다. 유교를 정통 교학으로 채택한 왕조국가에서는 오히려 문묘가 더 중요한 기능을 수행하고 있었다. 문묘는 성인 공자와 그 제자들 및 공자의 학문을 계승한 후대의 특출한 학자들의 위패를 모신 사당이다. 왕은 정기적으로 이곳을 찾아 제사를 지내며 성인과 성학을 존숭하는 의식을 거행했다.

한편 문묘는 공자가 남긴 성학을 배우는 유생을 양성하는 교육 기능을 수행했다. 태학太學이라고 불렀다. 학당과 숙사가 마련되어 전국에서 선발된 예비관료가 학관의 지도를 받으며 과거시험을 준비했다. 요컨대 문묘는 성학의 본원이 되는 곳이었다.

문묘는 태조 6년 3월에 착공되어 이듬해 7월에 96간의 웅대한 규모로 준공되었다. 그러나 정종 2년 2월에 불에 타 소실된 후 방치되었다가, 태종 7년 정월 다시 그 자리에서 신축 공사가 시작되었다. 이윽고 태종 10년 9월 29일 문묘의 비를 세우는 엄숙한 의식이 거행되었다. 유신의 교화가 선언된 지 두 달쯤 지난 시점이었다.

태종은 신축한 문묘에 대한 각별한 기대를 비문에 담고자 했다. 그래서 당대 최고의 문장가 예문관 제학 변계량에게 비문 작성을 지시한다. 변계량은 자신의 모든 역량을 발휘해 비문을 작성하며 그 문장에 유교국가 조선의 미래를 담았다. 몇 문단을 읽어보자.

> 아! 지극하도다. 우리 전하(태종)께서는 어질게 효도하시고, 겸손하며 공경하고, 강건하며 총명하시어, 빛나게 선왕의 위업을 이어받아 정사에 임하시는 여가에 경전과 사서를 즐겨 보아, 매번 한밤중에 이르도

록 책을 손에서 놓지 않고 격물格物·치지致知·성의誠意·정심正心의 배움을 극진히 하시고, 지영持盈(선대의 업적을 보전하고 지킴)과 수성의 도리를 다하시니, 전하와 같으신 분은 지나간 옛날에 찾아보아도 정말로 거의 없고 어쩌다가 있을 뿐이다. ……

사람은 날로 학문이 진보되고, 세상은 날로 다스림에 나아가도다. 삼왕三王보다 낫고 오제五帝와 같게 되는 것을 날을 정해 기다릴 수 있다. 화산華山(북한산)은 높디높고, 한수漢水(한강)는 쉬지 않고 흐른다. 나라와 더불어 끝이 없는 것은 오직 성인의 사당이니라. 돌을 다듬어 말을 새기어 길이 보이는 바로다.

변계량이 제시한 조선의 미래를 태종은 돌에 새겨 후대에 전했다. 그러면서 태종은 '성군의 꿈'을 자신의 마음에도 깊이 새겼을 것이다. 태종은 문묘를 신축하고 비문을 새기면서 정권 전반기에 흘려들은 간원의 말들을 상기했을 것이다. 성학에 힘쓰라는 신하들의 말을 오랜 세월 들어온 태종은 어느덧 스스로 성학의 중요성을 신하들에게 말하게 된다.

태종 11년 5월 4일 무과의 2차 시험을 시행해 28명의 급제자를 뽑고 나서 태종이 말했다.

"무과를 어찌 문과와 대등하게 논할 수 있겠는가? 문과로 말하면 공功이 있고 실實이 있는데, 무과는 한때의 용기뿐이다."

닷새 후 예조에서 급제자를 위해 은영연(영예를 축하하기 위해 임금이 내린 연회)을 베풀기를 청했으나 그럴 필요가 없다고 하며 태종은 말했다.

"무사들은 바람이 순조롭고 날씨가 화창한 때에 활을 당겨 활쏘기를 연습하는 것이 바로 그 낙이다. 그 공이 어찌 유생들의 한 권의 《대학》을 공부하는 것에 미치겠는가?"

그러자 여러 신하가 화답했다.

"문과 무를 병용하는 것은 괜찮겠지만, 문과 무를 대등하게 병립시킨다면 안 될 것입니다. …… 성상의 가르침이 진실로 옳습니다."

유신의 교화 선언 이후 태종의 정신세계와 조선의 정치세계는 달라졌다. 이제 태종은 수단을 가리지 않고 권력 획득을 위해 돌진하던 집권 전의 이방원이 아니다. 나아가 이중구조 속에서 한비자적 상황을 관리하기 위해 술치를 구사하던 집권 전반기의 태종도 아니다. 앞에서도 언급했듯이 태종은 17세에 문과에 급제했다. 적어도 그는 사서와 경전을 읽는 유학자였다. 당시의 시험과목은 주자의 《사서집주》가 중시되었으므로 성리학에 대해서도 상당 정도의 견식은 가지고 있었다. 즉위 후에는 경연에서 《대학연의》나 《중용》 등을 강독했으니 성리학에 대한 이해도 깊어졌을 것이다.

태종 10년에 "아름답게 신민과 더불어 크게 유신의 교화를 펴고자 한다"는 선언을 한 후, 신하들과 더불어 공론정치를 시행해 나갔다. 그러한 과정에서 태종은 이념의 세계에 눈이 열리게 되었을 것이다. "병서를 읽는 것이 어찌 육경六經과 사서四書를 구명함만 하겠는가?"라는 태종의 말에서 경전에서 제시하는 이상의 세계, 즉 '요순 삼대의 태평시대'를 조선왕조에서 실현해 보고자 하는 '성군聖君'에의 의지를 읽어볼 수 있다.

정체성 변화 그렇다면 태종이 도달한 유학적 정

신세계의 수준은 어느 정도일까?

선진시대에 공자, 맹자, 순자가 등장해 유학의 학설을 주창했다. 이때 최초로 형성된 유학을 원시유학이라고 한다. 전국시대를 마감하고 천하를 통일한 진나라가 단명한 후, 한대에 들어서 유학은 소실된 선진유학의 경전을 모으고, 그 뜻을 풀이하는 훈고학이 주류를 이루게 되었다. 수·당 대에 이르러서는 과거제도가 실시됨에 따라 유학은 관료가 되어 국가를 운영하기 위한 실용적 수단의 측면이 부각되었다. 따라서 학자는 경전을 암기하고 말로 표현하거나, 시나 산문을 멋지고 능숙하게 작성하는 데 치중했다. 전자를 기송학記誦學, 후자를 사장학詞章學이라고 한다. 과거시험에서도 이 두 가지 능력을 테스트했다.

당나라가 멸망한 후 다섯 개의 왕조가 명멸하던 오대五代라는 혼란의 시기를 종결시키고 천하를 안정시킨 것이 송나라다. 송나라는 천하를 다스리기 위해 새로운 통치 이데올로기가 필요했다. 학자들은 그 임무를 수행하기 위해 유학을 새롭게 재탄생시켰다. 두 방향에서 진행되었는데 하나는 당나라 때 융성한 불교를 부정하는 것이고, 다른 하나는 기송학과 사장학을 극복하는 것이었다.

당대 말엽에 나타나기 시작해 송대에 들어서 꽃피운 새로운 유학은 송학, 도학, 리학, 성리학, 정주학, 주자학 등 여러 이름으로 불렸다. 이름은 다양하지만 그 본질은 같다. 훌륭한 정치가 실현되기 위해서는 올바른 학문(정학正學)이 세워져야 한다는 것이다. 정학을 집대성한 주자는 《대학장구서》에서 이것을 분명히 선언했다. 주자의 이 선언을 실록에서는 '성학'으로 표현했다. 태종 10년 9월 29일 문묘를 다시 세우고 비명을 돌에 새기면서 태종과 그 신하들은 새로 건국한 조선에서 성학을 실현해 보겠노라고 밝혔다.

이 시점에서 태종이 도달한 정신세계는 바로 주자의 세계와 일치한다. 물론 태종과 주자 사이에는 지식의 양과 질에서 큰 차이가 있다. 그러나 두 사람이 추구하는 정신세계의 본질은 정확히 합치한다. 다음에 서술하는 사례는 이러한 태종의 정신세계를 잘 보여준다.

태종 11년 5월 20일 지신사 김여지와 동부대언 조말생을 불러 《맹자》〈진심 상〉을 강론했다.

"임금을 섬기는 사람이 있으니, 이런 사람은 (아첨하기에) 임금에게 용납되고, (비위에 영합하기에) 임금을 기쁘게 하는 자다"라는 구절에 이르러 태종이 말했다.

"신하가 임금을 섬길 때에는 예로써 하는 것이다. 그런데 어찌하여 (맹자는) '임금에게 용납되고 임금을 기쁘게 하는 자다'라고 했는가?"

조말생이 대답했다.

"신자臣子가 군부君父에 대해서는 선을 아뢰고 사악한 것을 막으며, 그 덕을 바로잡고 돕는 것이 직책입니다. 만약 한결같이 임금을 섬기기만을 마음먹어 임금의 과실을 보고도 말하지 않는다면, 이는 아첨하고 순종만 함으로써 임금을 사사로이 여기며, 비위만을 맞춤으로써 기쁘게 하려는 자입니다."

태종이 말했다.

"옳다! 예전에 내가 알고 있던 것도 너의 이 말과 같았다. 《대학연의》에서는 '이처럼 임금을 섬기면 아부하는 자다'라고 했으니, 바로 오늘 강독한 것과 다름이 없지 않은가? 장차 주자소에 명해 《대학연의》를 인쇄하도록 하겠다."

태종은 신하들과 성학에서 제시하는 바람직한 군신관계가 무엇인지를 확인하고 있다. 이 사례에서 주목하고 싶은 부분은 태종이 《대학연의》를 인쇄하겠다고 한 점이다. 이것은 바람직한 군신관계가 무엇인지를 아는 데 그치지 않고 '실행하겠다'는 강한 의지를 표명한 것으로 볼 수 있다. '지知'에 그치지 않고 '행行'을 하겠다는 의지의 표명은 다음 사례에서 더욱 선명하게 드러난다.

12월 15일 태종이 대언들에게 말했다.

"《대학연의》는 진서산이 고금의 격언을 모아서 만든 책인데, 내가 매번 읽어보면, 그중에서 덕성을 기르는 것과 형벌을 사용하는 것의 선후를 분별하고, 백성들의 삶이 편안한지 고달픈지 그 실상을 파악하는 것이 가장 중요하다."

그리고는 우부대언 한상덕에게 명했다.

"그 말을 크게 써서 전殿의 안벽 위에 걸어놓고 여러 신하로 하여금 보도록 하라."

태종은 신하들에게 단순히 경전 글귀의 뜻을 알게 하고자 함이 아니었을 것이다. 신하들과 더불어 경전의 글대로 행하고 싶은 절실한 마음에서 나온 행위라고 볼 수 있다.

정변 구조가 소멸해 일원화된 유교적 군주의 입장을 견지하는 후반기의 실록에는 태종이 무인적 정체성을 내세우며 신하들과 대립하는 장면이 등장하지 않는다. 태종과 신하들 간의 논의 수준과 주제가 매우 깊어지고, 대간과의 관계에서도 태종은 이른바 종간(간언에 따름)과 거간(간언을 거부함) 사이에서 조심스럽게 균형을 잡으려고 노력하게 된다. 이는 전반기에 태종이 종종 언관들과 충돌하던 강무와 관련된 사안을 다루는 모습의 변화에서 분명히 확인할 수 있다.

태종 13년 봄에는 강무 문제로 그동안 계속 대립해 오던 태종과 신료들 사이의 관계가 부드럽게 변해 있었다. 3월 2일 강무와 사냥의 자제를 권고하는 간원의 상소에 대해 태종은 자기 허물을 인정하고 수긍하기도 했다.

3월 18일 상왕 정종을 모시고 동교로 사냥하러 놀러감에 대해 변명하는 태종을 좌대언 이관은 오히려 기쁜 일이라며 격려하고, 태종은 대언들의 호종을 허락한다. 이어지는 태종의 동교 거둥에 대해서도 4월 4일 우사간대부 현맹인이 반대하자 태종은 간원의 말이 옳다고 인정하기도 한다.

그리고 태종 16년과 17년에 이르러 실록에는 태종 스스로 무인에서 유교적 문인으로 정체성을 변화시키고 있는 기록이 등장한다. 태종 16년 1월 20일 강무를 하기 위해 강무장을 준비하자, 태종이 말했다.

"내가 사어(활쏘기와 말 타기)에 유능하다고 할 수는 없지만, 또한 알지 못한다고 할 수도 없다. 그러나 임금은 정사를 잘하면 가하지, 사어를 잘한다 해서 무엇에 쓰겠는가?"

태종 17년 2월 2일에는 봄철 강무 건으로 태종과 신하 사이에 의견이 충돌했다. 신하들이 충청도 순성에 봄철 강무장을 새롭게 조성하자고 요청했으나 태종은 반대했다.

"내가 순성 지역을 강무할 곳으로 삼지 않은 것은 후세에 국정을 등한시하여 멀리 사냥 나가 즐겨 노는 것을 일삼을까 두려워함에서이다."

이 논란 중에 태종은 다음과 같이 말한다.

"사람들이 나더러 '무가武家이어서 무사武事를 좋아하다'고 하나, 태조께서 내게 학문을 권장하셨으니, 내가 활과 화살을 잡기 시작한 것은 어렸을 때가 아닌 장년 시절이므로, 무사를 좋아한다고 할 수도 없고, 또한 무사를 좋아하지 않는다고도 할 수 없다."

그럴 리가 없다. 태종은 어려서부터 활쏘기를 좋아하고 사냥을 즐겼다. 전반기에 그런 자신을 무가의 자손이라고 스스로 밝히기도 했다. 분명 태종은 스스로 자신의 정체성을 변화시켰다.

윤5월 4일 훈련관에서 전지田地를 훈련관에 소속시켜 무사를 양성하기를 성균관과 동일하게 해주도록 청하니 태종이 말했다.

"불가하다. 무武란 본래 광사(기세가 세고 사나운 일)이며 크게 힘들여 노력하지 않아도 되는 일이기에 사람들이 즐겨 하는 것이니, 무과를 설치해 무사를 선발하고 관직을 제수해 그들을 권장함이 족하다."

10월 8일 해룡산에서 사냥을 하고 지녁에 포천 매장원에 머물렀을 때의 일이다. 이날 눈이 오고 밤에 크게 우박이 쏟아지고 우레와 번개가 쳤다. 갑작스러운 기상 이변에 두려움을 느낀 태종이 몰이꾼을 돌려보내고 환궁하는 일이 발생했다. 앞으로는 경기 지역 밖으로 강무를 가지 않겠다고 선언하면서 다음과 같이 말했다.

"나는 본래 무관의 자식인데 다행히 태조의 권학에 따라서 사어와 응견(매나 개를 이용하여 사냥함)의 일을 익히지 않았고, 글을 읽어 과거에 올라 벼슬이 승선에 이른 뒤에 사어와 응견의 일을 익혔다."

이건 명백한 거짓말이라고 보아도 좋다. 이 거짓말에 대해서는 깊이 생각해 볼 점이 많다. 군주정하에서 태종과 같은 강력한 군주가 스스로 자신의 정체성을 정반대로 이동시킨 것은 중요한 의미를 가진다. 집권 전반기의 태종은 이중구조 속에서 자신의 정체성을 무인의 그것으로 규정함으로써 유교적 군주상과 일정한 선을 그으며 권력정치가로서의 자율성을 누리고 싶어 했다면, 집권 후반기의 태종은 자신을 유교적 군주로 완전히 위치시킴으로써 신하들과 더불어 유교적 정치를 펼쳐나가고자 했다.

주나라의 이상시대인 문왕과 무왕의 정치는 문왕과 무왕이라는 사람(성군聖君)이 있고서 가능했다는 점을 태종과 그의 신하들은 믿고 있었다. 무인적 정체성에서 유교적 군주로의 정체성 변화를 통해 조선왕조에서 태종 자신이 문왕이나 무왕이고자 하는 원대한 뜻을 품고 있었다고 생각하는 것은 무리일까? 적어도 태종 자신의 후계자에게는 성군을 기대했음에 틀림이 없다. 후술하겠지만 폐세자 사건은 이러한 태종의 정체성 변화와 깊은 관련이 있다.

성군의 모습으로

신하의 잘못을 용서하다 태종 10년 7월 26일 유신의 선언이 있었고, 9월 29일에는 문묘의 준공식이 거행되었다. 변계량은 문묘의 비명을 지으며 태종을 칭송한다.

"매번 한밤중에 이르도록 책을 손에서 놓지 않고 격물·치지·성의·정심의 배움을 극진히 하시고, 지영持盈과 수성守成의 도리를 다하시니……."

여기서 변계량이 당시를 '지영수성'의 시기로 묘사한 점을 주목해 보자. 지영이란 물이 가득 찬 그릇을 들 듯 조심한다는 뜻이다. 송나라의 소이간이 황제에게 "물이 그릇에 가득 차면 엎질러지는 것이니 폐하께서는 가득 찬 물그릇을 들 듯 조심하소서"라고 했다. 변계량은 태종 10년대를 창업 시기가 지나 이제 조심해서 수성해야 하는 시기로 규정한 것이다. 실록에는 태종이 태평시대에 부합하는 지영수성의 정치를 펼쳐갔음을 알려주는 기록이 많이 등장한다. 그중 하나인 죄를 지은 신하에 대한 '관용'을 살펴보자.

태종 11년 4월 2일 대역죄에 관계된 한답 등 29명의 죄를 용서해 주었다. 지난해 처벌을 받은 민씨 형제의 당여도 포함되어 있었다. 처음에 태종이 이들에 대해 관용의 조치를 취하려고 하자 신하들이 선뜻 따르지 않았다. 그 이유를 묻자 좌사간 유사눌이 대답했다.

"대역을 범한 사람은 그 죄가 마땅히 연좌되어야 하는데, 전하께서 특별히 너그러운 은혜를 베푸시어, 그 죄를 강등시켜 정역定役에 처하셨거늘, 지금 또 이들을 면해주심은 너무 지나치지 않겠습니까?"

태종이 응대했다.

"저들의 죄는 황천皇天도 이미 알고 있으니, 내가 너그럽게 용서하는 것도 마땅하지 않겠는가?"

대사헌 황희가 반대했다.

"성상께서 비록 너그럽게 용서하라 하시더라도 너무 이르지 아니합니까?"

태종이 응대했다.

"저 사람들의 죄를 용서하느냐 용서하지 않느냐의 여하에 달려 있는 것뿐인데, 그 일이 더디고 이른 것을 논함이 옳겠는가?"

태종은 과한 조치라고 반대하는 신하들의 요청을 물리치고 사면을 단행했다.

이 조치가 있고 나서 석 달쯤 후인 태종 11년 6월 29일 이색 비명 사건이 발생했다. 만약 태종이 전반기처럼 술치를 구사했다면 엄청난 파장을 가져올 사건이었으나, 이 시점에서 태종은 그럴 생각이 없었다. 비명 사건의 당사자인 이종선을 포함한 최소한의 관련자를 처벌하고 신속하게 사건을 종결했다. 나아가 사건이 종결되고 얼마 지나지 않은 10월 15일 사면 조치를 내렸다. 여기에는 비명 사건의 관련자뿐만 아니라, 전반기 태종이 구사한 권력정치의 희생자가 거의 망라되었다.

이번에도 태종은 먼저 신하들에게 "관대한 은혜"로 모두 용서해 "큰 교화의 정치"를 펼치고자 한다는 포부를 밝혔다. 영의정 하륜이 환영했다.

"죄줄 것은 죄주고 용서할 것은 용서하는 것이 제왕의 권한입니다. 옛말에 '천지의 위엄은 하루 종일 갈 수 없고, 제왕의 노여움은 정을 잊지 않는다'라고 했습니다. 이 조치가 좋습니다."

백성의 아픔을 보듬다 유교정치란 민이 근본이 되는 민본 또는 민을 위하는 위민의 정치라고 한다. 어떻게 하는 게 민본이고 위민인가? 구체적인 정책을 결정하고 시행하기에 앞서 군주가 백성을 어여삐 여기는(애민愛民) 마음상태를 갖는 것이 더 중요하다고 본다. 맹자는 백성과 즐거움을 함께하는 '여민동락'을 말했다. 그러나 즐거움보다는 그들의 근심과 아픔을 함께하는 게 더 절실하다. 함께한다기보다는 덜어준다는 표현이 더 적절할 것이다.

실록에는 태평시대에 부합하는 지영수성의 정치를 시도하는 태종이 신하들과 더불어 백성의 아픔을 보듬고자 노력하는 장면이 무수히 나온다. 태종 11년 3월 23일 창덕궁 광연루에 나아가 의정부 관료와 종친들과 함께 매우 즐기다가 저물녘에 돌아오니 사간원의 상소가 당도해 있었다.

> 백성을 치료하고 생명을 구제하는 것은 인정仁政으로 먼저 시행해야 할 것입니다. 국가에서 동서대비원東西大悲院을 설치하여 병든 백성으로 하여금 모두 이곳에 나오게 해 약으로 치료해 주고 음식으로 양육해 주니, 이는 진실로 좋은 법입니다. 근래에 이르러서는 궁한 백성만 택해 공양하기에, …… 마침내 단명에 죽는 자가 매우 많습니다. 신 등이 생각건대 다 같은 병든 백성인데도 구제함과 요양함이 한결같지 아니하니, 어진 은혜를 베푸심에 고르지 못한 바가 있습니다. 바라건대 이제부터는 백성 중에 병을 앓는 사람은 모두 다 공양하게 하시고, 또 월령감찰月令監察로 하여금 5일에 한 번씩 몸소 대비원에 이르러 병든 사람 중에 완전하게 살아난 사람은 몇 명이나 되며, 죽은 사람은 몇 명이나 되는가를 조사해 사헌부에 보고하게 하시고, 사헌부에서는 매 월말마다 이를 아뢰게 해 이를 정해진 법식으로 삼으소서.

태종은 상소대로 시행하라고 지시한다.

백성의 고통 중의 으뜸은 굶주림이다. 굶주림을 해결하기 위해서는 비축 식량을 풀어서 구제하는 방법이 급선무이고, 그다음은 다음 해 농사를 지을 수 있도록 종자를 빌려주어야 한다. 즉위 이후 태종은 이 두 가지 방법을 다 사용해 백성의 경제생활이 가능하도록 정책을 취해왔다. 여기서 재미있는 사실은 이 문제를 대하는 태종의 태도가 전반기와 후반기에 차이를 보이고 있다는 점이다. 이러한 차이가 실제 백성을 구제하는 데 얼마나 큰 효과를 가져왔는지는 확인할 수는 없어도, 주자주의에 입각해서 국가를 운영하는 조선에서는 매우 큰 의미를 갖고 있었다고 보아도 좋다. 우선 전반기 태종의 태도를 실록에서 확인해 보자.

○ 태종 1년 5월 1일, 쌀 2백 석으로 전라도의 주린 백성을 진휼했다.

○ 태종 1년 6월 1일, 여칭이 서북면의 주린 백성을 진휼했는데, 한 사람의 백성도 굶어 죽은 자가 없었다.

○ 태종 1년 12월 20일, 완전히 실농失農한 군현의 백성은 배를 만드는 역사에 이바지하지 말게 하고, 창고를 열어서 진휼해 굶어 죽지 않게 하라.

○ 태종 2년 4월 5일, 풍해도의 기근을 진휼했다.

이상의 기록은 전후 논의 없이 구휼 조치를 취했다는 사실을 짧게 전하고 있을 뿐이다. 전반기의 또 하나의 특징은 다음의 기록들에서 확인할 수 있다.

○ (태종 5년 3월 22일) 의정부 참찬사 이숙번, 병조판서 남재, 호조판서 이지 등이 아뢰기를 '동북면의 굶주린 백성들을 진휼하는 일은 전적으로 해당 지역의 수령에게 맡기소서'라고 하니, 임금이 곧바로 이숙번에게 명해 의정부에 가서 함께 의논해 관찰사에게 문서로 통

보하게 했다.

○ (태종 5년 4월 21일) 풍해도 도관찰사 신호가 아뢰기를 '부자의 곡식을 내어서 굶주린 백성에게 주고, 평시 이자의 예에 의해 가을에 상환하게 하소서'라고 하니, 그대로 따르고, 아울러 다른 도에도 문서로 통보하게 했다.

○ (태종 6년 6월 22일) 동북면이 굶주리니 이를 진휼했다. 도순문사 박신이 말씀을 올리기를 '강원도에서 보낸 곡식이 적어 굶주린 백성들을 진휼하기에 부족하니, 3,000석을 더 청합니다'라고 하니, 그대로 따랐다.

○ (태종 8년 2월 24일) 경기·경상·충청도의 도관찰사가 모두 도내의 백성들이 굶주린다고 아뢰고, 창고를 열어 진휼 구제할 것을 청하니, 그대로 따랐다.

이상의 기록들은 신하가 먼저 요청을 하면 태종이 따르는 모습을 보여준다. 이 기록들이 구휼정책을 시행하는 기본 패턴이다. 전반기의 특징은 태종이 취한 조치를 짧게 기록하거나, 신하의 요청에 태종이 수동적으로 그대로 따르는 방식을 보여준다. 그러나 태종 9년 4월 23일에는 이전과는 다른 모습을 보여준다.

총제 연사종이 동북면에서 돌아오니 태종이 먼저 물었다.

"동북면에 기근이 거듭 들어 백성들 가운데서 농사를 짓는 자가 없다고 들었다. 그런 일이 있는가?"

연사종이 대답했다.

"어찌 짓기야 아니하겠습니까? 다만 굶주려서 힘써 농사를 짓지 못하고, 소도 여위어서 갈고 심는 자가 적을 뿐입니다."

임금이 측은하게 여겨 감사와 수령으로 하여금 봄·가을로 절기에 따라 밀·보리를 갈도록 권장하라고 말하고, 좌우 신하들에게 말했다.

"백성의 기쁨과 슬픔은 감사와 수령에게 달렸다. 그러므로 그 백성을 보호하도록 책임을 맡긴 것인데, 그 백성을 가까이 하는 자가 과연 나의 지극한 생각을 몸받아, 백성들로 하여금 살 곳을 얻도록 하는지 알지 못하겠다. 하물며 지금 백성들이 굶주리고 있는데, 진휼하는 일에 힘을 기울이고 있는가?"

이 기록에서는 태종이 먼저 물어서 확인하는 적극성을 보이고 있으며, 또 태종이 측은하게 여기는 마음의 상태를 나타내고 있다. 즉 기근 문제를 먼저 물어서 확인하고 굶주리는 백성의 아픔을 함께 느끼는 태종의 모습을 보여준다. 이러한 태종의 변화는 태종 10년 3월 4일의 기록에서도 나타난다.

지신사 안등이 아뢰었다.

"동북면 고주 이북 7, 8군에서는 양식이 떨어져 사람들이 모두 굶주림을 면하기에 여념이 없으니, 경작하고 씨 뿌릴 희망이 없습니다."

태종이 탄식해 말했다.

"그곳의 감사나 수령은 장차 어디에다 쓸 것인가? 빨리 정부에 명해 진휼하게 해 굶어죽지 말게 하고 또한 농사를 폐하지 않도록 하라."

태종 10년 4월 1일의 기록에서는 태종이 먼저 적극적으로 근신에게 말한다.

"외방의 굶주린 백성들을 감사와 수령이 어찌 능히 다 알겠는가? 내가 각 도에 사람을 나눠 보내 진휼하고자 한다."

하륜·성석린 등이 그러한 조치의 문제점을 제기하며 반대했다.

"만약 특별히 관리를 파견해 급박하게 고찰하면, 비록 굶주린 백성이 있더라도 수령이 숨기고 보고하지 않을까 두렵습니다. 그리고 파견된 관리도 두루 보아서 다 진휼을 행하지 못할 것이니, 마땅히 임금의 교지를 받들어 문서로 전해 감사와 수령들을 거듭 경계하고, 그들로 하여금 고루 진휼하여 굶주려 죽는 사람이 없게 하소서. 그러고 난 다음에 관리를 보내 말을 타고 돌아다니면서 조사해 명령대로 했는지 안 했는지를 징험하소서."

"좋다! 그러나 동북면만은 기근이 매우 심하다."

이렇게 대답하고는 군기소감 권초를 경차관으로 삼아 동북면에 보냈다. 태종의 마음은 급했다. 굶주리는 백성의 고통을 실감하면서 신속하게 조치를 취하고자 했으나 대신들은 오히려 서두르는 것이 반드시 좋은 성과를 가져오는 것은 아니라며 절제할 것을 권했고, 태종은 대신의 권고를 인정하면서도 자신의 급한 마음을 실행에 옮기고 있었다.

이 일이 있은 다음 날 4월 2일 태종이 먼저 한성부와 그 산하의 5부五部(중·동·남·서·북의 5부)에 적극적인 조치를 명령하는 기록도 보인다.

> 혹시 주린 백성이 돌아다니며 걸식하면 한성부에서 마땅히 진휼해야 한다. …… 도성 안에 굶주려서 걸식하는 자가 많이 있는데, 너희들은 5부의 수장이 되어서 어찌 이토록 말이 없는가? 이제부터 굶주리는 자가 있을 것 같으면 이름을 갖춰 아뢰라.

지방에서 올라오는 소식에 태종은 놀라기도 했다.

전라도 김제·부령 등 일곱 고을에 6월부터 비가 오지 않아서, 곡식이 타고 메말랐다. 7월 7일이 되어서 관찰사가 보고하니, 태종이 놀라서 말했다.

"내가 평소에 외방으로부터 오는 자가 있으면 반드시 홍수나 가뭄의 재앙을 묻는데, 가뭄 기운이 있다고 말한 자가 한 사람도 없었으니, 이는 나를 속인 것이다. 또 관찰사가 그 당시에 어찌하여 보고하지 않고, 한 달이 지난 뒤에야 보고하는가?"

이렇게 말하고는 정부에 명해 군량을 준비하고 백성들의 굶주림을 진휼하게 했다.

태종 11년에 들어서 최대 사건은 서북면에서 발생한 기근이었다.

서북면 도순문사 유정현이 보고하자 1월 20일 김질을 경차관으로 보내 구휼토록 했다. 1월 22일에는 서북면에 금주령을 발동하고, 3월 27일에는 의정부 관리를 파견해 기근을 구제했다. 이어 6월 4일 그해에 한해 조세 감면 조치를 시행했다.

그러나 6월 16일 태종은 사복정 홍이를 다시 서북면으로 보내어 기근을 진휼하라는 명을 내린다. 북경에서 사행을 마치고 돌아온 임군례가 "백성들이 대부분 굶주려서 농사일도 제대로 하지 못하고, 가뭄이 심해 초목까지 말라붙었습니다"라고 보고하자, 이전에 경차관 김질과 의정부 관리가 조치를 취하고 도성으로 돌아와서 "기근이 심하지 않습니다"라고 보고한 것이 거짓임이 드러났기 때문이다.

임군례의 보고에 깜짝 놀란 태종이 홍이를 보내면서 지시했다.

"전일 보낸 사람들이 모두 나를 속였구나! 국가에서 곡식을 저장해 두는 것은 변방의 난리를 막고, 백성들의 굶주림을 구제하기 위함인데,

지금 다행히 외구外寇도 없으니, 어찌 뒷날의 변란만 염려해 눈앞의 굶주린 백성을 보고만 있을 수 있겠는가? 마땅히 창고를 열어 4,000석을 내어다가 급히 구제하도록 하고, 만일 넉넉지 못하거든 임의로 더 내어다가 한 사람도 굶주려 죽는 사람이 없게 해, 내가 백성들을 불쌍히 여기는 뜻에 부응토록 하라."

태종 11년 7월 11일 홍이가 서북면에서 돌아와서 복명했다.

"가뭄이 다른 도보다 더욱 심해 밭 곡식은 먹을 수 있어도 논 곡식은 심히 말랐으므로, 기민 500인에게 각각 두미斗米로 진휼했습니다."

태종은 이 말을 듣고 더욱 근심했다고 기록한다.

술치의 굴레에서 벗어나다 태종 11년에 굶주리는 백성에 대해 유달리 애틋한 마음을 표출한 태종은 그해의 마지막 절기인 겨울에 들어선 10월 15일 '큰 교화의 정치'를 하겠노라고 대사면을 취했다. 그리고 겨울이 깊어진 11월 5일 정부와 6조에 일렀다.

"예전 사람이 말하기를 '마땅히 항상 〈무일無逸〉을 읽어야 한다'라고 했으니, 내가 안일함이 없고자 하는 것이다. 내가 병이 없으면 항상 이와 같이 하여 하늘을 공경하고 백성을 위해 애쓰는 도리를 다하겠다."

잠시 《서경》 〈무일〉편에 대해 알아보자.

《서경》은 요·순을 비롯한 삼대 제왕들의 사적과 치적들을 여섯 가지 문체로 기록한 문헌으로 중국 고대 성왕들의 구체적인 제도와 가르침을 제시한 경전으로 중시되었다. 〈무일〉은 《서경》의 여러 편 중에서 〈홍범洪範〉과 함께 가장 많이 인용된 편으로 주나라 문왕의 동생 주공이 문왕의 아들이자 자신의 조카인 성왕에게 제시한 통치에 대한 조언을 수록한 것이다. 조선에서는 이 편만을 별도로 필사해 한 권의 책으로 만들어 왕세자 교육에 사용했다.

그 내용은 첫째, 백성들의 농사일이 어렵다는 점을 알고 조상의 공덕을 잊지 말 것, 둘째, 은나라의 중종, 고종, 조갑 등은 백성의 어려움을 잘 알아 나라가 오래가고 수명도 길었으나 후대 왕은 백성들의 수고로움을 알지 못하고 자신의 즐거움만을 탐했기 때문에 단명했고, 셋째 주나라 태왕과 왕계, 문왕 등도 백성들의 수고로움을 알고 부지런했기 때문에 나라를 얻었으니, 향락에 빠지지 말고 이를 계승해 실천할 것, 넷째 백성들이 국왕에 대해 비판할 경우 이를 억압하지 말고 스스로의 잘못을 반성할 것으로 구성되어 있다.

군주가 갖추어야 할 기본적인 태도를 설명하고 있지만, 《서경》의 다른 편들에 비해 상대적으로 실천적이고 교훈적이기 때문에 역대의 모든 통치자가 중시해야 하는 덕목으로 간주되어 황실 혹은 왕실에 그림으로 제작되어 비치되기도 했다. 특히 당나라 현종이 내전에 〈무일〉편을 그림으로 표현한 〈무일도無逸圖〉를 그려두었다가 그림이 낡아 산수화로 바꾼 후 정치가 문란해졌다는 일화와 송나라 인종 때 학사 손석이 〈무일〉편을 그림으로 그려 황제에게 바쳤다는 일화 등은 〈무일〉편의 내용이 군주의 통치와 직접적으로 연결되어 있으며 정치의 치란을 반영했다는 것을 말해준다.

조선에서도 〈무일〉편은 중시되었다. 정종 1년 1월 1일 우도감사 최유경이 정종에게 〈무일도〉를 바쳤다는 기록이 있다. 태종은 개경의 경덕궁에서 즉위했는데, 조회를 보는 정전이 좁다고 여겨 넓게 고쳐 짓고는 그 이름을 무일전이라고 붙였다.

다시 앞으로 돌아가자. 11월 5일 경전의 가르침대로 정치에 임하겠다는 태종의 말에 우부대언 한상덕이 대답했다.

"정사를 부지런히 하는 것은 제왕이 힘써야 할 일이요, 한가하고 편안히 지내는 것은 예전 사람이 경계한 것이니, 비록 별다른 일이 없더라도 매일 조회를 보는 것은 참으로 아름다운 법입니다."

성군의 꿈을 갖고 성군처럼 하려다 보니 어느 순간 술치의 굴레에서 벗어난 성군의 모습이 태종에게서 보였다.

민씨 형제가 처단된 후 왕비는 태종의 처사에 불평을 품고 불손한 말을 했다. 왕비와의 사이를 회복하기 어렵다고 판단한 태종은 태종 11년 9월 4일 밤이 되자 지신사 김여지를 불러 왕비를 폐출하려는 뜻을 비쳤다. 김여지가 왕비는 정적正嫡이고 국모이며 자손이 많으니 쉽지 않은 일이라고 하자, 태종은 왕실의 내사內事를 주관할 후실을 맞이하기로 했다. 9월 6일 후실을 선정하는 임시기관인 가례색을 설치했다. 여기에 칠성군 윤저도 일원으로 참여했다. 10월 27일 판통례문사 김구덕의 딸을 맞아 빈嬪으로 삼고, 전 제학 노귀산의 딸과 전 지성주사 김점의 딸을 맞아 두 잉媵으로 삼았다. 태종 12년 3월 4일 세자·종친과 여러 상신相臣에게 살곶이 냇가에서 술자리를 베풀었다. 태종이 칠성군 윤저로 하여금 일어나 춤추게 하고, 명했다.

"경은 마땅히 나의 과실을 바른 대로 말하라."

윤저가 무릎을 꿇고 말했다.

"주상께서 하시는 일이 그르다면, 신이 어찌 감히 따르겠습니까? 신은 생각건대 빈잉이 이미 족하니, 반드시 많이 둘 것이 아닙니다."

지금 과실이 있을 리가 없지만, 굳이 말한다면 앞으로 빈잉을 더는 늘리지 말라고 에둘러 말했다. 태종이 세자를 돌아보며 말했다.

"이 경卿(윤저)은 태조를 따르면서부터 오늘에 이르렀고, 또 내 잠저 때에 서로 보호한 사람이다. 바탕이 곧고 의로움을 좋아하는 것에 있어 누가 이러한 사람이 있겠느냐? 너는 나이 어리니 마땅히 그를 독실하게 믿고 공경해 무겁게 여겨야 할 것이다."

태종은 윤저에게 자신이 타던 안장을 얹은 말을 주었다. 윤저가 사양하니 태종이 말했다.

"경이 사양하는 것은 잘못이다. 내가 주는 것이니 오늘 받았다가 내일 다른 사람에게 주어도 좋다."

태종이 자신의 "과실을 바른 대로 말하라"라고 한 것은 물론, 그렇게 말했다고 신하가 태종의 아픈 부분을 콕 집어서 지적하는 것, 그리고 그런 신하의 조언을 웃으면서 넘기는 것 등 모두 태종 전반기였다면 상상할 수 없는 장면이다.

원래 윤저는 고려 말기부터 이성계에게 시종한 인연으로 조선왕조가 건국되자, 1392년 상장군으로 등용되었다. 이후 2차 왕자의 난에 협력해 좌명공신 3등에 책록된 인물이다. 지금까지 태종의 행적을 옆에서 지켜보며 많은 인물이 태종이 구사하는 술치에 죽어나가는 것을 확인한 인물이다. 그런 그가 태종 12년에 이르러 앞서와 같은 장면을 연출할 수 있었던 것은 그가 죽음을 앞둔 시점이기에 가능했을지도 모르지만(태종 12년에 죽음) 적어도 이런 말을 해도 된다는 신뢰관계가 군신 간에 구축되었기 때문일 것이다.

게다가 태종이 세자에게 당부하는 모습에서는 한비자의 모습이 전혀 보이지 않는다. 세자에게 성군을 바라는 태종의 마음이 절실히 전해온다. 태종의 내면세계에서 한비자는 사라졌다. 마침내 태종은 술치의 굴레를 벗어나게 되었다.

공론정치란 무엇인가?

진리와 정치 조선의 정치를 가장 잘 나타내는 개념은 '공론정치'다. 공론정치는 절대적이고 보편적인 '진리'를 정치의 최고 원리로 삼는다. 다시 말해 진리를 빼고는 정치가 성립하지 않는다.

여기서 확인해야 할 것이 두 가지 있다. 하나는 진리가 지식과는 다르다는 점이다. 지식의 축적이 진리로 곧 연결되지 않는다. '절대적' 진리는 '잡다한' 지식과 근본적으로 차원을 달리한다. 다른 하나는 진리가 현실에서 실현되기 어렵다는 것, 아니 좀 더 심하게 말하면 실현되지 않는다는 것을 알면서도 정치를 통해 진리를 실현한다는 원리를 정치 참여자들이 공유하고 있다는 점이다.

여기서 진리와 관련해 떠오르는 의문점들을 들어보자. 절대적·보편적 진리는 존재하는가? 어디에 존재하는가? 인간은 진리를 어떻게 알 수 있는가? 진리를 아는 자는 누구인가? 진리를 아는 방법은 무엇인가?

그다음, 절대적 보편적 진리와 구체적인 사안—예악형정禮樂刑政,

11___ 공론정치를 실행하다

전장제도典章制度 등 다양한 현안들—과의 관련성을 생각할 때 떠오르는 의문점을 들어보자. 어떤 사안과 관련해 제시된 의견(주장) 중에서 어느 것이 진리에 합치하는가? 합치하는지를 판단하는 기준은 무엇인가? 어떤 방식으로 판단할 것인가? 최종적으로 누가 결정할 것인가?

이런 사안의 문제들은 진리 자체에 관한 문제보다 더 어려운 문제들이다. 왜냐하면 진리에 관해서는 한번 동의가 구해지면(합의를 보면) 상당 기간 논란이 생기지 않지만, 사안에 관해서는 상황 변화에 따라 언제든지 논란이 발생하기 때문이다.

공론정치는 이러한 문제들에 대해 답을 가지고 있으며, 공론정치의 참여자들은 그 답에 모두 동의하고 있다. 동의하지 않으면 정치에 참여할 수 없다. 물론 내심으로는 동의하지 않을지 모르지만 표면적으로는 동의한다는 전제하에 말하고 행동해야만 한다.

성리학적 공론정치 주자는 현실의 세계를 '사욕私欲'이 넘실대어 자기 이익만을 추구하는 '공리功利'의 세계라고 본다. 이에 반해 그가 지향하는 이상세계는 현실의 세계를 초월한 이념의 세계로 '인욕人欲'에 빠진 현실의 실상을 넘어선 불변하고 절대적인 '천리天理'의 세계다. 그리고 그러한 세계로의 가능성을 그는 천天이 명命해 인간의 마음에 내재하는 인성(인간의 선한 본성)에서 찾는다. 그렇기 때문에 그는 먼저 자신의 마음을 수양하는 '수기修己'를 강조하고, 수기를 이룬 인간이 통치를 하는 '치인治人'을 수기의 연장선에서 생각한다.

주자주의는 천리와 인성, 즉 '성·리'의 정치사상이다. 그것은 절대불변적인 천리의 세계로의 가능성을 인성에서 구하는 정치사상이다.

그러므로 수기란 결코 윤리의 차원에 그치지 않는다. 그것은 정치와 직결된다. 원래 주자는 이념의 정치를 지향했기 때문에 수기를 강조한다. '수기치인修己治人' 논리의 정치적 의미는 바로 거기에 있다. 그것이야말로 주자의 정치사상의 독자성이고, 그러한 주자의 정치사상을 주자주의라고 부른다. 주자주의는 초월자나 극락을 믿지 않는다. 오로지 이 세상 내에서 존재·인간·수양·통치의 모든 것에 걸쳐 일관된 체계를 꼼꼼하게 구축하고 그 실천을 추구한다.

절대적·보편적인 참된 이치를 천리라고 한다면 다음과 같은 명제가 성립한다. '공론정치는 천리를 정치의 최고 원리로 삼아, 현실에서 천리를 실현하고자 하는 정치다.'

요컨대 천리와 인성을 탐구하고 실천하는 학문이 성리학이고, 성리학에서의 정치, 즉 주자주의는 천리에 부합하는 공론을 도출해 실행하는 정치다. 이것이 바로 성리학적 공론정치다.

좀 더 설명하자면, '공公'은 공공성 또는 공정성으로 천리 그 자체의 속성을 나타내고, '론論'은 공개적이고 비판적인 논의의 측면을 나타낸다. 그리고 '공론'은 공개적인 토론을 통해 찾아낸 천리에 부합하는 의견을 말하고, '공론정치'란 공론을 찾아 실행하는 정치다.

본격적으로 공론정치의 사례를 다루기 전에 태종 대에 공론 개념이 사용된 몇 가지 장면을 보면서 그들이 사용한 공론이 무엇인지 알아보자.

공론의 몇 가지 사례 태종이 유신의 교화를 선언하고 돌에 새긴 유교적 군주로서의 꿈과 포부는 이후 실제 정치 과정에서 그가 신하들과 공론정치를 행하는 것을 통해 확인할 수 있다. 뒤에서 자세히 서술할 저화법과 노비중분법의 시행이 공론정치의 전형적인 모습이다.

여기서는 우선 '공론' 또는 '공의公議'라는 말이 사용된 세 가지 사례를 확인해 본다.

첫 번째 사례다. 태종 12년 2월 19일 사헌부에서 조사의의 난에 관련된 박만과 임순례 등의 죄를 청하자, 태종이 말했다.

"박만 등의 일은 이미 10년이 넘었는데, 오늘에 와서 어찌 다시 법대로 처치하겠는가? 대간의 말을 따르지 않은 것이 많은데, 지금 또 내가 간언하는 것을 듣지 않는다는 이름을 거듭 얻겠구나. 만일 말한 것이 맞지 않는다고 책망한다면, 이는 대간이 항상 견책을 당하는 것이라 여길 것이니, 정부로 하여금 의논하게 해서 박만 등이 과연 죽어야 한다면 베고 살릴 만하다면 살리기를 반드시 공론을 기다려서 한다면 나 혼자 간언하는 것을 거부한다는 안 좋은 이름은 받지 않을 것이다."

태종은 이 사안을 의정부에서 논의하라고 지시하고, 이후에 공론이 도출되면 어떤 조치를 내릴지를 결정하겠다는 뜻을 밝히고 있다.

두 번째 사례는 태종 14년 4월 26일 사람을 보내어 사촌형 이양우에게 유시諭示한 기록이다.

"헌사憲司에서 여러 사람의 말을 가지고 증거로 삼아서 형의 죄를 청하는데, 사실이 아닌 것 같으나, 그렇다고 그들의 요청을 터무니없는 것이라고 지적하기도 어렵다. 형 또한 하늘을 가리키며 결백을 맹세하니, 또한 진실로 죄가 있다고 생각하기가 어렵다. 내가 공의公議를 두려워해 잠시 형을 외방에 내보낸다."

이 사안에는 공론 대신에 공의라는 말이 등장하는데 동의어이다. 사헌부가 여러 사람의 의견을 모아 이양우의 혐의를 입증하고 그의 처벌을 주장하는데 이에 대해 이양우가 절대 그렇지 않다고 부정하는 상황에서 태종은 확정하지는 않았지만, 사헌부 쪽이 공의에 가깝고 이양우 쪽이 사견에 치우쳐 있다고 판단하고 이양우에 대한 조치를 취한다.

세 번째 사례를 보자.

태종 14년 5월 10일 하륜에게 명해 《고려사》를 편찬하라고 했다. 당시 건국 초에 정도전이 편찬한 《고려국사》가 있었으나, 우왕·창왕 때의 기록 중에 사실에 부합하지 않는 것이 많으므로 다시 편찬해야 한다는 하륜의 요청이 있었다.

다시 편찬하라는 명을 내리기 이전에 태종은 신하들과 《고려국사》의 문제점에 대해 의견을 교환했다.

"《고려국사》의 말기를 보니 태조의 기록이 자못 사실과 달랐다."

한상경이 대답했다.

"태조도 일찍이 그러한 말씀을 하셨습니다."

이어서 이응이 말했다.

"실록은 마땅히 수 세대 뒤에 편찬해야 하는데, 만약 그렇게 한다면 반드시 공론이 있을 것입니다. 신이 듣건대 태조 때에 정도전·정총·윤소종이 전조의 실록을 편찬할 때 여러 사관이 모두 사초(실록을 편찬하기 위한 기초 사료)를 고쳐 써서 바쳤으나, 오로지 이행만은 그렇게 하지 않았기 때문에 죄인으로 구금되는 것을 면치 못했습니다."

이 장면은 역사 편찬에서 사실성을 확보해야 한다는 태종의 의견에 동조하는 이응이 한걸음 더 나아가 공정성의 측면에서 접근하고 있다. 이응은 역사서를 편찬할 때에도 공론에 의거해서 사실을 기록해야 한다고 말했다.

이제 본격적으로 공론정치의 구체적인 사례를 자세하게 살펴보자. 먼저 화폐제도의 시행을 둘러싼 공론정치의 양상이다.

다시 시행되는 저화법

건국 전후의 화폐 상황 고려왕조는 "국용을 넉넉하게 하고, 민력을 여유롭게 한다"(《고려사》 〈식화지〉)는 목적으로 국가에서 화폐를 제조해 유통시켰다. 12세기 숙종 대에 이르러 본위화폐이자 소액화폐로 동전인 해동통보가, 보조화폐이자 고액화폐로 은병이 제조되었다. 이후 동전 유통은 곧 중단되었으나 은병은 널리 유통되었다.

은 1근으로 만든 은병의 형태는 고려의 지도 모양이었으며 병의 입이 넓기 때문에 '활구闊口'라고도 불렸다. 은병의 교환가치는 시기와 지역에 따라 차이가 있었는데 개경에서는 쌀 15~16석, 지방에서는 18~19석으로 기본 교환율을 정하고 경시서로 하여금 그해 농사의 흉풍에 따라 조절하게 했다.

원간섭기에 들어서면서 원나라로 은이 대량 유출되어 은가가 상승했다. 그러자 국가에서는 은병 제조 시 들어가는 동 첨가량을 늘렸고, 권문세가는 불법적인 사적 주조로 이익을 차지했다. 이로 인해 은병 가치의 하락이 가속화되었고 점차 은병은 화폐 기능을 상실해 갔다.

국가가 화폐 통제권을 상실하자 이에 대신해 종래 쌀과 더불어 민간 거래에 사용되어 온 포화가 오승마포五升麻布 형태로 정량화되면서 민간의 교환경제에서만이 아니라 국가의 수세 및 재정 운용의 기준통화

지위를 가지게 되었다.

이러한 현상이 의미하는 바는 상업과 화폐에 대한 국가 통제력이 상실되는 대신 민간의 대상인이 상업 질서를 주도하게 되었다는 것이다. 이에 따라 왕실, 사원, 권문세가가 국내외 교역을 통해 이익을 확대하는 바람에 결국 국가의 재정은 궁핍해졌고, 민생은 더욱 곤궁해졌다. 고려 말에 이르러 이러한 상황을 타개하고자 화폐 개혁이 시도되었다.

공민왕 5년(1356) 9월 도당의 간관이 개혁안을 올렸다. 새로 은전을 주조해, 민간에서 사용되는 오승포와 겸용시킴으로써 국가의 통제력을 강화하자는 방안이다. 시행되지 못한 이 방안은 공양왕 3년(1391) 7월 도평의사사의 안으로 계승되었다. 그러나 이번에는 은전이 아닌 종이 화폐인 저화楮貨를 발행해 오승포와 겸용시키자는 안이었다. 이 안에 따라 고려 정부는 저화 제작에 착수했으나, 정국의 혼란 속에서 공양왕 4년 4월 제작된 저화가 폐기되어 버렸다. 이 두 안은 새로운 화폐를 제작해 국가 통제를 강화하면서 동시에 민간에서 사용되는 오승포를 인정하는 온건한 타협안이었다. 이와 달리 오승포를 전면 금지하고 저화와 동전을 새롭게 제작하자는 주장이 공양왕 3년 3월 중랑장 방사량에 의해 제기되었다. 이는 국가가 화폐 제작권을 완전히 장악해 민간의 상업을 철저히 통제하자는 강경한 주장이었다. 결국 고려 정부는 저화 제작과 오승포 겸용이라는 온건책을 채택했다.

조선을 건국한 혁명세력은 중앙집권적 국가체제를 확립하고자 했다. 이를 위해 다방면에 걸친 제도가 만들어졌다. 이 과정을 주도한 인물이 정도전이다. 그는 태조 2년 9월 13일 판삼사사로 임명되어 경제 분야의 수장 직무를 수행하게 되었다. 태조 3년 3월 국가를 운용하기 위한 정책서인《조선경국전》을 지어 태조에게 바쳤다. 거기에는 경제 정책도 포함되었다. 가장 핵심 내용이 무본억말務本抑末이다. 즉 본업인 농업을 권장하고 말업인 상업을 억제한다는 정책이다. 이를 위해 상인세를 부과하는 정책이 제안되었다.

그러나 여기서 흥미로운 점은《조선경국전》은 물론 실록이나 정도전의 문집 어디에도 화폐정책에 대한 언급이 없다는 것이다. 그가 판삼사사의 지위에 있던 태조 3년 7월 18일 "호조전서 이민도가 전폐錢幣를 사용하기를 청했다"라는 한 문장의 짧은 기록은 있으나, 이것을 제외하고는 태조 대 화폐정책에 관한 논의나 시도의 기록이 없다.《고려국사》를 주도적으로 편찬해 고려의 화폐정책과 고려 말의 화폐 상황을 모를 리 없던 정도전이, 게다가 신왕조의 경제 수장이 화폐에 대해 왜 한마디 언급조차 하지 않았을까?

좌절되는 저화법 태종 1년 4월 6일 하륜을 영삼사사(경제를 담당하는 수장직)로 임명한 태종은 신왕조의 중요한 경제정책을 단행했다. 종이 화폐인 저화 발행을 위해 사섬서를 설치한 것이다. 태종 1년 7월 13일에 가서야 중앙 정부의 관제 개편이 단행되고 이후 여러 분야에 걸쳐 유교국가의 제도화가 진행된 것을 보면, 저화법의 결행은 태종이 상당히 서두른 정책이다. 게다가 화폐 발행은 조선왕조의 제도적 기초를 제시한 정도전도 언급하지 않은 사안이다. 태종은 신군주로서 자신의 존재를 드러내고 싶어서 강한 의욕을 가지고 야심차게 추진했을 것이다.

이렇듯 저화 제작은 원래 하륜의 작품이다. 하륜은 새 왕으로서 무언가 보여주고 싶은 태종의 마음을 읽고 화폐정책을 제시했고, 이에 설득된 태종이 하륜을 영삼사사로 임명해 전격적으로 저화법을 단행한 것 같다. 그렇다면 하륜은 태종을 어떤 논리로 설득했을까? 태종 3년 9월 10일 사섬서를 혁파해 저화법을 폐지하는 날, 하륜은 저화법을 폐지해서는 안 된다고 마지막까지 태종에게 호소했다. 그의 말에 저화를 사용해야 하는 이유가 잘 나타나 있다.

> 우리나라는 땅이 척박하고 백성이 가난하여, 국가의 재용이 늘 넉넉지 못한 것을 근심하니, 비록 공과 상을 줄 일이 있더라도 무엇으로 대우하겠습니까? 하물며 이권이 백성에게 있는 것(이권재민利權在民)은 안 될 말입니다. 초법鈔法(원나라의 지폐 제도)이 공사公私에 모두 이익이 되는 것은 전해 들은 일이 아니라 중국에서 이미 행하고 있어 신 등이 눈으로 직접 본 것입니다. 어찌 한두 신하의 말로 가볍게 국가의 성법成法을 바꿀 수가 있겠습니까?

하륜은 '이권재민'이어서는 안 된다고 주장한다. 이는 역으로 '이권재상利權在上'이어야 한다는 것이다. '이권은 군주에게 있어야 한다'는 이권재상의 논리에 따른 초법이 실제 명나라에서 실행되어 효과를 보고 있다고 하륜은 말했다.

이권재상의 논리는 태종 3년 8월 30일 하륜의 주장처럼 저화 사용을 지속해야 한다는 사헌부의 상소에 자세히 나온다. 요컨대 국가는 화폐 제조권을 장악해 물가를 조절하고 상업 통제를 실현하며, 나아가 국가 재정 확보의 주요 수단으로 삼아, 왕권을 강화해야 한다는 것이 이권재상의 기본 내용이다. 이권재상의 논리는 무본억말 정책과 짝을 이루는 중앙집권적 국가체제를 위한 정책인 것이다.

처음에 하륜은 이 논리로 태종을 설득했을 것이고, 태종은 그 말을 믿고 단행했을 것이다. 그러나 저화법은 시행 초기부터 신료들의 반대에 직면했다. 사섬서 설치 명령이 있은 지 2주가 지난 태종 1년 4월 19일 대사헌 유관은 저화의 편리함을 인정하면서도, 중국의 명령 없이 추진할 수는 없는 것이며, 우리나라에서는 포필을 쓴 역사가 오래되므로 백성들이 잘 따르지 않을 것이라고 주장했다. 그리고 중국에서 사용하는 초법을 모방하되 종이가 아닌 포布를 이용해 화폐를 만들자는 안을 내놓았다. 그러다가 10월 21일 사헌부에서는 더 강경하게 저화 제작을 중지하고 사섬서를 혁파하자고 주장한다.

이는 저화법이 하륜의 건의와 태종의 결단으로 시행되었을 뿐 조정의 공론으로 조율되지 않았음을 여실히 보여준다. 그럼에도 불구하고 태종 2년 1월 6일 저화 2만 장이 제작되었고, 이후 태종은 관료 봉급의 일부를 저화로 주고, 백성들과 저화로 국고의 미곡을 거래하고, 오승포 사용을 전면 금지하는 등 저화 유통을 활성화하기 위한 조치를 시도했다.

하지만 민간에서는 현물 사용을 선호하던 습관을 고수하고, 게다가 저화 사용의 불편함이 해소되지 않은 상태에서 저화 가치가 하락하는 등 부진함을 면치 못했다. 결국 유통이 시작된 후 8개월이 지난 9월 24일 사간원과 사헌부가 올린 연명 상소를 통해 알 수 있듯이, 신료들의 결론은 저화법을 폐지하거나 아니면 오승포와 함께 통용해야 한다는 것이었다. 태종 또한 따를 수밖에 없었다. 저화법은 그 후 1년 정도 더 유지되다가 결국 태종 3년 9월 10일 폐지되고 만다.

"나는 저화를 시행하지 않으려고 하니 만일 나라에 이득이 있다면, 내가 죽은 후를 기다려 다시 사섬서를 세워도 어렵지 않을 것이다. 백성들에게 원망을 들어가며 나라에 이득이 되게 한다면, 이는 진실로 무슨 유익함이 있겠는가? 지금 이후로는 크게 나라에 이익이 있고 백세百世라도 변치 않을 일이 아니면 신법을 세우지 말라. 왕안석의 일을 거울삼아야 할 것이다."

그러고 나서 태종은 스스로 탄식했다.

"애초에 저화를 만든 것은 나의 허물이다. 누구를 탓하랴?"

여기서 주목해야 할 점은 태종이 저화법을 포기하기 한두 달 전인 태종 3년 8월과 9월의 사헌부 상소에서는 신료들의 태도가 바뀌어 저화법을 유지하자고 주장했다는 것이다. 처음 의도한 대로 진행되지 않아 유통에 어려움이 있기는 했지만, 하륜을 포함한 신료들이 유지를 요청했음에도 불구하고 태종은 독단적으로 폐지해 버렸다. 왜 그랬을까?

도중에 오승포 사용을 허용해 화폐정책의 일관성을 유지하지 못한 점, 저화 가치를 보장해 주는 태환정책의 미비, 저화가 고액 통화권이어서 작은 단위의 거래에 사용하기 어렵다는 화폐제도상의 문제와 더불어 당시 교환경제의 미성숙 등이 저화법 폐지의 주요 요인으로 거론되어 왔다. 그러나 이러한 경제적인 이유보다도 정치적인 이유가 태종에게는 더욱 절실하게 느껴지지 않았을까 생각된다. 왕안석을 거울삼겠다고 말한 다음에 이어서 태종은 말한다.

"하늘의 변고가 위에서 움직이고 땅의 이변이 아래에서 움직이니, 나의 수명이 길지 짧을지를 알 수가 없다. 오늘날의 민심으로 살펴본다면 다시 저화를 시행하는 것은 크게 불가하다."

태종은 천지의 변화로 인해 자신의 수명이 영향을 받을 것이라는 소극적인 마음가짐을 드러내고, 나아가 자신을 원망하는 당시의 민심으로 인해 받은 상당한 충격을 표출했다.

쿠데타로 왕위에 오른 태종은 언제 자신도 쿠데타로 쫓겨날지 모른다는 '한비자적 상황'에서 민심의 동향은 매우 민감한 사안이었다. 실제 태종 2년 11월 5일 동북면에서 조사의가 반란을 일으켰다. 20여 일 만에 난은 진압되었지만 태종은 상당한 심적 부담을 받았을 것이다. 태조는 다른 마음을 품고 있고, 2차 왕자의 난의 주모자인 이방간도 비록 유배되어 있지만 태종에게 위험이 될 수 있는 존재였다.

이러한 상황에서 저화 사용에 불만을 품고 민심이 나빠지는 것을 태종은 누구보다도 심각하게 받아들였을 것이다. 이러한 정치적인 이유 때문에 태종은 저화 폐지를 강행한 것이라고 추측된다. '화폐의 논리'보다도 '정치의 논리'가 크게 작용했을 것이다.

태종 집권 전반기의 저화법 시행과 포기는 태종의 일방적인 정책 결정과 그로 인한 파국을 잘 보여주고 있다. 첫째, 저화법의 시행 자체가 태종과 하륜이라는 측근과의 교감에 의한 일방적인 결정이었다. 둘째, 저화법을 시행하기 위한 구체적인 방법에 대한 깊이 있는 논의가 거의 없었다. 대부분이 태종의 일방적인 명령에 의한 것이거나 의정부나 사섬서 혹은 대간의 상소를 듣고 즉각 결정한 것들이었다. 셋째, 저화법의 폐지도 태종의 일방적인 결정이었다. 즉 정책의 결정과 시행 그리고 폐지 과정이 신료들과의 논의가 아니라 태종 자신 혹은 측근들과의 교감에 의한 자의적이고 일방적인 결정에 의했다는 것이다.

저화법의 결정, 시행, 중단의 모든 단계에서 공론은 도출되지 않았고, 국론은 분열되어 있었다. 단지 '정치의 논리'가 크게 작용했을 뿐이다.

공론을 모아 다시 도전하다 태종 집권 전반기에 이처럼 파행적으로 운영되다 좌초된 저화법은 약 7년이 지난 태종 10년 7월 1일 다시 회복된다. 태종이 저화법을 회복한 시점은 유신의 교화를 선언한 시점(7월 26일)과 거의 일치한다. 새로운 정치를 하겠다고 유신의 교화를 선언한 국면에서 저화법을 회복시킨 것이다.

태종 8년 5월 태조의 죽음과 태종 10년 3월 민씨 형제의 처단으로 정변 구조가 소멸해 정치적 안정을 확고히 한 시점에서 이제 민심도 자신의 뜻에 따라 줄 것이라는 자신도 생겼을 것이리라. 저화법 회복은 태종 집권 후반기 새로운 정치의 대표적인 정책으로 시행된다.

저화법 회복과 시행 과정을 통해 보이는 태종의 새로운 정치란 무엇일까? 바로 공론정치다. 우선 저화법이 다시 시행되기 전에 있었던 논의의 모습을 확인하자.

태종 10년 5월 15일의 실록은 이렇게 시작된다. "다시 저화를 쓸 것을 의논했다." 이 기록을 "처음으로 사섬서에 영 1명, 승 2명, 직장 2명, 주부 2명을 두어 저화를 담당하게 했다"는 전반기의 첫 기록과 비교해 보면 그 차이는 선명하다.

좀 더 자세히 재개 과정을 복원해 보자. 언제부터인지는 확인할 수 없지만 먼저 실무부서인 호조에서 저화법 회복에 관한 논의가 있었을 것으로 추론된다. 호조는 논의 결과를 다음과 같이 상급기관인 의정부에 문서로 보고했다.

화폐를 쓰는 법이 시대마다 각각 같지 않습니다. 한나라 때에는 동銅을 부어 전錢을 만들고, 가죽을 제조해 폐幣를 만들었으며, 당나라의 저권楮券과 송나라의 교자交子는 그 쓰인 바가 비록 다르나, 백성을 이롭게 한 뜻에서는 한가지였습니다. 전조前朝 때에 능綾·나羅·병甁으로 화폐를 삼았는데, 후세에 포화로 대신했으니, 이것은 옛 법도에 어긋날 뿐 아니라, 길쌈의 공력과 운반의 무거움을 어찌 생각지 않을 수 있습니까? 하물며 지금 상국上國에서는 바야흐로 초법鈔法을 행하고 있는데, 오직 우리나라에서만 전조의 폐단에 구애돼 그대로 포화를 사용하고 있으니, 매우 불편합니다. 마땅히 상고를 모방하고 상국의 제도에 따라서 저화의 법을 통행하소서.

이러한 호조의 보고를 받은 의정부는 그에 기반해 논의를 진행하고 결론을 도출했다. 이를 '의득議得'이라고 실록은 표기했다. 이어서 의정부는 논의해 결정한 것을 태종에게 다음과 같이 말로 보고했다.

임오년(1402)에 처음으로 사섬서를 세우고 저화의 법을 맡게 해, 서울과 지방에서 거의 성행할 뻔했습니다. 그런데 습속이 이미 오래돼, 민심이 처음에 해괴하게 여기므로 마침내 중지하고 시행하지 못했습니다. 빌건대 호조의 보고에 의거해 다시 거행함으로써 국용國用을 넉넉하게 하소서.

이에 태종은 의정부의 말을 "그대로 따랐다." 여기서 주의 깊게 봐야 할 점은 이날 태종과 의정부의 논의에서 회복이 결정된 것이 아니라는 점이다. 이로부터 한 달 반이 지난 6월 29일 태종은 이응·황희 및 여러 대언을 불러 다음과 같이 말했다.

"저폐의 이익을 내가 지난번에 성급하게 중지시켰다. 정부로 하여금 다시 의논하게 하라."

이때 태종은 하륜의 헌의에 따라 의정부에 재론을 지시했다. 이는 아마도 전반기에 쓰라린 실패를 경험한 하륜이 회복을 결정하기 전에 다시 한번 확인 절차를 밟고 싶었을 것으로 추측된다.

태종이 재론을 지시할 때 동석한 지신사 김여지가 말했다.

"지금 사용하지 않으면 뒤에 반드시 시행하기 어려울 것입니다."

태종은 이 말을 옳게 여겼다. 그래서 이틀 지나 7월 1일 저화 통행의 법을 회복시켰다.

전반기의 저화법이 자신의 의지와 하륜과의 공감만을 갖고 성급하게 결정된 것이었다면, 유신의 교화와 때를 같이해 회복된 저화법은 대언, 호조, 의정부 등이 참여한 논의 결과를 태종이 받아들이는 형식을 보이고 있다는 점에서 중요한 의미를 가진다.

물론 저화법의 회복에는 저화법에 대한 최종 결정권자인 태종 자신의 의지가 큰 역할을 했을 것이다. 그러나 이제 태종의 의지가 자신의 독단이나 측근과의 비밀스런 논의가 아닌, 신료들과의 공개적인 논의를 통해 드러난다는 것은 유신의 교화를 전후해 본격화한 공론정치의 한 측면을 잘 보여준다.

저화법이 다시 시행되고 난 후 저화 유통을 정착시키기 위해 오승포의 직조 금지, 경죄의 저화 수속, 각 도 민호의 세포와 공장세·행상세·노비신공세 등의 저화 납부, 상오승포의 화폐 대용 금지, 공사 무역에서의 저화 사용 등 다양한 조치들이 시행되었다. 나아가 회복된 저화법을 구체적으로 시행하고 보완하는 과정에서 신료들과 논의하고 토론하는 모습도 두드러진다. 몇 가지 사례를 들어본다.

7월 1일 태종은 오승포의 통행을 강제로 금지한 과거와 달리, 추포와 저화를 함께 통행하도록 하자는 호조의 계청을 그대로 수용함으로써 앞으로 저화법을 시행함에 보다 신중하게 접근할 것임을 드러냈다. 이러한 태종 자신의 태도 변화는 10월 24일 호조로 하여금 저화를 사들여 통행하게 하자는 사헌부의 상소에 대한 대답에서도 나타난다.

"나 또한 깊이 생각하는 중이다. 지금 수상이 마침 왔으니 마땅히 의논해 시행하겠다."

또 태종은 저화법과 관련해 다양한 차원의 논의와 건의를 받아들이고자 했다. 그 절차를 9월 28일 자 기사에서 확인해 보자.

사간원에서 저화법을 엄하게 하자는 상소를 올렸다. 태종은 이 건의를 자신이 그대로 결정하기보다 의정부에 내려 의논하도록 하고, 그 논의 결과를 태종은 "그대로 따랐다." 이후 대부분의 기술적인 문제는 이러한 순서, 즉 사헌부·사간원·6조 등의 상소 → 의정부의 논의 → 태종의 결정이라는 수순을 밟고 있다.

10월 28일 저화를 통용하는 방법에 대해 하륜과 성석린은 물론 각사로 하여금 의논하게 했고, 11월 2일에는 더 범위를 확대해 저화법을 보완하기 위한 다양한 층위의 논의를 청취하고자 했다.

시직時職(현재 직임이 있는 관직)과 산직散職(정해진 일이 없는 관직) 2품 및 각사各司의 서반 대호군 이상에게 명해, 각각 저화를 통행시킬 조목을 진언하게 하고, 의정부로 하여금 잘 골라서 아뢰도록 했다.

이외에도 태종이 세자에게 전위할 때까지 의정부를 비롯해 신료들이 저화법의 구체적 시행 방법에 대해 건의하거나 논의한 사례는 수없이 많다. 이처럼 신중한 논의를 통해 태종은 저화법을 안착시키고자 했다.

저화법은 개국 초 공론정치를 통해 조선의 사회경제적인 틀을 세우게 된 좋은 사례다. 그러나 공론정치의 스타일이 정책의 성패를 결정하지는 않았다. 회복된 저화법도 결국 태종 15년에 또 실패한다. 그 이후 세종 7년(1425)에 동전이 제조되기까지 저화가 사용되기는 했지만 의도한 기능을 수행하지 못했다.

마지막으로 태종 대 두 번에 걸친 저화법 시행이 왜 성공하지 못했는지를 검토해 보자. 앞에서도 언급했지만, '정치의 논리'로 접근한 태종과 그의 신하들은 '화폐의 논리'를 인지하지 못하고 '시장의 논리'를 과소평가한 것이라고 생각된다.

이러한 추론에 근거해, 앞에서 남긴 질문에 대한 대답을 시도해 보자. 정도전은 왜 화폐에 관해 언급조차 하지 않았을까? 아마도 정도전은 '정치의 논리'만으로 '화폐의 논리'와 '시장의 논리'를 극복하기 쉽지 않다는 것을 인식하고 있었기 때문이 아닐까? 은전이나 동전이 화폐로 기능하기 위해서는 실제 은과 동을 충분히 확보해야 하고, 저화는 시간이 가면서 가치가 하락한다는 등의 '화폐의 논리'와, 오승포 사용을 선호하는 민간의 습속을 금지시키기 쉽지 않다는 '시장의 논리'를 충분히 인지하고 있었기에 섣불리 화폐정책을 구상하거나 추진하지 못했던 것은 아닐까 추측해 본다.

노비 문제를 종결짓다, 노비중분법

지체되는 노비변정 사업 농업경제의 기반은 토지와 인민이다. 고려 말기에 이르면 토지제도가 문란해지면서 귀족들이 토지를 마음대로 점유하거나 그 땅에 살고 있는 양민을 노비처럼 만들어 부림으로 인해, 국가 조세의 감소는 물론 노비와 주인 간의 송사가 끊이지 않았다. 또한 불교를 우대한 고려의 정책으로 인해 심지어는 각 사찰과 승려들끼리도 노비 문제를 두고 소송하는 일이 빈번했다.

이 문제를 해결하기 위해 전민변정도감田民辨整都監이 설치되었다. 이 명칭은 토지와 인민을 판별해 올바르게 바로잡는 기관이라는 뜻을 가지고 있다. 원종 10년(1269)에 최초로 설치되어 충렬왕, 공민왕, 우왕 대에 걸쳐 지속적으로 설치되었다. 이 개혁은 명칭 자체에서 알 수 있듯이 토지와 인민의 문제를 동시에 해결하는 것을 목표로 설정했다. 그러나 전민의 문제는 개선되지 않은 채 오히려 점점 악화되었고, 결국은 위화도 회군 이후 토지 문제가 우선적으로 개혁된다. 조준의 주도하에 토지개혁이 시작되어 공양왕 2년(1390) 옛 토지문서가 소각되고 새로운 과전법이 공포되었다.

이어서 인민의 문제를 해결하기 위한 정책이 시도되었다. 인민의 문제는 크게 두 가지 범주가 있었는데, 하나는 사민私民화된 농민과 주인 사이에서 신분 변정(양민이냐 천민이냐)을 둘러싼 갈등이고, 다른 하나는 노비 소유자들 사이에서 누가 소유권을 갖는지를 둘러싼 분쟁이었다. 공양왕 3년에 인물추변도감이, 동 4년에는 노비결송법이 마련되어 개혁이 시도되었지만, 정국이 급변하면서 인민의 개혁은 조선 정부의 과제로 남게 되었다.

태조는 건국 직후 형조에 도관都官을 설치해 이 문제를 담당하게 했다. 그러나 문제 해결의 기미가 보이지 않자 태조 4년 11월 28일 형조 도관 박신 등이 말씀을 올렸다.

> 송사를 하는 사람들이 서로 이기려고 백 가지로 위조하고 꾸며서 참과 거짓이 뒤섞이기 때문에 담당관이 판정을 내리지 못하고 세월만 지체되고 있습니다. …… 비록 해당 관리가 매우 애써 공정하게 판결했어도 비방하는 자가 다투어 일어나고, 판결한 사람이 갈리면 또다시 송사를 올려서 끝장이 나지 않으니, 폐해의 큰 것이 이와 같은 것이 없습니다.

이 수장에 응해 태조 4년 12월 15일 노비변정도감을 설치했다. 그러나 이 도감은 제대로 기능하지 못하고 정종 1년(1399)에 폐지된다. 이어 정종 2년에 다시 설치되었다가 태종 1년에 또 폐지되어 이 업무는 예전처럼 형조의 도관에서 담당하게 되었다. 이렇듯 노비변정도감을 통한 해결책은 소기의 성과를 거두지 못하고 실패하고 만다.

당시 노비 주인들 간의 소유권 분쟁은 대부분 혈족들 사이에 일어났는데, 지위가 높은 지배층일수록 소유한 노비의 숫자도 많고 노비 소유 분쟁에 가담하는 인물의 숫자나 소유권 분쟁의 강도도 강렬했다. 예를 들어 태종 4년 8월 11일 자 기록에 나오는 전보문의 아내 송씨의 노비 상속을 둘러싼 갈등은 이를 잘 보여준다.

애초에 전보문의 아내 송씨가 음란한 짓을 하다가 죄를 입게 되어, 그 노비들이 모두 속공(관공서에 귀속됨)되었다. 송씨는 나라의 귀한 성씨였으므로, 그 나머지 노비들 또한 많았다. 송씨의 족친과 송씨 외가인 강씨의 족친이 모두 조정에 가득했다. 죽은 판서 허금이 송씨의 양자라고 칭하고 그 노비를 모두 차지했다. 건국 초에 송씨의 족친은 평양부원군 조준·여흥부원군 민제 같은 이였고, 강씨의 족친은 흥안군 이제·진산부원군 하륜·성산군 이직 등과 같은 이였는데, 사대부 수십 집안이 서로 소송하다가 마침내 속공되었다. 허금의 아들 허기가 도로 차지하고자 하여 신문고를 치니 임금이 대간과 형조로 하여금 의논하여 결정하게 했는데, 역시 이번에도 모두 속공했다. 강씨의 족친인 하자종·정목·송의번 등 수십 명이 임금이 탄 가마 앞에서 글을 올렸다. 임금이 평소 그 실상을 알고 있었기 때문에 모두 순금사에 내려 하자종 등 수모자 4인은 유배 보냈고 이원굉은 추방했다.

노비문서의 위조로 인해 담당관이 오결하거나, 담당관이 뇌물을 받아 불공정한 판정을 해 판정에 대한 불복이 끊이지 않았지만, 무엇보다도 근본적인 문제는 쟁송 해결의 명확한 기준이 미비하다는 점에 있었다. 이에 태종 5년 9월 6일 노비 소송 판결을 위한 통일된 원칙(노비결절조목) 20개를 제정해 노비변정 사업을 재개했다. 그러나 이 역시 별다른 효과를 거두지 못하고 태종 집권 전반기가 지나갔다.

비장의 카드, 노비중분법 태종 5년의 노비변정도감이 실패한 이유로는 두 가지를 생각해 볼 수 있다. 첫째, 20조목이라는 데서 알 수 있듯이 원칙이라기에는 너무 조목이 많아 원칙으로 기능하기 어려웠다. 둘째, 지배층의 상충하는 이익을 조정해 강제할 정도로 왕권이 안정화되지 못했다. 특히 쟁송의 당사자가 정부 고관일 경우 판결을 강요하기는 어려웠던 것 같다. 결국 이 문제가 근본적으로 해결되는 것은 유신의 교화 선언 이후 '노비중분법'이 확립된 후였다.

태종 10년 정변 구조가 소멸하고, 유신의 교화를 선언한 시점에서 태종의 권력은 안정됐다. 어느 누구도 태종의 권력을 넘볼 수 없었다. 게다가 그 권력은 유교국가의 제도로 뒷받침되고 있었다. 이제 노비 쟁송과 관련해 아무리 고관이라고 해도 판정에 불복하기는 쉽지 않았을 것이다. 자신을 얻은 태종은 노비 문제 해결을 위한 비장의 카드를 빼들었다. 노비중분법이다. 노비중분법은 단 하나의 최고 원칙으로 모든 쟁송을 결말짓는 방법이다. 태종 13년 9월 1일 태종이 편전에 나아가서 하륜 등을 보고 이렇게 말했다.

"소송한 자가 대개 2천 명이니, 내가 생각하건대 만약 당시 한 사람에게 모두 준다면 다른 한 사람은 반드시 원망할 것이오, 만약 중분中分해 두 사람에게 준다면 본시 동종同宗인지라 반드시 큰 원망은 없을 것이다. 대저 골육상잔은 이러한 까닭에서 생기니, 중분하는 것이 어떨까?"

함께 있던 모두가 찬성했다. 태종이 명을 내려 곧바로 의정부에서 중분법 시행을 위한 방안을 올렸다.

"노비의 쟁송은 여러 해가 되도록 매듭짓지 못해 골육이 상잔하고 풍속이 불미한 데까지 이르렀습니다. 이제 9월 1일 이전에 중외에서 소송하던 사건은 양쪽에 중분하여 나눠주고, 만약 소송한 자 가운데 한

쪽의 수가 많고 다른 한 쪽의 수가 적은 경우이면 사람 수에 따라 나누어주며, 노비의 수가 적어 중분할 수 없는 경우에는 뒤에 태어나는 노비로 충당해 주고, 강장하고 노약 것을 두루 합해 제비를 뽑아 중분하며, 경중京中은 10월까지를 한하며, 외방外方은 12월까지를 한해 나누어주기를 끝마치도록 하소서."

이 법은 사리를 분별하기 어려운 쟁송의 경우는 분쟁 대상이 된 노비를 중분함으로써 소송 쌍방 간의 원망을 줄이고 복잡한 송사를 간단하게 종결시키고자 하는 목적을 갖고 있었다. 이 법의 특징은 종결을 강제하는 데 있다. 그만큼 강한 왕권이 뒷받침되지 않으면 소송하는 자들을 굴복시키기 어려웠을 것이다.

이 법으로 노비 문제 해결에 많은 진전이 보이자, 태종 14년 4월 14일 노비변정도감을 다시 설치해 노비변정 사업을 강력하게 추진했다. 관원 100여 명이 동원되어 1만여 건을 처리하는 성과를 올린 결과 9월에는 노비 쟁송이 거의 마무리되었고, 10월 15일에 도감이 혁파되었다.

태종 14년에 추진된 노비변정 사업은 노비 쟁송 외에도 또 하나의 중요한 문제를 해결했다. 6월 27일 노비인지 양인인지 신분을 변정하는 원칙으로 종부법從父法이 확정되었다. 양인과 천민 사이에서 낳은 자녀들 중 아비가 양인일 경우 노비가 아닌 양인으로 삼는다는 원칙이다. 이전에는 둘 중 한쪽만이라도 천인이면 자녀는 천인으로 정해졌으나 종부법의 시행으로 양인이 확대되어 국역 부담자가 증가하는 결과를 가져왔다. 노비중분법과 종부법의 시행으로 신분제가 확립되어 사회 갈등이 해소되고, 민심이 안정되었으며, 국고 수입이 증대해 태종 집권 후반기 태평성대를 구가하는 밑거름이 되었다.

노비중분법의 제정과 노비변정도감의 재설치를 통한 노비변정 사업의 추진 과정에서 태종과 신료들 사이에 이루어진 논의가 중요한 역할을 했다. 실록은 노비중분법이 세워진 태종 13년 9월부터 그해 말까지 3개월간 이 법의 시행과 보완을 위해 실무부서인 형조, 도관, 변정도감 이외에도 사헌부, 사간원, 의정부, 육조를 비롯한 정부 각 기관에서 올린 상소와 보고, 논의의 기록을 10여 회 이상 기록하고 있다. 태종 18년에 충녕에게 전위할 때까지 노비변정 사업을 위해 제도를 보완하고 논의한 기록은 셀 수 없이 많다.

노비변정 사업은 유신의 교화 이후 태종의 강화된 왕권과 리더십, 그리고 신료들과의 긴밀한 논의와 토론이 함께 조화를 이루어 건국 초기 가장 어려운 문제를 성공적으로 해결한 또 하나의 공론정치 사례라고 볼 수 있다. 실록에서 태종 재위 18년간 110회 이상 기록된 노비변정 관련 기사가 세종 대에는 재위 32년간 15건에 그친다.

철학적 공론성 공론정치는 형식과 내용 두 측면을 가지고 있다. 전자를 '절차적 공론성', 후자를 '철학적 공론성'이라고 하겠다.

공론정치의 참여자들이 논의하는 시스템을 확립하는 것은 절차적 공론성을 확보하기 위한 전제조건을 갖추는 것이다. 왕과 신료들 사이에 논의의 장이 마련되고 그 장 속에서 지속적인 논의를 통해 공론을 도출하는 것은 공론정치의 형식적 측면이다.

한편 참여자들은 그러한 논의 과정을 통해 공론을 도출하게 되는데, 이때 참여자들은 자신의 의견이 천리에 부합함—공정성 또는 공공성을 갖고 있음—을 설득, 주장해 참여자들로부터 철학적 공론성을 확보해야 한다. 이것이 공론정치의 내용적 측면이다.

노비중분법이 시행되는 과정에서 철학적 공론성을 확보하는 데 결정적인 역할을 한 인물이 하륜이다. 하륜의 역할을 차례대로 살펴보자.

첫 번째는 태종 13년 9월 1일 노비중분법을 세우는 날이다.

태종이 편전에 나가 신하들을 불러서 노비중분법에 대해 말했다. 원래 중분법의 아이디어는 태종으로부터 나왔다. 이 말을 들은 하륜을 포함한 신하들이 모두 말했다.

"이는 하늘이 성상의 참된 마음을 이끄는 것입니다(此天誘上衷也)."

짧은 이 한마디에서 철학적 공론성을 확인할 수 있다. 하륜의 이 말을 천리와 인성의 정치철학으로 달리 표현해 보자.

'주상께서는 천리에 따르는 마음으로 중분법을 제시하신 것입니다.'

'주상께서는 사욕이 아닌 공심公心(공적인 마음)으로 중분법을 제시하신 것입니다.'

요컨대 신하들의 말은 '태종이 제시한 중분법은 천리와 합치한다'는 것이다. 그렇다면 이 장면은 태종이 제시한 의견이 공론으로 도출되는 상황을 전해주고 있다고 보아도 좋을 것이다.

이제 하륜의 두 번째 역할을 확인해 보자.

태종 14년 4월 14일 노비변정도감이 설치된 이틀 후인 16일 의정부에서 노비변정에 관한 조목을 상소했다. 물론 영의정 하륜이 주도했다. 이 상소는 세 부분으로 구성되어 있다. 첫 부분은 중용의 정치철학을 언급한 도입부이고, 둘째 부분은 구체적인 변정 조목이고, 셋째 부분은 공자와 주자의 말을 인용한 맺음말이다.

여기서 주목하고 싶은 점은, 하륜이 둘째 부분의 구체적인 노비변정의 현안을 말하기에 앞서 먼저 첫 부분에서 보편적인 정치철학을 언급함으로써 조목의 당위성을 확보하려 했고, 셋째 맺음말 부분에서 성인의 말을 인용해 당위성을 다시 한번 강조했다는 점이다. 이 상소의 처음과 끝 부분에서 철학적 공론성을 확보하려는 하륜의 의도를 확인할 수 있다. 먼저 첫 부분을 살펴보자.

> 신이 그윽이 듣건대 요임금이 순임금에게 전위하면서 말하기를 '진실로 중을 취하라(允執厥中)'라고 했고, 순임금도 역시 이 말과 함께 우임금에게 전위했습니다. 또 공자는 말하기를 '군자의 중용이란 것은 군자가 때에 따라서 적절하게 하는 것(時中)이다'라고 했습니다. 그리고 주자가 이를 해석하기를 '중이란 것은 치우치거나 기울지 않고, 지나치거나 미치지 못함이 없는 것을 이름이니, 중이라는 한 글자는 실로 성인이 성인에게 서로 전한 마음의 법(心法)이었다'라고 했습니다.

요컨대 요임금, 순임금, 공자, 주자와 같은 성인이 서로 전해준 가장 중요한 정치철학의 핵심은 '마음이 중을 취하라(執中)'는 것이다.

이때 '중'과 관련해 두 가지 점에 주의해야 한다. 첫째는 '중'이란 산술적인 중간이 아닌 '그 상황에 맞는 적당함(時中)'을 의미한다. 따라서 변화하는 상황에 따라 적당함을 찾아야 한다. 둘째는 객관적 외부 사물에 대해 취해진 조치보다는 그 조치를 가능케 한 주체로서의 마음의 작용을 더 중요시한다는 점이다. 이 점을 강조하기 위해 주자는 중을 '심법'이라고 했다.

이어서 맺음말 부분을 살펴보자.

음양을 섭리燮理하는 사람은 다만 마음을 바르게 해야 합니다(正心). 그 마음이 이미 바르게 됐으면 모든 일을 시행함에 바르지 않은 것이 없으니, 결국 사람들의 마음이 화합하면 천지도 화합하여 만물이 조화를 이루게 되는 것입니다. 모든 일을 시행하는데 만일 그중의 하나라도 바르지 못하면, 시행하는 자의 마음이 바르지 못한 것을 나라 사람들이 모두 보게 됩니다. 신 등이 섭리하는 직임에 있으니, 감히 이러한 간절한 마음을 가지고 아뢰지 않겠습니까?

"음양을 섭리한다"는 말은 무슨 뜻일까? 주자주의에 의거해서 설명해 본다.

원래 우주(인간을 포함한 천지자연)는 물질적 요소인 기氣로 이루어져 있으며, 동시에 그 기 안에 형이상의 원리인 리理가 내재하여 기에 규칙성을 부여함으로써 우주는 질서 있는 모습으로 운행하게 된다. 그 운행은 음기와 양기의 오묘한 양상으로 나타난다. 인간(성인, 현자, 군자에 한함)은 우주 안의 존재이면서 동시에 우주의 운행에 능동적으로 참여하여 우주의 운행이 순조롭게 이루어지도록 하는 존재다. "음양을 섭리한다"는 표현은 바로 우주의 운행에 능동적으로 참여하는 인간의 적극적인 측면을 표현한 말이다. 그렇다면 '섭리'라는 말은 우주의 리(天理)를 알고, 우주의 리에 따라 행위한다는 의미를 갖는다.

이러한 주자주의에 기반해 하륜은 '음양을 섭리하는 자는 우선 자신의 마음을 바르게 하고 나서, 모든 일을 실행함에 바르게 처리한다'라고 표현했다. 도식화하자면 '정심正心 이후 사정事正'이다.

하륜의 이 표현은 《대학》의 8조목(격물·치지·성의·정심·수신·제가·치국·평천하)에 기반을 두고 있다. 《대학》에 주석을 붙여 설명한 《대학장구》에서 주자는 '정심'에 대해 이렇게 설명한다.

> 이 네 가지(노여움, 두려움, 좋아함, 근심함)는 모두 마음의 작용으로 사람들에게 없을 수 없다. 그러나 한번 이를 두고서 살피지 못하면 욕심이 발동하고 감정이 치우쳐, 그 작용의 행하는 바에 간혹 그 올바름을 잃지 않을 수 없다.

욕심이 발동하고 감정이 치우친 부정한 마음이 다름 아닌 사욕이고, 그 반대가 바른 마음(정심正心), 바로 공적 마음(공심公心)이다.

이상 하륜이 도입부와 맺음말에서 말한 '마음이 중을 취하는 것'과 '마음을 바르게 하는 것'은 모두 주자가 말한 '마음의 법(심법)'의 핵심 내용이다. 그리고 이 말들은 당시의 과거시험 텍스트인 주자의 《사서집주》에 나오는 말들이라 조정의 관료들은 누구나 알고 있는 상식에 속한다. 태종도 이 텍스트로 과거에 합격했고, 왕이 되어서는 《대학》과 《중용》을 경연에서 강독한 적이 있으니 당연히 알고 있었다.

하륜은 노비중분법에 관한 사안을 상소하면서, 당시 왕을 포함해 신하 모두가 공유하는 정치철학으로 자신의 의견이 공론임을 뒷받침하고자 했다. 더 나아가 이 정치철학을 가지고 노비중분법을 제시하고 시행을 결정한 공론정치의 참여자 태종을 칭송했다. 앞서 인용한 도입부의 중용의 정치철학에 관한 내용 바로 뒤에 하륜은 다음과 같이 말한다.

공경히 생각건대 전하는 천성이 밝고 지혜로우며, 성학聖學의 익힘이 밝게 빛나시어, 일을 시행할 때에는 중에 맞도록 힘쓰시니, 전하의 마음 쓰심은 요임금이나 순임금의 마음 쓰심과 다르지 않습니다.

여기서 주목해야 할 점은 태종이 제시하고 시행한 중분법이 "중에 맞도록 힘썼다"고 하륜이 지적하고 있다는 점이다. 비록 아부의 성격을 다분히 담고 있기는 하지만, 변정 조목의 시행을 요청하는 상소에서 하륜은 이러한 정치철학을 얘기함으로써 노비중분법의 철학적 공론성을 확보하고 있다.

태종은 유신의 교화 선언 이후 '성학'을 익히고 실천하고 있었다. 이를 옆에서 보좌하며 지켜보고 있던 하륜이 태종 13년의 노비중분법 시행을 '성학'을 내세우며 독려했을 때, 태종의 기분이 어땠는지를 짐작할 수 있다. 다음으로 하륜의 세 번째 결정적 역할을 살펴보자.

태종 14년 5월 23일 하륜은 이번에는 단독으로 변정 사목 두 가지를 올렸다. 여기서 하륜은 중분법의 철학적 공론성을 선명하게 표현한다.

첫 번째 사목이다.

변정도감의 관원 수가 많으니, 어찌 사람마다 모두 바르고, (판정하는) 일마다 모두 옳겠습니까? 혹은 편견으로 인해 혹은 사사로운 뜻으로 인해, 이치상으로는 중분해야 마땅할 것인데도 접수해 처리하지 않으므로, 소송하는 자가 답답해서 말을 하면 억지를 쓴다고 죄를 줍니다.

여기서 하륜은 변정도감의 관원들이 '천리'에 따라 '중분'해야 함에도 불구하고, 편견에 사로잡히고 사의가 개입됨으로 인해 옳은 판정, 즉 '중(적당함)'을 취하지 못함을 지적한다. 그 결과 나타나는 문제점을 이어지는 두 번째 사목에서 말한다.

> 일찍이 교지를 받기를 '계사년(태종 13) 9월 1일 이전에 관청에 소장을 제출한 사안은 모두 중분을 허락한다'고 했으니, 실로 지극히 공정한 정치(至公之政)입니다. 이제 도감에서 여러 가지 이유 때문에 접수하여 처리하지 않아서, 사람들은 지극히 공정한 덕(至公之德)에서 나오는 은택을 다 입지 못합니다.

하륜은 중분법의 시행을 "지극히 공정한 정치"라고 표현했다. 그는 태종이 시행하는 노비중분법이 철학적 공론성을 확보하고 있음을 이렇게 단언한 것이다.

실록에는 저화법이나 노비중분법과 같은 국가 제도적 사안 외에도 한양 환도, 인사권, 장례와 같은 예법, 제천의례 등 다양한 공론정치의 구체적인 사례가 등장한다. 태종과 그 신하들이 성학을 바탕으로 성군을 꿈꾸며 공론정치를 행하는 장면에서는 전반기에 보인 한비자적 권력정치의 모습이 보이지 않는다. 이렇게 유신의 교화 이후 수성의 시대를 맞이해 태종과 그의 신하들이 공론정치를 행하는 연장선에서 세종의 시대가 열리게 된다.

그렇다면 후반기의 태종에게서 술치는 완전히 사라진 것일까? 그렇지는 않았다. 전반기와 같은 전형적인 술치가 구사되지는 않았지만, 술치의 잔재가 군신·부자 간에 아픈 상처를 남긴다.

'일탈' 하는 양녕

세자에 대한 교육열 태종의 생애에서 가장 아픈 상처는 부왕 이성계를 정변으로 퇴위시킨 것이다. 그는 자신의 상처를 치유하기 위해서 정변을 정당화하는 논리를 만들었으며, 멀어져 간 부왕의 마음을 돌리기 위해 극진한 효성을 다했다. 태종 2년에 발생한 조사의의 난 이후 태상왕 이성계와 태종 사이에 충돌은 없었지만, 태종 8년에 이성계가 죽을 때까지 부자 간에 얼마만큼 마음의 간격을 좁혔는지는 알 수 없다. 적어도 시간이 지남에 따라 태종을 누르는 마음의 짐은 가벼워져 갔을 것이며, 태조의 죽음 이후 그 짊을 내려놓은 태종의 상처는 아물어 갔을 것이다.

그러나 아버지 이성계와의 사이에서 생긴 아픈 상처가 아물어 가는 한편 아들 양녕과의 사이에서는 새로운 상처가 생겨난다. 태종 집권 후반기가 시작되는 태종 10년 이후 실록에 보이는 양녕의 '일탈적' 모습은 양녕이 원자로 책봉된 이래 오랜 기간에 걸쳐 태종을 롤 모델로 해

12

술치의 잔재, 아픈 상처들

'형성되어 온' 양녕의 정체성이 '변화한' 태종의 정체성(10장에서 설명함)과 충돌하면서 발생된 현상으로 보인다. 당시 양녕의 행위들이 태종의 입장에서 보았을 때는 일탈적으로 보였을지 모르지만, 양녕의 입장에서는 자신의 행동을 문제시하는 태종이 이해되지 않았다. 두 사람의 정체성이 충돌하면서 상처가 생겨났고, 세자에 대한 태종의 실망감과 태종에 대한 세자의 배신감이 악순환을 거듭하면서 상처가 곪고 곪아 태종 18년에 이르러 마침내 파국을 맞이하게 된다.

1382년 16세에 민제의 딸과 결혼한 이방원은 세 아들을 얻었으나 일찍 잃었고, 태조 3년(1394)에 양녕 이제李禔가 태어났다. 당시 이방원의 나이는 28세였다. 이후 1396년에 효령이, 1397년에 충녕이 태어났고, 넷째인 성녕은 한참 터울을 두고 1405년에 태어난다.

양녕은 여러 면에서 아버지를 닮았다. 외모에 관한 기록으로는 태종 7년 15세의 양녕을 보고 영락제가 "용모는 아버지와 같은데 키만 좀 다르구나"라고 한 말이 남아있다. 태종이 영락제를 만난 건 20년쯤 전이었다. 1388년 이색을 따라 서장관으로 명나라에 갔을 때였다. 그 후 태조 3년에 정안군 이방원이 두 번째로 명나라에 갔을 때도 만났는지는 확인이 안 된다. 아무튼 상당히 오래전에 본 태종에 대한 기억이 얼마나 정확한지는 모르지만 영락제의 말은 방원-양녕 부자의 외모가 유사했음을 전해준다.

양녕의 키가 태종과 다르다고 한 영락제의 말처럼, "세자는 타고난 자질이 남달리 뛰어나 특히 나와 같지 않으니"(태종 15년 1월 28일), "세자가 어려서 체모가 장대해"(태종 18년 3월 6일) 등의 기록에 의하면 양녕이 더 컸던 것으로 확인된다. 외모가 흡사했을 뿐 아니라, 성격과 기질도 유사했다. 이방원은 어려서부터 '영민'하다는 소리를 들었다. 양녕에 관해서도 실록에는 역시 영민하다는 표현이 많이 나온다.

무엇보다도 비슷한 점은 무武에 대한 호기심과 재능이 다른 형제들에 비해 남달랐다는 점이다. 양녕은 다른 형제에 비해 출중한 자신의 용맹성을 아버지 태종으로부터 물려받은 훌륭한 자질이라고 자랑스럽게 여겼다. 이방원의 롤 모델이 이성계였듯이, 양녕의 롤 모델은 태종이었다. 양녕은 태조에서 태종으로 이어져 자신에게 전해지는 가문의 혈통에 자부심을 가지고 있었을 것이다.

이성계가 자신을 닮은 영민한 이방원에게 큰 기대를 걸었듯이, 왕위에 오른 태종 또한 어린 양녕에게 한없는 희망을 품었다. 그러나 처한 상황이 다른 만큼 양자가 가진 기대 사이에는 큰 차이가 있었다. 이방원이 문과에 급제해 변방 무장 가문의 굴레를 벗는 것이 이성계의 기대였다면, 태종은 세자가 성학을 공부해 성군이 되는 것을 희망했다. 이방원은 문과에 급제해 이성계의 소망을 풀어주었지만 세자 양녕은 태종의 꿈을 실현시켜 주지 못했다. 실록에 보이는 한, 단 한 번도 태종은 세자의 공부에 흡족해한 적이 없었다.

왜 이런 차이를 가져왔을까? 과거에 급제하는 것과 성군이 되는 것은 공부의 성격이 다르다. 과거 급제가 100미터 달리기라면 성군 공부는 마라톤과 같다. 이방원에 비해 양녕의 부담이 훨씬 컸다. 그러나 더 큰 요인은 환경의 차이였다. 전장을 누비는 무장 이성계는 이방원의 과거 공부에 그다지 큰 부담을 주지는 않았다. 반면 궁궐 내에서 함께 공존하는 세자가 태종에게서 받은 압력은 실록에 고스란히 적혀 있다. 양녕 정도의 호방한 성격을 가졌기에 태종의 압력을 견딘 것으로 보인다.

요컨대 태종이 세자의 공부에 흡족해하지 않은 것은 세자가 못해서라기보다는 태종의 기대치가 너무 높아서였다고 보는 것이 타당하다.

혁명과 정변을 거친 끝에 왕위에 오른 태종의 제1 관심사는 왕위를 정당하고 안정적으로 승계하는 것이었다. 유교국가에서 그 방법은 적장자를 후계자로 선정해 훌륭한 왕재로 교육시키는 것이다. 이를 너무나도 잘 알고 있던 태종은 자신의 왕위 승계 프로젝트에 따라 꼼꼼히 실행해 갔다. 그 과정을 살펴보자.

태종 1년 8월 22일 대사헌 이원이 신속히 왕세자를 정하고 서연을 개설해 후계 구도를 확정하라고 상소했다. 당시 양녕의 나이 8세였다. 이 상소에 태종은 바로 응할 수도 있었으나 서둘지 않았다. 우선 태종 2년 4월 18일 양녕을 원자(맏아들)로 책봉하고 4월 28일 경승부(세자의 관아)를 설치하는 선에 머물렀다. 태종은 양녕이 왕의 재목이 되는지 더 지켜보려 했다.

5월 6일 원자의 교육을 위한 학궁이 완성되었다. 학궁은 성균관의 동북쪽 모퉁이에 위치했다. 학궁을 이곳에 세운 이유를 태종은 이렇게 말한다.

"불교에서 중들이 아이들을 가르칠 때 반드시 편달鞭撻을 가한다. 비록 대궐 안이라 하더라도 원자가 대전 안으로 들면 누가 가르칠 수 있겠는가? 그러므로 궐 안은 멀리 떨어진 성균관만 못하다고 하는 것이다."

편달이란 문자 그대로의 의미는 종아리나 볼기를 때리는 것이지만, 원자에게 그럴 수는 없기에 따끔하게 나무라며 훈육한다는 의미로 보아야 한다. 태종이 원자의 교육시설을 궁궐에서 떨어진 성균관에 세운 이유는 스승이 엄하게 원자를 교육하도록 하기 위함이었다.

훗날 태종 18년 세자를 폐위시키면서 태종이 한 말이다.

"나는 마치 새끼를 키우는 호랑이처럼 세자에게 엄하게 대했다."

아마도 이런 마음으로 태종은 학궁을 세웠을 것이다.

태종이 자신을 닮은 영민한 원자에게 거는 기대는 하늘만큼 컸다. 그러나 원자는 그 기대에 부응하지 못했던 것 같다.

태종 3년 9월 22일 태종이 원자에게 물었다.

"내 나이 거의 40이 되어 귀밑털과 머리털이 희뜩희뜩하나, 아침저녁으로 조금도 게을리하지 않고 부지런히 글을 읽고 있다. 너는 그 뜻을 아느냐?"

원자가 태종의 뜻을 알지 못한다 하니, 태종이 한숨을 내쉬며 김과를 돌아보고 말한다.

"딱하다. 저 아이여! 내가 더불어 말을 해도 멍하니 알아듣지를 못하는구나. 슬프다! 언제나 되어야 이치를 알까?"

학궁이 지어지고 원자 교육이 1년이 지났으나 원자의 학업 성취가 좀처럼 태종의 맘에 들지 않았다. 태종의 실망감이 그대로 전해온다. 40세에 가까운 원숙한 태종이 10세의 원자에게 너무 큰 기대를 걸고 있었다. 태종의 조급함이 느껴진다.

그로부터 1년쯤 지난 태종 4년 8월 6일 11세의 양녕은 왕세자로 책봉된다. 태종은 만족스럽지는 못했지만 왕재로서의 자질은 있다고 판단했다.

세자 책봉 이후 태종은 본격적으로 세자 교육에 몰입했다. 특히 책봉 이듬해인 태종 5년의 기록에는 태종의 애쓰는 모습이 생생하게 표현되어 있다. 세자가 12세가 된 태종 5년 6월 29일 사간원에서 세자 교육을 강화하기를 청했다.

> 바라건대 전하께서는 시학侍學을 더 두고, 보덕輔德(정3품 관직) 이하는 본래 소속된 관청의 임무를 면제하여 오로지 세자 교육에 전념하게 하소서. 시학과 보덕으로 하여금 비록 세자가 한가할 때일지라도 항상 좌우에서 모시게 하고, 늘 두 사람이 짝이 되어 침실에 숙직하면서 일에 따라 경계하고, 서로 학문을 갈고 닦게 하소서. 그리고 시위하는 환관은 순수하고 조심하는 자 열 사람을 골라서 번을 나누어 모시도록 하고, 간사한 소인의 무리는 모두 내쫓아 나라의 근본을 바르게 하소서.

태종은 사간원의 요청을 그대로 따라 시행했다. 8월 19일 자 기록에는 태종이 직접 세자를 훈육하는 장면이 나온다. 태종이 세자에게 하나라의 걸왕과 은나라의 주왕이 독부獨夫(아무도 따르지 않는 사내)가 된 뜻을 물었다. 세자가 대답했다.

"인심을 잃은 때문입니다."

태종이 말했다.

"걸과 주는 천하의 군주가 되어서도 인심을 잃어 하루아침에 독부가 되기에 이르렀다. 하물며 제후에 불과한 나와 네가 만일 인심을 잃게 되면 반드시 하루아침도 이 자리에 있지 못할 것이다."

맹자의 폭군방벌론(역성혁명론)은 태종에게 가장 관심 있는 주제였다 분명 자신이 왕위에 오르게 된 '정당한' 이유를 세자에게 알려주고 싶었을 것이다. 그렇지만 12세의 세자에게는 부담스러운 주제였을 것이다. 그래도 세자는 잘 소화해 냈다.

9월 14일 세자에게 글을 외우도록 명했으나 세자가 외우지 못하자 세자전의 환관 두어 명의 종아리를 때리게 했다. 그리고는 문학文學 허조를 시켜 경고했다.

"만일 후일에도 이와 같으면 마땅히 서연관을 벌주겠다."

그날 세자는 밤에 참군 심보와 더불어 글을 읽었다.

태종의 세자 교육은 그야말로 '편달'이었다. 환관을 매질하거나 서연관을 문책하며 세자를 압박했다. 세자가 공부를 게을리하자, 10월 21일 세자궁의 시중드는 환관 노분의 볼기를 때렸다. 세자의 기분이 매우 상했다. 볼기를 맞았다는 말을 들은 사부와 빈객들이 서연관을 모아놓고 세자에게 경계했다. 그들은 태종의 뜻에 맞출 것을 요구했다. 그것이 효도하는 길이라고 가르쳤고, 나라를 위하는 길이라고 가르쳤다. 그 자리에 함께 있던 빈객 권근은 세자의 공부에 대해 말했다. 입신하려는 것도 아니요, 과거에 급제하려는 것도 아닌, 세자가 공부해야 하는 이유를 설명했다.

"군주의 자리에 있으려면 배우지 않고는 정치를 할 수 없고, 정치를 하지 못하면 나라가 망하는 것은 시간문제입니다."

권근의 말에 세자가 아무 말도 없었다. 세자는 권근의 말을 납득한 것 같다. 그 후 태종이 세자로 하여금 읽은 글을 외우게 한다고 하니, 세자가 이를 듣고 밤을 새워 글을 읽었다.

세자는 조리 있게 설명하면 알아들었다. 반드시 태종에 대한 반감이나 두려움에 글을 읽은 것만은 아니다. 공부의 필요성을 이해하고 있었고, 나름 열심히 공부했다. 이해 태종 5년 가을에 세자는 날마다 《맹자》

50여 편을 외웠다고 한다.

태종 5년 10월 21일 밥상머리 교육이 펼쳐진다. 세자가 태종을 모시고 식사하는데 예절에 어긋나는 것이 많았던 모양이다. 태종이 이를 보고 꾸짖었다.

"내가 어릴 때 편안히 놀기만 하고 배우지 아니하여 거동에 절도가 없었다. 그래서인지 지금 임금이 되어서도 백성들의 바람에 부합하지 못하니, 마음속에 스스로 부끄럽다. 네가 비록 나이는 적으나, 그래도 세자다. 말과 행동이 어찌하여 절도가 없느냐? 서연관이 일찍이 가르치지 않더냐?"

이에 "세자가 부끄러워하고 두려워했다."

태종의 과도한 교육열이 작용해 태종의 뜻에 부응하지 못하는 어린 세자가 부끄러움과 두려움에, 또는 반발심에서 나오는 오기로 글을 읽었을 수도 있지만, 기본적으로 세자는 학문의 필요성과 자신의 수학 능력을 의심해 본 적은 없었다.

물론 세자는 착실한 범생이는 아니었다. 세자가 지난 걸 복습한다는 핑계로 공부 일과를 폐하는 일이 있자, 11월 18일 태종은 서연관을 불러 앞으로는 일과를 폐하지 말라고 명한다. 영민했던 만큼 장난도 많이 치고 잔꾀도 많이 부리는 그런 세자였다. 12세의 나이에 공부만 하고 있을 수만 없었던 것은 당연하다. 그러나 태종은 그런 세자를 그냥 두려고 하지 않은 듯하다.

세자 나이 13세인 태종 6년 4월 18일 문학 정안지·사경 조말생에게 명했다.

"이제부터 서연에 근무하는 관원은 세자가 식사하거나 움직이거나 가만 있을 때에도 좌우를 떠나지 말고, 장난을 일체 금하여 오로지 학문에만 힘쓰도록 하라. 세자가 만약 듣지 아니하거든 곧 와서 보고하라."

그러고는 시관을 불러 꾸짖었다.

"요즘 듣건대 세자가 공부하기를 좋아하지 않는다고 하니 실은 너희 때문이다. 세자가 만약 다시 공부에 힘쓰지 아니하면, 마땅히 너희를 죄줄 것이다."

12~13세의 세자에게 태종의 조치는 좀 과했다. 그래도 그런 환경 속에서 세자는 공부하고 놀며 잘 성장하고 있었다. 이 절을 마치기 전에 양녕의 교육에는 두 가지 방식이 있었음을 확인하고 넘어가자.

태조 7년 정변이 있고, 정종이 즉위하자 1399년에 수도를 개성으로 옮겼다. 피바람 부는 살벌한 한양보다는 오랫동안 생활해 온 개경이 평안을 가져다줄 것이라고 생각했을 것이다. 마침내 태종 5년 10월 8일 다시 한양으로 환도하는 행렬이 개경을 출발했다. 도중에 태종은 마음껏 사냥을 즐겼다. 보다 못한 사헌부·사간원에서 상소했다.

> 세자가 비록 춘추는 얼마 되지 않으나 명철하고 조숙한데, 전하께서 놀며 사냥하는 즐거움을 보게 되면 어찌 마음속으로 좋아서 본받으려 하지 않겠습니까? 바라건대 전하께서는 이제부터 법가(임금이 타는 수레)를 정돈하여 길을 따라가셔야 합니다.

태종 5년 10월은 앞에서 보았듯이 태종이 세자 교육에 몰입하고 있던 시점이다. 태종은 제도권 교육시스템을 정비해 세자를 그 틀 속에 가두어 넣고 자신의 프로젝트에 따라 세자를 훈육하고 있었다. 그러나 양녕의 정체성을 형성하는 데 제도권 교육보다 더 큰 영향을 미친 것이 있었으니, 바로 앞의 인용문이 그걸 말해준다. 사헌부와 사간원이 우려한 대로 양녕은 부왕을 보며 배우고 행동했다.

이상의 내용을 정리하자면 세자의 교육은 투 트랙으로 이루어지고 있었다. 하나는 표층의 제도권 교육으로 텍스트를 암기해 그 내용을 실행하는 방식이고, 다른 하나는 자신이 상정한 롤 모델을 따르고 모방하면서 몸으로 배우는 심층 교육이다. 교육자 태종이 전자에 몰입하고 있던 반면 피교육자 세자는 전자에 적절히 대응해 가면서 후자를 통해 자신의 정체성을 형성해 가고 있었다.

권력을 체험하며 성장하다 태종 6년 8월 18일 태종은 세자에게 왕위를 물려주겠다는 뜻을 밝혔다. 앞 장에서 서술한 전위 파동이다. 13세에 이른 세자는 처음으로 권력이 빚어내는 소용돌이 속으로 빨려들어간다. 세자전으로 보내진 국새를 가지고 태종과 신하들이 옥신각신하는 과정에서 세자는 어찌할 바를 몰랐다. 당시 세자는 전위 파동이 갖고 있는 권력의 논리를 이해하지 못했을 테지만, 이 사건은 세자의 정체성 형성에 적지 않은 영향을 미쳤을 것이다.

전위 파동으로 시작된 태종의 술치는 이후 민무구·민무질 외삼촌과 그의 당여들이 처단되면서 막을 내리기까지 4년의 시간이 소요되었다. 그 사이에 세자는 태종이 구사하는 권력정치에 고스란히 노출되었고 적나라하게 펼쳐지는 권력정치의 현상을 체험하면서 성장해 갔다. 태종이 보여주는 야누스의 모습이 세자의 내면세계에도 고스란히 아로새

겨졌을 것이다. 그런 세자가 권력을 체험하게 되는 결정적인 기회가 찾아온 것이 태종 7년이다.

그에 앞서 태종 7년 14세에 이른 세자의 결혼이 이슈가 되었다. 명나라 황제의 딸과의 혼인 문제로 약간의 소동이 있었으나, 7월 13일 김한로의 딸과 결혼했다. 이 결혼이 세자의 정체성 형성에 어떤 영향을 미쳤는지는 기록을 통해 확인할 길이 없다.

8월에는 세자가 명나라에 가서 황제를 알현하는 조현 건으로 조정의 이슈가 전환되었다. 다가오는 신년을 맞이해 황제에게 하례를 올리는 사신으로 세자가 직접 가기로 했다. 조현을 위한 준비 작업과 절차가 진행되었고, 이윽고 9월 25일 세자가 명나라로 향했다.

조현은 세자의 정체성 형성에 결정적인 영향을 주었다. 조현이 이루어지는 과정에서 세자는 권력을 체험했다. 물론 세자의 지위만으로도 권력을 느낄 수 있었겠지만, 조현은 세자에게 진정한 권력이 무엇인지를 실감하게 했다.

정식 관료 35명과 시종 78명의 인원 및 물자를 동원해 명나라로 떠나는 세자를 전송하며 태종은 말했다.

"길이 험하고 머니 마땅히 자애해야 하느니라. 세자라는 것은 책임이 중하다. 오늘의 일은 종사와 백성을 위한 계책이니라."

태종과 헤어지는 순간부터 세자는 태종의 분신으로서 조선의 종사와 백성을 대표하는 무거운 책임을 졌다. 세자가 곧 왕과 다름없었다. 수행원 모두가 세자를 왕처럼 받들었다. 그들에게 이 행사는 훗날의 광영을 보장해 주는 절호의 기회였다.

10월 16일 세자가 요동에 이르니 명나라 관리들이 세자를 극진히 대하며 북경으로 호송했다. 이미 황제의 지시가 내려져 있었다. 조선 땅 밖에서 대국의 관리로부터 극진한 대접을 받는 자신의 지위를 느낄 수 있었을 것이다. 남경에서 황제를 알현하고 신년하례를 드린 세자는 다양한 행사를 마치고 이듬해 태종 8년 1월 16일 남경을 출발해 2월 17일 북경을 거쳐 4월 2일 한양으로 돌아왔다.

이제 세자가 영락제와 만나서 무슨 일이 있었는지 알아보자.

남경에 도착한 세자 일행은 회동관에 머물렀다. 드디어 정월 초하루가 되어 황제가 봉천문에서 정조의 하례를 받았다. 세자의 반열은 육부시랑(정3품) 아래였다. 황제의 조정에서 조선을 대표하는 세자가 당당히 예를 행했다.

하루는 모든 관료들이 조복을 입고 행례를 했는데, 조복을 갖추지 못한 세자는 평상복으로 서반 9품 아래 서있었다. 조정의 반열에서 제외되어 야인 및 달자㺚子와 섞여 있었다. 조금 뒤에 세자가 황제를 뵙고 아뢰었다.

"태조 때에 외국으로서 중국 조정의 의관을 받은 것은 우리나라뿐이었습니다. 지금 신이 조복이 없어 9품 밖에 서있으니, 살펴주시기를 엎드려 바랍니다."

황제가 예부상서 정사를 불러 물었다.

"짐이 이미 2품에 자리하게 했는데 어째서 그렇게 하지 않았는가?"

정사가 대답했다.

"조복이 없기 때문입니다."

황제가 말했다.

"정강왕(홍무제 맏형의 손자) 아들의 예에 의거해 조복과 제복을 만들어주어 천지단에서 행하는 제사에 참여하게 하라."

정강왕 아들에 준하는 지위를 인정해 주면서, 황제만이 할 수 있는 하늘에 제사를 지내는 행사에 함께하도록 배려해 주었다. 의례는 의식에 직접적인 영향을 준다. 세자는 조선의 신하들과 함께 천자국의 의례에 동참하며 자신의 위상을 의식했을 것이다.

천자국의 수도 남경에 머물며 천하를 체험하던 어느 날, 황제가 세자를 불러 어제시 한 편을 주었다. 마지막 부분만 인용한다.

너 제禔(세자)가 조공하러 만 리에 왔고,
나이 15세가 지났으니 재주를 이룰 만하다.
글을 읽고 도리를 배워 스스로 버리지 말고,
힘써서 가성家聲(가문의 명성)을 무너뜨리지 말라.
진부터 화와 복은 문과 자물쇠가 없고,
의복倚伏(화복이 생기고 없어짐)의 기틀은 선과 악에 따른다.
높은 산은 숫돌 같이 될 수 있고 바다는 옮길 수 있어도,
만고의 충성은 성곽이니라.

황제가 세자에게 명해 어제시를 직접 읽게 하고 세자에게 말했다.

"나는 네 아비와 같다."

황제의 짧은 이 한마디가 세자에게 무엇을 의미하는가? 세자는 어떻게 받아들였을까? 세자의 대답이 기록에 남아있지 않아 알 수 없으나, 상상이 가능하다.

이어서 황제는 세자의 신하들에게 말했다.

"짐이 시를 지어서 너의 세자에게 주었다. 이것이 수재의 시는 아니지만, 이 시가 너희 나라에 유익하니, 여기에 있는 수재들은 각각 한 수씩 화답하라."

동행한 신하들은 황제의 말이 무엇을 의미하는지 너무도 잘 알고 있었다. 세자와 그의 신하들은 황제가 주는《통감강목》과《대학연의》등의 선물을 받고 황제에게 인사하고 나왔다.

태종 7년 9월 25일 명나라로 떠난 지 6개월이 조금 지난 태종 8년 4월 2일 귀국한 세자는 그 사이 조선 국왕의 대리로서 천하질서를 경험했고, 천하질서의 정점에 위치하는 황제와 부자 사이의 관계를 체험하고 돌아왔다. 훌쩍 성숙해 버렸다.

세자의 귀국을 맞이해 성대한 환영 행사가 치러졌다. 태종은 직접 광연루에서 연회를 베풀었다. 이 자리에서 태종이 세자에게 말했다.

"내가 보니 네 형체가 장대해져서 옛날과 아주 달라졌다."

6개월 사이에 신체적 발달도 있었겠지만, 태종은 그 사이에 의젓하고 늠름해진 세자의 성숙해진 모습을 보았을 것이다.

이어서 또 말했다.

"대체로 일행이 많으면 그 가운데는 반드시 우환이 있는 것이다. 이번 일행의 사람 수가 내가 조근朝覲하던 때의 배나 되는데도, 한 사람도 근심을 끼친 자가 없었으니 다시 무슨 말을 하겠느냐? 황제께서 너를 대접하는 것이 성심에서 나와 상으로 주신 것이 후할 뿐 아니라, 세세한 일에 이르기까지 가르쳐 주지 않음이 없었으니, 성은이 무겁고 커서 보답하여 감사할 길이 없다."

태종의 칭찬에 세자는 큰 자부심을 느꼈을 것이다. 황제와 부왕으로부터 자신의 존재를 인정받은 조현 의식을 통해 15세의 세자는 후계자로서의 자신감을 갖게 되었음에 틀림없다.

원래 태종은 중화공동체 전략의 일환으로 세자의 조현을 기획한 것으로 보인다. 지난해 세자의 조현이 조정의 이슈가 되어 조현 준비가 한창 진행되고 있을 때인 8월 22일 개경의 연빈관延賓館을 모방해 서문 밖에 모화루를 착공했다. 세자가 귀국한 즈음 태상왕 이성계의 죽음이 얼마 안 남은 시점이었다. 세자의 자랑스러운 조현을 기념하는 모화루 공사를 시찰하고, 그 좋아하는 매사냥을 함께 구경하고 돌아오니 태상왕의 병이 조금 좋아져 있었다. 43세 아버지와 15세 아들이 맛본 행복한 순간이었다.

세자의 귀국 이후 태종과의 사이가 한층 좋아진 데에는 귀국 직후 보여준 세자의 정치적 행동도 한 이유가 되었을 것이다. 태종 8년 4월 10일 세자를 수행하던 전 호군 이지성을 용궁현으로 유배하라는 명이 내려졌다. 아무도 이유를 몰랐다. 이지성의 죄는 해가 바뀌어 태종 9년 6월 1일 의정부가 그의 죄를 요청할 때 드러났다.

"가만히 듣건대, 세자가 조현하러 가던 행차에 이지성이 틈을 타서 남몰래 말하기를 '민무구와 민무질 등은 죄가 없는데 쫓겨났습니다'라고 하고서, 또 말하기를 '앞서 한 말을 누설하지 말기를 바랍니다'라고 하며, 후일의 공을 구했습니다. 세자가 마음속에 충효가 돈독해 돌아온 날 즉시 전하께 아뢰었습니다."

세자의 이 보고는 세자와 태종에게 중요한 의미를 갖고 있었다.

세자의 조현으로 잠시 수면 아래로 내려가 있었지만 태종 6년에 있던 전위 파동으로 인한 여파가 여전히 조정을 감싸고 있었다. 민무구·

민무질 형제의 처결이 어떤 식으로 전개될지 모르는 상태에서 조정에는 긴장감이 감돌고 있었다.

세자의 보고가 있은 지 넉 달 후쯤인 10월 1일 태종은 민무구·민무질 형제를 외방으로 내치면서 그 죄상을 일일이 열거한 교서를 발표하는데, 이런 처결을 내리는 데 아마도 세자의 보고가 적지 않은 영향을 미쳤을 것이다.

한편 세자는 자신의 정치적 행동으로 태종의 신뢰를 얻게 되고, 나아가 권력이 작동하는 기제를 체험하는 기회를 얻었을 것이다. 당시 세자가 태종이 구사하는 술치를 얼마나 이해하고 있었는지는 확인할 수 없지만, 이러한 권력정치를 체험하면서 정치가로 성장했을 것이라고 추론할 수 있다. 세자의 정치적 역량은 조현 이후 명나라 사신을 접대하는 임무를 맡으면서 더욱 커졌다. 명나라에서 쌓은 친분이 큰 효과를 발휘했다. 세자는 대명관계를 다루는 중추적인 인물이 되었다.

세자에 대한 신뢰감이 커진 결과, 태종 8, 9년에는 공부 때문에 태종이 세자를 압박하는 장면은 등장하지 않는다. 오히려 태종 9년에 세자에게 활쏘기와 같은 무예를 익히도록 적극적으로 나서 신하들의 반발을 초래했다.

태종 9년 3월 16일 세자에게 궁중에서 활쏘기를 익히도록 명했다. 우빈객 이내와 간관 등이 반대하자 태종이 설득했다.

"옛사람이 이르기를 '활쏘기를 갖고서 그 덕을 살펴본다'라고 했고, 또 이르기를 '그 재주를 겨루는 것이 군자의 도다'라고 했으니, 활쏘기는 진실로 폐기할 수 없다."

필선弼善 민설 등이 다시 반대했다.

"세자가 학문과 활쏘기를 아울러 하게 될 경우 장차 학문을 폐기하게 될까 두렵습니다. 바라건대 명년까지는 학문을 배우는 데만 전심하게 하소서."

태종이 자신의 뜻을 굽히지 않고 황희에게 말했다.

"예로부터 임금이 굳세고 과감하면 능히 아랫사람을 제어할 수 있었고, 온유하고 나약하면 실패하는 경우가 많았다. 무릇 활 쏘는 것과 말 달리는 것은 굳세고 과감한 기질을 길러주는 것이다. 지금 세자로 하여금 무사武事를 익히게 하는 것이 마땅하겠는가?"

황희가 대답했다.

"신의 어리석은 생각으로는 마땅히 학문에 정진해야 할 것입니다."

조현 이후 세자에 대한 신뢰가 깊어진 태종은 제도권 교육시스템에 무사 교육도 포함시키고자 했다. 물론 세자가 지금까지 무예를 전혀 익히지 않은 것은 아니다. 세자는 할아버지와 아버지의 피를 이어받아 무사를 좋아했다. 그런 세자에게 활과 화살을 선물하는 신하들도 있었다. 발각되기도 했지만 태종은 그들에게 벌을 주지는 않았다.

제도권 교육에 무사를 포함시키고자 하는 태종과 이를 만류하는 신하 사이의 소소한 갈등이 한동안 이어진다.

3월 25일 우사간 이종선에게 말했다.

"문과 무는 한 쪽을 폐할 수 없다. 그러므로 세자로 하여금 활쏘기를 익히게 했는데, 너희들이 모두 옳지 못하다고 하므로, 내가 이미 그만두었다."

이어서 세자에게 일렀다.

"내가 너의 글 읽은 바를 강독한 뒤에 활쏘기를 익히게 하겠다."

그리고는 비장의 무기인 《대학연의》를 가지고 강독하니 세자가 능히 다 대답하지 못했다. 그렇다고 예전처럼 질책하지 않았다.

잠시 실록에 종종 나타나는 세자의 활솜씨에 관한 기록을 확인해 보자. 4월 21일 명나라 사신으로 다녀온 이양우를 위로하기 위해 태종이 광연루에서 술자리를 베풀었다. 세자와 종친과 입직한 총제摠制들로 하여금 과녁을 쏘게 하고 구경했는데, 세자가 과녁을 맞힌 것이 모두 여덟 번이었다. 세자는 문보다는 무쪽에 더 자신이 있었던 것 같다. 그렇다고 문을 못한다거나 싫어한 것은 아니다.

8월 9일 우사간 대부 권우 등이 학문에 대한 뜻과 실제 행동이 다른 태종의 행태를 비판하는 상소를 올렸다.

"전하께서 근년 이래로 경연을 정파해 뛰어난 사대부와 더불어 성현의 글을 강독하고 제왕의 도리를 널리 구하지 않으시니, 이는 '나의 학문이 이미 지극한데 다시 무엇을 경연에서 일삼으랴?' 하는 오만한 마음이 싹튼 것이 아니겠습니까?"

태종이 봄·여름 사이에 잠깐 경연에 참석했다가 며칠이 못 되어 이내 정파해 버리자, 다시 경연을 개시할 것을 요청한 것이다. 태종은 대답했다.

"경연 같은 것은 내가 늙어서 할 수 없으니, 세자의 학문을 권하는 것이 좋겠다."

이 대답은 진심으로 보아도 좋다. 원래부터 태종은 경연을 좋아하지 않았다. 말로는 학문, 학문하면서 호학하는 군주처럼 생색을 냈지만 진정으로 학문에 뜻을 두었는지는 상당히 의심스럽다. 때때로 자신이 알고 있는 《대학연의》의 구절을 가지고 신하들에게 과시했지만 오히려 강무와 사냥 그리고 여색을 훨씬 좋아했다.

다시 본 주제로 돌아가자. 태종 9년 8월 22일 태종은 세자를 처음으로 조계朝啓에 참여시켰다. 조계란 조정의 신하들이 왕에게 국사를 아뢰는 정규 회의로, 관원들은 사관과 함께 부복하고 차례로 용건을 아뢰었다. 세자가 처음으로 이 자리에 참여했다. 16세가 된 세자는 잘 성장해서 정치 수업을 받을 단계에 들어선 것이다.

태종은 그런 세자에게 왕위를 물려주고 자신은 편안한 여생을 즐기고 싶은 생각이 순간순간 들었던 듯하다. 태종 9년과 10년 두 번에 걸쳐 태종은 전위를 표명했다. 술치를 구사하던 태종 6년의 전위 때와는 사뭇 다르게 진심이었던 듯하다. 태종 9년 8월 10일에 표명한 태종의 말을 들어보자.

> 지금 대신과 더불어 전위에 대한 일을 깊이 의논하고자 하나, 대신을 만나지 않는 것은 대신의 의견이 반드시 저지하는 바가 있으리라 생각하기 때문이다. …… 군사의 중요한 일은 내가 전부 맡겠고, 사람을 쓰는 일에 이르러서도 마땅히 친히 하겠다. …… 태조께서도 을해(1395) 연간에 이방석에게 전위하고 물러나서 후궁에 계셨다면, 우리들이 마침내 움직이지 못했을 것이다. 어찌 무인의 변(1차 왕자의 난)이 있었겠는가? 내가 전위하고자 한 것이 병술년(1406)부터 지금까지 이미 두세 번이다. 지금은 내 계책이 이미 결정되었으니, 비록 재상이 여러 번 청한다 하더라도 결코 듣지 않겠다.

태종 10년 10월 19일에 표명한 말도 들어보자.

부왕께서는 선비先妃와 후비後妃가 계셨는데, 후비의 소생인 어린 서자를 세우고자 할 때, 남은과 정도전이 그 계획을 도와 이뤄서 우리 선비의 아들을 해치고자 했으나 마침내 주륙을 당했다. 또 기묘년에 동모형 회안군이 난을 꾸미자, 나라 사람들이 나를 세워 임금으로 삼은 지가 이미 10여 년이 됐다. 지금 내가 병이 있어 세자로 하여금 왕위를 잇게 하려 한다.

태종의 뜻은 분명했다. 세자에게 왕위를 전해줌으로써 지난날의 권력투쟁으로 짊어진 무거운 짐을 내려놓고, 앞으로 있을지 모를 권력투쟁의 재난을 예방하고 싶다는 것이었다. 그러나 두 번 모두 해프닝으로 끝났다. 아직은 17세의 세자가 미덥지 못했을 것이리라. 그 목적을 이루기 위해 태종은 양위보다는 자신의 정치를 바꾸게 된다. 다름 아닌 태종 10년 이후의 유신의 교화이다.

한편 세자는 어쩌면 양위를 바랐을지 모른다. 따라서 그런 부왕에게 실망했을지도 모른다. 그러나 적어도 부왕이 자기에게 왕위를 물려줄 의사가 있다는 것은 확인했다. 태종 10년 17세 즈음의 세자는 후계자로서 자신의 정체성을 확립했다. 공부도 할 만큼 했다. 마라톤 같은 성학 공부는 앞으로 계속해 나가면 된다. 그만한 머리는 가졌다. 무예는 자신 있다. 용맹함은 결코 뒤처지지 않는다. 권력의 본질이 무엇인지 체험도 했다. 조현했을 때 친아들처럼 대해준 명나라의 황제가 든든히 받쳐주고 있다. 부왕도 이제나저제나 자기에게 왕위를 물려줄 때를 기다리고 있다. 이런 나를 따르는 신하들도 있다. 나에게 왕위가 주어진다면 잘 할 자신이 있다. 적어도 오랫동안 추앙해 온 롤 모델인 부왕만큼은 할 자신이 있다. 세자는 이렇게 자부하고 있었을 것이다.

다른 길로 향하는 아버지와 아들 태종과 세자 사이의 행복한 일체감을 느낄 수 있는 분위기는 태종 집권 후반기에 들어선 태종 10년 이후에도 지속되었다. 그러나 둘 사이에 균열이 생기기 시작한다.

성군의 꿈을 키워 나가는 태종은 스스로 성군의 정치를 시도하면서 이와 동시에 세자가 문무를 겸비한 성군으로 성장해 가길 진심으로 바라고 있었다. 앞으로 태종의 이러한 생각과 그에 따른 행위를 태종의 '성군 프레임', 그리고 그런 프레임에 따라 세자를 성군으로 만들기 위해 추진된 기획을 '성군 프로젝트'라고 부르겠다.

성군 프로젝트를 수행하는 핵심 기관은 서연이다. 서연이 세자의 문文 공부를 담당했다. 학식과 덕망과 지위 면에서 최고의 인물들이 세자 교육에 열과 성을 쏟았다. 태종 10년 자신감에 충만해 있던 17세의 세자는 서연 교육을 충실히 소화하고 있었다.

한편 제도권 교육에 포함된 무武 공부도 이미 상당한 수준에 도달해 있었다. 태종 11년 3월 18일의 기록을 보면 자신감 넘치는 세자의 모습을 볼 수 있다.

> 세자와 두 대군이 궁중에서 활쏘기를 연습했다. 또 무신으로 하여금 모시고 활을 쏘게 했다. 매번 서연에서 강론을 마친 뒤에는 무신들로 하여금 동궁에서 세자를 모시고 활을 쏘게 하니, 세자가 능히 2백여 보 떨어져 쏘았는데 세 발에 반드시 하나 둘은 맞췄다.

자신이 구축한 교육시스템 속에서 문무를 겸비한 세자로 성장하는 모습을 지켜보는 태종은 행복했을 것이다. 이런 만족감 속에서 태종 11년 가을 중요한 결정을 한다. 세자를 강무講武에 데리고 가기로 결심한 것이다. 그 의미는 매우 크다.

강무란 일 년에 두 번 봄·가을에 지정된 곳에 장수와 군사와 백성들을 모아 임금이 주도해 사냥하며 아울러 무예를 닦던 행사다. 요컨대 군사 훈련을 명분으로 사냥을 즐기는 행사인데, 태종이 가장 좋아하는 일이다. 왕위에 동반되는 구속으로부터 벗어나 자신이 하고 싶은 사냥을 마음껏 즐길 수 있는 시간이었다. 태종은 강무를 거른 적이 없었다. 짧게는 일주일 정도 길게는 한 달 반이나 도성을 떠나 강무를 즐겼다. 그러다 보니 강무의 시기, 장소, 신하의 참가, 인력 동원의 규모 등과 관련해 신하들과 갈등하는 경우가 꽤 많았다.

태종 11년 10월 4일 태종은 세자의 강무 동행을 명했다. 그러자 빈객 이래와 조용 등이 강무 호종으로 인해 앞으로 세자가 공부를 게을리하지 않겠느냐고 걱정했다. 사간원에서도 우려의 뜻을 표명했지만 태종은 단호했다.

"세자는 마땅히 학문에 정진하여 게을리 놀아서는 안 되며, 무사도 또한 폐할 수 없는 것이다. 이제 강무하는 때에 세자로 하여금 따라 행하게 한 것이니, 경 등은 말하지 말라."

사간 정준이 반대했다.

"임금이 나가면 세자가 감국(국사를 봄)하는 것이 예전 제도입니다."

태종이 말했다.

"경 등의 말이 옳다. 그러나 강무하는 것은 한편으로는 종묘에 바칠

제물을 얻는 것이고, 한편으로는 강무에 참여한 자들을 사열하여 무의武儀를 익히는 것이다. 손으로 금수를 쏘고 말을 달려 돌아다니기를 좋아하는 것은 아니다. 내가 세자로 하여금 사냥하는 법을 보게 하려는 것일 뿐이다."

태종의 뜻은 분명했다. 왕에게 강무의 의미를 왕인 자기가 직접 교육하겠다는 것이다. 그러나 그것만이 다는 아닌 듯하다. 공부에 방해가 되니 안 된다고 하는 신하들의 만류를 꺾어가면서까지 세자를 강무에 동행시키려는 이유에 대해 좀 더 생각해 보자.

강무 동행을 결정하게 된 데에는 태종 10년 즈음부터 세자와의 사이에서 생겨나는 균열에 대해 우려감을 느끼고 있던 태종이 그 균열을 메워보려고 선제적으로 취한 조치가 아닌가라고 추측할 수 있다. 사간 정준의 반대에 답하는 태종의 말을 다시 꼼꼼히 읽어보자.

사냥 놀이와 군사 훈련이 혼재되어 있는 강무를 통해 세자를 교육하겠다는 태종의 의도는 아마도 사냥이 단순히 재미를 추구하는 놀이에 그치는 것이 아니라, 규율과 절제를 요구하는 독특한 기예임을 세자에게 알려주고 싶었던 것 같다. 놀이를 절제하는 능력을 배양하는 것이 문무를 겸비한 성군이 되는 길임을 세자에게 전하려고 하는 태종의 의도를 읽을 수 있다.

이제 당시 태종이 놀이 쪽으로 기울어져 가는 세자의 행태에 대해 우려하고 있던 점, 즉 태종과 세자 사이의 균열을 확인해 보자.

태종과 행복한 관계를 유지하던 시기의 세자는 공부와 놀이를 병행했다. 그렇게 열심히 한 것은 아니지만 서연 교육을 소화하면서 동시에 놀이의 세계를 개발하고 있었다. 실록에 의하면 점차 공부에 비해 놀이의 비중이 커지고 있었다.

그러다가 세자의 여색 문제가 처음 등장한 것은 태종 10년 양녕 17세 때이다. 조현 이후 세자는 자신감에 넘쳐 중국 사신의 접대 역할을 담당하고 있었다. 11월 3일 세자가 사신에게 잔치를 베풀던 날 기생 봉지련이 마음에 들었다. 곧바로 소친시 두 사람에게 명해 그 집까지 뒤따라가 사통하고 마침내 궁중에 불러들였다. 이를 알게 된 태종은 소친시에게 곤장을 때리고 봉지련을 가두었다.

"세자가 마침내 근심 걱정으로 음식을 들지 않으니 임금이 세자가 미치고 미혹돼 병이 될까 염려해 봉지련에게 비단을 주었다."

훗날 돌아보면 이 장면은 명백한 태종의 실수다. 봉지련 사건을 도식화하면 이렇다. 세자의 일탈 → 태종의 분노 → 세자의 단식 → 태종의 용서. 이후 이 패턴이 반복된다. 게다가 반복하는 사이에 태종의 분노 강도가 증가하고 세자의 일탈 정도가 심해지는 악순환이 발생한다. 첫 장면에서 태종은 단호하게 대응했어야 했다. 비록 이 시점이 태종과 세자가 행복한 관계를 유지하는 시기였을지라도, 진정 호랑이가 새끼를 키우듯 양녕을 키울 생각이었다면 세자를 엄하게 대했어야 했다.

이후 세자의 놀이는 확대된다. 무재武才와 교묘한 생각을 가진 은아리, 음악을 잘하고 말재주가 좋은 아첨꾼 이오방 등이 세자궁에 출입하며 세자의 놀이를 부추겼다.

태종이 강무에 세자를 동행시키기로 명령하고 2주쯤 후인 태종 11년 10월 17일 우빈객 이래가 세자에게 "여색과 응견을 끊어야 한다"고 진언했다. 세자는 그만두겠다고 약속했다.

태종이 세자에게 갖고 있는 우려는 제도화되지 않은 놀이의 일상화였다. 태종도 사냥과 여색을 좋아했다. 그러나 태종은 사냥의 즐거움은 강무라는 정식 제도를 통해 얻고, 여색의 쾌락은 빈잉제도를 통해 확보하고 있었다. 반면 태종의 눈에 세자는 제도화되지 않은 놀이의 세계로 빠져드는 것으로 비쳤다. 태종이 먼저 세자의 강무 호종을 결정한 것은 사냥을 좋아하는 세자가 일상화된 놀이의 세계에 빠지지 않게 하고, 오히려 제도화된 강무의 세계로 안내하기 위해서였을 것으로 보인다. 그러나 세자는 태종의 의도하는 방향으로 가지 않았다. 우빈객 이래에게 한 약속이 헛된 약속임은 곧 드러나고 만다.

태종 12년 2월 14일 태종은 봄 강무에도 세자의 호종을 허락했다. 아직 태종은 세자에 대한 희망을 가지고 있었다. 우려하는 서연관에게는 이렇게 말했다.

"세자가 어리지 않고 나이 이미 19세이니 어찌 무사에 마음이 끌려 학문을 꺼리겠는가?"

세자의 동행을 마지못해 수긍하는 빈객 이래에게는 다녀와서 후속 조치를 취하겠다고 설득한다.

"지금 이후로는 응견의 오락이나 사냥의 유희에 대해 누가 앞장서 그 마음을 열어주겠는가? 내가 마땅히 학문을 권할 것이다."

그러나 세자는 태종의 뜻대로 따라주지 않았다. 오히려 봄 강무 이후로 병을 핑계로 서연에 불참하는 등 공부를 게을리했다. 그래도 태종은 여전히 성군 프레임에 따라 세자를 이끌어가고자 했다.

태종 12년 가을 강무에도 세자를 데리고 갔다. 9월 24일 시작해 30일에 환궁했다. 이해 겨울 여악女樂에 대해 태종이 취한 조치는 여악이 세자 교육에 좋지 않다는 판단이 작용한 듯하다.

조선 초 국가의 공식 행사나 모임에 사용된 정식 궁중음악은 남성 악인이 담당했다. 이를 외악外樂이라고 했는데, 궁궐의 외전外殿에서 정치적 행위가 이루어졌기 때문이다. 한편 내전內殿에서도 음악이 사용되었는데, 이를 내악內樂이라고 했고, 대개 여자 창기가 맡았다.

다음은 태종 12년 10월 28일 자 기록이다.

> 명하여 창기로서 나이 15~6세가 된 자 6인을 뽑아 명빈전(후궁 김씨의 거소)의 시녀로 충당했다. 창기 삼월·가희아·옥동선 등으로 하여금 금琴·슬瑟과 가무를 가르치도록 하고, 삼월 등에게 각기 쌀 3석씩을 내려주었다.

그런데 얼마 후 이숙번이 태종에게 진언했다.

"전하는 우리 동방의 성주聖主인데, 응견의 오락을 즐기시고 또 기녀 6인을 내전에 들게 하니, 불가하지 않겠습니까?"

태종은 자신이 응견과 성색을 즐긴 게 아니라고 변명한다. 그래도 켕기는 게 있었는지 태종은 11월 30일 명빈전의 창기가 살 집을 궁궐 동문 밖에 짓도록 공조판서 박자청에게 명했다. 태종이 이 조치를 취하게 된 데에는 세자의 일탈적 행실이 영향을 미쳤을 것이다. 하루 전인 11월 29일 태종은 세자전의 내시를 꾸짖었다.

"(세자가) 근일에 풍악을 울리며 밤을 새우고 또 매를 기른다는데 무슨 일이냐?"

그러고 나서 바로 사람을 보내 그 매를 궁 밖으로 내보내게 했다. 실록에는 이 일이 있기 이전에 몇몇 시종과 갑사가 세자의 뜻을 받들어 혹은 매를 들이고 혹은 여악을 바쳤는데, 이를 알고 화가 난 태종이 관련자들을 처벌했다고 한다. 이숙번의 지적에 뜨끔하기도 했지만 무엇보다 자신을 따라 하는 세자가 신경 쓰여서 창기들을 궁 밖으로 내보내는 조치를 취한 것으로 보인다.

이렇듯 태종 12년에 이르러 아버지와 아들은 서로 다른 길을 가는 모습을 드러냈다. 둘 사이에 끼어 그 모습을 안타깝게 지켜보던 우빈객 이래가 12월 5일 상서했다.

"신은 바라건대 따로 한 궁을 짓되 대궐에서 가깝게 해 매일 이른 아침이면 전에 들어 문안하게 하소서."

태종이 고심에 찬 대답을 했다.

"만약 학문을 좋아하지 않는다면 비록 한 궁궐 안에 같이 있다 하더라도 이를 어찌하겠느냐? 또 이미 장년의 나이이다. 만약에 늘 사람으로 하여금 정찰하게 한다면 어찌 서로가 해침이 없겠느냐?"

이미 태종은 장성한 세자의 정체성을 잘 알고 있었다. 그걸 어쩌지 못함을 인정할 수밖에 없었다. 태종 8년 이후 형성되어 함께 누려온 부자 간의 행복한 유대감을 어느덧 더 이상 느끼지 못하게 되어간다. 왜 이렇게 되었을까?

태종을 롤 모델로 성장해 온, 다시 말해 사냥과 여색을 좋아하는 부왕의 행동을 보고 들으면서 자신의 정체성을 형성해 온 세자는 성군 프레임에 집착해 자신의 자연스러운 욕구(놀이)를 억압하는 태종을 이해하지 못했다.

여기서 한번 더 생각해 보자. 태종의 성군 프레임은 유신의 교화 이후에 강화되었지만, 그 자체는 양녕이 원자 및 세자로 책봉된 이래 지속되어 왔다. 그렇다면 훨씬 어린 시절인 태종 5~6년에는 잘 극복한 영민한 세자가 태종 12년에 이르러서는 왜 극복하지 못했는가?

여기서 두 가지 가설을 세워본다. 하나는 세자라는 신분적 제약성과 궁궐이라는 공간적 제약성이 세자의 '일탈'적 행위를 초래했다는 것이다. 이 제약성이 장성한 세자로 하여금 공부와 놀이의 균형을 잡으면서 태종의 성군 프레임에 적응하지 못하게 작용한 것으로 보인다.

19세의 세자. 아버지를 닮은 혈기왕성한 시기. 답답한 궁궐 안에서 성군 공부에 매진하기 어려웠을 것이다. 사냥과 음악과 여색이라는 놀이는 그러한 세자의 답답함을 해소해 주는 탈출구였을 것이다. 그것은 자연스러운 현상이었다. 게다가 자신의 롤 모델인 부왕을 따라서 하는 행위인 만큼 무슨 문제가 있겠는가! 아니 장래에 왕위를 계승한다면 훨씬 교육을 많이 받은 자신이 부왕보다 정치를 더 잘 할 수 있을 것이라고 자부하고 있었다.

또 하나의 가설은 이러한 세자의 자부심이 어느덧 '자만심'으로 변질되어 태종의 성군 프로젝트에 저항, 반발했다는 것이다. 태종 5~6년 12~13세의 세자와 태종 11~12년 18~19세의 세자는 달랐다. 어려서 부왕의 뜻에 부응하기 위해 노력해 자부심을 갖게 된 세자는 어느덧 장년으로서 자신의 정체성을 확립하기에 이르렀고, 그 과정에서 자부심은 자만심으로 변질되어 세자는 태종의 성군 프레임에 쉽게 호응하지 않은 것으로 추측된다.

그렇다면 태종은 이런 세자의 생각 또는 입장을 전혀 이해하지 못했을까? 한편으로는 이해하면서도, 눈앞에 드러나는 세자의 행위가 자신의 성군 프레임과 충돌할 때 태종은 화가 났다. 그리고 그 충돌이 빈번해짐에 따라 분노 강도도 높아져 갔다. 태종의 실망감과 세자의 배신감이 악순환을 거듭하다 마침내 태종 13년 봄 강무 도중 그동안 쌓인 세자에 대한 실망이 분노로 폭발한다.

이양우, 사지에서 살아나다

이양우를 징계하다 태종 14년, 얼핏 보면 태종 11년에 발생한 이색 비명 사건과 유사해 보이지만 그와는 성격이 다른 사건이 발생했다. 이양우 사건이다.

태종 14년 1월 23일 불충의 죄로 가택 연금 조치를 받은 이양우는 바로 다음 날 아들 세 명과 함께 고향인 영흥으로 돌아가라는 명령을 받게 된다. 매우 신속한 처결 조치다. 사안이 발생하자 태종은 독단으로 처리 방침을 정했다고 보인다. 이 사건 또한 얼마든지 술치를 구사할 수 있었음에도 태종은 그렇게 하지 않았다.

이색 비명 사건 때에는 발심은 했지만, 이양우 사건에서는 발심조차 하지 않았다. 오히려 술치로 전개될 수 있는 여지를 미리 차단해 버렸다. 원래 태종은 이양우를 처벌할 의향이 없었고, 단지 경고를 주거나 혹은 징계하겠다는 엄포를 주는 정도만을 고려했다. 그렇기 때문에 이양우는 죽음의 길목에서 살아나왔다.

이제 술치의 '잔재'라고 할 수 있는 이양우 사건을 살펴보자.

이양우의 할아버지는 환조 이자춘이고, 아버지는 이성계의 큰형인 이원계이며, 완산부원군 이천우가 그의 동생이니 그는 태종의 사촌형이다. 1차 왕자의 난 때 아우 이천우와 함께 이방원·이방간을 도와 정사공신 2등에 봉해졌고, 2차 왕자의 난 때는 이방원과 이방간 사이에서 중립적인 처신을 했다. 태종이 즉위한 후 종친으로서 운명공동체의 일원으로 부귀를 누렸다. 그러다가 태종 13년 가을 전주에 유배 중인 이방간과 사사로이 통한 일이 발각되어, 태종 14년 1월 불충의 죄로 곤경에 빠지게 된 것이다.

이 사건은 몇 가지 일로 이양우에 대해 불만을 갖게 된 태종이 이양우에게 경각심을 불러일으켜 주기 위해 시작되었다. 먼저 태종은 이양우의 죄목이 적힌 '밀지'를 이숙번을 통해 의정부에 전달했다. 열거된 죄목은 이렇다. ① 이양우가 이방간과 같은 마음을 먹고 경진의 난(2차 왕자의 난)에 중립을 지키고 사태를 관망했고, ② 이방간이 유배되어 안치된 뒤에는 사사로이 서로 통했다. ③ 지난해(태종 13) 동지에 병이라 칭탁하고 조회하지 않고 날짜를 미루면서 기회를 엿보다가 뒤에 연회에 나왔다. 금년 봄에 친히 제사를 지낼 때에도 또한 모두 병이라 칭탁하고 조회하지 않고, 그 아들 이홍제를 시켜 아뢰기를, '아들 이홍발이 이제 장연진으로 가니, 진실로 생전에 서로 만나보기를 원한다'라고 했다. 내(태종)가 양홍달을 시켜 병을 보게 하니, 별다른 병의 증세가 없었으니, 그의 불충·불경한 죄를 어찌 가히 용납할 수 있겠느냐?

최근의 사소한 잘못(③)을 지적하면서 동시에 옛날 일(①)을 끄집어 내는 것이 전형적인 술치처럼 보인다. 게다가 술치 실행의 에이전트로 활약하던 이숙번을 통해 밀지로 죄목을 전달했다는 점에서 술치 냄새가 강하게 난다. 그러나 뒤에 서술하겠지만 이건 술치가 아니라고 본다.

여기서 주의 깊게 봐야 할 부분은 ②다. 아마도 이게 태종의 역린을 건드린 것 같다. 그래서 ③을 빌미로 해, 기억의 보관소에 마련되어 있던 ①을 꺼내서 이양우에게 '주의'를 주려고 했던 것 같다.

②를 자세히 검토해 보자.

"이방간이 유배되어 안치된 뒤에는 사사로이 서로 통했다"라는 표현만으로는 구체적인 증거를 제시하고 있지 않기 때문에 사통한 시점을 확인할 수 없다. 이방간이 유배에 처해진 건 2차 왕자의 난 직후인 1400년이니, 그때부터 이양우 사건이 터진 1414년 사이가 된다. 그 사이에 두 사람이 사통했다는 것이다. 사통이 왜 문제가 되냐 하면, 우선 유배된 이방간을 만나는 것은 국법으로 금지되어 있기 때문이다. 이방간과 사통하는 것은 반역에 해당하는 엄중한 죄였다.

태종의 스타일로 봐서는 사통의 증거를 가지고 있지만 구체적으로 제시하지 않고, 단지 자기가 알고 있다는 것을 알려주는 것일 수도 있다. 이 점, 즉 구체적 증거가 있느냐 없느냐는 이양우 사건을 이해하는 데 결정적으로 중요한 요소로, 여기서는 태종이 밀지를 전달하는 시점에서 태종은 '정황 증거'는 갖고 있었다고 가정하고 이야기를 전개해 가고자 한다.

어쨌든 태종의 밀지는 ①과 ②가 과거의 일처럼 기술되어 있고, 최근의 일인 ③에 초점이 맞춰져 있었다.

이양우의 불충과 불경을 언급한 밀지를 받은 의정부는 바로 사헌부에 전달했고, 사헌부는 태종 14년 1월 23일 이양우와 아들들을 가택연금했다. 그러면서 이양우를 국문해야 한다고 상소했다. 술치의 시작처럼 보인다. 그러나 다음 날 24일 태종은 뜻밖의 명령을 내렸다.

"세 아들을 데리고 영흥 본가로 돌아가라."

허를 찔린 사헌부는 즉시 반발했다. '불충'을 범한 이양우의 죄를 밝히지 않고 그냥 살려 보내는 것은 불가하다고 대사헌 안등 등이 상소를 올렸다. 그 상소는 ①과 ②에 관해서는 언급이 없고 단지 ③의 내용으로만 이루어져 있고, 태종의 밀지에서 추가된 점이 있다면, 고향으로 돌아가면 훗날 흔단을 일으킬 우려가 있다는 정도였다. 이에 태종은 점잖게 타일렀다.

"경 등의 말한 바는 지극히 당연하나, 노형老兄(이양우)이 어리석어 예법을 알지 못하니, 차마 법대로 처치할 수가 없다. 이미 가족을 데리고 그 고향에 안치하도록 해, 그가 뉘우치면 장차 소환하려 하니, 경 등은 나의 뜻을 몸 받고 용렬하게 고집하지 말라."

태종 역시 ①과 ②를 빼고, 이 문제를 ③에 한정된 '예'의 차원으로 축소해 '법'으로 다룰 사안이 아니라고 하며, 자신의 조치가 적절했음을 설명했다. 이건 태종의 본심이라고 보아도 좋다. 이렇게 경각심을 불러일으키는 선에서 아주 짧은 시간 안에 사안을 처리하고자 했다. 이러한 태종의 사고와 행위를 전반기 전형적인 술치와 비교해 변형된 술치, 또는 약화된 술치라는 의미를 담은 술치의 잔재라고 할 수 있겠다.

그러나 이에 납득하지 않은 사헌부와 사간원 대간들이 연이어 죄주기를 청했다. 태종이 그들의 요청을 수용하지 않자 그들은 사직했고, 태종은 2월 1일 사직서를 돌려주면서 '예' 차원의 사안임을 또다시 상기시킨다.

"이양우가 비록 예의가 없다고 하나 심한 데 이른 것이 아니다."

2월 8일 대간이 또 죄를 청하자 "이 노형은 배우지 못하고 완고하고 어리석어 다만 조금 징계해서 그 뒷날을 경계하고자 했을 뿐이다"라고 훈시하고, 다음 날인 9일 이양우를 소환해 버렸다. 반발하는 사헌부와 사간원에는 다음과 같이 밀지의 의도와는 다르게 말하면서 사건 발생 20일 만에 사건을 종결시켰다.

"이양우의 죄는 이것으로 그친다."

"다른 마음(반역의 마음)이 있었던 것은 아니다. 소환하는 데 강하게 말할 필요가 없다."

태종은 앞서 언급했듯이 사헌부도 ①과 ②에 대해서는 아무 말도 하지 않았다. 이양우에게 경각심을 주려 한 태종의 목적은 달성되었고, 이양우 사건은 이대로 종결되는 듯했다.

태종과 사헌부의 충돌 그러나 이로부터 두 달 정도 지난 4월 7일 사헌부에서 이양우의 죄를 다시 청하는 상소를 올렸다. 이제 사헌부는 이 사건이 '예'가 아닌 '법'의 문제라고 주장했다. 법의 문제란 밀지에서 언급한 ②와 관련된 것으로, 사헌부가 바로 그 부분을 거론한 것이다.

2월 9일 태종이 이양우를 소환해 사건을 종결시킨 이후, 그대로는 납득할 수 없다고 판단한 사헌부는 자체적으로 조사를 진행한 것 같다. 그래서 밀지에서 말한 ②의 구체적인 증거를 확보한 다음, 4월 7일 이양우의 죄를 법으로 처리하자는 상소를 올린 것이다.

> 신 등이 듣건대, '지난해(태종 13) 가을 강무할 때 강무를 잠시 중단하고 전주성 안에 머문 적이 있었는데, 그곳에 몰래 출입한 자가 있어서 잡아 보니 바로 이양우의 하인으로 홍의라는 자였다. 그 사유를 국문

하니, 말의 실마리를 반복해 혹은 참말 같기도 하고 혹은 거짓말 같기도 했다'라고 합니다. …… (게다가 사헌부에서) 근일에 또 이방간의 종 석구지라는 자를 잡아서 (이방간의 처소에) 출입한 사람을 국문하니, 홍의를 지적해 말했습니다.

실록에 남아있는 사헌부의 이 상소는 전문이 아니고 축약문이라 그 진상을 파악하기 매우 힘들지만, 찬찬히 퍼즐을 맞춰보면 다음과 같다.

임실과 전주 지역에서 강무하기 위해 태종 13년 9월 11일 한양을 출발한 태종은 33일간의 일정을 마치고 10월 12일 환궁했다. 강무 중 태종은 전주에 유배되어 있는 이방간에게 고기와 술, 매 등을 전해주었다. 그때 이양우의 하인인 홍의가 태종이 머문 곳에 몰래 출입하다 붙잡혔고, 그 사실이 태종에게 보고되었다. 태종이 조사를 시켰더니 홍의가 횡설수설했다. 그즈음 밀지③에 적혀있는 대로 이양우가 병을 핑계로 불성실한 태도를 보였다. 이에 불쾌하게 생각한 태종이 이양우를 혼내주기로 마음먹었다.

이 마음은 이색 비명 사건 때의 발심과는 분명 다르다. 태종은 이양우를 처단할 의도가 없었다. 만약 이양우를 처단할 의향이 있었다면 횡설수설하는 홍의를 강하게 국문하면 '확정 증거'를 확보할 수 있었기 때문이다. 태종은 '정황 증거'만을 가지고 이양우를 "조금 징계해서 뒷날을 경계하기 위해" 밀지를 보낸 것으로 보인다. 밀지를 보낼 때 사헌부는 홍의 건을 모르고 있었다. 그래서 밀지를 보고 ②가 아닌 ③만을 가지고 이양우의 죄를 청했던 것이다.

2월 9일 태종이 이양우를 소환한 이후, 소환을 납득하지 못하고 있던 사헌부는 홍의와 관련한 일들을 '들어서 알게' 되었고, 홍의를 잡아다가 심문하겠다고 태종에게 요청했다. 그러나 이미 이양우를 소환한 마당에 일이 확대되길 원하지 않던 태종은 그만두라고 지시했다. 태종의 지시에 반발한 사헌부는 자체적으로 조사에 착수한 것으로 추측된다. 사헌부는 이방간의 종 석구지를 잡아 그의 입에서 홍의가 이방간의 처소에 출입했다는 말을 확보했다. 이 말이 밀지 ②의 증거가 되었다. 사헌부는 전해 들은 홍의의 말과 자체적으로 확보한 석구지의 말을 증거로 이양우가 이방간과 사통했다고 단정하고, 마침내 4월 7일 이양우를 법에 따라 처리해야 한다고 태종을 압박하는 상소를 올렸다.

태종은 말린다.

"만약 마음을 먹고 매질하며 추궁한다면 형틀 아래서 무슨 일이든 승복하지 않겠는가? 경 등이 잘 알 것이다."

술치를 구사하는 태종이라면 이렇게 말할 리가 없다. 실제 술치를 구사할 때 태종은 자백을 받기 위해 수단을 가리지 않았다.

4월 7일 사헌부는 또 하나의 상소를 올렸다. 분명히 이양우와 이방간이 사통한 건 확실한데, 자신들이 조사한 석구지의 말과 전해 들은 홍의의 말이 다른 데가 있으니, 전주에 있는 이방간에게 관리를 보내 확인하자고 요청했다. 이 요청을 태종은 거부할 수 없었다.

이방간이 어떤 대답을 했는지는 기록에 남아있지 않다. 단지 이방간이 이양우와 심종(이성계의 딸 경순궁주의 남편)에게 생강을 선물로 주었다고 말한 것으로 보인다. 4월 19일 사헌부에서 심종의 죄를 청하는 상소에서 생강 선물을 확인할 수 있다.

그러나 심종은 선물 받은 것을 극구 부인했고, 이양우도 심종과 같이 이방간에게 선물을 받지 않았다고 강하게 부인했다.

4월 24일 사헌부는 확신을 가지고 주장했다.

"지금 이양우의 하인 홍의와 이방간의 종 석구지 등의 진술서를 보니, 사통한 흔적이 이미 드러났는데, 이양우는 굳이 숨기고 보고하지 않았습니다. 빌건대 고신(관직의 임명장)을 거두고 그 까닭을 국문해 그 죄를 밝게 바로잡아서 여러 간사한 싹을 막으소서."

그러나 태종은 오히려 홍의, 석구지 등 관련자들을 풀어주었다. 태종은 심종으로까지 연계된 이 사건을 더 이상 진행해서는 안 되겠다고 결단한 것이다(잠시 심종의 사안을 확인하고 가자. 이때 심종이 부인하자 태종도 더 이상 추궁하지 않고 지나갔다. 그러나 후에 태종 16년 11월 9일 태종은 이 건을 상기시키면서 심종의 죄를 묻게 된다).

사헌부가 이대로 물러설 리가 없었다. 사간원도 가세했다. 대대적인 공격을 감행했다. 종묘 사직에 관계되는 중죄를 지었다, 왕에게 반역하려는 마음을 먹었다, 당여를 맺고자 했다, 역신逆臣과 사통했다, 따라서 법으로 엄히 처단해야 한다는 내용을 담은 초강경 상소를 연이어 퍼부었다.

태종도 물러서지 않았다.

"모반한 흔적이 나타나지 않았는데도 형을 가하는 것이 의리상 어떠하겠는가? 속히 이양우의 집을 지키는 군졸을 파하고, 아울러 오래 갇힌 자를 면제해 주라."

"우리가 홍의 등의 말이 헛되고 망령되어 믿을 만한 것이 못 된다는 사실을 알고 있으니, 즉시 석방하는 것이 마땅하다."

이에 대간은 사직서를 제출하면서 대립했다. 마침내 태종은 대언사를 통해 타협안을 제시했다.

"대간의 말은 크게 잘못된 것이 없고, 완원군(이양우)의 변명도 또한 절실하고 지극하니, 사실이 의심스러워 실로 결단하기가 어렵다. 이양우가 진정 하지 않았다고 짐작만 해서도 안 되니 우선 잠정적으로 이양우를 외방에 내보내기는 하되, 그가 원하는 곳에 거주하도록 하라."

이어서 사람을 보내어 이양우에게 자신의 생각을 전했다.

"헌사에서 여러 사람의 말을 증거로 삼아서 죄를 청하는데, 사실이 아닌 것 같으나, 그렇다고 허망한 거짓이라고 지적하기도 어렵다. 형도 하늘을 가리키며 맹세하니, 또한 진실로 죄가 있다고 생각하기가 어렵다. 내가 공의公議를 두려워해 잠시 형을 외방에 내보낸다."

4월 26일 이양우를 양근에 안치하라는 명을 내렸다.

타협은 그다지 오래가지 않았다. 바로 다음 날인 27일 사헌부가 반발하며 사직했고, 28일에는 사간원이 사직했다. 5월 3일 6조의 판서들이 이양우의 죄를 청했다. 이후 잠잠해지는 듯했다. 타협을 하긴 했으나 태종은 마음이 흔쾌하지 않았던 듯하다. 타협 그 자체보다도 이양우 사건을 통해 드러난 사헌부와 사간원의 행태가 마음에 들지 않았다.

태평성대의 시대적 분위기 속에서 성군의 꿈을 품고 유교적 군주로서 정치를 운영하고 있다고 자부하고 있는 태종이었다. 백성에게 관대하고 신하의 잘못을 용서하는 정치를 하고 싶은 태종이었다. 그런 자신을 보좌하고 도와주어야 할 대간이 오히려 반대로 각박한 정치로 끌고 가려고 억지를 부리고 있다고 태종은 생각했다. 태종의 눈에 그런 대간이 괘씸하기 짝이 없었다. 이대로 방치해서는 안 되겠다고 생각한 태종은 그 조직의 풍토를 바로잡아야겠다고 마음먹었다.

이제 태종은 이양우 사건 그 자체보다도 사헌부와 사간원의 잘못된 행태를 고치려고 국면을 전환한다. 방안은 준비되었다. 대간과의 타협으로 이양우를 양근에 안치한 지 채 두 달이 차지 않은 6월 23일 태종은 이양우를 불러서 서울로 돌아오도록 했다.

이 조치의 정당성을 확보하기 위해 태종은 확대 법정을 설치해 석구지와 홍의 등을 신문하게 했다.

홍의는 처음 "본래 서로 왕래한 일이 없습니다"라고 했다가, 다시 신문하니 말을 바꿨다.

"완원군(이양우)에게 고하지 않고, 몰래 회안군을 뵈옵고 술을 마셨습니다."

석구지도 "홍의는 본래 와서 뵈온 일이 없습니다"라고 했다가, 다시 신문하니 말을 바꿨다.

"홍의가 비록 몰래 왔으나, 회안군이 알지 못했고, 또 먹고 마신 일이 없습니다."

태종은 홍의와 석구지가 말을 바꾼 것은 고문 때문이라고 하며, 그것을 빌미로 삼아 대간을 추궁하게 된다. 두 사람의 말이 일치하지 않자 조말생이 다시 두 사람을 신문하자고 했다. 태종이 꾸짖었다.

"내가 이 일이 (홍의가 이양우를) 무고한 것임을 잘 알고 있다. 이제 경 등으로 하여금 친히 신문하게 한 것은 대개 그 사실을 알고자 함이었다. 나는 형제 간에 사실이 아닌 일 때문에 소원함이 심한 것은 참을 수 없다. 나는 완원군(이양우)을 대우하기를 마땅히 옛날과 같이 하리니, 의당 다시 묻지 말라."

처음 이 사건의 출발점이 된 밀지를 전한 1월의 시점에서 태종은 이양우와 이방간이 사통했다고 생각하고 있었다. 아니면 적어도 그들 간의 사통을 의심했을 것이다. 그러나 확대 법정을 설치한 6월의 시점에서 이양우가 사통했다는 것이 '무고'임을 잘 알고 있었다고 태종은 단언한다. 법정에 참가한 모두가 아뢰었다.

"실정이 비록 모반한 것은 아니라 하더라도, 사람을 보내어 왕래한 것은 사실 같으니, 청컨대 증거를 대도록 모조리 신문하소서."

태종이 반박했다.

"내가 일찍이 전흥을 보내어 회안군에게 물었고(4월 7일 이후, 4월 28일 기사 관련성), 또 대언 등으로 하여금 이 사람들의 말이 같지 않은 것을 신문하게 했다. 내가 직접 물은 것도 두세 번에 이르렀는데, 이양우의 혐의가 사실에 근거한 것이 아님을 의심한 적이 없다."

홍의는 이양우를 무고한 것이고, 석구지는 이방간을 해치기 위해 꾸민 것이니 이 일을 어리석세 다시 말하시 말라고 하고, 홍의에게 장 70대를, 석구지에게는 80대를 때리도록 했다. 태종은 꼬리 자르기로 사안을 마무리하고자 했다.

한편 이때 궐문 옆에 도달한 이양우를 전정에 불러들여서 이번 일로 깊이 후회했을 터이니 이제부터는 다시 의혹하지 말고 서울에 거주하라고 말했다. 이양우가 이 명을 받고는 눈물을 흘리다가 물러갔다. 이후 신하들의 반발이 있었으나 태종은 단호했다. 7월 2일 대사헌 유관 등이 올린 상소를 읽어보고 말했다.

"범법의 흔적이 이미 드러난 죄를 내가 용서한 것이 도대체 얼마나 있느냐? 죄가 의심스러우면 오로지 가볍게 형벌하는 것은 내게서 시작된 것이 아니다. 경들은 용렬하게 고집부리지 말고 나의 덕을 보필하라."

자신의 '덕'을 보필하라고 말하는 태종에게서 술치의 모습을 찾아보기 어렵다. 유교적 군주의 모습을 볼 수 있을 뿐이다.

사헌부의 풍토를 바로잡다 태종이 이렇게까지 설득을 했는데도 대간은 멈출 기세를 보이지 않았다. 7월 5일 대간에서 다시 이양우의 죄를 청했다. 태종은 읽어보지도 않고 번거롭게 굴지 말라고 하고는, 다음 날 대간을 힐책하며 휴가를 가지라고 했다. 이어서 다음과 같은 조치를 취했다.

"대언사에 명해 헌사 서리 3인, 소유 3인을 뽑아서 홍의 등에게 신장(몽둥이로 때림)하고 압슬(꿇은 무릎 위에 무거운 돌을 얹음)한 횟수를 묻게 했다."

앞에서 언급했듯이, 확대 법정에서 홍의와 석구지가 말을 바꾼 것은 고문 때문이라고 판단한 태종은 이걸로 대간을 공략한 것이다. 태종은 대간의 간원을 형문할 의도를 갖고 다시 명했다.

"대간에서 불법한 일을 했으면 형을 가해 신문할 것인데, 옛날에도 이러한 법이 없었는가? 나는 장차 이를 엄격히 징계하겠다. 너희들은 다시 서리·소유 등에게 물어서 문안文案을 만들어 아뢰도록 하라."

서리 등이 얼버무리며 아뢰었다.

"홍의 등의 신장은 2~30번에 지나지 않았고 압슬은 2~3번에 지나지 않았습니다. 만약 더하거나 덜함이 있다면, 일이 이미 하루 거너이므로 능히 다 기록할 수 없었기 때문입니다. 그 문안이 본부에 있으니, 이를 고찰하는 것이 무엇이 어렵겠습니까?"

"이 일은 오래지 않은데 반드시 입을 다물고 말하지 않는 것이다"라고 판단한 태종은 왕패王牌를 내려주는 초강수를 동원해 대간과의 전면전을 시도했다.

왕패란 임금이 특별한 일을 하명할 때 어압御押을 두고 대보大寶를 찍어서 내려주던 패로 이 패를 소지한 자는 그 일을 수행하는 데 특권을 행사할 수 있었다. 이런 특단의 조치를 시행하면서 태종은 대간이 해야 할 본연의 임무를 지적한다.

"대간의 임무는 옳은 것을 헌의하고 나쁜 것을 배척해 공도公道를 행하는 것이요, 송사를 밝게 판정하여 원통하고 억울함이 없도록 하는 것이 바로 그 직책이다."

이어서 태종은 이번 사건에서 사헌부가 어떻게 잘못했는지를 지적한다.

"지난번에 헌부에서 이양우가 회안군과 사통했다고 하여 홍의와 석구지의 진술을 받아 두세 번 죄를 청했으나, 범법의 흔적이 나타나지 않았던 까닭으로 내가 친히 묻기를 재차 했고, 또 근신으로 하여금 재차 묻도록 했다. 또 6조의 장관과 대사헌·순금사겸판사 등으로 하여금 다시 조사를 더하게 하니, 홍의는 '헌부의 고문이 연일 이어지는 것을 견디지 못해, 드디어 스스로 자복했습니다'라고 했고, 석구지는 '사사로운 원한으로 인해 무고하여 회안군을 해치고자 했습니다'라고 했다."

이런 잘못을 반성하지는 않고 오히려 사헌부는 "강제로 형을 써서 진술서를 받은 죄를 면하려고 꾀해" 지속적으로 이양우를 처벌하라고 상소하고, 이런 사헌부를 탄핵해야 할 사간원도 도리어 사헌부에 동조해 함께 상소하는 잘못을 거듭하고 있다고 태종은 질타한다. 그리고는 7월 8일 순금사에 명해 대간의 관원을 불러오도록 하여 왕패를 내보이고 그들을 외방에 쫓아버렸다. 사헌부와 사간원을 초토화시켰다고 보아도 좋을 정도의 극단 조치였다. 물론 보름 만인 7월 23일 이들을 용서해 경외종편(한양 밖에서 편히 살게 함)을 시키기는 하지만 이 조치를 통해 태종이 의도한 바가 무엇이었는지를 확인할 필요가 있다.

7월 13일 태종은 박수기를 사간원 우사간대부로, 이당을 사헌집의로 발령을 내고 나서 한상경에게 말했다.

"대간의 직은 정의를 지키고 법을 잡아서(수정병법守正秉法) 임금이 잘못하는 바가 없도록 하는 것이 가하다."

유교적 군주의 입장에서 대간에게 요구하는 임무다. 태종은 자신의 대간들에게 이러한 본연의 임무 수행을 기대했으나 대간은 자신의 기대를 저버리고 말았다.

> 구차스레 한 가지 단서를 얻으면 일의 시비를 묻지도 않고 반드시 이를 말해 종간(간언에 따르게 함)을 보고자 한다. 근일에 완원군(이양우)의 일은 망령되게 죄를 얽어 맞추어서 나를 불의의 땅에 반드시 두고자 했으니, 이것이 무슨 마음인가? 이러한 풍토가 고쳐지지 않는다면 후세에 반드시 사정私情을 끼고 착한 사람을 모함하고 밖으로 공의公義를 칭탁하고 그 욕심을 풀려는 자가 있을 것이다. 마땅히 덕망이 있고 신중한 자를 골라서 그 책임을 맡겨야 한다.

성군을 지향하는 왕 vs. 그러한 왕을 불의에 빠뜨리려는 신하 태종은 이러한 프레임으로 대간을 보고 있다. 자신은 이양우 사건을 통해서 드러난 대간의 풍토를 바로잡겠다고 한상경에게 말한 것이다.

7월 8일의 극단 조치는 술치의 관성에 빠진 대간을 추방한 것이고, 7월 13일의 인사 발령은 성군에의 뜻을 보필해 줄 "덕망이 있고 신중한 자를 골라서 그 책임을 맡긴" 것이라고 해석할 수 있다.

한상경에게 하는 말이 끝나자 태종은 의미심장한 질문을 승정원에 던졌다.

"옛날에 간언하는 신하가 세 번 간해도 듣지 않으면 간다는데, 이른바 간다는 것은 그 나라를 떠난다는 것인가 그 관을 떠난다는 것인가?"

승정원이 답했다.

"중원은 열국列國이 국경을 맞대고 있기 때문에, 말해도 듣지 않고 계획해도 실행하지 않으면 다른 나라로 갔습니다. 본국인즉 갈 만한 땅이 없으니, 다만 그 관을 떠나는 것입니다."

태종이 말했다.

"세 번 간해도 듣지 않으면 간다는 것은 군신의 의가 이미 끊어진 것이다. …… 금후로는 말을 만약 받아들이지 않으면 전사로 곧 돌아가 종신토록 돌아오지 않는 것이 마땅하다."

앞으로 술치의 관성에 빠져 세 번 이상 간하는 자는 스스로 군신의 의를 끊은 자이니 고향으로 돌아가 다시는 돌아오지 말라고 태종은 선언했다.

태종은 이양우 사건을 처리하는 과정에서 자신은 성군을 지향하는 유교적 군주라는 점을 강하게 보여줬다. 동시에 술치의 관성에서 벗어나지 못하는 신하들에게 특단의 조치를 취하면서 그들의 풍토를 바로

잡으려고 했다.

나흘 후 7월 17일 태종은 그런 의지를 과거시험을 치르는 장에서 유감없이 보여준다. 태종은 성균관에 나아가서 옛 성현들에게 술을 올리는 의식을 행하고, 이어서 명륜당에 나아갔다. 관원이 학생 5백여 명을 이끌고 명륜당 앞마당에 들어와 의례를 마치자, 태종이 친히 시급히 시행해야 할 정책이 무엇인지를 물었다.

> ① 인군의 직은 사람을 아는 것보다 어려움이 없고, 사람을 임명하는 것은 그보다 더욱 어렵다. 사람을 알고 사람을 임명하는 법을 얻어 들을 수 있겠느냐? ② 삼공三公(태사·태부·태보)이 치도治道를 논하고 육경六卿(육관의 수장)이 직분을 나누는 것은 주나라 관제가 남긴 뜻이고, 지금 중국 조정에서 시행하는 제도다. 어떻게 하면 능히 치도를 다하고 능히 직분을 다하겠는가? ③ 대간을 설치하는 까닭은 정론을 직언하여 허물을 다스리고 잘못을 규탄하기 위함이다. 종종 편견의 억설을 가지고 기필코 종간시키고자 하는데, 종간의 명분을 따르고자 하면 반드시 의를 해치는 데 이르고, 실언에 죄책을 가하고자 하면 반드시 거간拒諫이라 여긴다. 어떻게 하면 편견은 섞이지 않고 정론定論은 날마다 들을 수 있겠느냐? ④ 배우고 가르치는 것은 권장하지 아니할 수 없다. 그러나 시가와 문장을 외우고 읽기만 하는 것이 습속이 되어, 진실로 알아서 실천하는 하는 자는 대개 적으니, 어떻게 해야 교학敎學을 갖추고 밝혀서 인재를 배출할 수 있겠느냐? ⑤ 민생은 후하게 하지 않을 수 없으나 수재와 한재가 자주 일어나서 백성의 탄식이 그치질 않으니, 어떻게 하면 제때에 비가 오고 햇볕이 나서 집집마다 넉넉하고

사람마다 유족하겠는가?

이 다섯 문제에는 성군을 지향하는 태종의 마음이 담겨 있다. 태종은 자신의 의지를 함께 실행해 줄 새로운 인물을 간절히 바라는 마음으로 과거의 장에 임하고 있었을 것이다.

여기서 주목할 부분은 세 번째 문제다. 대간으로부터 편견이 섞이지 않은 정론을 날마다 듣고 싶다는 태종의 마음은 이양우 사건을 겪으면서 대간의 잘못된 풍토를 바로잡고 싶다는 그 마음의 연장선에 있다고 보아도 좋다.

이렇게 다섯 문제를 제출한 태종은 마지막으로 학생들에게 자신의 포부를 피력하면서 끝맺는다.

다만 사람을 쓰기 전에 능히 번별하고 사람을 쓴 뒤에 의심하지 말아서 여러 어진 이가 힘을 다하고 모든 관료가 태만하지 아니해, 천심을 향유하고 융평한 다스림(융평지치隆平之治)에 이르고자 하니, 그 방책이 무엇인지를 빠짐없이 진술하라.

"융평한 다스림"이란 요순 삼대의 이상적인 태평의 시대를 말한다. 태종은 그런 시대를 함께 이루어 갈 젊은 세대의 신하를 간절히 바라고 있었다.

이날의 대책 시험에서 얼마 전 태종이 대간을 초토화시킨 점을 지적한 답안이 있었던 것 같다. 이에 응해 7월 23일 외방에 부처된 대간의 관원을 모두 용서해 경외에 종편시키라는 명령을 내리면서 태종은 이렇게 말한다.

“며칠 전에 유생들이 제시한 정책을 보니, 모두들 ‘대간의 말이 비록 혹시 맞지 않더라도 마땅히 죄를 가할 수 없다’라고 했기 때문에 내가 용서하는 것이다.”

이로써 태종은 유교적 군주로서의 품격과 명분을 충분히 취하면서 이양우 사건을 매듭지었다.

민무회·민무휼, 불충에 빠지다

염치용 노비 분쟁 사건 조선 건국 이후 지체되어 온 노비변정 사업을 획기적으로 해결하기 위해 태종이 제시한 방책이 태종 13년 9월 1일 시행된 노비중분법이다. 이 법에 따라 변정 사업에 박차를 가하기 위해 이듬해 4월 14일 노비변정도감이 설치되었고, 그해 10월 15일 상당한 성과를 거두고 도감은 혁파되었다. 그렇다고 변정 사업이 완결된 것은 아니었다. 잘못된 판결에 대한 불만으로 신문고를 치는 자도 있었고, 신문고를 칠 기한을 놓친 자들은 왕의 행차 시 어가 앞에서 호소하기도 했다. 그들 중에는 시비를 묻지 않고 모조리 중분한다는 말을 듣고 노비를 탐내어 호소하는 자들도 있었다. 이런 사태를 심각하게 여긴 태종은 태종 15년 4월 1일 교지를 내렸다. 앞으로 노비 분쟁으로 대가 앞에서 호소하는 자는 장형에 처하고, 분쟁 대상인 노비는 모두 공노비로 귀속시킨다는 어명이었다.

민간에서 분쟁 대상이 된 사노비를 공노비로 귀속시킨다면 국용이 늘어나게 되니 국왕으로서는 나쁠 것이 없었다. 노비의 입장에서도 사노비보다는 공노비가 더 좋은 여건이었다. 공노비 귀속은 태종 대 노비변정 사업의 기본적인 방침 중의 하나였다.

염치용 노비 분쟁 사건도 공노비 귀속과 관련이 있는 전형적인 사안 중의 하나였다. 그러나 이 사건이 태종 후반기 최대의 정치적 사건으로 확대되리라고는 아무도 예상하지 못했다. 태종이 이 사안을 알게 된 것은 태종 15년 4월 6일이었고, 그 후 사건의 내용을 파악한 태종은 4월 9일 처벌의 가이드라인과 함께 민무회와 윤사영·염치용·권집지 등 관련자들을 의금부로 보냈다.

이 사건은, 1차로 형조에서 2차로 사헌부에서 황주목사를 지낸 염치용의 소유로 판결한 서철을 포함한 노비들을, 1, 2차 판결이 미심쩍다고 생각한 태종이 3차로 육조와 대언에 논의시켜 내섬시의 공노비로 환속시킨 데서 시작되었다.

〈그림 3〉은 이 분쟁에 관련된 사람들과 분쟁의 구도다.

3차 심사에서 판결이 뒤집혀 노비를 빼앗긴 염치용이 분을 참지 못하고 자신의 후원자인 민무회를 찾아가 말(실록에는 '무언誣言', 즉 거짓말로 표기되어 있음)을 했다. "종 서철 등은 큰 부자인데, 뇌물로 은병을 혜선옹주 홍씨에게 상납하고, 또 좋은 말을 영의정 하륜에게 증여해서, 이를 인연으로 임금에게 아뢰어 서철이 내섬시에 속하게 되었습니다"라고.

며칠 후 민무회가 충녕대군을 뵙고, 그 노비(서철)의 근각(죄를 범한 사람의 죄상·이름·생년월일·인상 및 그의 조상에 관한 사항을 기록한 표)과 함께 염치용의 말을 고하니, 충녕대군이 즉시 임금에게 보고했다. 그러자 태종이 "내가 부끄러운 말을 들으니 도리어 경들을 보기가 부끄럽다" 라고 승정원에 명을 전하고 관련자들을 불러서 물었다.

"이미 벌써 시비를 분별하여 속공한 노비를 가지고 도리어 잘못된 판결이라고 억지 주장을 한 이유는 무엇인가?"

관련자들이 억지 주장이 아니라고 부정하자 이번엔 염치용에게 물었다.

"내가 듣자니, 너는 나더러 대신 하륜과 시첩 가이(홍씨)의 말을 듣고 내섬시에 소속시켰다고 하는데, 그렇다면 내가 대신과 시첩의 말을 듣고 그 일을 부당하게 처리했다는 말인가?"

실록은 이 장면을 "염치용이 황송해 대답하지 못했다"고 기록했다.

이 자리에서 과연 염치용이 민무회에게 한 말을 가지고 태종에게 반

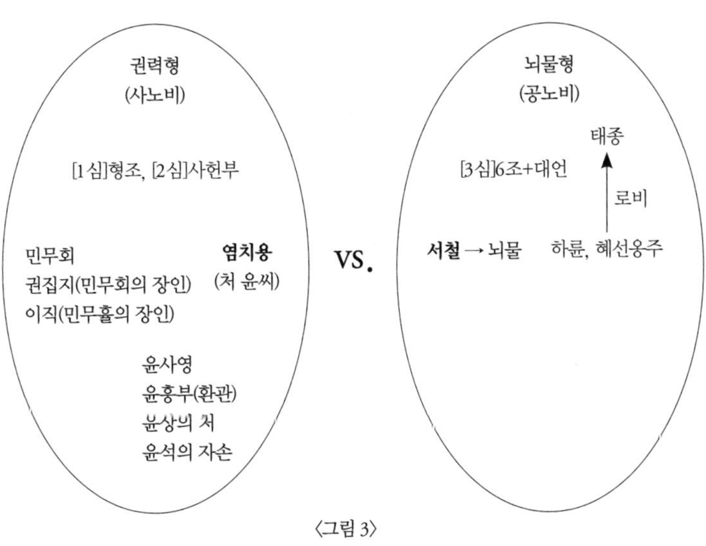

〈그림 3〉

론할 수 있겠는가? 그건 불가능하다. 설령 염치용이 민무회에게 한 말이 사실이라고 해도. 이미 염치용은 빠져나갈 길이 차단되어 버렸다. 염치용 사건의 법리적 판단은 여기서 끝났다. 이후 염치용은 사형에 해당하는 모역의 율이 적용되었으나 감형되어 목숨은 건졌다. 그러나 가산이 적몰되고 유배에 처해지는 벌을 받았다.

실록에는 화가 난 염치용이 민무회에게 한 말을 '거짓말'이라고 적고 있으나, 사실일 가능성이 매우 크다. 사건의 전말을 알아보기 전에 먼저 사건 당사자인 노비 서철과 뇌물을 받았다는 홍씨에 대해 알아보자.

시첩 홍씨는 보천의 기생 가희아였다. 그녀는 노래와 춤을 잘해서 태종의 총애를 받았고, 태종 14년 1월 13일 태종은 그녀를 혜선옹주로 삼았다. 한편 노비 신분이던 서철은 장사를 해서 큰 돈을 번 부자였다. 그는 돈을 가지고 신분을 바꿔보려고 애쓴 인물이었다.

세월이 한참 지난 세종 8년 4월 4일 기록에 의하면 서철이 병조판서 조말생에게 뇌물을 준 사실을 사헌부가 세종에게 말한다.

"조말생이 은병과 비단을 부자인 보충군 서철한테서 기증을 받고는 그의 아들인 서문수·서문명에게까지 관직을 제수했습니다. 그러나 그의 범죄가 사면 전에 있었으니 논죄는 하지 말고, 서철 부자의 직첩만 회수해 보충군에 도로 소속시키도록 하소서."

보충군이란 양인과 천인 사이의 신분을 변별하기 위한 방책으로 태종 15년에 설치된 제도였다. 5위五衛 중 의흥위에 소속된 병종兵種으로 이들은 일정 기간 복무하면 양인이 될 수 있었다. 보충군 중의 하나로 물문시비勿問是非 보충군이 있었는데 이는 태종 17년 노비 쟁송을 영원히 중단시키기 위해 소송이 진행 중인 노비를 시비를 가리지 않고 보충군에 입속시킴으로써 성립되었다. 서철은 아마도 이때 보충군으로 편입되지 않았을까 추측된다.

다시 돌아가서 이번에는 홍씨와 서철의 관계를 보자.

태종 15년 5월 10일 편전에서 정사를 보던 태종이 육조·승정원 및 공신·총제·사간원 등을 불러 말했다.

"염치용이 노비를 빼앗긴 데 원한을 품고 허언을 만들어 내어, 나더러 뇌물을 받은 대신(하륜)과 궁녀(홍씨)의 말을 듣고 노비의 소송을 잘못 판결했다고 하는데, 내 어찌 그 청탁을 듣고 시비를 전도해 정치를 문란하게 했겠는가? 하물며 궁인은 대궐 안에 깊숙이 거처해, 일찍이 친족 혹은 옛 친구인 보라진과 서철과의 사이에 왕래하지 못했는데, 염치용은 이 같은 더러운 말을 꾸며내어 경내에 유포했으니, 그 본심을 따져볼 때 어찌 불충이 아니겠는가?"

이 기록에 따르면 홍씨와 서철은 친족이거나 아니면 친구 사이였던 것 같다. 아마도 둘 사이에는 이미 관계가 있었다고 보인다. 여기서 태종은 홍씨가 궁궐에 들어와 있어 서철과 만나지 않았다고 하는데, 서철의 경우 직접 만나지 않았어도 중간에 사람을 통해 얼마든지 홍씨에게 뇌물을 전할 수 있었을 것이다.

그렇다면 뇌물을 받은 영의정 하륜은 어떠한가? 하륜은 뇌물 받기를 좋아해 그의 집에는 늘 뇌물을 가지고 청탁하러 오는 자가 많았던 것으로 보아 서철의 뇌물을 받았다고 해도 전혀 이상할 것이 없다. 물론 하륜이 뇌물을 받고 이 건을 태종에게 아뢰었을 리는 없었을 것이다. 의도적 배달사고라고 보면 된다.

반면 태종의 총애를 받던 홍씨가 형조, 사헌부, 육조로 이어지는 판결 과정에서 어떤 식으로든지 서철에게 유리한 결정이 나도록 태종에게 영향을 미쳤을 것이다.

이상의 내용을 바탕으로 해서 노비를 빼앗긴 염치용이 민무회에게 한 말을 다시 읽어보면 그의 말이 거짓말이 아닌 사실에 가깝다고 보는 것이 자연스럽다. 노비 쟁송을 위해 염치용은 면밀히 준비했을 것이다. 민무회와 민무회의 장인 권집지를 포함한 민씨 가문의 힘을 등에 업고 형조와 사헌부의 판결을 얻어낸 염치용이 상대방의 상황 또한 충분히 파악했을 것이다. 서철과 홍씨 사이의 거래, 홍씨와 태종의 관계를 파악하는 데는 처음부터 염치용·민무회와 함께 노비 쟁송 건을 모의한 환관 윤흥부가 결정적인 역할을 했을 것이다.

자신이 파악한 정보를 통해 염치용은 이 판결이 뒤집어진 이유에 대한 확신이 있었을 것이며, 그것을 민무회에게 말했고, 함께 정보를 공유하며 논의해 온 민무회 역시 염치용의 말이 사실이라고 믿었을 것이다. 그래서 민무회는 충녕을 통해 그 사실을 확인해 보려고 시도한 것으로 보인다.

그러나 사실 여부를 떠나 염치용의 말은 지나쳤다. 물론 염치용은 자신의 말이 태종의 귀에 들어가리라고는 생각지도 못했을 것이다. 그렇다면 염치용의 말을 충녕에게 옮긴 민무회의 행동이 화의 근원이 된 셈이다. 결국 이것이 계기가 되어 민무회는 목숨을 잃게 된다.

이제 염치용 노비 분쟁 사건 그 자체와는 무관하게 민무회의 경솔한 행동이 조정에 미친 정치적 파장과 민무회 스스로 참담한 대가를 치르는 과정으로 이야기를 옮겨보자.

이야기를 시작하기 전에 태종 15년 4월에 발생한 염치용 사건을 다시 한번 간략하게 정리해 보자.

6일: 태종, 최초로 사건을 인지함.

9일: 처벌의 가이드라인과 함께 관련자들을 의금부로 보냄.

11일: 민무회 등 관련자 네 명 석방함.

12일: 관련자 네 명과 환관 윤흥부를 다시 가둠. 민무회를 파직시킴.

13일: 사헌부 대사헌 이응 등이 염치용 사건과는 별개의 다섯 건으로 상소함.

태종은 13일 사헌부에서 올린 상소 중 한 건을 지목하며 사헌부에서 청할 사안이 아니라고 화를 내고, 이날 민무회·윤사영·권집지를 또다시 석방한다. 구금과 석방을 반복한 것은 태종 자신이 사건 내용을 정확하게 파악하지 못해서였거나, 아니면 어떻게 처결할지 결정하지 못했기 때문일 것이다.

석방이 불가함을 주장하는 신하들에게 태종은 석방의 이유를 이렇게 말한다.

"늙은 어미(태종의 장모)가 자식의 연고 때문에 음식을 폐하고 근심하고 있으니 차마 옥중에 가두어 둘 수 없다. 또 그 죄상도 민무구와 민무질에 비교할 것이 아니다."

15일 염치용과 윤흥부를 유배시킨다. 염치용 본인이 장 백 대를 맞고 유배될 때, 처첩은 노비로 전락했으며, 가산은 모두 관에 몰수되었다. 두 사람이 처벌된 날 신하들은 그들과 함께 모의한 민무회의 처벌도 강하게 주장했지만, 태종은 신하들의 말이 옳다고 하면서도 이렇게 말한다.

"그는 벌써 죄 때문에 견책을 받았으니, 어찌 다시 나에게 진심盡心하기를 바랄 수 있겠는가? 다만 늙은 어미의 마음을 위로하지 않을 수 없었던 까닭에서였다. 경 등은 다 알고 있을 것이니 많은 말을 하지 말라."

민무회에 대한 태종의 불신은 확고했다. 원래부터 태종은 민무회·민무휼 형제가 자신에 대해 갖고 있는 본심(민무구·민무질 형제가 무고로 죽었다고 생각하는 마음)을 알고는 있었지만, 염치용 사건을 계기로 그들의 본심을 확인할 수 있었다. 그들의 본심이 확인된 이 시점에서 그들을 처단하고 싶었으나 이미 두 아들을 잃은 장모의 처지를 측은히 생각해 일단 처벌을 유보했다.

4월 17일 다시 사간원에서 민무회의 처벌을 주청하자, 태종은 마지못해 직첩만을 거두라고 명한다. 이후 한동안 태종의 명대로 민무회의 죄를 청하는 상소가 없었다. 그런데 뜻밖에 5월 4일 태종은 대사헌 이은 이하 사헌부 관원을 의금부에 내렸고, 사흘 후인 7일 그들에게 장을 때리고 유배를 보내버렸다.

도대체 이들이 무슨 죄를 지었기에 사헌부가 통째로 이런 처분을 받았을까?

민씨 형제가 밉다 민무회에 대한 조치를 살펴보면, 태종 15년 4월 12일에 파직하고 17일에 직첩을 회수한 것이 전부였다. 물론 태종은 법리에 따라 민무회를 처단해야 했으나, 장모와 왕비의 애원에 이끌려 처리를 유보하고 있었다. 신하들에게 말로는 더 이상 민무회 처리를 요청하지 말라고 했으나, 내심으로는 민무회를 처단하고 싶었고, 그러기 위해서는 신하들의 집요한 요청을 기다리고 있었던 것 같다. 그러나 소식이 없었다. 기다리다 못한 태종이 사헌부를 공략했다.

5월 4일 사헌부 관료들을 의금부에 내려보내는 교지에서 태종은 그들의 죄를 이렇게 나열했다. "① 6조와 의금부·승정원·사간원에서도 율문에 의해 민무회의 처벌을 시행하라고 청했는데, 사헌부는 그 직책이 국가의 법을 관장하고서도 민무회의 죄를 청하지 아니했고, 또 ② 그들이 아뢴 조목 안에는 '대소 인원이 함부로 상서해 어떤 자는 자기의 죄를 모면하기를 엿보고, 어떤 자는 자기의 욕심을 이루려고 도모한다'라고 했으니, 이것은 반드시 누구를 위해 발설한 것이다. …… 낱낱이 국문해 아뢰도록 하라."

핵심은 ①이었다. 6조와 의금부·승정원·사간원 등이 민무회를 법에 따라 처단하라고 주청했는데, 가장 앞서 청해야 할 사헌부가 그렇게 중요한 사안인 민무회의 죄를 청하지 않았다는 것이다. 그리고 앞서 잠깐 언급했듯이 사헌부가 4월 13일에 상소를 하기는 했는데 중요하지도 않은 별건으로 게다가 그것도 적당치 않은 사안을 올렸다는 것이다(문맥을 이해하기 어렵지만, 이것이 ②의 내용).

5월 4일 의금부에 교지를 내린 태종은 사헌부에 대한 자신의 불만을 하륜과 남재·이직·유정현 등 의정부 대신을 불러 직접 말한다.

"염치용과 민무회의 일은 4월 6일에 발단되었고, 내가 9일 6조에게 엄히 조사하기를 명하여 거짓말이 현저하게 드러났으므로, 의금부에 내려 그들을 국문하여 염치용과 민무회의 불충한 정상을 분명히 알 수 있었다. 그러나 내가 특별히 죄를 감해주자, 6조와 사간원 대언 등이 재삼 죄주기를 요청했으나, 사헌부는 풍기를 맡은 관청인데도 도리어 잠잠히 아무 생각이 없으니, 내 진실로 그들의 간사한 마음가짐을 더럽게 여겼으나, 꾹 참고 오늘에 이르렀는데, 끝까지 참을 수 없어서 지금 옥에 내려 다스리는 것뿐이다."

이 말을 들은 대신들은 서로 보면서 놀라 머리만 수그리고 잠잠히 있었다. 바로 뒤에서 서술하겠지만, 민무회를 옹호하는 견해를 말했던 우의정 이직(민무휼의 장인)은 더욱 심하게 황공해했다.

대신들은 태종이 이렇게까지 나오리라고는 예상하지 못했기에 놀랐고, 곧이어 자신들에게 닥쳐올 태종의 공세를 예감했기 때문에 그저 잠잠히 있었다고 추측된다. 사흘 후인 5월 7일 태종은 승정원을 통해 신하들에게 엄중한 경고의 말을 전했고, 다음 날 8일 의정부는 형조의 조사를 받게 된다. 주된 타깃은 4일 태종의 말을 듣고 다른 대신들에 비해 심하게 황공하던 우의정 이직이었다.

여기서 태종의 사헌부 처벌 조치에 대해 곰곰이 생각해 보자. 한 해 전 이양우 사건 때 사헌부에 대해 태종이 취한 조치가 생각할 단서를 제공해 준다. 그때 사헌부가 법대로 집행해야 한다고 집요하게 태종을 몰아붙였고, 그런 사헌부의 풍토를 고치겠다고 태종이 사헌부를 초토화시킨 일을 상기해 보자.

그런데 이번 민무회 건에서는 반대로 법대로 집행하라고 상소하지 않았다고 태종은 사헌부를 초토화시켜 버렸다. 사헌부에 대한 이런 이중적 태도를 어떻게 이해해야 할 것인가? 사헌부는 도대체 어느 장단에 춤을 추란 말인가?

태종의 입장에서 보면, 이양우 때는 사헌부가 너무 적극적이었고, 이번 민무회 때는 너무 소극적이어서 두 번 모두 사헌부가 적당함을 잃어 화를 자초했다고 볼 수 있을 것이다. 그러나 사헌부의 입장에서 보면, 그런 태종의 판단과 행위가 너무 자의적이라고 볼 수 있을 것이다.

일단 여기서는 태종의 입장에서 이야기를 진행해 보자.

태종은 이양우 때는 이양우를 처단하고 싶지 않았고, 민무회 때는 민무회를 처단하고 싶었다. 그런데 사헌부는 지난번엔 이양우를 처단하라고 우기다가, 이번엔 민무회를 처단하라고 요청하지 않다가 태종으로부터 처벌을 받았다. 양쪽 모두 사헌부는 태종의 본심을 이해하지 못해 화를 당했다.

분명 자신의 역린을 건드리는 사안에 태종은 폭군과 같은 행동을 보여준다. 이것은 무인정변의 트라우마에서 기인하는 현상일 것이다. 집권 후반기의 태종에게 여전히 그 트라우마가 치유되지 않고 남아있었고, 어떤 계기가 그 심연의 상흔을 건드리면 태종은 한비자의 얼굴을 드러냈다. 그러나 그 모습은 그다지 오래가지 않았다. 전반기의 태종이 지속적으로 장기간 그런 얼굴을 가지고 있었다면, 후반기에는 살짝살짝 드러났다가는 사라지곤 했다. 이 또한 '술치의 잔재'라고 볼 수 있다.

잠시 이런 후반기의 잔재와 전반기의 전형적인 술치의 차이를 정리해 보자. 전반기에 술치를 구사할 때, 태종은 자기 쪽에서 먼저 선제적으로 상대를 공략했다. 그리고 당여를 색출하기 위해 사건을 가급적 장기화시켰다. 이에 반해 후반기에는 우연한 계기가 태종의 역린을 건드리면 드러나지만, 당여를 색출하려는 의도로 연결되지 않고 신속하게 종결되었다. 이색 비명 사건에서는 발심 후 자제했고, 이양우 사건에서는 경고 조치 수준에서 멈추었으며, 민무회 사건의 처리에서는 당사자

본인에 한정해 신속하게 종결하는 특징을 보였다.

아무튼 태종이 먼저 시작한 것은 아니지만, 일단 역린을 건드린 민무회를 태종은 처단하고 싶었다. 성군을 지향하는 유교적 정치를 시행하고 있던 태종이었지만 이양우와 달리 민무회만큼은 용서하고 싶지 않았다. 이런 태종의 마음을 이후 7년쯤 지난 세종 4년 1월 14일 자 기록에서 확인할 수 있다.

이직은 염치용 사건으로 결국 축출되고 만다. 그러나 먼 훗날 이직을 용서하면서 상왕이 된 태종이 지난날의 일을 근신에게 이렇게 말했다.

"이직은 그 자신이 범한 죄가 있는 것이 아니라, 염치용의 죄를 논한 것이 경솔했기 때문이다. 그러나 정부에 있으면서 말을 꺼내었으니, 그 마음이 거짓을 품은 것은 아니다. 내가 그때에 민씨의 불충한 행위를 미워하고 있었는데, 민무휼은 곧 이직의 사위인 까닭에 드디어 이직까지 미워한 것이다. 그러나 본래 진범이 아니므로 이로써 불러 돌아오게 한 것이다."

염치용의 말을 믿고 경솔하게 행동한 민무회의 불충한 행위가 미웠던 것이다. 태종은 민무회를 살려두어서는 안 된다고 판단했다. 그러나 늙은 장모 때문에 처단을 유보할 수밖에 없었다.

이런 상황에서 앞장서서 그 처단을 강력 주장하리라고 기대했던 사헌부가 아무 의견을 보이지 않자 태종은 화가 났던 것이다. 그러고는 며칠을 참고 기다리다가 마침내 5월 7일 사헌부를 초토화시키는 조치를 취하게 된다. 대사헌 이은에게 장 80대에 도 2년에, 이유희 등 4인에겐 장 70대에 도 1년 반에, 금유에겐 속장(돈으로 대체하는 장) 60대에 처한 것이다.

이렇게 사헌부를 단죄하고 나서 태종은 또 하나의 섬뜩한 내용의 말을 승정원에 전지했다.

"신하는 장將(반역의 마음)이 없어야 하고, 장이 있으면 반드시 형벌을 당해야 된다고 했는데, 이것은 무엇을 말함인가? 너희들은 '장'자를 해석해 아뢰라. 내 생각으로는, 만약 금장今將의 마음을 가지고 있는 자라면 토죄할 수 있다고 생각한다. 근자에 여러 신하가 염치용 등은 금장의 마음이 없는데도 날더러 형벌을 함부로 썼다고 하는 자가 간혹 있다."

태종은 염치용의 말과 그 말을 믿고 옮긴 민무회의 행위가 군왕에 대한 금장의 마음을 표출한 것이고, 따라서 그들은 역모의 죄에 해당하고, 그에 합당한 벌로 죽음을 내려야 한다고 단정하고 있었다. 단지 벌을 줌에 군왕의 자애를 보여 염치용에게는 감등해 조치했고, 민무회에게는 일시적으로 유보하고 있을 뿐이었다. 그런데 이러한 자신의 생각과 판단이 잘못되었다고 말하는 자가 있다는 것이다. 그자가 누구인지 찾아내라는 것이다.

아니다. 태종은 이미 그가 누구인지 알고 있었다. 다름 아닌 앞서 태종의 말에 유난히 황공해하던 우의정 이직이었다. 그자를 처리하는 절차를 밟으라는 명이었다. 이렇듯 이직을 염두에 두고 그를 색출하라는 명령을 내린 이유는 민무회를 처단하기 위한 명분을 축적하기 위해서였을 것이다.

다음 날 5월 8일 의금부 제조 이천우와 금천군 박은이 대궐에 나와 이직이 다음과 같이 말했다고 태종에게 아뢰었다.

"염치용은 노비를 얻지 못한 연유로 해서 분함을 이기지 못해 이 같은 거짓말을 발설한 것뿐인데, 지금 모역의 율에 해당시킴은 잘못이다."

이직의 이 말을 태종의 표현으로 바꿔 말하자면, 염치용은 비록 분을 못 참고 허망한 말은 했지만, 금장의 마음이 있어서 그런 것은 아니라는 것이다. 따라서 그의 죄를 모역율에 해당시킨 의금부의 판결은 잘못이라는 것이다. 이어서 실록은 5월 8일 이직이 이렇게 말하게 된 경위를 참찬 유정현이 태종에게 보고하는 기록으로 전한다. 그 기록을 실록의 다른 곳에 나오는 기록과 합해서 정리해 보자.

태종이 처음 염치용 사건을 인지하기 이틀 전인 4월 4일 이숙번은 종기가 나서 병상에 누워있었다. 그러던 중 이숙번은 염치용과 윤흥부·민무회 등의 죄를 감등해 시행했다는 소식을 전해 듣고는 헌사에서 반드시 법에 따라 그들을 처단해야 한다고 주청하리라고 생각하고 있었다. 그러나 사헌부를 비롯해 어디서도 주청하지 않자, 4월 27일에 사람을 시켜 유정현을 자신의 집으로 불렀다. 사간원의 주청에 따라 민무회의 직첩을 회수한 이후 열흘이 지난 시점이었다.

이숙번의 집으로 찾아간 유정현에게 이숙번이 말했다.

"염치용과 민무회의 말이 주상에게 미쳤으니 그 죄가 주륙에 해당한다. 그러나 주상이 형벌을 줄여주었고, 헌사에서는 한 번도 죄를 청하지 아니하니, 이제 무슨 낯으로 다시 죄를 청하겠는가? 우리들이 진실로 죄를 청해야 한다."

유정현이 옳다고 하자, 이숙번이 말했다.

"이직의 사위(민무휼)가 민무회의 형이니 반드시 이직은 그 죄를 청하려 하지 않을 것이다."

그러자 유정현이 "대의 앞엔 친족도 없다. 어찌 인척 때문에 공의를 폐하겠는가?"라고 하고는 즉시 조서로를 삼정승에게 보내어 그들의 뜻을 물어오게 했다. 조서로가 돌아와서 삼정승의 말을 전했다.

"영의정(하륜)은 '염치용이 나를 가리켜 뇌물을 받았다고 하므로, 나는 혐의가 있어 죄를 청하기 어렵다'라고 했고, 좌의정(남재)은 '정부에서 의견을 모아 죄를 청하고자 한다면 그에 따르겠다'라고 하며 여전히 어물쩍하고 결단을 내리지 못했고, 우의정(이직)은, '염치용의 죄는 주상이 단안을 내렸기에 더 생각할 여지가 없으니, 다시 죄를 청함은 옳지 못하다'라고 했습니다. 그들의 말뜻을 들으니 모두가 죄를 청하려 하지 않음이었습니다."

그 후 닷새가 지나 5월 1일 좌의정 남재와 우의정 이직이 함께한 자리에서 유정현이 다시 한번 주청 안건을 두 의정에게 의논하자 이직이 말했다.

"염치용은 노비를 빼앗긴 데 격분해 원망의 말을 한 것뿐이지, 위험한 계략을 꾸미고 반역을 한 것도 아니니, 가산을 적몰하는 것은 너무 무거운 듯하다. 본래 상소에 따라서 다스렸으니, 어찌 감히 다시 청해 그 죄를 더하겠는가?"

이에 유정현은 얼굴빛이 변하며 어찌할 바를 몰랐다.

이상의 내용은 5월 8일 유정현이 태종에게 보고하는 형식으로 실록에 기록되어 있으나, 4월 27일 이숙번이 움직이기 시작한 이후의 일들은 이미 태종에게 전달됐을 것이다. 아니 어쩌면 이숙번은 태종의 뜻에 따라 움직였을지도 모른다. 사헌부의 주청을 기다리다 실망한 태종이 이숙번을 시켜 의정부의 의사를 타진해 본 것이 아니겠는가?

에이전트 이숙번이 움직여 그물을 쳤고, 이직은 그만 태종의 뜻에 반하는 발언을 하고 만 것이다. 이유는 분명했다. 민무휼이 사위였으니, 민무휼의 동생 민무회가 처단되는 것을 막기 위해서였을 것이다.

유정현이 태종에게 보고한 내용이 기록된 5월 8일 자 실록에는 형조가 이직의 죄를 청하는 상소가 실려 있다. 그리고 다음 날 5월 9일 우의정 이직을 성주에 안치하라는 명이 내려졌다. 이직은 고향 성주로 돌아가기를 청하고는 이렇게 탄식했다고 한다.

"노신이 죄를 얻었으니 정좌正坐하여 글이나 읽을 뿐이다."

이직이 죄를 용서받고 고향으로 돌아간 다음, 사간원·삼공신·의정부·사간원·6조·사헌부에서 염치용·민무회·이직의 죄를 법대로 처리하자는 상소가 이어졌다. 사헌부와 이직이 주청하지 않았다고 벌을 받았으니, 당연히 그럴 수밖에 없었다. 태종은 그들의 요청을 허락하지 않다가, 5월 27일에 이르러 자신의 방침을 지신사 유사눌을 통해 유정현에게 전했다.

"염치용이 비록 망령된 말을 꾸몄다고는 하나 반드시 일(반역)을 일으키지 못했을 것이니, 어찌 꼭 죽이고야 말겠는가? 민무회의 죄는 민무구의 죄와 같은 유類가 아니고, 또 늙은 어미가 있으니 어찌 중죄에 처할 수 있겠는가? 이직의 죄는 어찌 이거이의 죄보다 크겠는가? 이거이도 외방에 안치해 평생을 마치게 했으니, 이직의 안치도 이와 같은 것이다. 너희들은 내 뜻을 알 터인데 어찌해 대신들에게 상세히 말하지 않는가?"

어쩌면 태종의 진심을 전했을 수도 있다. 그러나 그렇다고 해서 신하의 입장에서는 어정쩡한 태도를 취했다가는 무슨 변을 당할지 몰랐다.

유정현은 유사눌이 전하는 말을 듣고 즉시 대답했다.

"신하로서 금장의 마음을 가지면 매우 불충이 되는 것이다. 하물며 망령된 말을 꾸며내어 주상에게 누를 끼치려고 한 자이겠는가? 그런 자와는 한 나라에서 같이 살고 싶지 않다."

당시의 모든 신하들은 한결같이 유정현과 같은 말을 해야만 했을 것이다. 실제 그랬다. 태종의 '진심어린' 방침이 전달된 이후에도 의정부, 사헌부, 사간원, 공신 등은 거듭 죄를 밝혀주기를 주청했다. 그때마다 태종은 불허했다.

염치용과 이직도 포함되어 있었지만 핵심은 민무회였다. 정말 태종은 자신의 방침대로 더 이상 죄를 묻지 않고 이대로 민무회를 살려줄 작정이었을까? 장모와 왕비를 생각해서 그랬을지도 모른다. 왕이기에 앞서 그도 감정을 지닌 사람이었으니 말이다.

민무회의 목숨이 아직 유동적이던 차에 양녕이 폭탄발언을 한다.

양녕, 술치를 흉내내다 태종 15년 6월 6일 이날은 태종이 일찌감치 편전에 나왔다. 세자 양녕이 효령대군·충녕대군과 함께 모시고 있다가 태종에게 아뢰었다.

"지난 계사년(태종 13) 4월에 중궁이 편찮아서 신과 효령·충녕이 궐내에 있었는데, 민무회와 민무휼도 문안을 왔습니다. 두 아우가 약을 받들고 안으로 들어가서, 신과 두 민씨만이 있게 되었습니다. 민무회의 말이 가문이 패망하고 두 형이 죄를 얻게 된 연유에 대해 미치기에, 신이 책망하기를 '민씨 가문은 교만 방자하여 불법함이 다른 성姓에 비할 바가 아니니, 화를 입음이 마땅하다'라고 했더니, 민무회가 신에게 이르기를 '세자는 우리 가문에서 자라지 않으셨습니까?' 라고 하므로, 신이 잠자코 있었습니다. 조금 있다가 안으로 들어가는데 민무휼이 신을 따라와 말하기를 '민무회가 실언을 했으니 이 말을 드러내지 마십시오' 라고 하기에, 신이 오래도록 여쭙지 못했습니다. 지금도 개전할 마음이 없고, 또 원망하는 말이 있으므로 감히 아룁니다."

민무회는 지난번에 두 형 민무구·민구질이 억울하게 죽음을 당했고, 그로 인해 민씨 가문이 크게 타격을 입었다고 생각하고 있었다. 이는 이후 6개월이나 지난 태종 15년 12월 21일 고문을 받고 자백한 민무회의 다음 말에서 확인 가능하다.

"내가 세자에게 '형들이 모반한 것이 아닌데 죽었으니 죄 없이 죽은 것이다. 세자가 우리 가문에서 자랐으니, 바라건대 우리들을 불쌍히 여기라' 라고 말했다."

물론 민무회는 그렇게 만든 태종에 대한 불만을 품고 있었다. 태종에 대한 원경왕후의 원망은 두말할 필요도 없다. 태종에 대한 원한이 쌓여 있던 누나 원경왕후의 병문안을 온 민무회는 세자 양녕을 보자 지난일을 이야기하게 되었고, 급기야 두 형을 죽음에 이르게 한 이유를 말하게 되었던 것 같다. 이때 민무회가 자신이 평소 품고 있던 생각을 말하자, 세자는 민무회의 생각에 동조하지 않고 오히려 부정적으로 반응했고, 그로 인해 민무회와 세자는 민감한 말을 주고받은 것이다. 세자와 민씨 형제 사이에 주고받은 말이 갖고 있는 의미를 좀 더 음미해 보자.

민무회는 형들의 죽음과 민씨 가문의 상황에 대해 세자도 자신과 같은 인식을 갖고 있다고 여기고 말했는데, 세자가 뜻밖의 반응을 보이자 당황하기도 했지만 화가 나기도 해서, 민씨 가문에서 자란 세자가 어떻게 그럴 수 있냐고 말했던 것 같다.

민무회가 이렇게 민감하게 응대한 데에는, 빨리 세자가 왕이 되어 자신의 가문이 처해 있는 억울한 상황을 타개해 줄 것이라고 믿고 있었기 때문일 것이다. 어려서 함께 살았고, 태종 치하에서 함께 고통을 받고 있는 세자가 왕이 된다면 무죄로 죽은 형들의 억울함을 풀어주고 민씨 가문의 위상을 회복하게 해줄 것이라고 민무회는 굳게 믿고 있었을 것이다.

자신의 이러한 신념을 공유하고 있는 왕비가 위독한 상황에서 문병을 온 김에 민무회는 세자와의 교감을 시도했으나 뜻을 이루지 못했고, 오히려 상황이 이상하게 전개되자 그 자리에 함께 있던 민무휼이 수습을 시도하려고 했다. 이후 세자는 이날의 대화를 입 밖에 내지 않았다. 민무휼의 말대로 잡담이라고 여기고 잊어버렸는지도 모른다.

그러다가 2년이 지나 민무회가 곤경에 처한 지금 세자는 그날의 일을 공개해 버렸다. 자신만이 알고 있는 이 말의 공개가 무엇을 의미하는지 세자는 잘 알고 있었을 것이다. 그래서 세자는 공개하면서 이렇게 말했다.

"지금도 개전할 마음이 없고, 또 원망하는 말이 있으므로 감히 아룁니다."

민무회는 죽어야 한다는 것이다.

지난번에 두 아들을 잃고 이제 남은 두 아들의 목숨이 위태로워지자 식음을 폐하고 애통해하는 외할머니를 생각한다면, 그리고 죄도 없는 친동생을 죽음으로 몰아간 남편을 미워하는 어머니가 또다시 받아야 할 고통을 생각한다면 과연 세자가 차마 그날의 일을 이렇게 고해바칠 수 있단 말인가? 굳이 말하지 않아도 될 지난 이야기를 세자는 왜 이 시점에서 발설했을까?

실록의 기록대로라면 세자는 다음과 같이 생각하고 있었다. 지난날 두 외삼촌이 큰 잘못을 해서 그에 합당한 죄를 받아 죽었는데, 남은 두 외삼촌은 지난날의 일을 반성할 생각이 없고, 게다가 민무회 외삼촌은 염치용 사건에 연루되어 군왕을 원망하는 말을 해 또다시 불충의 죄를 범했다. 따라서 불충의 죄에 합당한 벌을 받아야 하기에 자신은 2년 전의 일을 말하지 않을 수 없다.

이것이 진정 세자의 본심일까? 알 수 없다. 여기서는 단지 왜 세자가 발설을 했는지를 추측해 보기로 한다.

첫째, 어차피 정황으로 보아 민무회는 살지 못한다. 둘째, 그런 민무회가 만약 그날의 대화를 먼저 공개해 버린다면 가뜩이나 태종과의 갈등이 심해져 세자의 지위가 흔들리는 상황에서 자신이 위태로워진다. 게다가 이번에 염치용을 옹호하는 민무회의 말을 곧바로 태종에게 전한 충녕과 2년 전에 민무회의 불충한 말을 전하지 않은 자신이 비교되면 더욱 곤경에 빠진다. 셋째, 나도 부왕처럼 권력의 속성을 알고 있으며, 권력을 다룰 수 있다는 걸 부왕에게 보여주고 싶다.

이 세 가지가 복합적으로 작용해 발설했을 것으로 보이는데, 특히 셋째 이유가 결정적이었지 않았을까 추측해 본다. 이를 통해 태종에게 후계자로서의 신뢰를 확보할 수 있고, 흔들리는 세자의 지위를 견고히해 왕위 계승을 확실히 보장받을 수 있다는 계산이 섰던 것이 아닐까?

만약 그렇다면 이런 세자의 모습에서 지난날 권력을 위해 술치를 구사하던 태종의 모습을 다시 보는 느낌을 갖게 된다. 이쯤에서 '세자는 부왕이 구사하던 술치를 흉내 내고 있었다'라는 가설을 세워본다. 이 가설의 설득력을 높이기 위해 좀 더 얘기를 진행해 보자.

태종 15년 민무회의 죄를 주청하지 않는다고 사헌부가 초토화되고, 우의정 이직이 민무회를 감싸는 발언으로 말미암아 고향으로 쫓겨나는 일이 벌어지고 있는 와중에 세자는 또다시 어처구니없는 짓을 해 태종의 심기를 불편하게 했다.

5월 13일 기생 초궁장이 궁에서 내쫓겨 나는 일이 있었다. 일찍이 상왕 정종이 이 기생을 가까이했었는데, 세자가 이를 알지 못하고 사통하다가 태종에게 발각되었기 때문이다. 태종은 세자가 이런 행실을 하게 된 데에는 민씨 집안 사람들의 책임이 크다고 생각했다. 태종의 그런 생각이 염치용 사건을 계기로 민무회를 처단해야겠다고 마음먹는 데 영향을 미쳤을 것이다.

이 기회에 민무회를 처단할 것이라는 태종의 마음을 간파한 세자는 자신이 민씨 집안과 연계되는 것을 부담스럽게 받아들였을 것이다. 자칫 민무회가 자신에게 화가 미칠 일을 태종에게 말하게 되면 자신의 지위가 위태로워질 수 있다고 판단한 세자는 자신의 안위를 위해 2년 전의 일을 선제적으로 폭로한 것이다.

조금만 더 상상력을 발휘해 보자.

태종의 트라우마는 자식이 아버지를 쿠데타로 몰아낸 무인정변에 근원을 두고 있다. 그 트라우마는 자기 자식이 쿠데타로 자신을 몰아낼지도 모른다는 강박관념을 만들어 낸다. 자기가 민씨 형제의 도움으로 쿠데타를 일으켰으니, 그 민씨 형제가 태종과 불화를 겪고 있는 세자를 내세워 또다시 쿠데타를 일으킬지도 모른다는 강박관념이 태종의 심연에 자리 잡고 있었다.

세자는 민무구·민무질 형제가 죽는 것을 경험했다. 태종 10년 세자 17세 때였다. 그때는 세자가 태종과 좋은 관계를 유지하고 있었을 때였기에, 그 사건에 크게 관심을 두지 않았을 것이고, 어쩌면 왜 그런 일이 일어났는지 몰랐을 수도 있다. 그러나 이제 민무회·민무휼 형제의 죽음이 곧 눈앞에 다가올 것 같은 상황이 전개되고 있었다. 22세의 세자는 왜 이런 일이 일어나는지 지금은 알고 있었다. 권력의 논리가 무엇이고, 권력의 논리에 따라 행동하는 것이 무엇인지 세자는 알고 있었다. "세자는 우리 가문에서 자라지 않으셨습니까?"라는 말, "민무질은 무죄다"라는 말이 태종과 자신에게 어떤 의미를 갖고 있는지를 세자는 충분히 이해하고 있었다.

민씨 형제가 세자와 함께 후일을 도모하고자 했으나, 염치용 사건으로 민씨 형제의 생존이 어렵게 되었다고 판단한 세자는 민씨 형제와 가졌던 지난날의 연계고리를 잘라버리고 태종의 신임을 확보하는 쪽으로 활로를 모색했다고 볼 수 있다.

상상력을 발동해 너무 멀리 온 감이 있다. 늦기 전에 다시 세자가 폭탄발언을 한 지점으로 돌아가자.

폭탄발언 이후 태종은 즉시 민무회와 민무휼을 불러 이 일을 물었다.

"그런 일이 없습니다."

이 답을 듣고도 태종은 단호했다.

"이들의 일은 다만 늙은 어미가 살아있기 때문에 차마 법에 의해 처치하지 못할 뿐이다."

세자의 충격적인 폭로가 있고 난 다음 날 6월 7일 태종은 양쪽을 대질시켜 진위를 가리기로 했다. 백관들로 하여금 병조의 관청에 모이게 했다. 세자가 나와 앉으니, 민무휼과 민무회도 함께 이르렀다. 먼저 세자가 앞서 인용한 폭탄발언의 내용을 두 사람이 말하지 않았냐고 물었다. 민무회가 대답했다.

"혼매함이 너무 심해 기억해 낼 수 없습니다."

충분히 예상되는 답변이다. 세자가 말했다.

"작은 백성의 일이라 할지라도 하늘의 총명을 속일 수 없는 것입니다. 외숙이 말하지 않았다면 내가 무슨 까닭에 이런 망령된 말을 하겠습니까?"

민무회의 성격상 오래 끌지 못했다. 그가 자복했다.

"다시 자세히 생각해 보니 …… 형들의 연고 때문에 저희 가문을 욕하는 것으로 여겨지기에 속으로 불평을 품고 그렇게 말한 것입니다."

한편 민무휼은 여전히 잡아뗐다.

"저는 그 말을 듣지 못했습니다."

윤향과 대간이 민무휼에게 물었다.

"그렇다면 세자의 말씀이 도리어 사실이 아니란 말인가?"

여전히 민무휼은 듣지 못했다고 말했다. 이번에 형조와 대간에서 물었다.

"민무회는 이미 자복했는데, 공은 조정이 모인 곳에서 어찌 솔직하지 못한 말로 대답을 하는가?"

민무휼의 답은 한결같았다.

"다시 생각해 보아도 저는 진실로 듣지 못했습니다."

죽느냐 사느냐의 갈림길이란 걸 민무휼은 잘 알고 있었다. 죽음 앞에서 그는 부정에 부정을 거듭했다.

마침내 여러 사람들이 말했다.

"민무회가 이미 자복했으니, 민무휼이 말하지 않는다 하더라도 무슨 해로움이 있겠는가?"

그러고는 고문을 가하기를 태종에게 요청했다. 태종이 고문을 하겠다고 하자, 마침내 민무휼이 말했다.

"다시 생각해 보니, '잡담이니 잊어버리기 바랍니다'라고 한 것은 신의 말입니다."

태종이 물었다.

"너는 무슨 마음을 품었길래 이 말을 했는가?"

민무휼이 대답했다.

"그 당시 세자와 헤어질 때 신이 말하기를 '잡담이니 잊어버리기 바랍니다'라고 하고, 각자 돌아갔을 뿐입니다. 무슨 마음이 있어서 이 말을 했겠습니까?"

태종이 또 물어도 같은 대답을 했다. 비록 그런 말은 했지만 불충의 마음은 없었다고 버텼다. 민무휼은 죽지 않기 위해 안간힘을 썼다. 이날 고문은 없었다.

하루가 지난 6월 8일 민무휼의 직첩을 거두는 정도로 멈췄다. 두 아들 때문에 애타는 장모의 마음을 외면할 수만은 없었기 때문이다. 한참 지난 6월 25일 민무휼과 민무회를 외방에 자원해 거주하게 했다. 그러나 신하들의 이어지는 강청에 못 이겨 7월 1일 해풍에 안치했다. 이후로도 법에 따라 죄를 주어야 한다는 신하들의 요청이 끊이지 않았다. 9월 5일 태종은 말한다.

"내가 죄를 가하고자 하지 않는 것이 아니라 장모 송씨의 백년 뒤(죽기)를 기다리는 것이다. 그때에는 살려주라고 말하더라도 내가 듣지 않겠다."

6월 25일 두 형제를 외방에 자원 안치시키면서 태종은 이렇게 말했다.

"내가 특별히 늙은 할미를 염려해서 국론을 굳이 거부하고 너희들에게 죄주지 않는다."

두 형제에게 말한 대로 그들은 목숨을 부지하는 듯했다. 염치용 사건이 발생한 지 8개월이 훌쩍 지나 한 해가 저물어가고 있었다.

12월 15일. 드디어 결단의 순간이 왔다. 왜 이날인지는 모르겠다. 아마도 이해가 지나기 전에 끝장을 보는 게 좋겠다고 결심한 모양이다. 하루 전인 14일 민씨 일가가 잔인하고 교활하여 원윤元尹(종실의 대군 혹은 군의 양첩장자良妾長子에게 준 작호) 이비李裶가 처음 태어났을 때에 산모(후일 효빈 김씨)와 아이를 사지에 둔 죄를 낱낱이 써서 교지를 내리고자 하다가, 지은 문장이 맘에 들지 않아서 그만두었다. 태종이 고민한 흔적이 역력하다.

다음 날 15일 변계량이 지은 교지를 춘추관에 내렸다.

일찍이 궁에 들어온 민씨 집안의 계집종이 임신하여 3개월이 되자, 임오년(태종 2) 여름 5월 궁 밖으로 나가 살게 되었는데, 민씨가 행랑방에 두고 계집종 삼덕과 함께 있게 했다. 그해 12월 13일 아침에 산통이 시작되었다. 삼덕이 민씨에게 고하자, 민씨가 문 바깥 다듬잇돌 옆에 내다 두게 했으니, 죽게 하고자 한 것이다. 산모의 오라비로 이름이 화상이라는 자가 불쌍히 여기어, 담에 서까래 두어 개를 걸치고 거적으로 덮어서 겨우 바람과 해를 가렸다. 진시에 아들을 낳았는데 지금의 원윤 이비다. 그날 민씨가 계집종 소장과 금대 등을 시켜 부축해 끌고 아이를 안고 숭교리에 사는 궁노宮奴인 벌개의 집 앞 토담집에 옮겨 두고, 또 사람을 시켜 화상이 가져온 이부자리와 베개를 빼앗았다. 종 한상좌란 자가 있어 추위를 무릅쓰는 것을 불쌍하게 여겨 말이 입는 옷을 주어서 7일이 지나도 죽지 않았다. 민씨가 또 그 아비와 화상으로 하여금 데려다 소에 실어 교하의 집으로 보냈다. 바람과 추위의 핍박과 옮겨 다니는 괴로움으로 인해 병을 얻고 또 젖에 종기가 생겼으니, 그 모자가 함께 산 것이 특별한 천행이었다. 내가 이 일을 그때는 알지 못했다. 지금 내가 늙었는데 가만히 생각하면 참으로 측은하다. 핏덩어리가 기어 다니는 것을 사람이 모두 불쌍히 여기는데, 여러 민씨가 잔인하고 교활하여 여러 방법으로 꾀를 내어 반드시 사지에 두고자 했으니, 대개 그 종지宗支(왕의 자손)를 제거하기를 꾀하는 생각이 마음에 쌓인 것이 오래되었으므로, 그 핏덩어리에게 하는 짓이 또한 이와 같이 극악했다. 그러나 천도가 밝고 어그러지지 않아서, 비록 핏덩어리가 미약함에도 보존하고 도와서 온전하게 한 것이 지극했다. 어찌 간사하고 음흉한 무리들이 그 악한 짓을 이룰 수 있었겠느냐? 이것이 실로 여러 민씨의 음흉한 일이다. 내가 만일 말하지 않는다면 사필史筆을 잡은 자가 어찌 능히 알겠는가? 참으로 마땅히 사책史冊에 상세히 써서 후세에 밝게 보이어 외척으로 하여금 경계할 바를 알게 하라.

민씨 형제를 처단하기 위한 비장의 한 수를 꺼내들었다. 기억의 저장고에서 소장물을 꺼내오는 전형적인 태종의 수법이 또 등장했다. 이번엔 13년 전의 소장물이었다. 늙은 장모 송씨와 민씨 왕비 그리고 민씨 형제가 들으라고 하는 소리였다. 다시 말하자면 민씨 형제를 죽이려 하니 이제 그만 단념하라는 명령이었다.

다음 날 16일 또 하나의 지시로 쐐기를 박았다. 민무회에 비해 민무휼의 죄가 상대적으로 약하다고 생각했던지 민무휼의 불충죄를 또 하나 들춰냈다. 민무휼이 죽은 형 민무구의 아들을 장가 보낼 때 왕명을 거짓으로 꾸민 일을 공개했다. 태종의 명을 받고 사건의 전모를 파악한 정초가 태종에게 보고했다.

민무구의 아들과 신용화의 딸이 결혼할 때의 일이다. 신용화가 죄인의 아들을 사위로 맞는 것을 걱정하자, 민무휼이 전 도호부사 안승경을 불러 "임금이 '여러 민씨의 자식을 내가 이미 죽이지 않았으니, 나이가 장성한 자가 있으면 모두 성혼하게 하라'라는 명령을 내렸다"라고 말하고는, 안승경을 시켜 이 말을 신용화에게 전했다. 이에 신용화는 안심하고 딸을 시집보냈다.

이러한 내용을 보고받은 태종이 반박했다.

"내가 어찌 승정원에 전하지 않고 갑자기 민무휼에게 전했겠느냐? 민무휼이 참으로 거짓을 전한 것이다."

이 정도면 민무휼의 죄도 민무회의 불충죄에 상응한다고 생각한 태종은 12월 18일 해풍에 안치된 두 사람을 잡아와서 의금부에 가두게 했다. 민씨 형제가 세자의 폭로를 순순히 인정하지 않고 오히려 세자에게 불경하게 대든 죄와 원윤 이비 모자를 죽이고자 한 죄를 밝히라는 명령을 받고 21일 의금부에서 국문이 시작됐다.

고문을 동반한 국문은 오래가지 않았다. 고문은 태종이 원하는 말을 실토하게 했고, 12월 23일 민무휼을 원주로, 민무회를 청주로 귀양 보냈다. 귀양이 아니라 당장 처단을 결정해야 한다고 생각하는 유사눌에게 화를 내며 말했다.

"지금 중궁이 이 일을 듣고 울면서 먹지 않으니, 늙은 어머니 송씨 때문이다. 내가 어찌 차마 서울의 거리에서 형을 집행하겠는가?"

해가 바뀐 태종 16년 1월 13일 태종의 명을 받고 민씨 형제는 자진으로 비운의 생을 마감했다. 태종 15년 4월 9일 발생한 염치용 노비 분쟁 사건이 발단이 된 태종 집권 후반기 최대의 정치적 사건인 민씨 형제 불충 사건은 이렇게 막을 내렸다.

이제 이 사건의 몇 가지 여담을 논하면서 마무리하자.

첫째, 전반기에 행해진 민무구·민무질 처단 건과 후반기에 벌어진 민무휼·민무회 처단 건의 차이는 무엇인가? 후반부 건도 술치인 듯 보이지만, 전반부 건과는 많은 차이가 있다. 태종이 먼저 발심하지 않았고, 당여를 색출하려는 목적도 없었으며, 신속하게 처리해 사건의 파장을 최소화시켰다. 이는 술치의 가지치기라기보다는, 드러난 잔가지를 어쩔 수 없이 잘라낸 것으로 보아야 할 것이다. 술치의 잔재였다.

둘째, 이 사건의 하이라이트는 세자의 폭탄발언이다. 그렇다면 세자는 발언을 통해 자신이 의도한 목적을 달성했는가? 폭탄발언이 민씨 형제의 죽음에 결정적인 기여를 했다는 점에서는 세자의 목적이 달성됐다. 그러나 세자의 발언은 더 본원적인 목적을 가지고 있었다. 술치를 흉내 내어 부왕 태종에게 후계자로서의 신뢰를 확보하고, 흔들리는 세자의 지위를 견고히 해 왕위 계승을 확실히 보장받으려는 목적 말이다.

자신도 부왕처럼 권력의 속성을 알고 있으며, 권력을 다룰 수 있다는 걸 부왕에게 충분히 보여주었다. 그러나 그로 인해 태종의 환심을 사기는커녕 오히려 태종에게 부정적 인상만 심어준 것 같다. 그 옛날 이방원이 정몽주를 죽이고 이성계로부터 칭찬을 들을 줄 알았으나, 오히려 매우 심한 질책을 들었던 장면과 흡사하지 않은가?

유교적 군주로서 성군을 꿈꾸며 국정을 운영하고 있던 태종은 세자가 그 꿈을 이어가 주기를 간절히 소망하고 있었다. 분명 술치의 굴레로부터 벗어난 태종은 술치를 흉내 내는 세자가 탐탁할 리 없었을 것이다.

그러나 세자가 여기까지 이르게 된 걸 누구를 탓할 수 있으랴! 태종 자신이 뿌린 씨를 자신이 거두게 되는 것이 아니겠는가? 태종이 구사한 술치가 잔재로 남아 부자 사이의 아픈 상처가 되었다.

태종 15년이 저물어 가고 있었다. 평소부터 그렇게 조심하라고 주의를 주었건만 결국엔 사달을 내고만 민씨 형제에 대한 미움이 좀처럼 가시지 않았다. 또한 장모와 왕비가 식음을 폐하고 징징거리는 소리도 더는 듣고 싶지 않았다. 게다가 어처구니없는 세자의 술치 흉내에 실망감이 깊어지고 있었다. 태종은 이해가 가기 전에 이 사건을 끝내버리고 싶었을 것이다. 마침내 12월 15일 결단을 내린 태종은 23일 모든 절차를 완료하고 해가 바뀐 1월 13일 민씨 형제를 처단했다. 그 사이에 실록에는 한 편의 의미심장한 장면이 기록되어 있다.

12월 30일 충녕대군이 의령부원군 남재를 위해 향연을 베풀었다. 남재가 여러 사람이 있는 자리에서 충녕대군에게 말했다.

"옛날 주상께서 왕위에 오르기 전 사저에 계실 때에 내가 학문을 권하니, 주상께서 말하기를 '세자가 아닌 왕자는 정치에 참여할 바가 없으니 학문은 해서 무엇을 하겠느냐?'라고 하기에, 내가 말하기를 '군왕의 아들이 누군들 임금이 되지 못하겠습니까?'라고 했는데, 지금 충녕대군이 학문을 좋아하는 것이 이와 같으니 내 마음이 기쁩니다."

남재가 노망이라도 들었단 말인가! 여러 사람이 있는 자리에서 이런 불경스러운 말을 하다니. 아니나 다를까. 후에 이 말이 태종의 귀에 들어갔다. 그런데 태종이 크게 웃으며 말했다.

"과감하구나! 그 늙은이가."

내용인즉 태종 자신을 칭찬하는 말이니 기분이 좋아 웃을 수도 있었을 것이다. 그러나 이는 분명 세자의 지위를 위협할 수 있는 매우 위험한 발언이었다. 그러나 태종은 웃고 넘겼다. 술치를 흉내 내는 세자를 바라보는 태종의 복잡한 심경을 엿볼 수 있는 장면이다.

4

권위를 창출하다

{ 상왕기: 1418~1422 }

13

세자를 교체하고 전위하다

판도라의 상자가 열리다

멀어져 가는 태종과 세자 태종 12년경부터 아버지와 아들이 서로 다른 길을 가고 있음이 드러나기 시작했다. 차츰차츰 더 멀어져 가다가 태종 13년 봄 강무 도중 태종의 인내는 한계에 도달하고 그동안 쌓인 세자에 대한 실망이 분노로 폭발한다.

태종 13년 2월 3일 태종은 온천을 한다는 명분으로 사냥을 하러 세자를 데리고 도성을 출발했다. 5일 아침에 돌연 세자에게 도성으로 돌아가도록 명했다. 세자가 따라가기를 강하게 요청하자, 태종은 대신들에게 물었다.

"세자가 감국監國하는 것이 예에 맞는다. 당초에는 세자로 하여금 하룻밤만 지내고 돌아가게 하고자 했으나, 지금 세자가 어가를 따르지 못하게 되자 앙앙거리며 밥을 먹지 아니한다. 그는 나의 자식만이 아니라 나라의 세자인데, 그 거동이 이와 같으니 어찌하면 좋겠는가?"

공부보다는 놀이 쪽으로 기우는 세자에 대한 우려가 커지고 있던 태종은 이번 강무에 세자를 데리고 가고 싶지 않았다. 그런데 세자가 단식을 하며 저항한 것이다.

대신들이 이번 행차는 강무가 아닌 온천을 위한 것이니 허락하라고 진언했다. 태종은 잠시 동안만 따르라고 했고, 이를 들은 세자의 안색이 기쁜 빛을 띠었다. 앞에서 지적했듯이 이러한 전개는 세자 교육상 나쁜 패턴이다. 진정 호랑이를 키운다고 생각했다면 가차 없이 돌려보냈어야 했다. 생각만큼 세자에게 모질지 못한 태종이었다.

잠시 재미있는 실록의 기록을 보고 가자. 이렇게 한바탕 소동이 있고 나서 함께 길을 떠난 일행은 미리 준비된 행사를 보게 된다.

"임금이 임진도를 지나다가 거북선과 왜선이 서로 싸우는 상황을 구경했다."

이 기록의 전후에 아무런 설명이 없어서 구체적인 내용은 알 수는 없지만 거북선에 관한 최초의 기록이다. 태종은 진정 강무를 통해 군사 훈련을 겸하고 있었다. 이후 강무는 길게 이어졌다. 그러던 중 도성을 출발한 지 20여 일이 지난 2월 24일 태종 일행은 제릉에 참배하고, 태종 자신이 별도의 제사를 지내고자 3일 동안 몸가짐을 삼가고 사냥을 금지했다. 태종은 오랜만에 찾은 제릉에서 친모 한씨에 대한 추모의 마음을 진지하게 표출하고 싶었던 것으로 보인다. 그런데 사냥을 금지한다는 명령을 어기고 세자가 매사냥을 했다는 말을 듣고는 2월 28일 태종은 그만 분노가 폭발해 세자로 하여금 한양으로 돌아가라고 명했다.

강무를 통해 규율성과 절제심을 훈련하는 것이 목적인데, 세자는 그런 태종의 교육적 의도를 따라주지 않았다. 마음에 남아있던 찜찜한 기분이 마침내 사냥 금지라는 군령 위반이라는 사태가 벌어지자 거대한 분노로 분출되어 버렸다.

세자는 안이했고, 태종은 심했다. 세자는 사냥을 좀 자제하면 좋았을 걸, 태종은 분노를 절제했으면 좋았을 걸. 어쨌든 이 지점에서 아버지와 아들은 서로 다른 길을 가고 있음이 확연히 드러났다. 태종이 학문으로 세자를 압박하는 현상이 다시 나타났다. 이미 정체성이 확립된 세자에게 그것이 효과 있을 리 없었다. 세자의 일탈은 심해지고 그로 인해 태종과 충돌하는 장면이 잦아진다.

강무에서 소동이 있고 나서 한 달쯤 지난 3월 27일 또다시 소동이 벌어진다. 이번에는 세자의 시종들이 동궁 북쪽 담 밑에 작은 지름길을 내놓고 몰래 들락거렸다. 그 길을 통해 평양 기생 소앵을 동궁에 바친 지 여러 날이 되었다. 이 일을 감지한 사헌부가 태종에게 보고했고, 태종은 관련자를 국문케 해 실정을 파악했다.

화가 난 태종은 경승부와 서연의 관직을 혁파하겠다고 했으나, 지신사 김여지가 세자가 어리고 마음의 뜻을 굳게 정하지 못해서 그런 것이라고 하며 혁파해서는 안 된다고 강하게 만류했다. 결국 관련자를 처벌하고 동궁의 북문을 막고, 빈객 조용과 변계량을 불러 심하게 책망하는 선에서 마무리했다.

이때도 세자는 단식으로 저항의 뜻을 표했다. 그러나 이번에는 보다 못한 어머니 원경왕후가 세자를 다독였다.

"너는 어리지도 않은데 지금 어째서 부왕께 이와 같이 노염을 끼치느냐? 이제부터는 조심해 효도를 드리고 또 밥을 먹도록 하라."

세자의 일탈이 빈도와 강도가 심해져 감에 비례해 태종의 성군 프레임도 강화되어 갔다.

4월 4일 우사간 대부 현맹인이 아뢰었다.

"전하가 동교에 거둥해 매사냥을 구경함이 잦으니, 바라건대 다시 행차하지 마소서."

임금이 말했다.

"자주 동교로 행차함은 내 마음에도 편안치 못했은즉 간원의 말이 옳다."

헌납 은여림, 지평 홍도 등이 궐에 나아가 말씀을 올렸다.

"임금의 거동은 가벼이 할 수 없습니다. 근일 전하가 자주 동교로 거둥하나 유사(해당 관청)에 가는 곳을 말하지 아니하고, 그 의장과 호위를 버린 채 거친 들판에서 말을 달리니, 존엄을 보임이 아닙니다. 또 세자의 춘추는 바야흐로 성년이고 모든 일을 함에 짐짓 부왕을 본받을 것인데, 이제 바로 이같이 하심을 세자에게 보이는 것은 교훈을 후세에 남기는 소이가 아닙니다."

태종이 교지를 전했다.

"송골매를 얻었기에 그 재주를 시험코자 함이었으나, 이제부터는 마땅히 다시 나가지 않겠다."

태종은 자신이 좋아하는 매사냥도 세자 교육을 위해 그만두겠다고 했다. 태종 13년 시점에서 태종은 성군을 지향하고 있었고, 세자에게 걸었던 성군의 기대도 아직은 유지하고 있었을지 모르지만, 서로 다른 길을 향해 가고 있는 아버지와 아들이 다시 행복한 시점으로 돌아가기에는 이미 너무 늦은 것 같다.

폐세자! 마침내 태종 13년 가을에 이르러

태종의 입에서 폭탄과도 같은 말이 나오고 만다. 세자궁에서 작은 매를 몰래 두고 있다는 보고를 듣고는 화가 치민 태종이 8월 13일 내시를 통해 세자에게 전했다.

"매나 개 같은 애완물을 내가 일찍이 금절했는데, 어찌하여 군부의 명령을 따르지 않는고?"

세자는 겁이 나서 아프다고 핑계대고 문안도 드리지 않았다. 나이 어린 환관들이 몰래 매사냥을 시중들며 세자에게 아첨한 상황을 파악한 태종은 환자 박유, 유문의에게 장을 때려 유배를 보내고, 경승부에 명해 4월 이후부터 세자궁의 궐문을 지킨 자들을 모두 매질하게 했다.

8월 15일 세자 이사 유창, 빈객 한상경·조용·변계량 등이 서연의 관속을 거느리고 태종에게 아뢰었다.

"신 등이 재주가 없어서 능히 보좌하고 인도하지 못해 전하의 노여움을 일으키고, 세자가 눈물을 흘리면서 며칠 동안 그치지 않았습니다. 또 이제 전하가 편찮아서 대소 신료가 분주히 문안드리는데 홀로 세자만이 문안을 드리지 않으니, 나라 사람들이 어떻다고 생각할는지 적이 두렵습니다."

태종이 말했다.

"세자가 밥을 먹지 않는 것은 그 분함을 이기지 못해서이니, 어찌 잘못을 뉘우침이 있다고 하겠느냐? 경 등은 모두 대체를 아는 자들이니, 한나라의 신하 사단史丹이 한 말*을 사용하여 세자의 허물을 면해주고

---

* 한나라 원제 때에 시중侍中으로 있던 명신. 원제가 가장 사랑하는 후궁 부소의의 소생 공왕이 총명하고 재주가 있어, 세자를 폐하고 공왕으로 후사를 삼고자 하자, 사단

자 하나, 지금 세자의 허물은 그것과는 다르다. 전일에 세자가 내가 부리는 사람에게 이름을 묻고서, '내가 너의 이름을 알아두었다'라고 했으니, 이는 어린아이의 말이 아니다. 옛날에 세자를 폐한 것은 모두 환관이나 빈첩의 참소로 말미암아서였다. 나는 이와는 다르다. 세자의 마음은 반드시 그 자리를 족히 믿고 있는 때문일 것이다. 만약 과연 뉘우치지 않는다면 종실에 어찌 적당한 사람이 없겠는가? 지난번에 매와 개의 오락 때문에 문책을 당한 사람이 여럿이었다. 이제 또 이와 같으니, 이것이 경 등이 가르친 효과냐? 내가 세자에게 장을 때려 그 죄를 바로잡으려 하나, 다만 부자 사이의 은의를 상할까 두렵다. 경 등은 우선 물러가라."

마침내 태종은 서연을 거두었다. 또 경승부의 인원을 모두 집으로 돌아가게 했다. 그리고 김여지에게 명했다.

"감히 세자의 일을 말하는 자가 있으면 마땅히 비상한 진노가 있을 것이다."

태종의 입에서 '폐세자'라는 말이 나왔다. 누구도 감히 언급할 수 없고, 듣는 것조차 부담스러운 말을 태종이 직접 하고 말았던 것이다. 금방 알게 되겠지만 이 시점에서 진정 세자를 폐하고자 한 것은 아니다. 실제 세자가 폐위되는 것은 태종 18년이니 앞으로 5년은 더 시간이 경과해야 한다. 그러나 한번 열린 판도라의 상자는 되돌릴 수 없는 방향으로 전개되어 가기 마련이다.

이 간곡하게 탄원하여 폐하지 않았음.

태종은 지난 3월 27일 서연과 경승부를 혁파하겠다고 말은 했으나 실행하지 않았다. 판도라의 상자가 열리자 이번엔 실행에 옮겼다. 그러나 이 또한 보름 만인 9월 1일 철회된다.

"세자가 학문을 폐한 지 날짜가 오래 된다. 내가 차마 보지 못해 다시 마땅히 힘을 써서 가르치고자 한다. 만약 또 개전하지 않으면 다시 누구를 원망하겠는가?"

판경승부사 이지숭에게는 단호한 경고를 내렸다.

"세자궁 안의 일은 이제부터 하나라도 잘못이 있으면 마땅히 법으로 논할 것이니 그리 알라!"

세자에 대한 태종의 조치는 차츰 강화되어 갔다. 태종의 뜻을 받들어 9월 9일 서연관에서 세자의 강학하는 사목을 매우 강화해 바쳤다. 강무를 떠나는 날이 가까워졌다고 해 태종에게 이 사목은 보고되지 않았다. 그러나 같은 날 태종은 좌보덕 권우 등을 불러서 말했다.

"내가 강무를 떠나는 날 아침에 세자를 모시고 궐문 밖으로 나와 어가를 공경히 떠나보낸 후, 세자는 궁으로 들어와 중궁에게 문안을 드리고 관저로 돌아가서 학문을 부지런히 닦아 행실을 고치도록 하라. 그런 다음에야 나도 또한 세자를 보겠다."

9월 11일 충청도 유성으로 온천을 하러 출발했다. 사실은 온천에 이어서 가을 강무를 할 심산이었다. 태종은 한 달 이상을 실컷 사냥하고 놀다가 도성을 떠난 지 33일 만인 태종 13년 10월 12일 환궁했다. 그러나 이번 강무장에 세자의 모습은 보이지 않았다. 태종 11년 가을 강무 때부터 세자가 동행했다. 그러다 지난 태종 13년 봄 강무 때 사달을 내고 중도에 먼저 귀경 조치를 당한 세자였다. 이번 가을 강무에서 세자는 처음부터 배제되었다. 이건 엄중한 메시지를 세자에게 보낸 것으로 보아야 한다. 자신이 원하는 길로 돌아오지 않겠다면 세자의 지위를 인정하지 않겠다는 매우 강한 메시지였다.

이번에는 세자도 사태의 심각성을 인지한 듯했다. 아니 어쩌면 자신을 도성에 남겨놓고 강무를 떠나버린 태종에 대한 반감과 오기가 났을지도 모른다. '부왕이 원하는 게 공부란 말인가? 좋다, 그렇다면 그렇게 해드리면 되지.'

세자는 서연에서 오래전부터 강독해 온《대학연의》를 태종이 출발한 이후 날마다 5장, 혹은 7~8장을 읽고 부지런히 익혔다. 태종이 환궁하기 전에《대학연의》강독을 완료하겠다는 의지를 불태웠다. 이를 지켜보던 시학관과 조관들이 모두 기뻐하고 탄식했다.

"세자가 영특한 자질로서 옛날부터 이처럼 했다면, 이 책을 어찌 6년이나 걸려서 끝마치겠는가!"

6년 전이면 세자가 명나라에 조현을 가던 즈음이다.《대학연의》가 워낙 분량이 많기는 하지만 오래 읽은 건 맞는 것 같다. 오기든 진심이든 어쨌든 세자는 공부에 성의를 보였고《대학연의》를 마쳤다. 10월 7일 세자는 서연관을 시켜 강무를 마치고 도성 쪽으로 향하는 태종을 자신이 직접 마중하고 싶다고 요청했다. 태종이 없는 사이에 변화한 자신의 모습을 보여드리고 싶었을 것이다. 그러나 태종은 세자의 요청을 들어주지 않았고, 닷새 후 환궁했다.

이후 태종은 14년, 15년의 강무에도 세자를 동행시키지 않았다. 당연히 둘 사이의 관계는 점점 더 악화되어 갔다. 잠시나마《대학연의》에 몰입하던 세자의 모습은 이후 더 보이지 않았다. 순간의 위기를 모면하기 위한 일회성 행위였을지 모르겠다.

태종 14년 1월 2일 21세가 된 세자가 새해 벽두부터 밤에 창기를 몰래 궁으로 들였다. 3월 27일 자 기록에는 활쏘기 연습에 매진하고 병을 핑계로 강독을 게을리한다고 전한다. 이후로도 강독을 열심히 한다는 기록은 보이지 않는다. 강독 횟수도 줄어들었다.

여기서 태종과 세자가 충돌하는 패턴을 다시 한번 정리해 보자. 우선 ① 세자의 비행이 드러나거나 적발되면, ② 분노한 태종이 관련자를 처벌하고, ③ 이에 겁을 먹은 세자가 기가 죽거나 단식으로 반발하면, ④ 용서하고 다시 교육의 기회를 준다. 이 패턴을 반복하면서 정도와 강도가 심해지고 양자의 관계가 악화된다.

이 악순환의 고리를 끊을 수 있는 방법은 무엇인가? 두 가지가 가능하다. 하나는 세자가 비행을 그만두고 태종이 원하는 공부에 매진하는 것이다. 둘은 태종이 세자의 비행을 모른 척하거나 심하게 질책하지 않는 것이다.

태종 5~6년에 영민한 세자는 교육열에 불타는 태종의 압박을 슬기롭게 극복했다. 그때는 세자의 정체성이 아직 확립되지 않았었고, 태종 7~8년에 있었던 명나라 조현이라는 외적 계기가 있어서 극복이 가능했을지도 모른다. 그러나 세자의 정체성이 확고해진 태종 13년에 다시 찾아온 이 위기는 좀처럼 극복의 길이 보이지 않았다.

분명 세자가 사용하는 단식은 짧은 시간 내에 용서를 얻어내는 수단으로써는 효능이 있었다. 20세를 넘긴 성인의 단식은 그저 어린아이의 단순한 투정은 아니었다. 어쩌면 세자가 부당하다고 느끼는 태종의 압력에 저항할 수 있는 유일한, 그러면서도 유용한 최선의 방법이었던 것 같다. 이러한 세자의 입장을 이해하지 못하는 태종은 자기의 말을 따르지 않는, 자기의 명령에 복종하지 않는 세자에게 '도대체 아들아, 왜 이러니?' 하며 분노와 용서를 반복하면서 사태를 악화시키고 있었다.

"주상이 진노한 이유를 모르겠다" 태종 15년 1월 26일 세자전에 몰래 출입하는 사람을 규찰하지 못한다는 이유로 경승부 소윤 조종생의 직책을 파면하고, 경승부승 신숙화는 좌천시켜 사섬시 직장으로 삼았다. 다음 날 서연관과 시위하는 사람에게 각각 본사로 돌아가라고 명했다. 근심이 깊어진 세자가 단식 저항에 들어갔다.

또 하루가 지난 1월 28일 태종은 빈객 이래와 변계량을 경연청으로 불러서 주위 사람들을 물리치고 말했다.

"요새 세자를 보면 사사로이 간악한 소인들을 가까이한다. 경 등은 직책이 보도輔導에 있는데 어찌하여 간해서 그만두게 하지 못했는가? …… 세자는 타고난 자질이 남달리 뛰어나 특히 나와 같지 않으니, 불미不美하다고 할 수 없으나, 학문을 함양하는 것으로 말하면 도무지 효과가 나지 아니하니, 경 등이 마땅히 잘 생각해야 할 일이 아니겠는가? '세자가 장차 임금이 될 것이다'라고 생각하는 서연의 소유小儒(직급이 낮고 덕을 갖추지 못한 관료)들은 두려워서 감히 간하지 못하고, 대간도 또한 그렇다. 경 등은 이미 재상이 되었으니, 무엇을 꺼려해 감히 바른 길로 보도하지 못하는가?"

태종은 장차 왕이 될 세자에게 아첨이나 하는 서연의 소인배 같은 유학자들과 대간의 작태를 개탄하면서 이래와 변계량에게 세자를 바른 길로 인도하라고 다그쳤다.

이래 등이 마침내 이사 유창과 빈객 민여익과 함께 서연관을 거느리고 동궁으로 나아가 두루 임금의 명령을 알리고, 전후에 실덕한 것을 낱낱이 들어 말하다 유창이 땅에 엎드려 눈물을 흘려서 슬픔을 스스로 이기지 못했다.

이 장면을 지켜보던 세자가 말했다.

"요새 내가 아무것도 한 것이 없는데, 주상이 진노한 이유를 아직 자세히 모르겠다."

이쯤 되면 소통 불능의 상태 아닌가? 그래서 실록의 기록을 꼼꼼히 살펴봤다. 정말 별일이 없었다. 1월 26일의 태종의 조치는 잡인 출입이 일상화되어 버려 그것이 문제라고도 인지하지 못하는 세자에 대한 분노심의 발로였을 것으로 추정된다. 그러한 태종의 뜻을 전하며 오버하고 있는 유창과 민여익, 그리고 동원된 서연관을 바라보면서 의아해한 것이다. 세자는 태종이 그렇게까지 화내는 이유를 진정으로 몰랐다고 보인다.

이렇게 반응하는 세자에게 이래가 또다시 스테레오타입의 주입식 교육을 쏟아부었다.

"이것은 바로 저하의 병의 뿌리가 되는 바입니다. 저하의 뱃속에 가득 찬 것은 모두 사욕뿐입니다. 저하는 적장자로서 동궁에 자리 잡으신 지도 이제 여러 해가 되었으니, 주야로 깊이 생각해 위로는 전하의 뜻을 받들고, 아래로는 백성들의 소망을 붙들어야 마땅할 것입니다. 효도 가운데 큰 것은 이에 지나지 않는데, 이제 그렇지 못해 종종 과실로써 주상에게 견책을 당해 그 지위마저 어려운 형편이니, 어찌 동궁의 지위를 반석과 같이 평안하게 여기는 것이 옳겠습니까? 전하의 아들이 저하뿐인 줄 압니까? 용렬하고 어리석은 신이 서연에서 저하를 모신 지 14년이 되었으나 보도를 잘하지 못했습니다. 이제 교지를 받드니 땅속으로 들어가고 싶은 마음뿐입니다. …… 바라건대 저하께서는 종묘를 받들고 전하를 섬기는 도리를 생각하여, 여자와 소인을 멀리하고 올바른 선비를 친근하게 해서 마음을 씻고 생각을 고친다면 종묘와 사직에 심히 다행하겠습니다."

태종의 입에서 한 번 나온 그 말(폐세자!)이 이제는 빈객의 입을 통해 나왔다.

"전하의 아들이 저하뿐인 줄 압니까?"

물론 세자를 진정으로 아끼는 빈객 이래가 충심에서 한 말일 것이다. 따라서 무서운 이 말이 세자나 주변 인물들에게 불경이나 불충으로 받아들여지지는 않았다. 오히려 이래는 충언을 쏟아내면서 눈물이 턱으로 흘러내리고 말씨가 간절하니, 민여익·변계량과 좌우에 있던 사람들도 감격해 울지 않는 사람이 없었다.

사태가 여기에 이르자 세자가 보인 반응은 이랬다.

"세자도 무연憮然히 부끄러워하며 사과했다."

여기서 보인 세자의 반응은 부끄러워하며 사과한 게 본질이 아니다. '무연히'라는 표현이 세자의 상황을 잘 드러내고 있다. 무연이란 말은 크게 낙심해 허탈해하거나 멍한 상태를 뜻한다. 자신은 태종이 화내는 이유도 모르는데, 자신을 아끼는 이래까지 포함된 신하들이 태종의 입장을 반영해 자신을 몰아붙이는 국면에서 세자는 허탈하고 멍할 수밖에 없었을 것이다.

이 장면을 전해 들은 태종은 꽤나 만족스러웠는지 서연관들에게 다시 서연에 출사하라고 명했다. 또다시 태종의 용서! 악순환의 또 한 바퀴가 돌았다. 제도권 교육시스템을 고수하는 태종과 그의 뜻을 추종하는 수하들의 압박에 그만 영혼 없는 사과를 하긴 했지만, 세자의 본심은 이러했을 것이다.

'사부님! 전 성군에 관심 없어요. 부왕의 성군 놀이가 지긋지긋해요.'

태종의 성군 프레임에 따라 신하들이 수행하는 성군 프로젝트를 세자는 위선이 가득찬 정치 놀이에 불과하다고 생각하고 있었을 것 같다.

태종 13년에 태종의 입에서 나온 '폐세자'라는 말이 태종 15년에는 신하의 입에서 다시 나왔다. 그 말의 진정성 여부를 떠나서 그만큼 세자의 지위가 위태로운 상황이라는 것을 나타낸다. 원하든 원하지 않든 자신이 이런 상황에 처해 있다는 것을 세자도 알고 있었다.

그렇다면 왜 보좌진들은 태종 말대로 세자를 태종이 원하는 성군의 길로 인도하지 못했는가? 무엇이 문제였는가?

세자 교육에 관한 태종의 구상은 이렇다: 교육의 목표는 세자를 성군으로 만드는 것이다. 이런 성군 프로젝트를 위해 제도권 교육시스템을 구축하고, 동시에 훌륭한 교육자로 보좌진을 구성해 세자에게 붙여서 가르친다.

세자의 입장은 이렇다: 부왕의 성군 놀이에 관심이 없다. 그러나 놀이와 공부를 겸하면서도 부왕의 정치를 계승할 자신은 있다.

보좌진의 행태는 이렇다: 첫째는 피고용자로서 태종의 성군 프로젝트를 진심으로 충실히 수행한다. 둘째는 태종과 세자가 충돌할 때, 장래의 권력자를 위해 양자 간의 대립을 조정해 보지만 결국은 현재의 권력자인 태종의 명에 따라 성군 놀이를 수행한다.

태종이 고용한 인물들은 결국 태종의 심리와 사유를 공유하는 자들이다. 처음엔 태종의 명에 따라 의욕을 가지고 세자의 성군 만들기 프로젝트에 임했을 것이다. 그러나 그들의 대다수는 태종의 성군 만들기 프로젝트에 목숨을 걸 이유가 없었다. 괜히 그러다가 세자에게 밉보이기라도 한다면 훗날이 두려웠을 것이다. 그들은 단지 이대로의 세자가 어서 왕이 되기를 바라는 존재들이다. 그것이 세자가 성군이 되는 것보다 자신들의 이익에 훨씬 부합한다.

한편 보좌진들은 태종에게만 신경 쓸 수는 없었다. 그들의 눈에 비친 세자는 태종의 판박이였을 것이다. 지금은 태종의 술치의 대상이 되는 것이 두렵지만, 훗날 세자가 왕이 된다면 그도 태종 못지않게 술치를 구사할 것으로 예상되는데, 그렇다면 오늘날의 자신의 언행이 훗날 왕이 된 세자의 술치의 소재가 되지 않으리라는 보장이 없다. 그러니 어찌 태종의 명에 목숨을 걸 수 있었겠는가? 애초에 태종의 성군 프로젝트는 세자가 따라주지 않는 한 성공할 가능성이 희박한 프로젝트였다. 따라서 태종과 세자 사이에 양다리 걸치고 자신의 이익을 보존하는 것이 최선이라고 판단했을 것이다.

게다가 태종은 일찌감치 양녕을 후계자로 확정하고, 종종 전위 소동을 벌이며 언제라도 전위할 것 같은 상황을 조성해 세자의 주변 인물들이 세자에게 맹목적으로 충성하는 길을 열어놓았다. 하급의 시종은 물론 상급의 보좌진조차도 벗어나기 어려운 굴레였을 것이다.

파국으로 향하다

대안으로 떠오르는 충녕 장남 양녕은 태종 2년 8세의 나이로 원자로 책봉되고, 이어서 태종 4년에 세자로 책봉되어 태종의 후계자가 되었다. 차남 효령이나 삼남 충녕(사남 성녕)에 대한 태종의 입장은 분명했다. 그들은 정치의 장에 들어와서는 안 된다. 자신이 피를 흘리며 경험한 왕자의 난을 또다시 재현시켜서는 안 되기 때문이었다. 따라서 태종은 언제인지 확인할 수 없지만 일찍이 충녕대군에게 말했다.

"너는 할 일이 없으니 평안하게 즐기기나 할 뿐이다."

정치에 관심을 두지 말라는 태종의 명에 충녕은 충실히 따랐다. 태종 13년 12월 30일 자 기록에는 충녕의 현명한 행동이 가져온 형제 간의 화목한 모습이 묘사되어 있다.

> 서화·화석·금슬 등 다양한 즐거운 놀이를 익힌 충녕대군은 예기에 정통하지 않은 바가 없었다. 세자가 충녕대군에게 금슬을 배우며 화목하여 서로 틈이 없으니, 임금이 화목한 것을 가상하게 여겼다.

실록에 충녕에 관해서는 정치적으로 유의미한 기록이 보이지 않는다. 아마도 이날의 기록이 그나마 의미를 부여할 수 있는 최초의 것으로 보인다.

이날 세자와 여러 대군과 공주가 태종에게 헌수하고 노래와 시를 올렸다. 태종이 충녕에게 시의 뜻을 물었는데, 심히 자세하니 이를 가상하게 여기고는 양녕에게 말했다.

"충녕은 장차 너를 도와서 큰일을 결단할 자이다."

세자가 대답했다.

"참으로 현명합니다."

태종 13년 겨울은 세자 양녕에게 심리적으로 몹시 추운 겨울이었다. 이해 가을 태종의 입에서 '폐세자'를 의미하는 말이 나왔고, 그러한 세자에 대한 불만과 불신은 가을 강무에 세자를 동행시키지 않음으로써 명백하게 드러났다. 이런 시점에서 등장하는 충녕을 칭찬하는 기록이 정치적 의미를 갖는다고 단정할 수는 없지만, 적어도 태종의 마음에 '그저 놀기만 하는' 이전의 충녕과는 달리 세자와 함께 '큰일을 결단하는' 충녕의 모습이 자리 잡고 있음은 분명하다. 태종만이 아니었다. 오히려 세자 양녕이 더 충녕이라는 존재를 의식하게 된다.

태종 14년 10월 26일 세자와 여러 대군이 부마 이백강의 집에서 종친들과 연회를 가졌다. 밤이 깊도록 술을 마시며 즐기다가 세자가 공주에게 말했다.

"충녕은 보통 사람이 아니다."

후에 태종이 이를 전해 듣고 기뻐하지 않으며 말했다.

"세자는 여러 동생들과 비할 바가 아니다. 그날 예를 갖추고 돌아오는 것이 가한데, 어찌하여 이같이 방종하게 즐겼느냐?"

태종은 애써 정치적 존재로 충녕이 부각되는 것을 외면하고는 있지만, 그만큼 세자를 향한 불만은 감추지 못하고 있다. 세자와 태종의 사이가 멀어져 감에 따라 충녕이 후계자의 대안으로 부상하고 있었다.

그것을 확인시켜 주는 에피소드가 앞서 언급한 태종 15년 12월 30일 남재의 발언이다. 세자의 지위를 위협할 수 있는 매우 위험한 발언을 태종이 웃고 넘긴 에피소드 말이다. 그러나 이는 단순한 에피소드에 그치지 않았을 것이다. 충녕이 정치적 존재로 부상했음을 상징하는 사건이었다. 다시 말해 충녕이 대안이 될 수 있음이 공개적으로 확인된 사건이었다. 이후 충녕의 존재감이 커져갔다.

태종 16년 1월 9일의 장면을 보자. 세자가 성대한 복장을 하고서 옆에서 모시는 자에게 신채(꾸민 몸의 모양)가 어떠냐고 묻자, 충녕이 말했다.

"먼저 마음을 바로잡은 뒤에 용모를 닦으시기 바랍니다."

모시는 자가 탄복하며 말했다.

"대군의 말씀이 정말로 옳습니다. 저하께서는 이 말씀을 잊지 마시기 바랍니다."

세자가 매우 부끄러워했고, 그 뒤에 세자가 왕비에게 말했다.

"충녕의 어짊은 우연한 것이 아닙니다. 국가의 대사를 장차 함께 의논하겠습니다."

왕비가 이 말을 태종에게 하니, 태종이 듣고 마음이 편안치 아니했다. 세자와 태종의 갈등이 극한점을 향해 달려가는 시점에서 표출된 이 말들 속에서 세자, 왕비, 태종의 복잡한 심경을 읽는 것은 그다지 어렵지 않다.

태종 16년 2월 4일 봄 강무를 하기 위해 충청도 지역으로 떠났다. 9일 천둥과 번개가 치고 우박이 내렸고, 아침부터 한낮에까지 짙은 안개가 사방에 자욱했다.

태종이 말했다.

"집에 있는 사람이 비를 만나면 반드시 길 떠난 사람의 노고를 생각할 것이다."

이에 충녕이 응대했다.

"《시경》에 이르기를 '황새가 언덕에서 우니, 부인이 집에서 탄식한다'라고 했습니다."

태종이 기뻐하며 말했다.

"세자가 따를 바가 아니다."

이 기록에 따르면 이달 4일에 시작되어 22일까지 지속된 강무에 세자가 아닌 충녕을 데리고 간 것 같다. 강무에 충녕을 데리고 갔다면 아마도 처음일 것이다. 세자를 처음 강무에 데리고 간 것이 태종 11년이었고, 태종 13년 중지시킨 것을 상기해 보자. 이제 태종 16년 강무에 충녕을 데리고 가서 "세자가 따를 바가 아니다"라는 말을 했다. 심상치 않음을 느낄 수 있다.

이 말 바로 뒤의 실록의 기록에는 지난날 세자와 태종이 주고받은 대화가 첨부되어 있다.

"세자가 일찍이 임금 앞에서 사람의 문무를 논하다가, '충녕은 용맹하지 못합니다'라고 하니, 임금이 말했다. '비록 용맹하지 못한 듯하나, 큰일에 임해 의심스러운 바를 결단하는 데에는 당세에 더불어 견줄 사람이 없다.'"

이 대화 또한 태종이 생각하는 후계자의 자격에서 세자가 멀어지고 있는 반면, 충녕이 후계자의 대안으로 부상하고 있음을 전해준다.

고민이 깊어가는 태종이 세자에게 마지막 기회를 준다. 태종 16년 5월 20일 세자에게 대리청정을 지시했다. 대리청정이란 왕을 대신해서 임시로 세자가 정무를 보며 국정을 운영하는 것이다. 대권 수업이라고 보면 된다. 대리청정은 7월 말까지 지속된 것으로 보인다.

그 사이에도 태종은 충녕과 비교하며 세자를 책망한다. 7월 18일 신하들과의 연회에서 충녕이 《서경》을 인용하며 시를 지어 바치자, 태종이 감탄하고 세자를 돌아보며 말했다.

"너는 학문이 어째서 이만 못하냐!"

파국의 시점이 점차 다가오고 있었다.

태종 16년 9월 24일 선공 구종수와 악공 이오방 등을 의금부에 가두었다. 그 이유는 이렇다.

"임금이 항상 세자를 올바른 길로 가르쳤는데, 세자가 주색에 빠져서 가르치는 명령을 순종하지 않자, 병사를 시켜 문을 지키고 잡인이 출입하는 것을 금했다. 구종수가 세자에게 잘 보여서 후일의 공을 도모하고자 하여 이오방과 더불어 대나무다리를 만들어 밤마다 담을 넘어 궁에 들어가서 술을 마시며 놀고, 혹 밤에 세자를 제 집으로 맞아서 잔치를 베풀고, 혹 남모르게 여색을 바치고, 비밀히 매를 드리고 했는데, 이때에 이르러 일이 발각되어 옥에 가두었다."

다음 날 태종은 황희에게 의견을 물었다.

"매와 개의 일에 지나지 않습니다."

황희는 세자를 두둔했다. 황희의 이 대답이 정답이지 않은가? 그러나 태종은 마음을 굳히고 있었다. 후일 세자가 쫓겨날 때 황희도 이 말 때문에 고향으로 쫓겨나게 된다.

10월 12일 세자의 충심어린 후견인이자 최후의 보루인 빈객 이래가 죽었다. 세자에게는 더할 나위 없이 애석한 일이었지만, 이후 세자의 행위는 더할 나위 없이 한심했다. 태종 16년 10월 21일 세자는 병을 칭탁하고 서연을 받지 않고, 궐문 밖으로 나가 매를 놓았다.

결단의 순간, 어리 간통 사건 태종 17년 1월 1일 새해 첫날, 인정전에서 군신 간의 연회가 벌어졌다. 모두 흥겹게 즐기던 중 좌의정 박은이 한참 춤을 추다가 세자 앞에 꿇어앉아 울면서 말했다.

"세자께서는 국저國儲이며 군부君副이므로 직임이 큰데, 군부君父의 가르침과 명령을 어찌하여 따르지 않습니까?"

이에 태종이 세자에게 명령조로 말했다.

"너는 들었느냐? 이 말은 대신의 충언이다."

지금이라도 세자는 왕위를 물려받을 때까지만이라도 태종의 말에 따르는 척해야 하지 않을까? 옆에서 보는 사람들이 얼마나 안타까웠을까? 그러나 그건 어디까지나 태종과 그 사람들의 생각일 뿐이다.

태종 17년 2월 15일 마침내 최후를 장식할 사건이 터진다. 세자가 곽선의 첩 어리를 궁으로 몰래 들여온 일이 발각되었다. 세자가 이렇게 된 것은 자신들의 잘못이라는 세자 빈객들의 주장에 태종은 말한다.

"이것은 경들의 죄가 아니다. 내가 아비이면서도 능히 올바른 길로써 가르치지 못했는데 하물며 경들이 말해서 어찌하겠는가? 그러나 그 실상을 말하면 경들의 과실도 아니요 또한 내 과실도 아니다."

오로지 고치지 못한 세자에게 잘못이 있다고 단정한다.

"옛날에 이윤은 신하였으나 태갑을 동궁(산서성 영하현에 있음)에 거처하게 하여, (자신의 잘못을 뉘우치고 고쳐서) 인仁에 처하고 의義에 옮기게 했으니, 태갑은 능히 고친 자라 하겠지만 세자는 고치지 못한 자라 하겠다."

이윤과 태갑의 고사*를 인용해 세자를 내쫓겠다는 의향을 표시했다. 그러고는 2월 17일 궁궐에서 내쫓아 장인 김한로의 집에 머물게 했다. 빈객 변계량과 탁신이 세자를 구제할 길을 모색했고, 세자는 다시는 그러지 않겠다는 맹서문을 종묘에 바치기로 했다.

2월 22일 세자가 종묘에 고했다.

> 제禔(세자)가 생각하건대, 군부의 마음을 우러러 받들지 못하고 빈사의 가르침을 따르지 못하여, 올바른 선비를 멀리하고 소인을 가까이했습니다. 사욕 때문에 법도를 무너뜨리고 방종 때문에 예의를 무너뜨려, 여러 번이나 어버이에게 순종하지 아니하여 그 마음을 크게 상하게 했고, 위로는 조종의 덕을 더럽혔으니 신의 죄가 큽니다. 신이 비록 우매하다 하더라도 양심의 발로는 그만둘래야 그만두지 못함이 있습니다. 더구나 일찍이 글을 읽어 의리를 대략이나마 아니, 감히 마음을 씻고 행실을 고쳐 그 끝을 도모하지 않을 수 있겠습니까? 이에 마음을 깨끗이 하고 자애자신自艾自新(스스로 자기 자신을 다스려 스스로 새로운 사람이 됨)할 조목을 갖추어 조종의 영전에 다짐하는 바입니다.

이어서 8개 항목에 이르는 반성하는 내용을 종묘에 고했다. 그리고 태종에게도 서신을 올려 통렬한 반성과 함께 너그러운 용서를 빌며 비

---

* 성탕成湯의 손자인 태정太丁(은나라의 제2대 왕)이 즉위해 3년간 포학 방탕했으므로 어진 신하 이윤의 내침을 받았다가 3년 뒤에 개과하고 다시 돌아와 선정을 베풀었다는 고사.

장한 각오를 말씀드렸다.

3월 5일 세자에게 어리를 주선한 구종수·구종지·구종유 등 구씨 3형제와 악공 이오방이 참형을 당하고 세자전을 출입하던 진포·검동·김산룡 등 무수히 많은 이들이 노비가 되어 귀양을 갔다. 이로써 일단 어리 간통 사건은 수습되는 듯했다.

해가 바뀐 태종 18년 2월 4일 태종과 왕비가 애지중지하던 넷째 성녕대군이 죽는다. 그 슬픔은 이루 말할 수 없었다. 2월 13일 태종은 액을 피한다는 명분을 내세워 백관과 함께 개경으로 거처를 옮겼다. 이때 왕과 소수의 신하만 일시적으로 다녀오려는 것이 아니었다. 각 사에 분사分司를 구성하도록 명한 것으로 보아 일정 기간 도읍의 기능을 이전한 것으로 보인다. 원활한 국가 운영을 뒷받침하기 위해 동일 관청을 두 도읍에 나누어 두는 것이 분사다.

태종은 개경으로 옮기면서, 감국을 명분으로 세자를 한양에 남겨놓았다. 세자로 하여금 국정을 수행하도록 한 것이다. 그러나 세자의 감국은 그 자체가 목적이 아니라 세자를 한양에 남겨두기 위한 명분에 가까웠던 것 같다. 아마도 사랑하는 성녕을 잃은 애통한 마음을 달래려고 개경에 가면서 꼴도 보기 싫은 세자를 한양에 남겨놓은 것으로 추측된다.

그러던 어느 날 태종이 중궁전에 들렀다가 평양궁 궁주(태종의 차녀 경정공주, 조대림의 처)로부터 어리가 궁에 몰래 들어와 아이를 낳았다는 사실을 알게 되었다. 또 지난번 간통 사건이 발각된 이후 궁에서 쫓겨난 어리를 세자의 장인 김한로가 그 처로 하여금 시종하는 계집종이라 일컫고 궁으로 데려가 바치게 했다는 것도 듣게 되었다.

태종 18년 3월 6일 태종은 병조판서 조말생을 비밀리에 불러 이상의 사실을 전하고는 이어서 말했다.

"세자가 이미 자식이 있으나 학문을 좋아하지 아니하고 황음하기가 날로 심하다. 역대의 군주 가운데 태자에게 사사로운 뜻을 가지고 이를 바꾼 자가 있었고 참언을 써서 이를 폐한 자도 있었다. 내가 일찍이 이를 거울삼아 이런 짓을 하지 않겠다고 맹세했다. 그러나 세자의 행동이 이와 같음에 이르렀으니 어찌하겠는가, 어찌하겠는가? 태조께서 관인한 큰 그릇으로서 개국한 지 오래되지 아니하여 그 손자에 이르러 이미 이와 같은 자가 있으니 장차 어찌하겠는가?"

태종은 비통함을 참지 못하고 비 오듯이 눈물을 흘리며, 죽은 성녕대군에 대한 사무치는 감정을 조말생에게 쏟아냈다. 같은 날 태종은 유정현과 박은을 불러 김한로의 죄를 전한 뒤 세자가 새 사람 되기를 기다릴 것이니 아직 이 문제를 누설하지는 말라고 당부한다.

한편 한양에 남아있던 세자는 5월 2일에 이르러 비로소 개경에 와서 태종을 알현했다. 개경에 도착한 세자는 5월 5일에 정사를 보는 자리에 배석했으며, 이어서 베푼 주연에도 참석했다. 다음 날 남쪽 교외에서 이루어진 태종의 사냥에도 두 대군과 함께 참여했다. 하지만 평온한 며칠이 지나자 태종은 5월 10일 갑자기 세자를 징계하는 명령을 내렸다. 이를 전하는 기사에는 이렇게 적혀 있다.

> 이때에 이르러 임금이 세자가 어리를 도로 들이고 또 아이를 가지게 한 것에 노하여 세자로 하여금 구전舊殿에 거처하며 나와서 알현하지 못하게 했다.

이어서 신료들로 하여금 김한로의 죄를 탄핵하게 한 뒤, 5월 13일 김한로를 죽산에 안치시키고, 세자에게 한양으로 돌아가게 했다. 5월 2일 세자를 개경으로 부른 것은 세자를 폐하기로 결심한 태종이 마지막 며칠을 함께 보내기 위해서였던 것으로 추측된다.

진실을 담은 최후의 항변 한양으로 돌아간 세자가 곧바로 김한로의 집으로 가서 숙빈(세자빈)과 어리를 만난 것이 태종에게 전해지자 태종은 서연과 숙위사의 장무를 가두고, 5월 21일 서연과 숙위를 혁파한 뒤 사람들의 세자전 출입을 금지했다. 5월 28일 계속된 탄핵으로 황희는 남원부에 안치되었고, 김한로도 나주에 옮겨 안치되었다.

5월 30일 고립무원의 막다른 골목에 다다른 세자는 손수 편지를 써서 태종에게 올렸다.

> [1] 전하의 시녀는 다 궁중에 들이는데, 어찌 다 중하게 생각하여 이들을 받아들였겠습니까? 가이를 내보내고자 하시나, 그녀가 살아가기가 어려울 것을 불쌍히 여기고, 또 바깥에 내보내어 사람들과 서로 통하게 하면 임금의 명예가 아름답지 못할 것이므로, 그저 이 때문에 내보내지 아니하였습니다. 지금에 이르도록 신의 여러 첩을 내보내어 곡성이 사방에 이르고 원망이 나라 안에 가득 차니, 어찌 자신이 한 행위에 비추어 스스로 반성하지 않으십니까?
>
> [2] 선한 행동을 하도록 권한다면 이별해야 하고, 이별한다면 나쁘고 언짢은 일이 이보다 더 큰 것은 없습니다. 신은 이같이 하지 못하여, 악기의 줄을 끊어버리는 행동을 차마 할 수가 없었고, 음악과

여색을 마음대로 하고자 오직 생각나는 대로 정에 맡겨서 지금에 이르렀습니다.

[3] 한나라 고조가 산동에 거할 때에 재물을 탐내고 여색을 좋아했으나 마침내 천하를 평정했고, 진왕晉王 광廣이 비록 어질다는 칭송이 있었으나 그가 즉위함에 미치자 몸이 위태롭고 나라가 망했습니다. 전하는 어찌 신이 끝내 크게 효도하리라는 것을 알지 못하십니까?

[4] 이 첩(어리) 하나를 금하다가 잃을 것이 많을 것이오, 얻을 것이 적을 것입니다. 어찌하여 잃을 것이 많다고 하느냐 하면, 능히 천만세 자손의 첩을 금지할 수 없으니, 이것이 잃을 것이 많다는 것이오, 첩 하나를 내보내는 것이 얻을 것이 적다는 것입니다.

[5] 왕자王者(임금다운 임금)는 사私가 없어야 하는데, 신효창은 태조를 불의에 빠뜨렸으니 죄가 무거운데도 전하께서 이를 용서했고, 김한로는 오로지 신의 마음을 기쁘게 하기를 일삼았을 뿐인데도 전하께서 포의지교布衣之交를 잊고 이를 버려서 폭로하시니, 공신이 이로부터 위험해질 것입니다.

[6] 숙빈이 아이를 가졌는데 일체 죽도 마시지 아니하니, 하루아침에 변고라도 생긴다면 보통 일이 아닙니다. 바라건대 이제부터 스스로 새 사람이 되어, 아주 작은 일이라도 임금에게 심려를 끼쳐드리지 않을 것입니다.

세자는 이 편지에서 하고 싶은 말을 다 했다. 거짓도 포장도 없이 자신의 생각하는 바를 그대로 표출했다. 하나하나 확인해 보자.

[1] 부왕의 시녀 가이는 궁중에 두면서, 왜 나의 시녀들을 궁 밖으로

내쫓아 원망하는 곡성이 생기게 했는가? 그것은 부왕의 잘못이다. [2] 나는 차마 첩을 버리지 못하고 음악을 끊지 못해 지금에 이르렀다. [3] 그렇기는 하지만 한고조가 비록 왕이 되기 전에 재색을 탐했어도 천하를 평정했듯이, 내가 왕이 되면 조선을 잘 다스려서, 부왕께 효도할 자신이 있다. [4] 그러니 어리라는 첩 하나 때문에 소탐대실하지 말라. [5] 또한 신효창을 용서하고 김한로를 버린 것은 부왕의 사심에서 나온 잘못된 처사이다. [6] 계속 이러면 임신한 세자빈이 위험할 수 있다. 앞으로 새 사람이 되겠다.

요컨대 나는 지금까지 롤 모델인 부왕처럼 해왔고, 앞으로 왕이 되어서도 부왕처럼 잘 할 자신이 있으니, 첩 하나 때문에 조선의 큰일을 그르치지 않기를 바란다. 부왕도 자신의 잘못을 인정하라, 그렇다면 나도 새 사람이 되어 부왕이 바라는 바에 따르겠다.

이 글에는 부왕에 대한 존경심과 배신감, 그리고 저항과 타협이 섞여 있다. 무엇보다 돋보이는 점은, 사안과 사태의 진상(진실)을 꿰뚫어보는 세자의 판단력과 태종의 잘못에 대한 직설적 표현이다. 지금까지 감히 누구도 하지 못한 언행이다. 하지만 이 글이 어떤 결과를 초래할지 세자는 예측했을까?

여기서 세자의 편지에 대한 하나의 해석을 시도해 보자.

세자는 어느 때인가 태종 권력의 본질, 즉 태종과 그 신하들로 이루어진 '운명공동체'의 본질을 알아버렸다. 악을 선으로 포장하는 태종의 절대권력과 그 절대권력 앞에 조아리는 신하들의 위선적 모습이 조선 정치의 본질이라는 것을 세자는 알아버렸다. 그런데 그들은 그런 본질과는 동떨어진, 성군 프로젝트를 만들어 성군 놀이에 몰두하고 있었다. 세자는 자신이 그들의 성군 놀이를 위한 희생의 제물임을 알아차렸다. 세자도 적당한 성군 놀이라면 얼마든지 동참할 수 있었다. 동참할 의향도 있었다. 그런데 그들은 세자에게 놀이가 아닌 '진짜 성군'을 강요했다. 이런 경우가 어디 있는가? 자기들은 놀이하면서 나만 진지하라니!

편지에 담긴 세자의 항변을 추론해 보자.

'오랫동안 나도 참고 지내왔다. 물론 반항도 했지만 나름 인내하며 왕이 될 날을 기다려 왔다. 그런데 이제 부왕이 나를 배신하려고 한다. 그렇다면 나도 가만히 당할 수만은 없다. 그 많은 신하들이 한마디 진실을 말하지 못하고 운명공동체에서 떨어져 나갔지만, 나는 그럴 이유가 없다. 왜냐 나는 애초에 운명공동체의 일원이 아니기 때문이다. 나에게 운명공동체의 운영을 맡으라면 그건 자신 있다. 그러나 나보고 한마디 말 없이 유명공동체에서 내리라고 한다면 그건 못하겠다. 서로의 잘못을 솔직히 인정하고 이제 새롭게 다시 시작해 보자!'

이 글을 읽은 후 6월 1일 신하들에게 보인 태종의 반응은 싸늘하고 절망적이었다.

"내가 세자의 글을 보니, 몸이 송연(소름끼치는 듯 오싹함)하여 가르치기가 어렵겠다. …… 이 아이는 변하기 어렵겠다. 그 말의 기세로 볼 때 정치를 하는 날에 사람에 대한 화복을 예측하기 어렵다. 관용을 베풀어 그 여자를 돌려주고, 서연관으로 하여금 간하여 서연에 나오게 하여 잘 가르치고 키워야 마땅할 것 같다. 그래도 변하지 않는다면 오래된 전례에 따라 처리하겠다."

처리는 오래가지 않았다. 바로 다음 날 6월 2일 태종은 여러 신료들을 부른 자리에서 지침을 하달했다.

"세자가 간신의 말을 듣고 함부로 여색에 빠져 불의를 자행했다. 만약 후일에 생살여탈의 권력을 마음대로 한다면 형세를 예측하기가 어려우니, 여러 재상들은 이를 자세히 살펴서 나라에서 바르게 시행해야 할 것이다."

이에 따라 의정부·삼공신·6조·삼군도총제부·각사의 신료들이 세자를 폐하라는 상소를 올렸고, 6월 3일 세자를 폐해 광주로 내치고 충녕대군을 왕세자로 삼았다.

다시 한번 생각해 보자. 무엇이 태종으로 하여금 세자가 내민 타협의 손길을 뿌리치게 했는가?

'나의 권력'에 저항하고 도전하는 것을 태종은 받아들일 수 없었다. '나의 권력'을 위해서 아버지 이성계를 정치적 죽음으로 몰아간 이방원이 아니던가? 그런 그가 '나의 권력'을 위해서 세자 아들의 정치적 죽음을 선고하는 것쯤이야 어렵지 않은 일이었을 것이다. 게다가 대체할 인물도 있지 않은가?

태종은 조만간 전위를 하고 포스트태종의 시대(상왕시대)를 구상하고 있었다. 세자의 편지를 읽어본 태종은 세자가 도저히 자신의 구상과 부합하지 않는다고 판단했다. "만약 후일에 생살여탈의 권력을 마음대로 한다면 형세를 예측하기가 어려우니"라는 태종의 말은 자신이 상왕이 되었을 때, 금상이 된 세자가 자신의 통제를 벗어날 것이라고 확신하게 되었음을 의미한다. '나의 권력'의 저항자를 태종은 결코 수용할 수 없었다. 세자 교체에서 태종은 권력의 화신으로서의 면모를 유감없이 보여주었다고 볼 수 있다.

그렇다면 태종 집권 후반기 유신의 교화 선언 이후 보여준 유교적 군주로서의 모습은 무엇이란 말인가? 거짓과 위선에 불과하단 말인가? 아니다. 세자 교체에서도 유교적 군주로서의 면모를 확인할 수 있다. 이제 그 점을 살펴보자.

태종이 세자의 폐위를 결심하게 된 것은 태종 17년 2월 15일에 발생한 어리 사건이다. 여기서 확인하고 주목할 점이 있다. 10장 〈성군을 꿈꾸다〉에서 서술한 태종의 정체성 변화에 관한 언급이 바로 이 어리 사건을 전후해서 나타난다는 것이다.

태종이 세자 교체의 파행성이나 위험성을 감수하면서도 폐세자를 감행한 또 하나의 이유는 정체성의 변화를 통과한 태종의 이념의 세계에 대한 의지, 즉 태종의 이념성에서 찾을 수 있다.

집권 말기에 이른 태종은 포스트태종을 구상하고 있었다. 경전에 대한 철학적 인식과 조선왕조에 대한 역사인식이 교차하면서 태종은 자신의 후계를 생각하고 있었다. 기존의 태종이라면 비록 문제는 있지만 양녕으로 후계를 굳힐 수도 있었을 것이다. 그러나 태종은 이미 양녕이 보는 태종을 넘어서 버렸다. 반면 양녕은 기존의 태종을 통해서 자신과 조선왕조를 생각하고 있었다. 자기가 보아 온 태종 식이라면 자기도 군주로서 자신이 있다고 생각했다. 따라서 오히려 변화한 태종에 대해 배신감을 느꼈다. 이 차이가 태종과 양녕의 극단적 대치와 파국을 초래한 것이다.

이와는 달리 충녕은 태종과 양녕의 구도 밖에서 자율적으로 자신의 세계를 구축해 갔다. 태종의 정치를 바라보면서 양녕이 태종과 일체화되었다면, 충녕은 탈태종의 길을 걷고 있었고, 태종이 정체성 변화를 통과한 어느 시점에서 태종은 자신의 분신이던 세자를 부정하고 충녕과의 자기일체화를 이룬다. 그 결과가 폐세자였다.

왕위를 승계하다

성군의 꿈, 현자를 택하다 태종 18년 6월 3일 세자를 폐한 당일 조정의 주요 신료들이 조계청에 모였다. 내전에 있던 태종이 조계청에 모인 신하들에게 교지를 전했다.

> …… 또 적실의 장자를 세우는 것은 고금의 변함없는 법식이다. 제禔(세자)는 두 아들이 있는데, 장자는 나이가 다섯 살이고 차자는 나이가 세 살이니, 나는 제의 아들로써 대신시키고자 한다. 장자가 유고有故하면 그 동생을 세워 후사로 삼을 것이니, 왕세손이라 칭할는지, 왕태손이라 칭할는지 고제를 상고해 의논해서 아뢰어라.

세자를 교체하기로 정한 태종은 누구를 다음 후계자로 삼을지 이미 구상해 놓았을 것이다. 이 부분은 신하 중 누구도 먼저 말하지 못하는 오로지 태종만의 독점 영역이다. '권력자' 태종의 결심이 곧 조정의 결정이라는 것을 당시 조정에 모인 모든 신하들은 잘 알고 있었다.

세자 양녕을 폐한 시점에서 태종의 생각은 다음 후계자를 선정하는 데 그치지 않았다. 그의 구상은 선정된 후계자에게 전위한 다음 자신이 상왕이 되어 어떤 정치를 펼쳐갈 것인지까지 확대되어 있었다. 그 구상에 적합한 후계자로 태종은 충녕을 결정해 놓았다. 6월 3일 만약 태종이 후계자로 충녕을 지목했다면 그걸로 조정의 논의는 종결되었을 것이다.

그런데 막상 조계청에 모인 신하들에게는 양녕의 다섯 살짜리 아들이 다음 후계자라고 공표했다. 그리고 그를 후계자로 정한 근거는 그가 전前 세자의 아들이고, 게다가 적실의 장자라고 했다. 태종은 그것이 "고금의 변함없는 법식"이라고 강조했다. 이 법식이란 다름 아닌 유교에서 말하는 종법宗法제도*의 원칙이다.

태종이 세자를 폐하고 다음 후계자로 양녕의 적장자를 공표하면서, 자신의 결정이 종법의 원칙에 따른 것이라고 했을 때, 이에 반하는 의견을 제기하기는 쉽지 않았다.

"우의정 한상경 이하의 여러 신하들은 모두 양녕의 아들을 세우는 것이 가하다고 했다."

주자주의의 원칙론에 따른 태종의 공표와 대다수 신하들의 동조에 따라 양녕의 아들이 다음 후계자로 결정될 순간이었다.

여기서, 앞서 태종이 충녕을 후계자로 삼기로 마음먹었다는 점을 다

---

* 종법제도는 고대 주나라의 봉건제도를 유지하기 위해 만들어진 것으로, 조상의 종묘를 중심으로 형성된 동일혈족의 제사조직을 말한다. '종宗'은 그 내부에 다수의 '족族'으로 구성되었으며, 그 혈통에 따라 대종大宗과 소종小宗으로 구분되었다. 즉 종족 내에서 장자 출신의 족이 대종이 되어 종가宗家를 형성하고, 이 종족의 가장이 종주宗主가 되어 조상의 제사를 받드는 종묘를 모셨으며, 또한 다른 족인들을 통괄했다. 또 종주는 종족을 대표하고, 족인 가운데 범법자나 종족의 명예를 훼손하는 사람은 축출 또는 처형할 수 있었으며, 전쟁 시에는 족인을 이끌고 전쟁에 참가했다.

시 한번 생각해 보자. 그런 태종의 결심은 당연하지 않은가? 태종이 양녕의 어린 아들을 후계자로 정할 이유가 없었기 때문이다.

9세의 양녕을 원자로 삼고 11세에 세자로 책봉해 장시간 가르쳤으나 실패했는데, 이제 양녕보다 더 어린 아이를 후계자로 삼는다? 게다가 양녕이 살아있는데. 그 아들이 후계자가 된다면 화를 자초할 것이 분명한데 말이다.

그렇다면 태종은 왜 충녕이 아닌 어린 양녕의 아들을 먼저 지목했을까? 이 시점에서 그는 공론정치를 실행하는 유교적 군주였기 때문이라고 설명할 수 있다. 자신의 입을 통해 변화된 자신의 정체성을 스스로 말하는 태종은 이제 자신의 생각과 뜻을 권력에 의지해 강행하는 군주가 아니었다. 세자 교체와 같은 국가 중대사의 경우, 비록 자신의 생각이 있더라도 조정의 논의 절차를 밟아 공론을 모아 시행하고자 했다.

공론정치에 대해 서술한 내용을 상기해 보자. 공론정치는 절차적 공론성과 철학적 공론성이라는 두 측면이 있다고 했다. 6월 3일 조계청에서 벌어지는 장면은 절차적 공론성에 해당하고, 태종이 말한 고금의 변함없는 법식인 종법의 원칙은 철학적 공론성에 해당한다.

태종과 우의정 한상경, 그리고 대다수 신하들의 의견이 절차적·철학적 공론성을 갖추고 공론으로 모아지려는 순간, 영의정 유정현이 말을 꺼냈다.

"신은 배우지 못해 고사를 알지 못합니다. 그러나 일에는 권도權道와 상경常經이 있으니, 어진 사람을 고르는 것이 마땅합니다."

상경, 즉 "변함없는 법식"으로 본다면 적장자가 맞으나, 권도, 즉 비상한 상황에서는 현자를 택해야 한다는 의견을 유정현이 제시했다. 이때 유정현이 말하지는 않았지만, 세자 양녕을 폐위하고 목숨을 유지시켜 지방에 안치한 것은 비정상적인 상황이기에 그의 아들을 후계로 삼지 않아도 좋다는 주장이다. 이런 권도론은 주자주의에 위배되지 않을 뿐만 아니라, 주자주의자들이 때가 되면 어김없이 사용하는 논리다.

유정현의 발언을 좌의정 박은이 이어받았다.

"아비를 폐하고 아들을 세우는 것이 고제古制에 있다면 가합니다만, 없다면 어진 사람을 골라야 합니다."

잠시 뒤에 밝혀지겠지만, 유정현과 박은이 말하는 어진 사람이란 충녕을 지칭하는 것이고, 이는 원래 태종이 하고 싶었던 말이다. 이 두 사람은 사전에 태종과 교감이 있었고, 공론의 장이 펼쳐지기 직전에 태종으로부터 밀지를 받은 것으로 보인다.

상황이 이렇게 되자 다른 신하들도 마음에 품은 생각을 말하게 되었다. 조연·김구덕·심온 등 15인이 말했다.

"어진 사람을 고르소서."

적장자론과 택현론이 대립하자, 제3의 안을 이원이 제시했다.

"옛사람은 큰 일이 있을 적에 반드시 거북점과 시초점을 쳤으니, 청컨대 점을 쳐서 이를 정하소서."

조계청에서 거론된 세 개의 안을 가지고 지신사 조말생이 내전으로 돌아와서 태종에게 보고하자, 태종은 점을 쳐서 정하겠다고 했다가 얼마 후 그 말을 취소하고는, 원래 마음먹고 있던 충녕으로 공론을 모으기 위한 작업을 시도한다.

다시 조계청에 전지했다.

"나는 양녕의 아들로써 대신 시키고자 했으나, 여러 경들이 모두 불가하다고 하니, 마땅히 어진 사람을 골라서 아뢰어라."

이에 유정현 이하 여러 신하들이 아뢰었다.

"아들을 알고 신하를 아는 것은 군부와 같은 이가 없습니다."

절차적 공론성을 확보한 태종은 기다렸다는 듯이 말했다.

"충녕대군이 대위를 맡을 만하니, 충녕을 세자로 정하겠다."

그러자 다시 유정현 등이 화답했다.

"신 등이 어진 사람을 고르자는 것도 충녕대군을 가리킨 것입니다."

비록 유정현과 박은과의 교감하에 진행된 절차이기는 하지만, 그 절차의 진행 과정에서 권도론을 가지고 철학적 공론성도 확보한 태종은 공론정치를 실행하는 유교적 군주로서의 모습을 충분히 보여줬다.

훗날 세종 3년 8월 28일 박은은 상왕인 태종에게 상소하면서 이 당시에 있던 일들을 전해준다.

"지나간 때에 양녕군이 세자로 덕이 없어, 신이 유정현과 함께 천수天水 송정松亭에서 일찍이 밀지를 받고, 전하가 장차 종묘와 사직의 큰일을 하시려는 것을 알게 되었습니다. …… 얼마 뒤에 신 등이 여러 신하를 거느리고 세자를 폐해 밖에다 두기를 청했습니다."

"전하께서 매번 큰일을 처리하실 때에는 실로 전하의 신성한 계산에서 나왔으나, 그 결단은 공론으로 정하셨습니다."

박은은 충녕을 세자로 정할 때 밀지를 받았고, 그 밀지에 따라 조정의 공론을 도출해 실행했다고 분명히 말한다. 태종은 세자 양녕과는 파국을 맞이했지만, 현자 충녕을 후계자로 택함으로써 성군의 꿈을 이어갈 수 있었다.

여기서 잠시 회상해 보자. 이 꿈은 원래 누구의 꿈이던가? 태조의 후계자로 이방석을 선정하면서 정도전이 품은 꿈이 아니던가?

이방원은 1398년 무인정변을 일으켜 1392년 건국 직후 정도전이 깔아놓은 길에서 벗어나 수많은 시행착오를 거듭하다 결국은 20년 만인 1418년에 다시 정도전의 길로 돌아오고 말았던 것이다.

마침내 이룬 전위, 두 번째 유신 태종 18년 6월 3일의 세자 교체는 전위라는 큰 그림의 일부였다. 다시 말해 권력 승계를 위한 사전 작업이었다. 세자를 교체하기 위해 개경이라는 정치적 공간을 이용한 것이라면 이제 더 이상 개경에 머무를 이유가 없었다.* 7월 2일 신하들과의 논의 끝에 7월 19일 한양으로 돌아가기로 결정했다.

곧바로 전위를 위한 작업에 시동을 걸었다. 7월 4일 6대언에게만 비밀히 전위할 뜻을 밝히고, 이틀 후 7월 6일 다시 6대언을 불러 전위할 뜻을 전했다.

"즉위한 지 이제 이미 18년인데, 홍수와 가뭄의 재난이 잇달아 발생하므로, 병술년(1406)에는 전위하려 했으나 이루지 못했고, 그 뒤에 제(양녕)가 법도에 맞지 않아서 늘 염려를 했다. 이제 세자(충녕)의 성품이 본래 순박하고 정직하며, 사물이나 사안에 정통하여 남보다 뛰어나니 나라를 맡길 수가 있다. 세자로 책봉하던 날에 이미 내선內禪할 계획을 정했으니, 나의 마음이 편안하다. 원민생이 명나라에서 돌아오면 곧 전위해 왕이라 칭하고 조현하게 하는 것이 큰 다행이 아니겠느냐?"

---

* 윤정(2013)은 태종이 세자 교체를 위해 개경이라는 정치적 공간을 이용했다고 설명한다.

그러나 대언들이 왕이 되어 직접 조현한 예는 없고, 훗날 중국과의 관계가 나빠져서 세자 때 조현하지 않은 일로 부른다면 곤란할 것이라며 반대하자, 태종은 이를 받아들여 조현한 후에 전위하겠으니, 자기가 전위 의사를 표한 것을 드러내지 말라고 말해두었다.

이후 세자의 조현으로 조정의 이슈가 집중되었다. 그러나 출발일을 확정하지 못해 조현은 몇 번 연기되었다. 세자 교체를 알리기 위해 중국에 가 있는 원민생의 귀국 일정과의 조정 및 장마의 지속이 그 이유였다. 그 사이 원래 예정보다 늦은 7월 27일 한양으로 환도했다. 그리고 8월 8일 전격적인 전위를 단행한다. 이번 전위는 누구와도 교감이나 협의 없이 태종의 독단적 결정으로 실행되었다.

"아비가 아들에게 전위하는 것은 천하 고금의 떳떳한 일이오, 신하들이 의논해 간쟁할 수가 없는 것이다."

전위의 명분으로 세 가지를 내세웠다.

첫째, 전위는 오래전부터 생각해 온 바이다.

"그간에 태조가 매우 귀여워하던 두 아들(이방번, 이방석)을 잃고 상심한 것을 생각하면, 비록 내 몸이 영화로운 나라의 임금이 되었지만 어버이를 뵐 수가 없었다. 혹은 백관들을 거느리고 전殿으로 갔다가 들어가 뵙지 못하고 돌아올 때에는, 왕위를 헌신짝처럼 버리고 필마를 타고 관원 하나를 거느리고 혼정신성昏定晨省(아침저녁으로 부모의 안부를 살핌)하여 나의 마음을 표하고자 생각했다."

둘째, 왕비의 병이 위독하고 자신의 병도 다시 발작해 세자가 조현하기 어렵다.

셋째, 이방간과 양녕을 끼고 틈을 노리는 사람이 있을까 염려된다.

"더구나 회안군 부자가 있는 경우이겠는가? 또 양녕이 비록 지극히 친親해 변을 일으킬 의심은 없으나, 어제까지 세자의 지위에 있다가 이제 폐출되어 외방에 있으니, 어찌 틈을 엿보는 사람이 없겠는가?"

셋째 이유가 태종의 본심을 드러낸 것으로 보아도 좋을 것이다. 물론 첫째 이유도 본심이 아닌 것은 아니지만, 그것이 이 시점에서 전위할 이유가 되지는 않는다. 둘째 이유는 곁가지에 불과하다.

태종은 세자에게 국보(옥새)를 주고 연화방의 옛 세자전으로 이동했다. 정비靜妃도 따라서 저녁 무렵 거처를 옮겼다. 세자가 사양하고 백관이 통곡하며 복위하기를 요청하자, 태종은 밤하늘의 북두성을 가리켜 맹세하면서 다시 복위하지 않을 뜻을 보였다. 그리고 또 명을 전했다.

"내가 이러한 조치를 천지와 종묘에 맹세해 고했으니, 어찌 감히 변하겠느냐?"

세자가 황공하고 두려워해 지신사 이명덕을 돌아보면서 물었다.

"어찌할까?"

이명덕이 대답했다.

"성상의 뜻이 이미 정해졌으니, 효도를 다하심이 마땅합니다."

이날 밤 이명덕의 이 말로 전위는 종결된 거나 마찬가지였다. 그러나 날이 밝자 신하들의 복위 요청은 이어졌고 급기야 성균관 학생들까지 나서서 철회 상소를 올렸다. 이쯤 되면 모든 사람이 다 반대의사를 표명한 것이다. 그럴 수밖에 없었다. 태종 6년의 전위 파동의 기억을 갖고 있는 사람이라면 이 국면에서 반드시 반대의사를 표명해 두어야 했다.

또 하루가 지난 8월 10일에 태종은 효령대군을 통해 명을 전했다.

태종은 신하들의 의구심을 풀어주었다. 보증인으로 효령대군을 내세워 이번에는 진정 전위하는 것이니 염려하지 말라는 뜻을 전달했다. 태종의 전격적인 전위 단행으로 발생한 소동은 3일 만에 끝났다. 이날 8월 10일 세자가 근정전에서 즉위했다.

태종 6년, 9년, 10년 세 차례에 걸쳐 전위 의사를 표명했던 태종은 마침내 태종 18년에 뜻을 이뤘다. 자신이 찬탈한 권력을 후계자에게 물려주었다. 태종의 목적은 분명하다. 또다시 발생할지 모를 쿠데타를 사전에 방지하는 것이다. 그런 그의 목적은 달성되었다. 결과적으로 권력은 무사히 세종에게 이양되었다.

충녕의 즉위에 앞서 태종은 〈전위교서〉를 반포했다. 태종 10년 태조 이성계의 신위를 종묘에 모시는 날 '유신의 교화'를 담은 교서를 반포하며 집권 후반기를 연 태종이 태종 18년 왕위를 세자 충녕에게 물려주는 날 '유신의 경사'를 맞이하라는 축복의 교서를 반포했다.

또다시 새로운 정치가 시작된다. 세종의 시대는 아직 먼 장래의 일이다. 태종은 〈전위교서〉에서 두 번째 유신의 시대가 무엇인지를 밝혔다.

"대보를 주어 기무를 오로지 맡아보게 하고, 오직 군국의 중요한 일만은 내가 친히 청단하겠다."

요컨대 일상적인 국정은 세종이 처리하지만, 가장 중요한 군사권은 자기가 유지하고 행사하겠다는 것이다. 즉 태종은 비록 전위는 하지만 권력을 완전히 내려놓지 않은 '상왕정치 체제'를 구상하고 있었다. 이에 대해서는 다음 장에서 상세히 서술하기로 하고, 그에 앞서 중국 중심의 천하질서에 태종의 전위가 갖고 있는 문제점을 확인하자.

사대정책과 조선의 자주 태종 18년 6월 3일 조선에서 세자 교체가 있었다. 6월 9일 태종은 새로 선정한 세자(충녕)를 책봉해 줄 것을 요청하는 사신 원민생을 명나라로 보냈다.

> 삼자 도祹(세종)는 성질이 자못 총명하고 지혜롭고 효제하고 학문을 좋아하여 한 나라의 신민들이 모두 기대하고 있나니, 후사로 세우기를 청합니다. 신이 감히 마음대로 처리하지 못하기 때문에 삼가 아뢰옵니다.

책봉·조공 관계를 맺고 사대정책을 취하는 조선은 세자 교체 이후 황제의 승인이 필요했다. 경사에 도착한 원민생은 세자 책봉을 인정해 달라는 주본과 별도로 세자의 조현 의사를 구두로 전했다. 이것은 태종 7년 양녕이 세자로 책봉된 뒤 명에 조현을 다녀온 전례를 의식한 것으로 보인다. 조정의 이슈는 세자 조현에 집중되었다. 그러던 중 8월 8일 태종이 전격적인 전위를 단행하자 신하들은 불가함을 말하면서 그 이유 중의 하나로 세자의 조현을 들었다.

"원민생을 보내어 세자를 세우도록 청하고, 또 세자가 조현한다고 아뢰게 한 지 몇 달이 못 되어서 전위하고 편히 하심은 절대로 옳지 않습니다."

세자 또한 전위를 사양하는 글을 올렸다.

"거듭 생각하옵건대 전하께옵서 신을 세워 후사를 삼으실 적에도 오히려 감히 마음대로 하시지 못하고 천자에게 아뢰어 결정하셨거늘, 하물며 군국의 막중한 것을 마음대로 신에게 주실 수 있겠습니까? 신은 두렵사옵건대, 사대의 예에 또한 어긋남이 있을까 걱정이옵니다."

신하들과 세자가 태종의 독단적인 전위가 사대정책에 위배됨을 지적하며 철회를 주장하자, 태종은 이렇게 말한다.

"원민생이 중국 경사에 있을 때 비록 세자의 조현을 말했으나 문서는 없고 말뿐이었다. 또한 세상의 사고는 때가 없이 생기고, 또 모든 국정을 맡아보는 몸은 가볍게 길을 갈 수가 없다. 황제가 어찌 외국의 일(外國之事)을 가지고 트집을 잡겠느냐? 내가 8월 4일에 병이 났다고 핑계하고 문서를 보내어 아뢰면, 황제가 반드시 (왕위 교체를 인정하는) 고명을 내려 줄 것이다."

조선은 엄연한 '외국'이고, 그런 조선에서의 권력교체는 조선이 알아서 할 일이니, 황제가 왈가왈부할 일이 아니라는 것이다. 그렇다면 세자의 책봉을 요청하기 위해 황제에게 보낸 문서에 적힌 "신이 감히 마음대로 처리하지 못해 이 때문에 삼가 아뢰옵니다"라는 표현은 뭐란 말인가? '사후 승인'을 요청하는 외교적 수사일 뿐이다. 게다가 태종은 형식적인 사후 승인을 얻기 위해서는 내용상의 사실이 필요한 것이 아니라, 적당한 핑계거리만 만들어서 제시하면 된다고 생각한다. 이것이 태종이 생각하는 사대 외교의 본질이다. 사대 외교는 조선의 필요에 따라 적절히 중국을 이용하는 것이다. 조선의 필요를 위해 세자의 조현을 시도하다 중지했고, 조선의 필요에 따라 전위하고 책봉을 요청했다.

이러한 태종의 생각은 8월 14일 세종이 즉위한 이후 중국에 전위한 일을 알리는 방법을 논의하는 과정에서도 명백하게 드러난다.

세종이 신하들을 불러 이 문제를 논의했다. 다수의 신하가 말했다.

"마땅히 (상왕께서) 풍병을 앓으시어 때때로 발작해, 부득이 세자 이도를 대리로 해 국사를 보게 했으며, 인장과 면복은 감히 마음대로 전해주지 못하고 오직 칙명이 내리기를 기다린다고 하는 것이 마땅합니

다."

오직 우의정 이원만이 홀로 다른 의견을 말했다.

"금년 정월에 중국의 사신이 왔을 때 상왕께서 건강하심을 뵈었삽고, 또한 이제 이미 세자 책봉을 청했으니, 중국 황제가 반드시 사신을 보내올 것인데, 상왕께서 만일 조정에 나와 보시지 않는다면 반드시 의심할 것이오, 만일 나와 보신다면 반드시 상왕의 병환이 사실이 아님을 알 것입니다. 세자를 폐하고 다시 세운 지가 아직 오래지 않아서 갑자기 전위한다면 사리가 전도되니, 우선 병을 칭탁하여 전위를 주청하느니만 같지 못합니다. 황제가 가령 그것을 윤허하지 않는다 하더라도 다시 청하면 반드시 윤허할 것입니다."

세종이 이러한 의견을 상왕에게 고하니, 상왕이 병으로 집에 있는 좌의정 박은에게 사람을 보내 물었다. 박은의 의견은 이원과 같았으며, 그는 덧붙여 말했다.

"개국 이후로 상왕께서 비로소 중국의 고명을 받으시고 중국을 지성으로 섬겨왔는데, 이제 왕위를 주고받는 큰일을 당해서 우리 마음대로 할 수는 없습니다."

박은의 이 말을 상왕께 아뢰니 상왕이 탄식하며 말했다.

"내가 등에 생긴 큰 종기를 견디기 힘들어 빨리 전위하긴 했으나, 사리에 비추어 본다면 이것을 이유로 전위를 결정하기에는 어려운 점이 있다. 좌·우의정의 말도 옳다. 그러나 황제가 만일 윤허하지 않는다면 어떻게 수습할 것인가? 우리나라는 중국 영토 안에 들어 있는 나라가 아니다. 예로부터 반드시 주청한 연후에야 전위하지는 아니했다. 이제 비록 이미 왕위를 계승했다 하더라도 황제가 반드시 노하지는 않을 것이니, 마땅히 여러 신하들의 의논을 따르도록 하라."

세종 즉위년 9월 1일 상왕은 박신을 청승습주문사請承襲奏聞使로 삼아 경사로 보냈다. 그는 12월 25일 귀국했고, 세종 1년 1월 19일 명나라 사신이 세종의 계승을 인정하는 황제의 고명을 가지고 왔다. 황제 역시 외교적 수사를 늘어놓으며 조선의 요청을 들어주었다. 이는 태종이 생각한 그대로였다. 이로써 세자 교체와 세종의 즉위는 말끔히 마무리되었다.

여기서 8장에서 다룬 조선의 중화공동체 전략을 상기해 보자. 조선과 중국은 동일한 도, 즉 유교를 국가이념으로 채택해, 동질적인 유교문화를 실현하면서도, 정치적으로는 자립을 유지하는 것, 바로 이것이 조선의 국가 전략이다. 소국주의에 입각한 중화공동체 전략은 결코 중국 중화주의의 아류가 아니다. 대중화 명나라를 중심으로 하는 국제질서 속에서 추구된 조선의 철저한 주체적 전략이다.

태종이 세자 교체와 전위에서 보여준 사유와 언행은 그가 정치체제의 동존성에 기반한 중화공동체 전략을 철저히 실행하고 있음을 증명해 준다.

병권은 내가 가진다

10년 플랜 태종 18년 6월 3일 세자 양녕을 폐위하고 충녕으로 교체한 지 두 달 쯤 지난 8월 8일 왕위를 세자 충녕에게 물려주었다. 태종이 52세이고 세종은 22세였다.

전위를 하게 되면 태종은 상왕上王이 된다. 그리고 당시 상왕으로 불리며 생존하고 있는 정종이 태상왕太上王이 되는 것이 명분상 마땅하다. 그러나 뒤에 다시 서술하겠지만 세종 즉위 이후 정종은 태상왕으로 불리지 않았다. '노상왕老上王'이라는 이름으로 불렸다. 태종은 애초에 정종을 조선왕조 왕의 계보에 넣을 생각이 없던 듯하다.

무인정변 이후 왕위에서 물러난 태조 이성계는 상왕으로 불렸다. 실권은 정종을 왕으로 세워놓은 이방원이 갖고 있었고, 얼마 후 자신이 왕이 되어 권력을 완전히 장악했다. 왕위에서 내려온 상왕 이성계는 아무런 권한이 없었다. 태종도 그런 이성계와 같은 상왕으로 존재하기를 원했을까? 그렇지 않았다.

14

상왕정치 체제를 구축하다

왕위를 세자에게 물려주었지만, 실질적인 권력을 세자에게 넘겨주고 싶지는 않았다. 아니 넘겨주려는 생각조차 하지 않았다. 태종 9년 두 번째 전위 의사를 표명할 때에 전위를 반대하는 대신들에게 이 점을 분명히 말했다.

"(전위를 반대하는) 대신의 의견이 비록 사직을 중하게 여기나, 과인 또한 어찌 종사를 가볍게 여기겠느냐? …… 비록 물러가 후궁後宮에 있다 하더라도 어찌 종사를 돌보지 않겠느냐? 군사의 중요한 일은 내가 전부 맡겠고, 사람을 쓰는 일에 이르러서도 마땅히 친히 하겠다."

비록 왕위를 물려준다고 해도 군사권과 인사권은 자신이 계속 보유하겠다는 것이다. 이 구상은 실제 세종에게 전위하면서 실현되었다. 적어도 전위 이후 10년은 실권을 보유한 상왕으로 군림하겠다는 의지를 관철시켰다. '10년 플랜'을 확인해 보자.

태종 18년 태종이 전위를 표명하자, 세자는 자신이 아직 어리고 어리석어 국사를 감당할 수 없다고 사양했고, 신하들 역시 아직 때가 아니라고 강하게 반대했다. 그러나 마침내 태종은 친히 익선관을 세자의 머리에 씌우고 국왕의 의장을 갖추어 경복궁에 가서 즉위하게 했다. 그리고는 정부 대신들에게 교지를 전달했다.

> 주상이 장년이 되기 전에는 군사軍事는 내가 친히 청단할 것이고, 또한 국가에 결단하기 어려운 일이 있을 때마다 정부·6조로 하여금 함께 그 가부를 의논하게 할 것이며, 나 또한 함께 의논하리라.

이어서 태종은 예조판서 변계량에게 명해 "친히 대보를 주어 기무를 오로지 맡아보게 하고, 오직 군국의 중요한 일만은 내가 친히 청단하겠다"는 〈전위교서〉를 지어 반포했다.

교서는 법과 같은 성격을 가지고 있다. 따라서 태종은 상왕으로서 최고 권력을 유지하겠다는 의사를 법제화했다고 볼 수 있다. 그렇다면 전위 사건의 본질이 무엇인지를 확인할 필요가 있다. 태종이 세종에게 전위한 사건의 본질은 '왕위는 넘겨주지만 권력은 유지한다'는 데 있었다. 금상이 실무적인 행정을 담당하지만 실질적인 정치적 결정은 상왕이 주관하는 정치체제를 태종은 구상했다. 이러한 체제를 '상왕정치 체제'라고 부르겠다. 이 체제를 적어도 10년은 유지하겠다는 것이 태종의 기획이었다. 앞에서 인용한 부분에서 확인할 수 있듯이 태종은 세종이 '장년'이 될 때까지 이 체제를 유지하겠다고 했다. 세종 1년 2월 3일에는 구체적으로 세종이 30세가 될 때까지라고 말한다.

"…… 유독 군사관계만을 아직도 내가 거느리고 있는 것은 주상이 나이 젊어 군무를 모르기 때문이나, 나이 30이 되어 일에 대한 경험이 많아지면, 다 맡길 생각이다."

태종이 상당 기간 상왕정치 체제를 유지하려는 이유는 분명하다. 왕위 계승을 안정적으로 완료해 조선왕조의 기반을 확고히 하고자 함이었다. 두 번 다시는 정변이 발생할 여지를 남겨놓지 않기 위해서였다. 그러나 이보다 더 본원적인 이유는 자신의 실질적 권력만큼은 죽을 때까지 내려놓고 싶지 않다는 점에 있었다고 보인다. 세종이 30세의 장년이 되는 시점은 바로 태종이 60세가 되는 시점이 된다. 61세에 죽을 거라는 점쟁이의 말(《태종실록》 18년 7월 8일)을 태종이 믿고 있었다면 태종은 죽을 때까지 권력을 움켜쥐고 있을 생각이었다.

믿었던 강상인이 배신하다 상왕정치 체제를 운영하기 위해 태종이 병조에 심어놓은 인물이 강상인이다. 강상인은 전위가 단행되기 한 달 쯤 전인 태종 18년 7월 8일 병조참판으로 임명되었다. 이날 세자의 장인 심온도 의정부참찬으로 제수되었는데, 발령을 내고 나서 태종은 의미심장한 말을 했다.

"이제 우리 같은 노인들은 나가는 것이 좋다."

이때 태종은 전위할 마음을 굳혔다고 보아도 좋다. 7월 8일의 인사에는 전위 이후 정국 운영의 구상이 반영되어 있다고 보인다. 심온도 그렇지만 병조의 강상인이 핵심인물이었다.

병조참판 강상인! 참판은 병조의 최고 책임자인 판서 다음가는 지위이다. 세종 즉위 직후인 8월 10일에 단행된 인사 이동에서 형조판서의 직책을 맡고 있던 박습이 병조판서로 전임 발령이 났다. 하지만 태종은 판서인 박습이 아니라 강상인을 통해서 병조를 운영하며 병권을 장악하고자 했다.

강상인은 이방원이 생원이 된 우왕 8년(1382) 이래로 이방원 집안의 집사가 되어 이방원이 왕위에 오르는 데 공을 세워 원종공신이 되었으니 30년 넘게 태종을 섬기면서 태종과 운명을 같이해 온 분신과도 같은 존재라고 할 수 있다. 그런 강상인을 전위 직전에 상왕정치 체제를 운영하기 위해 병조에 심어놓은 것이다. 그런 그가 상왕을 배신했다. 먼저 배신의 내용을 살펴보고, 그가 왜 배신했는지를 추론해 보자.

세종 즉위년 8월 25일 상왕이 병조참판 강상인과 좌랑 채지지를 잡아 의금부에 가두라고 명했다. 세종이 즉위하고 겨우 보름이 지날 즈음이었다. 그의 죄목은 〈전위교서〉에 명문화한 "오직 군국의 중요한 일

만은 내가 친히 청단하겠다"라는 상왕의 법을 어겼다는 것이다. 그 경위를 살펴보자.

즉위한 세종은 장의동 본궁에 있었다.

"병조는 매번 군사에 관한 일을 상왕에게 아뢰지 아니하고 먼저 임금에게 아뢰므로, 임금이 그럴 때마다 이를 물리치면서, '어찌하여 부왕께 아뢰지 않느냐?'라고 말했다."

이러한 사실을 알게 된 상왕이 강상인을 시험해 보고자 그를 불러 물었다.

"상아패와 오매패는 어디에 쓰는 것인가?"

"대신을 부르는 데 쓰나이다."

강상인의 대답을 들은 상왕은 상아패와 오매패를 꺼내서 강상인에게 주며 말했다.

"여기서는 소용이 없으니 모두 왕궁으로 가져 가라."

강상인이 이를 주상전으로 가지고 가자 세종이 물었다.

"이것은 무엇에 쓰는 것이냐?"

"밖에 나가 있는 장수를 부르는 데 쓰는 것입니다."

강상인의 대답에 세종이 말했다.

"그러면 여기에 두어서는 안 된다."

곧바로 세종은 강상인으로 하여금 다시 가지고 가서 상왕에게 바치게 했다. 상왕은 강상인이 '장수'가 아닌 '대신'을 부르는 것이라고 거짓을 꾸며 속인다고 판단하고 세종에게 선지宣旨를 전했다.

"내 일찍이 교서를 내려 군국의 중요한 일은 친히 청단하겠노라고 말했는데, 이제 강상인 등이 모든 군사에 관한 일을 다만 임금에게만 아뢰고 나에게는 아뢰지 않았으며, …… 이는 임금을 속이는 것이다."

그리고 의금부에 명을 내렸다.

"이제 병조는 궁정 가까이 있으면서, 다만 사소한 순찰에 관한 일만 나에게 아뢰고, 그 밖의 일은 모두 아뢰지 않았으니, 내가 군사를 듣기로서니 무엇이 사직에 관계되느냐? 이런 의논을 먼저 낸 자가 누구인지 물어볼 것이요, 만일에 숨기고 말하지 아니하거든, 마땅히 고문을 해야 할 것이다."

8월 27일 의금부에서 조사 내용을 상왕에게 보고했다.

"강상인과 낭청 여섯 사람을 모두 고문했으나, 사리를 잘 살피지 못한 탓이라고 변명합니다. 병조판서 박습과 이각도 함께 고문하도록 하옵소서."

상왕이 말했다.

"박습은 임무를 맡은 날짜가 얼마 안 되니 그대로 두고, 강상인은 젊어서부터 나를 따라 오늘에 이르기까지 항상 상의원 제조가 되었고, 또 병조에서도 다 중요한 직임을 맡겼거늘, 나의 은혜를 생각하지 않고 거짓으로 속일 마음만 품었으며, 전일에는 또 거짓을 꾸며 그의 아우 강상례에게 벼슬을 주고서 나에게는 '임금이 이 벼슬을 내리셨다'라고 말했으니, 임금의 교지를 거짓 핑계하고 나를 속인 그 죄 역시 중하다. 마땅히 단단히 고문을 하되 죽지 않을 한도까지 하라."

그러나 이틀 후 8월 29일 상왕은 박습과 강상인을 원종공신이라고 용서하고, 강상인은 고향으로 내쫓았다. 이때 상왕이 사람을 보내어 강상인에게 일렀다.

"너는 30년간이나 나를 따라 지내다가 오늘에 와서 이렇게 되었으나, 오히려 옛날을 생각해 죄를 주지 않으니, 스스로 반성함이 마땅하다."

이렇게 상왕은 강상인의 배신을 가볍게 종결시키려고 했다.

이날 병조는 후속 조치를 상왕에게 올렸다.

"앞으로는 중외中外의 군무를 병조에서 상왕께 아뢰어 선지를 받아서 시행한 후에 사실을 갖추어 임금께 아뢰기로 함이 좋을까 하나이다."

상왕은 그대로 하라고 했다. 이로써 강상인에 의해 흔들리던 상왕정치 체제의 운영 방식을 확고히 했다. 강상인에 대한 사적인 정이 가미된 상왕의 경미한 조치에 대해 사헌부·사간원·형조가 이어서 그 부당함을 주장하며 박습과 강상인에게 죄를 줄 것을 요청했다. 불허하던 상왕이 결국 9월 14일 강상인은 노비로 삼고, 박습과 형조의 관련자들을 귀양 보냈다.

이제 강상인이 왜 상왕을 배신했는지에 대해 생각해 보자. 강상인은 왕위를 물려주고 나서 쉬고 싶다고 한 태종의 말을 그대로 믿은 것 같다. 그는 유교적 군주로의 정체성 변화를 눈으로 보아 온 만큼 그만 태종의 깊은 심중에 남아있는 '권력성'을 간과한 것 같다. 따라서 그는 상왕이 〈전위교서〉에서 법제화한 상왕정치 체제의 구상을 엄중하게 받아들이지 않았다. 오히려 태종에서 세종으로 자연스럽게 권력이 이행하도록 보조하는 것이 자신의 임무라고 생각한 것이 아닐까? 그런 강상인에게는 태종을 배신한다는 의도나 생각이 없었을 것이다. 누구보다도 태종을 잘 아는 강상인이었건만, 그만 방심하고 말았다.

심온의 처단, 정치적 리얼리스트 강상인 사건은 이렇게 종결되는 듯싶었다. 9월 14일 이후 누구도 더 이상 강상인을 거론하지 않았다. 그런데 이게 어찌된 일인가? 돌연히 11월 2일 상왕 자신이 강상인의 죄를 다시 부각시켰다.

"강상인이 생원이 된 때로부터 나의 집안 문서를 관리해 주어 그 수고로움을 생각하고 극히 후하게 대우했으니, 마땅히 충성을 다해 나를 섬길 것이어늘, 병조가 항상 궁정 가까이에 있음을 이유로 나에게는 군무를 아뢰지도 않았으며, 강상인을 심문했을 때에 '능히 깨달아 살피지 못했습니다'라고 변명하니, 반드시 압슬형을 써서 심문을 해야만 그제야 그 진상을 알 수 있을 것이다. 박습이 강상인의 말을 믿고 이 지경에 이르렀으니, 나는 죄가 차등이 있어야 될 것이라고 생각한다. 길재는 불러도 오지 않으며 두 임금을 섬기지 않겠다는 뜻을 굳게 지키니, 신하의 절개는 진실로 이렇게 해야만 될 것이다."

강상인의 행위는 "능히 깨달아 살피지 못한" 단순한 '불찰'이 아니라 '불충'이므로 고문을 해서 사건의 '진상'을 파악하라는 매우 강경한 태도를 취했다. 상왕은 왜 갑자기 입장을 바꿨을까? 진상을 밝혀야겠다는 태종의 의도는 무엇일까?

다음 날 3일 상왕은 편전에 나가서 세종이 즉위한 이후 군무를 보고하지 않은 건 외에도 두 가지 더 강상인이 잘못한 행실을 지적하고는 이렇게 말했다.

"이런 일을 하는 것은 장차 뒷날을 준비하려는 것이다. 그 마음을 살펴본다면, 그가 용렬하고 악한 것이 심했다. 다시 국문해 만약에 반역할 마음이 없는데 이를 죄주면 실로 원통하고 억울함이 될 것이니, 마땅히 이를 용서해야 되겠지만, 만약 진실로 반역할 마음이 있었다면 신하가 유독 강상인뿐만이 아니고, 임금도 다만 지금 이때뿐만이 아니니, 어찌 왕법으로써 이를 다스리지 않겠는가?"

상왕은 국문을 하여 밝히라고는 했지만, 이미 결론을 내려주었다. 강상인은 "반역의 마음"을 먹고 "뒷날을 준비"했으니 고문해 그 "진상"을 자백 받아내라는 것이었다.

여기서 반역과 뒷날의 의미가 무엇인지 생각해 보자. 강상인은 한편으로는 상왕을 무시하며 속이고 다른 한편으로는 세종에게만 충성해 상왕이 죽은 훗날 자신의 위상을 확보하려고 했다는 것이다. 지는 권력을 배신하고 떠오르는 권력에 붙어버린 강상인의 행위는 단순한 불찰이 아니라 상왕에 대한 반역이 된다는 것이다.

처음에는 믿고 있던 강상인의 배신 행위에 대해 괘씸하기는 했지만 오랜 세월 자신을 위해 성심을 다해 섬겨 온 점을 감안해 강상인을 고향으로 내쫓았다가, 죄를 줘야 한다는 신하들의 요청에 따라 노비로 삼는 것으로 종결했다. 그러다가 무언가의 계기로 마음이 바뀐 상왕은 강상인의 행위를 반역죄로 규정하고 처단하려고 했다. 그 계기가 무엇일까?

그 계기를 찾아보기 위해 이 사건의 종착점을 먼저 확인하자.

이후 진상 파악을 위한 조사가 진행되어 12월 23일 상왕의 명에 따라 세종의 장인 심온이 스스로 목숨을 끊음으로써 이 사건은 종결된다. 이러한 결과를 본다면 상왕의 최종 타깃은 심온이었다. 그렇다면 상왕은 강상인 사건을 재론하면서 애초에 심온 처단을 의도한 것일까? 아니면 의도한 것은 아니지만 조사 과정에서 심온까지 연루된 것인가?

정황으로 보아 전자인 것 같다. 여기서는 상왕이 심온을 처단하겠다는 의도를 갖고 강상인 사건을 다시 부각시켰다고 보고 서술하기로 한다.

6월 3일 충녕으로 세자가 교체된 후 이를 승인받기 위해 6월 9일 명나라로 떠난 원민생이 귀국하자 이번에는 세자 교체 승인에 대한 감사의 뜻을 표명하기 위해 심온을 사은사로 파견하기로 했다. 물론 이번 사은은 오직 세자 교체를 승인해 준 것에 한정되었을 뿐 전위에 관한 사안은 일체 언급하지 않았다. 사은사로 가는 국왕의 장인 심온의 존귀함을 나타내기 위해 9월 2일 상왕은 심온을 영의정으로 임명한다.

9월 8일 상왕은 환관 황도를 보내 문밖까지 심온을 전송했고, 세종과 중궁도 각각 환관을 보내 연서역에서 전송했다. 이날 실록의 기사는 심온의 위상을 이렇게 묘사한다.

> 심온은 임금의 장인으로 나이 50세가 안 되어 수상의 지위에 오르게 되니, 영광과 세도가 혁혁해 이날 전송 나온 사람으로 장안이 거의 비게 되었다.

이 광경을 상왕이 직접 목격하지는 않았겠지만 상황은 전해 들었을 것이다. 심온이 사은사로 명나라에 가는 일이 진행되고 있는 와중에 강상인 사건이 발생했다. 강상인은 8월 25일 의금부로 넘겨지고, 8월 29일 고향으로 쫓겨나고 9월 14일 노비로 전락하는 처분을 받았다. 박습 등 관련자들은 유배에 처해졌다. 여기까지는 강상인 사건에 심온이 연루되지 않았다.

앞에서 말했듯이 9월 14일 이후 세종 즉위년의 해가 무난히 저물어

가는 듯했다. 그러나 상왕에게 강상인 사건에 대한 심경의 변화가 발생한 듯하다. 11월 1일 상왕의 발언을 보자.

"양녕의 죄는 종사에는 관계되지 않고, 오로지 이것은 김한로가 한 짓이다. 양녕의 아들은 죄가 없는데도 아버지를 따라 작은 집에 있으니, 화재가 두려우므로 내가 이를 심히 불쌍하게 여긴다. 다만 양녕이 성품이 안정되지 못하므로 간사한 무리들이 몰래 서로 유인할까 염려되니, 강화에 집 백여 칸을 지어 들어가 거처하게 하도록 하라."

양녕에 대한 상왕의 평가와 태도가 긍정적으로 변했다. 그 대신 양녕과 관련된 부정적인 면의 책임은 모두 양녕의 장인인 김한로에게 전가했다. 나아가 간사한 무리가 폐위된 양녕을 꼬여 반역을 도모할지도 모른다는 우려를 표명했다. 이 말에서, '김한로 때문에 양녕이 잘못됐고, 앞으로도 김한로가 간사한 모략으로 양녕을 유인해 종사의 위협을 초래할지도 모른다'라고 생각하는 상왕의 마음을 추론해 볼 수 있다.

여기서 한걸음 더 나아가, 강상인의 배신과 심온의 드높아진 위상을 겹쳐서 당시 상왕의 심정을 헤아려 보자. 상왕정치 체제를 구축해 10년 권력을 유지하려는 상왕은 '간사한' 강상인의 배신 행위와 '드높아진' 심온의 위상을 충분히 위협적으로 느낄 만했다. 곰곰이 생각하던 상왕은 어느 순간 결심했다. '싹이 자라 화란을 일으키기 전에 미리 뿌리를 뽑자.' 시나리오는 짜였다. 강상인은 반역자, 반역의 수괴는 심온, 나머지 연루자는 당여.

11월 3일 의금부의 인원을 귀양지로 보내 강상인·박습·채지지·이각을 잡아오게 했다. 이후 혹독한 고문을 이기지 못한 강상인의 입에서 11월 22일 마침내 심온의 이름이 나왔다. 다음 날 23일 상왕은 자신의 본심을 교지를 통해 박은에게 밝히며 상황을 마무리하라고 지시했다.

처음 강상인의 죄는 대간과 나라 사람이 두 번이나 청했으니, 내가 그 정상을 모르는 것이 아니나, 고식적으로 윤허하지 않고 다만 외방으로 내쫓기로만 했는데, 그 후에 생각해 보니, 나의 여생은 많지 않고 본 바가 많으므로 이와 같은 크게 간사한 자는 제거하는 것이 마땅하므로, 다시 그 일을 신문해 이와 같은 사태에 이른 것이다. 심온이 군사軍士가 한곳에 모여야 된다는 말을 듣고, '군사가 반드시 한곳에 모이는 것이 옳다'라고 대답했다고 하니, 경(박은)은 이를 알아야 할 것이다.

"군사가 한곳에 모여야 된다"는 말이 무엇을 의미하는지 확인하자.

앞서 언급했듯이 원래 태종은 세종에게 전위하면서 "오직 군국의 중요한 일만은 내가 친히 청단하겠다"는 내용을 담은 〈전위교서〉를 반포했다. 그런데 병조에서 군사에 관한 일을 상왕에게 보고하지 않고 먼저 세종에게 보고하고 있다는 사실을 알게 된 상왕이 강상인과 병조의 관련자에 대한 조치를 취했다. 이후 심온을 처단하기로 결심한 상왕은 심온의 죄목이 필요했다. 결국 강상인을 고문해 심온이 지은 죄를 자백받았다.

당시 고문을 하며 자백을 받은 실록의 내용을 재구성하면 이렇다.

세종이 왕이 된 이후 병조에서는 군사에 관한 일을 어떻게 보고할지를 논의했다. 금상과 상왕으로 두 개의 보고 라인을 유지하는 것보다는 어느 한쪽으로 일원화해야 한다는 쪽으로 의견이 모였고, 그 논의 내용을 들은 심온도 "군사가 반드시 한곳에 모이는 것이 옳다"고 말했다.

물론 그 한쪽은 세종이다. 강상인의 자백은 상왕의 명령을 어긴 반역에 해당했다.

11월 26일 강상인은 거열(팔다리를 묶은 수레를 반대 방향으로 끌어서 찢어 죽임), 박습·이관·심정은 참형에 처해지고, 이각과 채지지·성달생은 사면을 받았다. 이렇게 해서 상왕은 강상인 사건의 '진상'을 밝히고 관련자들을 처단했다.

한편 강상인은 죽음 앞에서 이 사건의 진상을 폭로했다.

"나는 실상 죄가 없는데 때리는 매를 견디지 못해 죽는다."

이후 사은사의 임무를 마치고 국경을 넘어온 심온은 그 자리에서 체포되어 의금부로 압송되었다. 12월 22일 신문이 시작되자 강상인 등이 벌써 죽은 줄도 모르고 심온은 그들과 더불어 대면하기를 요구했다. 이런 상황을 예상하고 그들을 미리 처형해 버린 것이리라. 매로 치고 압슬형을 쓰니 심온이 "반드시 면하지 못할 것이라"라고 말하고는 마침내 죄를 인정하고 만다.

"강상인 등 여러 사람이 아뢴 바와 모두 같습니다. 신은 무인인 까닭으로 병권을 홀로 잡아보자는 것뿐이고, 함께 모의한 자는 강상인 등 여러 사람 외에 다른 사람은 없습니다."

12월 23일 심온은 사약을 받고 죽음을 맞이했다.

심온이 반역의 괴수라는 죄목으로 사약을 받았으니 심온의 딸이 왕비의 지위를 유지하는 것이 가능하겠는가? 조만간 대간에서 폐비를 주청하는 논의가 나온다고 해도 이상할 것이 없는 상황이었다. 상왕은 이 점에 대해서는 11월 28일 미리 쐐기를 박아놓았다.

"그 아버지가 죄를 지었어도 딸이 후비后妃가 된 일은 옛날에도 있었으며, 하물며 형률에도 연좌한다는 명문이 없으므로, 내가 이미 공비恭妃에게 밥 먹기를 권했고, 또 염려하지 말라고 명령했으니, 경들은 마땅히 이 뜻을 알라."

그 자리에 있던 대신들이 모두 말했다.

"상왕의 가르침이 진실로 마땅합니다."

왕비는 상왕의 지시로 지위를 유지했다. 애초에 왕비는 타깃이 아니었다. 외척만 제거해 제압하면 되지, 굳이 왕비까지 축출할 필요는 없었다. 폐비를 시키고 새로 왕비를 들여도 어차피 외척은 생기기 마련이기 때문이다.

병조참판 강상인과 병조판서 박습을 포함해 병조를 초토화시키고 나아가 심온까지 연루시켜 외척을 제압한 상왕의 의도는 분명하다. 자신이 기획한 상왕정치 체제를 공고히 해 자신의 권력을 확고히 하고자 함이었다. 이것이 심온을 제거한 1차적인 목적이었을 것이다. 그렇다면 태종은 한비자적 술치를 여전히 구사하고 있는 것은 아닌가?

다시 말해 영의정이 된 금상의 장인 심온이 '호랑이'가 되어 세종을 끼고 당여를 모아 상왕정치 체제에 도전하기 전에 '가지치기'를 한 것이라고 본다면 분명 술치의 구사라고 해석할 수 있는 여지는 충분히 있을 것이다. 그러나 예전의 술치와는 다른 점을 확인할 필요가 있다.

비록 가지치기를 위해 심온을 강상인 사건에 연루시킨 수법, 즉 심온이 부재한 상황에서 강상인을 고문, 자백, 처형한 점 등은 술치에서도 사용되는 수법이기는 하지만, 함정 파기나 에이전트 활용과 같은 술치의 본질에 해당하는 작업을 이번에 상왕은 구사하지 않았다. 오히려 강상인과 심온의 처단은 국가와 왕실에 반역하는 난신적자를 춘추의 법에 따라서 엄히 처벌해야 한다는 유교에서 말하는 춘추대의의 측면에서 볼 수 있기도 하다.

의합체제를 전제로 하는 군주제에서 가장 중요한 대의는 군신 간의 의리를 바로 세우는 것이다. 따라서 여기에서는 난신적자의 금장지심 今將之心(반역의 마음을 품는 것)을 밝혀내는 것이 필수적인 과제가 되고, 그것이 확인되고 나면 누구라도 예외 없이 베어야 하는 것이며, 그것도 지체 없이 베어버려야 한다. 심지어는 낌새와 조짐만으로도 벨 수 있으며, 먼저 베고 나중에 보고하는 것도 허락된다.

11월 2일 상왕이 "길재는 불러도 오지 않으며 두 임금을 섬기지 않겠다는 뜻을 굳게 지키니, 신하의 절개는 진실로 이렇게 해야만 될 것이다"라고 말하면서 강상인 사건이 재론되어, 11월 26일 강상인이 처형되고, 체포된 심온에 대한 신문이 12월 22일에 있었고 바로 다음 날 12월 23일 심온의 자진에 이르기까지의 과정은 마치 유교적 군주가 춘추대의를 집행하는 모습처럼 보이기도 한다.

게다가 강상인이나 심온과 같은 존재가 당시 상황에서 정말 가지치기를 해야 할 정도의 '호랑이급'이라고 상왕이 인식하고 있었는지 석연치 않다. 상왕정치 체제를 운영하는 데는 강상인에 대한 처음의 가벼운 조치로도 충분하고, 심온은 중국에서 돌아온 이후에 시간을 갖고 얼마든지 관리하면서 정히 필요하다면 그때 가서 술치를 구사할 수도 있었다. 그렇다면 그 시점에서 그렇게 극단적인 처단을 강행할 필요도 없었다. 그런 점에서 보면 전형적인 술치라기보다는 술치의 잔재라고 할 수도 있겠다.

이쯤에서 이 사건이 술치냐 아니냐를 따져보는 것은 그만두기로 하고, 태종이라는 정치가를 이해하고 설명하기 위해 다른 각도에서 이 사건을 바라보자. 이 사건의 처리를 통해 상왕정치 체제를 공고히 하려는 1차적인 목적 이외에 상왕은 또 하나의 목적을 가지고 이 사건을 진행시켰다고 추측된다. 세종에 대한 '권력정치의 훈육'이라는 관점이다.

태종은 9세 때 원자로 책봉한 양녕을 훈육하기 위해 호랑이가 새끼를 키우듯 대했다고 했다. 물론 태종의 뜻대로 되지는 않았지만 자신의 훈육 방식이 잘못되었다고 생각한 적이 없다. 어디까지나 자신의 훈육을 소화해 내지 못한 양녕에게 문제가 있을 뿐이라고 생각했다.

충녕은 세자의 지위에서 왕이 되기 위한 교육을 받지 못했다. 양녕이 세자로 있는 동안에는 권력정치의 장에 들어가 보지도 않았다. 그런 그가 세자가 되자마자 왕위에 올랐다. 상왕의 눈에 비친 세종은 성군의 자질은 갖추고 있을지 모르지만, 비정하고 잔혹한 권력정치의 장을 헤쳐 나갈 능력과 경험은 구비하지 못했다. 상왕은 세종에게 훈육이 필요하다고 생각했을 것이다.

상왕 본인의 입장에서만 본다면 강상인을 너그러이 용서할 수도 있었다. 처음에 그렇게 처리하려고 했다. 그러다가 어느 순간 상왕은 세종의 입장을 생각하게 된 것은 아닐까? 강상인 사건을 재론한 후 상왕은 세종을 유심히 지켜봤을 것이다. 한 장면을 소개한다.

고문을 이기지 못한 강상인이 실토한 피의자들이 불려와 강상인과 대질심문을 하던 11월 23일 세종이 수강궁으로 상왕께 문안을 드리러 가려고 하는데 내관 김용기가 의금부에서 신문한 내용을 세종에게 말했다.

"심본방(심온)이 군사가 한곳에 모여야 된다는 말을 들었다고 하옵니

다."

세종이 수강궁에 나아가서 김용기의 말을 상세히 상왕께 아뢰니 상왕이 말했다.

"내가 들은 바는 이와는 다르다. 이와 같다면 무슨 죄가 있으리오."

심온이 단지 듣기만 했다면 문제가 없다는 의미다. 그러나 상왕은 심온이 듣고 찬성했다는 보고를 받았다고 말하며, 앞에서 언급했듯이 11월 23일 좌의정 박은에게 교지를 내려 자신의 뜻을 전했다.

"심온이 군사가 한곳에 모여야 된다는 말을 듣고, '군사가 반드시 한곳에 모이는 것이 옳다'라고 대답했다."

물론 이때 한곳이란 상왕이 아닌 세종이라고 상왕은 단정하고 있었다. 이 대화가 강상인 사건이 진행되는 동안 강상인 사건에 관해 상왕과 세종이 주고받은 유일한 기록이다.

심온이 연루되어 죽음에 이르기까지 세종이 어떻게 대응하는지를 상왕은 지켜보고 있었을 것이다. 사위로서 장인의 구명을 위해 세종이 어떤 행위를 하는지를 관찰했을 것이다. 왕비는 틀림없이 아비를 살려달라고 애원했을 텐데, 이에 대해 세종은 어떻게 반응할지 유심히 체크하고 있었을 것이다.

세종은 아무것도 하지 않았다. 할 수 없었을 것이다. 비록 하고픈 말이 있었겠지만 단 한마디도 표현하지 않았다. 권력정치의 비정함과 냉혹함을 인내하며 사태를 지켜볼 뿐이었다. 그러한 세종의 모습에 대해 상왕은 만족했을 것이다. 짧은 시간 안에 충격적인 사건을 통해 권력정치의 비정함을 뼛속 깊이 체험시켰다. 테스트를 통과한 세종에게 그 보상으로 상왕은 왕비의 지위를 보장해 주었다.

태종 18년 6월 3일 태종은 세자를 양녕에서 충녕으로 교체하면서 택현, 즉 어진 이를 택한다는 명분을 내세웠다. 그리고 8월 8일 세자 충녕에게 전위하면서 자신의 꿈인 성군을 후계자 세종이 이루어주기를 진심으로 바랐다. 훗날 자신의 사후에 현자賢者 세종이 어진 정치(인정仁政)를 펼쳐주기를 말이다. 그런 세종에게 상왕이 오로지 자신의 실질적 권력을 유지하기 위해 맹목적인 권력정치를 구사했다고는 보이지 않는다. 그는 어진 이의 마음에 깊은 상처를 남긴다는 것을 알면서도 이제 자신에게는 굳이 필요하지 않은 권력정치의 비정함을 연출시켰다. 갓 즉위한 어진 세종을 훈육하기 위해서 말이다.

이 지점에서 정치가로서의 태종의 진면목을 엿볼 수 있다. 그는 자신의 후계자에게 한편으로는 성군을 기대하면서 다른 한편으로는 비정한 권력정치를 훈육했다. 원래 유교에서 성군정치와 권력정치는 원리적으로 양립할 수 없다. 그러나 태종은 정치가 갖고 있는 양면성, 즉 성군을 추구하는 이념성과 비정함을 내포하는 권력성을 양립시키면서 정치 행위를 하고 있었다. 그런 태종에게 '정치적 리얼리스트'라는 이름을 붙여본다.

상왕정치의 장치들

상왕의 선지 국왕은 조선의 최고 통치권자이고, 국왕의 통치권은 교지教旨를 통해서 행사된다. 국왕의 명령이 담긴 말을 '교教'라고 칭하고, '지旨'는 여기에 담긴 국왕의 의중을 가리킨다.

따라서 교지란 국왕의 명령이 담긴 말씀이다. 교지를 왕지王旨라고도 하고, 교지를 내리는 것을 하지下旨라고 하고, 교지를 전달하는 것을 전지傳旨라고 하고, 교지를 받는 것을 수교受敎라고 한다.

그렇다면 상왕은 어떻게 자신의 의중을 명령할 수 있는가? 직접 명령할 수 없다. 상왕이 비록 금상보다 높은 위상을 갖고는 있지만, 그는 최고 통치권자가 아니다. 따라서 상왕은 자신의 의중을 금상의 교지를 통해 행사할 수 있을 뿐이다. 태조도 정종도 상왕 시기에 교지를 내려 통치권을 행사하지 못했다. 이것이 국법이라면 상왕이 된 태종 또한 독자적으로 교지를 내릴 수는 없다.

이것을 잘 알고 있었기에 태종은 세종에게 왕위를 물려주면서 〈전위교서〉에서 이렇게 밝혀놓았다.

"오직 군국의 중요한 일만은 내가 친히 청단하겠다."

군국의 일에 관해서는 상왕인 자신이 직접 명령을 하달하겠다는 것이다. 다시 말하자면 자신의 의중을 담은 명령을 세종의 교지를 통하지 않고 독자적으로 집행하겠다는 것이다. 이것이 바로 태종이 기획한 상왕정치 체제의 가장 핵심적인 부분이다. 금상인 세종의 교지와는 별도로 행사되는 상왕의 명령을 '선지宣旨'라는 명칭으로 정했다.

8월 10일 즉위식을 거행하고 닷새가 지난 8월 15일 예조에서 세종에게 다음과 같이 요청했다.

"상왕의 전지傳旨를 선지宣旨로 하고, 선지에 좇지 않는 자는 제서制書(명령서)를 위반한 것이라는 죄목으로 논죄하자 합니다."

이에 세종은 그대로 따랐다. 이로써 금상의 교지와 상왕의 선지라는 두 개의 명령 계통이 생겼다. 이 두 명령 계통은 어떻게 운영되고, 두 명령에 충돌이 발생하면 어찌 되는가?

다음의 사례를 보자. 8월 21일 세종이 '상왕의 선지'를 받아서 형조에 명했다.

"민무구·민무질·민무휼·민무회의 처자에게 외방으로 가서 편한 대로 살게 하고, 이거이의 자손에게는 경외에서 편한 대로 살게 함을 허락하고, 김한로는 청주로 옮기도록 하라."

그러자 형조판서 조말생 등이 반대했다.

"이 무리들은 모두 불충한 죄를 범한 자들이오니, 전하께서 즉위하옵신 첫 정사에 가볍게 용서할 수 없습니다. 게다가 김한로를 서울 가까이 둘 수는 없습니다."

세종이 말했다.

"상왕께서 명하옵신 것이니 감히 좇지 않을 수 없다."

그래도 조말생 등이 굳이 청했으나, 세종은 윤허하지 않았다.

이 사례를 통해 상왕의 선지가 금상의 교지보다 상위에 있음을 확인할 수 있다. 상왕은 독자적으로 선지를 내릴 수 있었고, 그 선지를 금상조차 거역할 수 없는 체제가 바로 상왕정치 체제의 본질이었다.

여기서 잠시 앞 절에서 서술한 병조참판 강상인의 옥사를 상기해 주기 바란다. 상왕은 강상인이 자신이 구축한 이러한 상왕정치 체제에 어긋나는 행위를 했다고 판단했다. 그것은 자신과 세종에 대한 불충과 반역이라고 규정해 그를 포함한 병조의 인원을 단죄했다.

8월 25일 의금부에 보내진 강상인이 29일 고향으로 쫓겨나는데, 그 조치가 있던 그날 병조에서 세종에게 다음과 같이 요청했다.

"앞으로 병조는 중외의 군무를 먼저 상왕께 아뢰어 선지를 받고, 그 내용을 담당 관청에 전달한 후, 전후 사실을 갖추어 임금께 아뢰기로 하옴이 좋을까 하나이다."

세종은 그렇게 하라고 명했다.

이렇게 해서 병조는 완전히 상왕의 통제하에 일원화되었다. 그렇다고 해서 다른 부서가 세종의 통제하에 있었던 것은 아니다.

절대화하는 상왕 권력 세종은 중요한 사안은 거의 상왕에게 보고하고, 상의하고, 지시를 받고 있었다. 즉위하고 한 달이 좀 지난 세종 즉위년 9월 13일의 기록은 세종의 일상을 잘 보여준다.

> 임금이 창덕궁으로 옮겨 가셨고, 중궁도 이에 따랐다. …… 이로부터 임금이 매일 궁중의 길을 따라 상왕전에 나아가 문안을 드리고 하루 종일 조용히 지내다가 돌아왔는데, 그 사이에 모든 사무를 상왕에게 아뢰었다.

이러한 세종의 일상은 그 후에도 이어졌다. 그것은 이때로부터 1년이 지난 세종 1년 9월 4일의 기록에서 확인된다.

> 임금이 매일 수강궁(지금의 창경궁 자리)에 문안해 무릇 국가의 대사나 군무는 모두 상왕에게 아뢰는데, 창덕궁에서 수강궁으로 걸어서 가므로, 대언과 병조 관원과 승정원의 주서에 이르기까지 모두 따라서 시종하지만 오직 사관만은 참례하지 못하므로 …….

여기서 상왕정치 체제가 공고화된 것을 확인할 수 있다. 상왕은 세종을 왕위에 앉혀놓고 국정을 운영하고 있었던 것이다. 금상은 국법의 제약을 받고 있었지만, 상왕은 현직이 아니기에 국법은 물론 어느 누구로부터도 권력 행사의 제약을 받지 않았다. 상왕 권력은 '절대화'하고 있었다고 보아도 좋다. 홍여방 사건을 통해 절대화하는 상왕 권력의 한 단면을 확인해 보자.

홍여방은 개국공신 홍길민의 아들로 병조참판을 거쳐 대사헌의 직무를 담당하고 있었으니 국정을 운영하는 중추세력의 일원이었다. 그만큼 그는 대사헌의 직무를 충실히 수행하고자 했고, 상왕과 세종에 대한 충성심도 누구 못지않게 강했다. 그런 그가 어처구니없는 상황에 빠지고 만다.

세종 2년 4월 21일 사헌부 지평 허척이 아뢰었다.

"신 등(사헌부 관료)이 듣자오니, 상왕이 (사냥하기 위해) 장차 철원 등지에 거둥하신다 하오나, 지금 가뭄이 심해 나가실 수 없사오니, 원하옵건대 전하(세종)께서 아뢰어서 이번 거둥을 정지하게 하소서."

세종이 멀리 가는 것도 아니고 말을 달려 사냥하는 것도 아니며, 단지 적적함을 달래시려고 가실 뿐이라고 대답하고는, 허척의 견해를 전달하기 위해 환관 이촌을 상왕이 있는 낙천정에 보냈다. 이미 출발한 상왕이 이 말을 듣고는 병조정랑 배환을 시켜 허척에게 선지를 전했다.

"이번 봄부터 여름까지 가물어서 나의 근심하는 것이 너희들보다 갑절이나 더하다. 풍양의 이궁離宮 근처에 빈 땅이 있으므로, 많지 않은 군사를 데리고 거기에 가는 것인데, 그것이 어찌 가뭄을 불러오겠느냐? 전번에 비가 내렸기로, 내 생각에는 곡식이 자라는 데 넉넉할 줄 알았더니, 이제 너희들이 가뭄이 심했다 하여, 내가 나가는 것을 금하니, 매우 부끄럽구나. 내가 나가는 것이 만약 옳지 아니했다면, 나를 따르는 신료들은 모두 아첨하는 사람들로서 간하지 않았다고 하는 것이냐?"

이 말은 들은 허척은 "황공해 땀을 흘리며" 변명했다.

"이 일은 (사헌부의) 장령 송인산이 의견을 낸 것입니다."

배환이 돌아가 상왕에게 보고했다.

4월 23일 상왕은 대사헌 홍여방·장령 송인산·지평 허척을 의금부에 하옥하여 국문하게 하고, 의금부에 선지를 내렸다.

"이제 홍여방 등은 '때마침 가뭄이 심하므로 밤이나 낮이나 근심하셔야 할 것인데, 거둥하시는 것은 마땅하지 않은 일이라'라고 말하며, 주상에게 고해 금지시키려고 했다. 무릇 할 말이 있으면 마땅히 내 아들(효령대군 등)이나 대신이나 병조에 고해 나에게 전달해도 좋을 것인데, 그만 백관을 규탄하는 사례에 따라 주상에게 고했으니, 실로 신하가 윗분을 공경하는 예절이 아니다. 송인산은 갑사甲士로 하여금 (나를) 시위하게 하는 것이 잘못이라고 하니, 반드시 지목하는 바가 있을 것이다. 대체로 백관을 규탄하는 경우에는, 마땅히 서리(하급 관료)로 하여금 보고하게 할 것이지만, 인군人君의 거동까지도 서리의 보고로 거론할 수 있다는 말이냐. 모두 다 당치 아니한 일이니, 국문해서 아뢰게 하라."

사헌부는 국법과 관례에 근거해 관료의 잘못을 규탄하는 임무를 맡은 부서다. 사헌부의 감찰과 규탄의 대상에는 국왕 또한 예외가 될 수 없다. 그러나 이 선지에서 상왕이 지적한 핵심적인 논지는 상왕 자신은 사헌부의 감찰과 규탄의 대상이 아니라는 것이다. 자신에게 할 말이 있으면 "내 아들이나 대신이나 병조에 고해 나에게 전달하면 된다"는 상왕의 말에는 상왕 자신은 국가의 공적 제도 밖에 있는 초법적인 존재라는 의미가 담겨 있다.

이 지점에서 상왕이 기획한 상왕정치 체제의 본질을 확인할 수 있다. 금상은 국가의 공적 제도 내에서 책임과 의무를 수행하고, 상왕은 국가의 공적 제도의 제약을 받지 않으면서 권력을 행사하는 체제이다. 이런 체제에서 상왕의 권력이 절대화하는 것은 필연적인 귀결일 것이다.

4월 26일 의금부 제조 유정현이 조사 결과를 상왕에게 보고했다. 홍여방에 관한 내용은 다음과 같다.

"홍여방이 처음에 상왕께서 철원에 거둥하신다는 말을 듣고, 동료들에게 '이제 한참 가뭄이 심하니, 마땅히 밤낮으로 근심하고 경건히 성찰하고 마음을 닦아야 할 때이니, 마땅히 조용히 지내고 거둥해서는 안 된다. 시위하는 군사가 비록 적다고 하지만, 양식을 싸가지고 가는 것이니 이는 집에서 편히 앉아서 먹는 것만 같지 못하다'라고 말했다."

이어 송인산, 정연, 안유인, 허척 등 관련자에 관한 조사 결과를 거론하고 나서, 유정현은 "모두 모반하는 대역죄로 논하기를 청하나이다"라고 결론을 맺었다. 함께 조사에 참여한 병조참판 이명덕이 당시의 상황을 승전내시 이득주에게 이렇게 전했다.

"홍여방이 이미 진술을 마치고 말하기를, '소신은 공신의 자손으로 평일에 군상君上을 향하는 정성이 다른 신하보다 갑절이나 했는데, 어찌 오늘에 그런 큰 죄를 당할 줄 생각했으랴'라고 하며, 이내 하늘을 우러러 통곡하더라."

이 말을 들은 상왕은 다시 홍여방이 통곡하던 정황을 묻고 선지를 내렸다.

"홍여방은 충의위忠義衛의 적을 삭제하고 그 직첩을 환수해 먼 곳으로 부처하게 하고, 박서생·송인산·정연·허척 등은 관직을 파면하고 먼 곳으로 부처하게 하라."

실제 반역죄로 죽임을 당하지는 않았지만, 홍여방은 공신의 자손에게 특권으로 부여되던 충의위에서 쫓겨나고 말았다. 이런 상황에서 누가 감히 상왕이 행사하는 권력에 제동을 걸 수 있었을까? 아무도 없었다.

계속되는 궁궐 신축 궁궐은 최고 통치권자가 거주하며 정치권력이 행사되는 공간이다. 또한 피치자에게 정치권력을 가시적으로 확인시키는 상징물이기도 하다. 따라서 새로운 왕조가 창업할 때는 수도를 선정하고 궁궐을 신축하는 작업을 동반한다. 한양을 도읍지로 결정한 조선왕조는 정도전이 주도해 태조 4년 경복궁을 창건했다.

태조 7년 경복궁에서 정변이 발생하고 정종이 왕이 되자, 그는 피비린내 나는 경복궁을 떠나 고려의 수도 개경으로 수도를 옮겼다. 태종이 왕위를 계승한 후에도 개경에 머무르다가 태종 5년 한양으로 환도한다. 이때 경복궁이 존재하고 있었지만 태종 역시 정변의 기억을 꺼려해 새로 창덕궁을 신축했다.

창덕궁에 거주하던 태종은 태종 18년 8월 8일 세자에게 국보를 주고 연화방의 옛 세자궁으로 옮겼다. 이후 11월 3일 새롭게 수강궁을 완성하고 7일 이전한다. 위치는 창덕궁 동쪽 현재 창경궁 자리다. 태종은 상왕으로서 이곳에 머물다가 세종 4년에 승하한다.

수강궁은 상왕정치 체제의 중심이다. 앞서 언급했듯이 창덕궁에 머무는 세종은 수강궁으로 가서 거의 모든 정치적 사안을 상의했다. 대신들 또한 수강궁에 가서 정치를 논의하고 상왕의 지시를 받았다. 절대권력자 상왕은 수강궁에 만족하지 않았다. 궁궐은 권력의 소재를 상징하는 장소이다. 상왕은 수강궁에 이어 새로운 이궁을 건축한다.

상왕은 재위 시절 종종 동교에 나가 매사냥을 즐기고 궁으로 돌아왔다. 동교란 동쪽 교외 지역으로 서울의 동대문 밖을 지칭했는데, 오늘날 광진구 자양동·성동구 성수동1가에 걸쳐 있던 마을로 살곶이벌이라 부르던 뚝섬 일대를 말한다. 상왕이 되어서는 9월 11일에 처음 동교에 나가 매사냥하는 것을 보았고, 이어 13일과 18일에도 동교에 갔다. 10월 21일에는 동교에 간 김에 대산臺山에 새로 세우는 이궁을 살펴보았다.

상왕은 수강궁과 동교를 왕복하는 것이 번거로웠는지 동교에서 동쪽으로 조금 더 간 지점에 위치한 대산(지금의 광진구 자양동 한강변)에 이궁을 신축하고 있었다. 세종 1년 2월 21일 낙천정의 낙성식을 거행하고는 연회를 베풀었다. 이날의 기록을 보자.

> 상왕은 노상왕(정종)과 더불어 동교에 나아가 매사냥을 하는데, 임금도 따라가 드디어 대산의 새로 지은 정자에서 잔치하고 저물녘에 돌아왔다. 대산은 살곶이벌의 동쪽에 있어 한강에 다다르고, 형상이 시루를 엎어 놓은 듯해, 혹은 증산甑山이라고도 한다. 상왕은 지난 겨울부터 그 아래에 궁을 건축하고, 그 위에 정자를 짓게 해, 이제야 낙성식

을 하므로, 박은에게 명해 이름을 짓게 하니, 박은은 낙천樂天으로 명명할 것을 주청하므로, 그대로 따랐다.

당시 좌의정 박은은《역경》에 실린 "하늘을 즐거워하고 명을 아니 근심이 없네(樂天知命故不憂)"라는 구절에서 인용해 낙천정이라 지었을 것이라고 한다. 그 뒤 상왕과 세종은 자주 낙천정에서 자연경관을 감상하고 나라의 정책을 의논했으며 나중에는 상왕이 아예 거처를 낙천정으로 옮기다시피 했다.

낙천정 다음으로 상왕은 한양에서 북쪽으로 40리 떨어진 풍양豐壤(남양주시 진접읍 내각리)에 새로운 이궁을 짓게 하고는 세종 2년 1월 11일에 직접 풍양에 행차해 이궁의 역사를 시찰하고 돌아왔다. 또 세종 2년 윤1월 7일에는 상왕이 세종과 함께 동교에서 매사냥을 보고, 풍양에 거둥해 이궁 짓는 것을 보았다. 이날 이궁 건축에 관여한 자들에게 술과 과일을 내려주고 위로하면서 상왕은 이렇게 말했다.

"지난날 술사가 말하기를, '액운을 당하면 마땅히 옮겨가 피할 곳이 있어야 한다'라고 했다. 두 번이나 송도로 행차할 때 필요한 물품을 운반하느라 폐단이 적지 않았으므로, 남쪽에는 낙천정을 짓고, 동쪽에는 풍양궁을 건축하고, 서쪽에는 무악에 궁을 지어 때에 따라 행차하면, 왕래하며 발생하는 폐해를 줄이게 될 것이다."

풍양궁이 지어지고 나서, 세종 2년 11월 17일 연세대학교 부근인 무악 밑에 서이궁西離宮이 낙성되었다. 이로써 수강궁을 중심으로 남쪽에 낙천궁, 동쪽에 풍양궁, 서쪽에 무악궁이 배치되었다.

상왕은 이궁 건축의 목적이 액운을 피하기 위해서라고 하지만 그것만으로는 계속되는 신궁 건축의 이유를 설명하기는 어렵다. 세종 3년 3월 14일 상왕은 연화방(한성부 동부 12방 중의 하나) 동구에 또 다른 이궁을 건축할 것을 명령해, 5월 4일 완성된다. 이어서 세종 4년 3월 21일에는 같은 한성부 동부 12방 중의 하나인 천달방에도 신궁 조성이 이루어진다. 상왕은 왜 신궁을 지어나가는 것일까? 절대권력자의 제한되지 않는 권력욕의 표출이 아닐까?

나이 어린 세종을 훈육하다

다양한 훈육 장면들 충녕은 형 양녕이 세자로 있는 동안에 정치 현장에서 멀어져 있었다. 그러다가 태종 18년에 갑자기 세자가 되었고, 두 달 뒤 곧바로 왕위에 올랐으니 국왕이 되기 위한 교육은 제대로 받지 못했다. 물론 영특하고 책 읽기를 좋아해 서적을 통해서 간접적으로 정치를 이해하고 있었겠지만, 실제 정치 경험은 상당히 부족했다. 상왕은 이러한 사정을 잘 알고 있었다. 따라서 그는 상왕정치 체제를 10년은 유지하면서 세종에게 정치 교육을 시키고자 했다.

군사에 관한 사안은 상왕이 직접 병조를 통제하면서 세종을 가르쳤다. 상왕은 여러 차례 말한 바가 있다. 예를 들어 즉위년 9월 22일 자 기록이다.

> 주상이 비록 현명하나 춘추가 아직도 어리어 군사에 익숙하지 못하므로, 내가 부득이 오늘날 이처럼 하는 것이다.

군사에 관한 사안만이 아니었다. 세종은 즉위 이후 거의 매일 상왕을 찾아뵙고 일체의 사무를 모두 상왕에게 아뢰었다. 이러한 과정을 통해 세종은 자연스럽게 상왕으로부터 훈육을 받았다. 예를 들어보자.

세종이 즉위한 이후 처음으로 직접 종묘에 찾아가 제사를 드리는 의식이 예정되어 있었다. 의례가 끝나면 풍악을 울리며 임금의 어가를 맞이하는 것이 전례였다. 그런데 세종은 상왕과 논의해 이해에 흉년이 들었으니 풍악을 사용하지 않기로 했다. 아마도 세종이 먼저 의견을 말씀드렸고, 상왕이 허락한 것으로 추정된다. 그러나 그렇게 결정하고 나서 얼마 후인 세종 즉위년 9월 22일 마음이 바뀐 상왕이 지신사 하연을 불러 말했다.

"다시 생각건대 태조께서 개국하신 뒤로 손자로서 왕위를 계승함은 주상으로부터 시작되었고, 또 즉위하고서 종묘에 알현함은 인군의 성대한 행사이니, 비록 흉년을 당해 폐단이 있다고 할지라도 이러한 부득이한 일에는 작은 폐단을 이유로 그만둘 수 없는 것이다. 나는 오히려 풍악을 베풀어 한 집안의 경사로 삼음을 보고자 한다. 다만 날짜가 이미 임박해 아마 그날에 미치지 못할까 우려된다."

하연이 열흘이나 남았으니 준비하기에 충분하다고 대답하자 상왕이 말했다.

"경은 주상에게 아뢰어 예조로 하여금 옛날 전례에 따라 행하도록 하게 하라."

이런 과정을 거치면서 상왕은 세종에게 사안의 경중을 판단하는 능력을 키워줄 수 있었을 것이다.

또 하나의 예를 찾아보자. 앞에서 서술한 세종 2년 4월 하순에 발생한 홍여방 사건 때 함께 거론된 회양부사 이양수와 관련된 건이다. 사냥 중지를 주장하고 상왕의 행방을 물어본 사헌부의 불충을 질타하면서 상왕은 사헌부의 또 다른 잘못을 함께 지적했다.

이에 앞서 이양수가 회양부사로 부임했다. 그러나 대간에서는 이양수가 그 직임에 합당하지 못하니 그의 관직을 파면하기를 세종에게 요청했다. 세종이 허락하지 않자, 사헌부에서는 공문을 보내 이양수가 공무를 집행하지 못하게 조치했다. 상왕은 이 사실을 거론하며 이렇게 말했다.

"무릇 벼슬과 녹봉을 주는 것은 임금의 대권이라, 신하가 감히 제 마음대로 못하는 것이다. 임금이 사람 쓰는 것이 비록 부당하더라도, 신하가 세 번 간해서 들어주지 아니하면 떠나가는 것뿐이거늘, 이제 사헌부의 행동은 특히 신하의 도리에 어긋날 뿐 아니라, 장차 뒷날의 근심을 열어놓은 것이다."

상왕은 사헌부의 이러한 행위가 임금을 거역하는 지극히 불경한 행위라고 질타하며, 이러한 일을 자행한 대사헌 홍여방 이하 사헌부 관료를 국문하라고 의금부에 명했다.

상왕이 언급한 "뒷날의 근심"이란 '군왕이 약해지고 신하가 강해지는 폐단'을 의미한다. 회양부사 임명과 관련한 사헌부의 잘못을 지적하면서 상왕은 세종에게 군주가 인사권을 어떻게 행사해야 하는지를 가르쳤다.

상왕의 훈육은 큰 정치적 사안뿐만 아니라 사소한 일에서도 행해졌다. 세종 2년 10월 11일 상왕이 이명덕과 원숙을 불러 말했다.

"내 나이 50이 지난 후에는 잠을 편하게 못 자고, 밤이 삼경이 되면 다시는 잠을 이루지 못했다. 무술년(1418) 12월에 수강궁에 있을 때, 시녀 장미를 시켜서 무릎을 두드리게 했더니, 장미가 두드리는 것이 마음에 들지 아니하여, 내가 조금 꾸짖어 주고 잠이 들었더니, 장미가 갑자기 조심 없이 두들겨서 놀라 잠을 깨었다. 그 무례함을 미워해 대비에게 보내어 그 정상을 물었으나, 실상대로 대답하지 아니하므로, 내가 불러서 친히 물으니 말하기를, '꾸지람하심에 분이 나서 조심 없이 두드렸습니다'라고 하니, 그 불경함이 큰 것이다. 내가 집안을 잘못 다스린 것이 부끄러워 숨겨서 드러내지 아니하고, 다만 그대로 쫓아버린 지 벌써 여러 해가 되었으나, 이제 김천과 매룡의 일로 인해 여러 날을 두고 생각해 보니, 대전뿐만 아니라 장차 동궁을 세울 것이니 시녀들을 엄하게 경계하지 아니할 수 없다."

상왕은 환관이나 시녀들에게도 엄격했다. 사소한 잘못도 좀처럼 용서하지 않았다. 대비의 장사를 지내고 신주를 모셔오던 날, 발이 부르터서 가만히 신주를 실은 수레 위에 올라탔다가 발각된 환관 김천과 음식 장만하는 일을 맡아보면서 궁노를 희롱한 매룡을 참형에 처하면서, 이번 기회에 세종에게 시녀 다루는 법을 훈육하고자 했다.

이명덕과 원숙에게 또 말했다.

"주상의 말을 들으니, 대전 시녀 한 사람이 공비(왕비)의 의복을 찢어버렸다 하니, 그 죄가 장미와 같은 것이다. 인명이 중하다 하겠으나, 우선 참는 것이 어진 일이라고 하여 뒷사람들에게 징계하지 않을 수 없으므로, 장차 이 두 사람(장미와 대전 시녀)을 잡아서 물에 넣든지 목을 졸라 죽이든지 하려 하니, 너희들이 서울에 돌아가서 삼정승과 변삼재(변계량)에게 의논하여 시행하게 하라."

세종에게는 꼼꼼하고 자상한 상왕이었다.

대비의 죽음, 불교 의식을 폐하다 세종 2년(1420) 7월 10일 대비(원경왕후)가 56세의 나이로 생을 마감했다. 영광과 고뇌가 어우러진 생애였다. 개국 직후 이방원이 세자가 되었다면 그녀 또한 세자빈이 되어 순조로운 궁정 생활을 누렸을지 모른다. 그러나 그녀는 이방원과 함께 힘든 시간을 보내야 했다.

무인정변이 성공하는 데 그녀 자신과 친정세력이 큰 역할을 했다. 그녀와 이방원은 부부이자 동업자이자 전우였다. 그렇지만 고난의 시간이 지나고 영광의 순간이 찾아왔을 때 그들은 기쁨을 온전히 공유하지 못했다. 특히 권력의 정점에 선 태종은 누구와도 권력을 공유하지 않았고, 최고 권력으로부터 파생하는 권리를 독점했다. 동업자이자 전우인 왕비에 대한 배려도 없었다. 태종 1년 1월 10일 왕비에 책봉되어 정비靜妃의 칭호를 받았지만, 태종이 구축해 가는 정치의 세계에서 왕비는 행복하지 못했다. 거기에는 왕비의 투기심이 한 요인으로 작용했다.

태종이 즉위하고 한 달이 조금 지난 정종 2년 12월 19일 자에 이런 기록이 있다. "중궁의 투기 때문에 경연청에 나와서 10여 일 동안 거처했다."

즉위 초부터 궁녀 문제로 왕비는 태종과 불화가 생겼고, 이후 왕비의 정도에 지나친 투기심은 태종의 비위를 상하게 했다. 마침내 태종 7년 7월에 발생한 민무구 형제의 옥사는 둘 사이에 치유되기 어려운 마음의 상처를 남기게 된다. 한참 뒤에 민무구 형제가 끝내 목숨을 잃게 된 데에는 왕비와의 불화가 크게 작용했을 것이다.

친동생의 '억울한' 죽음에 불만을 품은 왕비가 여러 번 불손한 말을 표출하자 태종은 태종 11년 9월 4일 왕비를 폐위시키려는 마음을 먹게 되지만, 신하들의 반대로 차마 조강지처를 버리지 못하고 후궁을 간택하기로 한다.

이후 태종과 세자 양녕의 관계가 점차 나빠짐에 따라 왕비와의 사이도 더욱 악화되었을 것이고, 태종 16년 1월 13일 민무휼·민무회 형제의 죽음으로 처가가 초토화되자, 태종에 대한 왕비의 적개심은 극에 달했을 것이다. 그나마 위안을 얻으며 생활할 수 있었던 것은 친아들 세종이 왕위를 이어 지극한 효성으로 모셨기 때문이다. 영광과 고뇌의 삶을 뒤로하고 대비는 세종 2년 7월 10일 56세로 별세한다.

대비의 죽음을 맞이해 상왕의 심정이 어떠했는지는 알 길이 없지만, 그가 대비를 위해 슬픔에 잠겼다는 기록은 없다. 오히려 대비의 장례와 관련한 문제를 처리하는 과정에서 대비를 향한 차가운 마음이 엿보이는 장면이 있을 뿐이다. 그 내용을 얘기하기 위해서는 먼저 태종의 불교관과 불교정책을 알아볼 필요가 있다.

유교적 군주 태종은 불교를 이단으로 보고, 불교의 교설을 신봉하지 않았다. 태종의 이러한 생각은 여러 곳에서 확인할 수 있다. 태종 17년 7월 5일 자기가 어려서 과거 공부를 하던 각림사의 수리를 허락하면서도 "부처를 좋아해 하는 것이 아니다"라고 분명히 말하고 있고, 11월 1일 예조에 내린 교지에서도 "나는 화나 복을 두려워하거나 흠모해 부처에게 아첨하는 자는 아니다"라고 단정적으로 표현했다. 그런 태종이 죽자 사관은 "성품이 신선과 부처의 도를 좋아하지 않았다"라고 기록한다.

이러한 생각을 갖고 있는 태종은 즉위하자 불교 개혁을 마음먹었으나 충실한 불교 신자인 이성계의 눈치를 보느라 실행하지 못했다. 그러다가 태종 2년에 불교 개혁을 단행했으나 이때도 이성계의 반대로 4개월 만에 철회하고 만다. 불교 개혁이 실행되는 것은 그로부터 4년이 지나서였다. 태종 6년 3월 27일 흔히 억불정책으로 알려진 개혁 조치가 단행된다. 이 개혁의 성격을 이해할 필요가 있다.

고려 말 불교 폐단의 본질은 사원이 방대한 토지와 노비를 점유해 국가의 통제에서 벗어나 있었다는 점이다. 이를 잘 알고 있던 태종은 불교를 국가체제 내에 제도화하려고 했다. 국가가 지정하는 사찰을 242개로 한정하고, 지정된 사찰에는 국가가 주지를 임명하고 사사전과 사노비를 지급해, 사찰과 승도를 엄격하게 지원·관리하고자 했다. 반면 지정에서 해제된 사찰(혁거 사찰)에서 환수한 사사전과 사노비는 여러 국가기관에 귀속시켜 나라의 재정을 확충시켰다. 요컨대 불교를 유교 국가의 운영체계 내로 제도화해 철저하게 통제하고자 했다. 그렇다고 해서 태종은 불교가 갖고 있는 종교적 기능을 완전히 부정하지는 않았다. 대신 태종은 승려가 본연의 모습에서 일탈해 사회를 오염시키거나 허탄한 말로 백성을 현혹시키는 것을 혐오했으며, 그들이 국가의 통제에서 벗어나는 경우에는 엄하게 다스리고자 했다.

이제 불교에 대한 태종의 이러한 생각이 대비의 죽음 이후 장례가 진행되면서 어떤 형태로 나타났는지 알아보고, 그것이 세종에게 미친 영향을 생각해 보자.

아버지 이성계와 관련된 사찰의 관리나 불교 행사는 비록 맘에 들지 않았지만 태종은 관례를 따랐다. 그러나 이번에 대비의 경우에는 달랐다. 죽은 대비를 신경 쓸 필요가 없어서이기도 했겠지만, 장례와 관련된 불교식 의례를 유교식으로 변경시키거나 불교식 관례를 폐지해 버리는 단호한 조치를 취했다. 그러한 조치를 통해 태종은 세종을 훈육하려고 했고, 실제 태종 사후 세종의 불교관과 불교정책은 태종의 그것과 흡사한 면모를 보여준다.

대비의 사망 당일 곧바로 국장도감이 설치되고, 다음 날 7월 11일 상왕이 병조참의 윤회를 시켜 세종에게 지시했다.

"능침(왕이나 왕비의 무덤) 곁에 중의 집을 세우는 것은 고려 태조로부터 시작되어, 조선에서도 역시 개경사·연경사가 있다. 이제 대비의 능침에도 중의 집을 지을지 그 가부를 의정부와 예조에 문의하여, 만일 창건함이 마땅하다고 하거든 마땅히 지어야 하는 이유를 묻고, 만일에 불가하다 하거든 그 불가한 이유를 물어라. 만일 다들 창건하는 것이 옳다고 한다면, 건축하는 비용은 내가 본래 저축한 게 있으니, 나라를 번거롭게 하지 않으리라. …… 그들이 만일 상왕의 뜻은 어떠하던가 묻거든, 상왕은 절을 짓지 않고 법회도 역시 열지 않을 것이며, 이후로는 이것으로 법을 세우려 한다고 대답하라."

여러 신하들과 함께 상왕의 뜻을 전해 듣고 세종이 윤회에게 말했다.

"불씨의 거짓은 내가 알지 못함이 아니나, 다만 능침에 모신 후에 빈 골짜기가 고요하고 쓸쓸하리니, 곁에 정사精舍를 짓고 깨끗한 중을 불러 모아두면, 어두운 저승으로 가신 모친을 위로하는 도리가 있지 않을까 하는 생각이 든다. 이것은 내가 차마 못 견디는 바이다. 경은 그리 알고 다시 상왕께 아뢰어라."

세종의 말을 들은 허조가 그다지 사치스럽고 큰 것을 짓지 말고 조그

맞게 짓기를 청하고, 박은과 이원은 개경사와 연경사의 예를 따르기를 청했으나, 유정현이 홀로 반대했다. 윤회가 돌아와서 세종과 신하들의 여러 의견들을 보고하니 상왕이 결단을 내렸다.

"내가 '빈 골짜기가 고요하고 쓸쓸하다'는 주상의 말을 들으니, 그 말이 매우 옳다. 그러나 산릉山陵은 내가 죽어서 갈 땅이라, 지금은 비록 깨끗한 중을 불러 모으나, 뒤에 늘 그럴 수는 없을 것이다. 더러운 중의 무리가 내 곁에 가까이 있게 된다면, 내 마음이 편하겠느냐? 내가 건원릉(태조의 무덤)과 제릉(신의왕후의 무덤)에 절을 세운 것은 태조의 뜻을 이룬 것이다. 그러므로 근일에 또 범종을 만들어 개경사에 달았으나, 이 역시 내 마음에는 맞지 않는다. 이제 산릉에 대해서는 내가 마땅히 법을 세워서 후사(세종)에게 보일 것이니, 만세 후에 자손이 좇고 안 좇는 것은 저희에게 달려 있다. 유정현의 말이 심히 간절하니, 절을 두지 말라."

세종의 따뜻한 마음씀이 옳다고는 하면서도 상왕은 원래 생각한 대로 절을 세우지 말라고 명한다. 대비를 향한 차가운 마음이 느껴진다.

이후 상왕의 지시에 따라 대비의 장례에 유교의 예법을 준행하고 관례대로 해오던 불사는 하지 않았다. 태종은 대비의 장례 의식을 통해 세종에게 유교적 군주로서의 모범을 보여주었다. 상왕이 죽고 세종이 친히 정치를 하게 되는 훗날 불교와 관련한 사안에서 세종은 태종의 사유와 행동을 따라 했다.

강무를 통해 군무를 가르치다 상왕정치 체제를 유지하는 이유 중의 으뜸은 세종의 군무 능력을 교육시키는 데 있다. 세종의 가장 약점이 바로 무사武事 분야였기 때문이다. 세종은 타고난 성품과 기질이 무사를 좋아하지 않은 것 같다.

그렇다면 상왕은 세종의 이 약점을 어떻게 보완하려고 했는가? 사냥과 강무를 통해 가르치고자 했다. 강무는 단지 놀이로서의 사냥이 아니라, 군사 훈련의 성격이 있었기 때문이다. 10월 9일 즉위 이후 처음으로 세종이 상왕을 따라 계산에서 사냥을 했다.

세종의 동행이 있기 며칠 전 상왕이 지신사 하연으로 하여금 정부와 6조에 유시를 내린 것으로 보아, 필시 가기 싫어하는 세종을 상왕이 억지로 데리고 간 것 같다. 그 유시에서 상왕은 세종을 어떻게 교육할 것인지를 명백히 밝혔다. "주상은 사냥을 좋아하지 않으시나, 몸에 살이 쪄서 무거우시니 마땅히 때때로 나와 노니셔서 몸을 적절히 관리하셔야 하며, 또 문과 무는 어느 하나를 버릴 수는 없으니, 나는 장차 주상과 더불어 무사를 강습하려 한다."

세종이 즉위한 해에는 가을 강무가 없었다. 지방으로 강무를 갈 만한 경황이 없었을 것이리라. 해가 바뀌고 세종 1년 1월 9일 세종이 명령을 내렸다.

"봄철에 무사를 강습하는 일을 정지하고, 횡성·진보 등의 지역으로 하여금 대접할 물건을 준비하지 말라."

봄철 강무를 하지 않겠다는 세종의 명분은 지난해 흉년이 들어 백성의 삶이 고달프다는 것이었다. 아마도 왕으로서 할 일은 많고 게다가 본인이 강무를 하고 싶지 않은 것이 더 근본적인 이유일 것이다. 물론 상왕이 사냥을 하는 것은 금상의 강무와는 별개의 문제다. 강무의 주체는 어디까지나 국왕이지 상왕이 아니다.

강무를 하지 않겠다는 세종의 의사를 들은 상왕은 어떤 생각을 했을까? '그렇게는 안 되지. 내가 꼭 데리고 가야지!' 라고 마음먹었을 것으로 추측된다. 원래 상왕은 황해도 평산에 온천을 겸해서 사냥을 다녀올 계획이었다. 당연히 세종을 데리고 가려 했을 것이다. 그러나 세종 1년 2월 7일 대사헌 허지가 상왕의 행차를 중지시켜 주기를 세종에게 요청했다.

이렇게 시작된 평산 행차의 여부 논란이 2월 19일까지 이어졌다. 가느니 마느니 하며 상왕 자신이 변덕을 부리다가 결국 궁중에 질병이 돌아 평산 거둥을 정지하겠다고 했지만, 아마도 세종을 동행시키지 못할 것 같아서 중지한 듯하다. 그것은 바로 다음 날 20일의 상왕의 선지를 보면 알 수 있다.

"주상의 몸이 너무 무거우니, 내일은 주상과 더불어 노상왕(정종)을 모시고 동쪽 교외 광진(낙천정)에 가고자 한다. 또 장차 양근·광주에서 사냥을 할 터이니, 병조에 명하여 경기도 각관의 재인才人·화척禾尺을 초벌리로 모이게 하라."

이 지시대로 상왕은 노상왕과 세종을 동반하고 26일에서 29일까지 양근 지역으로 사냥을 다녀왔다. 이 사냥이 정식 봄철 강무인지는 명확하지 않지만, 거리가 가깝고 일정이 짧았던 것으로 보아 아닌 듯하다.

3월에 들어서 상왕은 다시 세종 및 노상왕과 함께 철원 등지로 사냥 가려고 했다. 그러자 3월 7일 사간원의 정수홍 등이 세종에게 상소를 올려 중지시켜 달라고 요청했다.

"봄 농사가 한창인 이때에 사냥하는 것도 불가할 뿐더러, 하물며 근년 이래로 수재와 한재가 겹쳐 백성이 생업을 잃게 된 이때에, 비록 제반 항목을 줄인다 할지라도, 손해되는 바가 반드시 널리 미칠 것이옵니다. 또 상왕 전하께서 흉년이 들었으므로 봄 사냥을 정지한다고 내린 명령(2월 9일의 선지)이 사람들의 이목이 생생하온데, 이제 와서 다시 사냥을 떠나신다면, 어찌 신뢰를 상실하는 일이 아니겠습니까? 바라옵건대 전하께서 조용히 주달하시와, 빨리 이 거둥을 정지하시도록 하시옵소서."

세종이 말했다.

"이번 일은 무사를 강습하는 것도 아니오, 또 농민을 부리는 것도 아니다."

좌헌납 정치가 다시 주장했다.

"이미 무사를 강습하는 일이 아니라면 명분이 없는 거둥이니, 더욱 불가합니다."

그래도 세종은 윤허하지 않았다.

이 시점에서 지난 1월 9일 봄철 강무를 하지 않겠다던 세종의 지시는 온데간데없고 상왕의 뜻에 순종하는 모습만 남았다. 세종이 상왕에게 대간의 뜻을 전했으나 상왕은 강행할 뜻을 밝혔다.

3월 8일에 세종이 수강궁으로 상왕에게 문안을 드리러 간 자리에서 다시 논쟁이 붙었다. 이번에는 영의정 유정현과 좌의정 박은이 충돌했다. 영의정 유정현이 무사에 대한 강습을 정지할 것을 청했다.

"흉년인 데다 농번기가 임박하온데, 지금 두 번째 행차이오니, 만약 부득이하여 행차하신다면, 세 분 전하(상왕, 노상왕, 세종)께서 다 가시는 것만은 불가하옵니다. 상왕께서는 이미 병무를 친히 관장하고 계시는 바이니, 무사를 강습하는 것은 당연하겠지만, 주상께서는 즉위하신 처음에 어찌 사냥으로 인해 농사를 방해할 수 있겠습니까?"

좌의정 박은이 반론했다.

"상왕께서 지난해 봄부터 울적한 마음을 가지고 계시니, 평강 등지는 일찍이 무사를 강습하던 땅이고, 그곳 백성들은 4월이 되어야 농사를 시작하니, 한 번쯤 가시는 것이 무슨 해가 있겠습니까?"

유정현이 박은에게 말했다.

"그대는 상감께 사냥을 권장하니, 대신의 도리가 아니다."

박은이 낯빛을 변하며 말했다.

"끝내 정지하시게 할 작정인가?"

유정현도 낯빛이 변하자, 상왕이 말했다.

"나는 주상과 떨어지고 싶지 않다. 주상이 정지한다면 나도 정지하고, 주상이 간다면 나도 가겠다."

결국 박은과 유정현은 서로 풀지 못하고 물러나니, 상왕은 병조와 승정원에 문의한 결과, 모두 가는 것이 옳다고 했다. 상왕, 노상왕, 세종은 10일에 출발해 20일에 환궁했다. 11일간의 봄철 강무는 무사에 약한 세종을 위한 군사훈련이었다.

세종을 위한 진짜 군사 훈련이 눈앞에 다가오고 있었다. 상왕의 대마도 정벌이다.

정벌의 목적은 무엇일까?

상왕, 정벌을 단행하다 세종 1년 5월 7일 충청도 관찰사 정진으로부터 급박한 보고가 올라왔다.

"이달 5일 새벽 왜적의 배 50여 척이 돌연 비인현 도두음곶이에 이르러, 우리 병선을 에워싸고 불살라서, 연기가 자욱하게 끼어 서로를 분별하지 못할 지경입니다."

우선 긴급한 조치를 취한 상왕은 정진이 이어서 보낸 자세한 보고를 받았다. 적선 32척이 우리 병선 7척을 탈취해 불사르고 우리 군사의 태반이 죽었으며, 왜적이 이긴 기세를 타고 육지에 올라 성을 두어 겹이나 에워싸고 공략하니 성이 거의 함락될 뻔했으나, 원군이 도착하니 포위를 풀고 돌아갔다는 것이다.

이로부터 5일이 지난 12일에 이번에는 황해도 감사 권담이 급보를 올렸다.

"왜적 7척이 해주에서 도적질을 합니다."

15

소중화 조선, 대마도를 정벌하다

다음 날 13일 권담이 "우리는 중국을 향해 가고 있다. 양식을 주면 물러가겠다"는 왜적의 주장을 보고했다. 근심에 싸인 상왕과 세종은 "박은·이원 및 조말생·이명덕을 대궐로 불러, 허술한 틈을 타서 대마도를 섬멸한 뒤에 물러서서 적의 반격을 맞을 계책을 밀의하고, 밤늦게야 파했다."

이렇게 13일 밤 대마도를 정벌할 계책을 비밀리에 논의한 상왕은 다음 날 14일 유정현·박은·이원·허조 등을 불러 전날 밤 논의한 계책의 실행 여부를 물었다.

"허술한 틈을 타서 대마도를 치는 것이 어떠한가?"

그러나 뜻밖에 조말생을 제외한 모두가 부정적 의견을 말했다.

"허술한 틈을 타 대마도를 치는 것은 불가하고, 마땅히 중국에서 돌아오는 적을 기다려서 치는 것이 좋습니다."

상왕은 전날 밤에 정벌하기로 의견을 모았다고 생각했다. 아니 대마도를 정벌하겠다는 자신의 방침을 전달했다고 여기고, 다음 날 공식적으로 확정하기 위해 회의를 한 것이다. 그러나 조말생 이외의 모두가 정벌을 반대했다. 이때 상왕은 자신이 구축한 상왕정치 체제가 흔들리는 것은 아닐까 하고 생각했을지 모른다. 이 순간을 잘못 처리하면 상왕의 국정 운영은 어려워질 수도 있었다. 역시 상왕이었다.

"오늘의 논의가 어제 세운 계책과 다르다. 만일 물리치지 못하고 항상 침략만 받는다면, 한나라가 흉노에게 지속적으로 욕을 당한 것과 무엇이 다르겠는가? 그러므로 허술한 틈을 타서 정벌하는 것만 같지 못하다. …… 또 우리가 약한 것을 보여서는 안 된다."

이러한 상왕의 단호한 말에 이의를 제기할 사람은 없었다. 이어서 바로 상왕은 대마도 정벌을 명령했다.

“우선 대마도를 정벌하여 그들의 처자식을 잡아 오고, 우리 군사는 거제도에 물러나 있다가 중국에서 돌아오는 적을 기다려서 요격하여, 그 배를 빼앗아 불사르라. 지금 장사하러 온 자와 배에 머물러 있는 자는 모두 구류하고, 만일 명을 어기는 자가 있으면 베어버리고, 구주九州에서 온 왜인만은 구류하여 경동하는 일이 없게 하라.”

이어서 상왕은 전날 논의한 것으로 보이는 조치들을 취했다. 이종무를 대장으로 하는 출정 장군의 명단이 발표됐고 정벌군의 규모가 정해졌다.

대마도 정벌 결정은 상왕정치 체제가 공고화되는 중요한 순간이었다. 하룻밤 사이에 신하들 간에 무슨 일이 있었는지 사료를 통해서는 알 수 없지만, 분명 상왕의 절대권력은 흔들렸고, 그것을 감지한 상왕이 자신의 결단으로 논의를 종결시킴으로써 상왕정치 체제를 확고하게 만들었다. 대마도 정벌을 결정한 이후, 상왕의 권력 행사에 누구도 이의를 제기하지 않았다.

마침내 6월 19일 삼군도체찰사 이종무가 9절제사를 거느리고 대마도를 향해 출정했다. 6월 20일 대마도에 도착한 후 작전을 수행한 조선군은 상당한 성과를 거뒀다. 승전보를 받은 상왕은 29일 이종무에게 두 가지 사항을 지시했다. 하나는 7월에 폭풍이 많으니 대마도에 오래 머무르지 말라는 것이고, 다른 하나는 항복한다면 거처와 의식 등 원하는 것을 들어주겠다는 뜻을 대마도주 도도웅와*를 포함한 왜인들에게 알려주라는 것이다.

상왕의 이 지시를 통해 대마도 정벌의 성격을 확인할 수 있다. 현대의 군사 용어로 표현하면 제한전쟁이다. 제한전쟁이란 전면전쟁과 대비되는 개념으로, '한정된 정치적 목적'을 달성하기 위해 ① 전쟁 지역, ② 전쟁 수단(사용무기), ③ 전쟁 규모(동원 병력이나 기간) 등에 일정한 제한을 두고 수행하는 무력전이다. 대마도 정벌이 전형적인 제한전쟁이었음을 확인해 보자.

상왕이 지시한 대마도 정벌의 정치적 목적은 왜구의 조선 침략에 대한 합당한 응징을 한 후 대마도주인 도도웅와로부터 항복을 받아내고 철수하는 것이었다. 이러한 목적을 달성하기 위해 전쟁 지역은 대마도에 한정시켰다. 일본 본토의 지방 영주나 중앙 정부로 연계되어 전면전으로 확대되지 않도록 조치를 취하면서 그들과는 우호관계를 유지했다. 나아가 명나라와 연계되지 않도록 대마도 정벌에 관해서는 황제에게 시종 보고하지 않는 세심한 주의를 기울였다. 전쟁에 동원된 병력의 규모는 병선이 227척이고, 인원이 1만 7,285명이고, 군량은 65일분이었고, 전쟁 기간은 태풍이 오기 전까지로 한정했다.

그러나 이러한 상왕의 지시가 이종무에게 전달되기 전에 조선군은 패전한다. 26일 좌군절제사 박실이 육지에 상륙해 작전을 수행하다가 그만 험지에서 복병을 만나 조선 군사 백 수십 명이 사망했다. 압도적인

---

* 8대 대마도주 소 사다시게宗貞茂를 계승한 9대 소 사다모리宗貞盛로, 그의 아명이 츠츠오마루都都熊丸인데, 실록에서는 도도웅와都都熊瓦로 표기함.

군사력을 가지고 있던 조선군으로서는 예상치 못한 상황이었다. 도도웅와는 곧 폭풍이 있을 것이라고 경고하면서 이종무에게 군사를 물려 수호하기를 요청했다. 도도웅와의 수호 요청과는 무관하게 이종무는 일단 7월 3일 거제도로 철군을 단행했다. 상왕의 지시대로 항복을 받지 못했고, 그렇다고 도도웅와의 요청대로 수호관계를 맺고 종전된 것도 아니다. 이렇게 1차 정벌은 끝났지만 전쟁상태는 지속되고 있었다.

여기서 대마도 정벌의 목적에 대해 학계는 어떻게 설명하고 있는지를 검토해 보자.

왜구 퇴치는 주목적이 아님 가장 일반적이고 오래된 학설은 왜구 근거지를 소탕하기 위해서라는 것이다. 대마도 정벌은 충청도와 황해도에 왜구가 출몰하자 그에 대한 대응책으로 실행되었음이 틀림없다. 좀 더 설명하자면, 이 정벌에는 왜구의 침략에 대해 강력하게 대응함으로써 이후 예상되는 침략을 방지하겠다는 상왕의 강한 의지가 반영되어 있었다.

그러나 여기서 생각해 볼 점은 세종 1년의 시점에서 왜구 침략의 대응책으로 과연 대규모의 정벌이 적절했느냐는 것이다. 어쩌면 13일 밤부터 14일 사이에 대마도 정벌 여부를 놓고 논의에 참가한 신료들도 이 점을 고려한 것이 아닐까 추측해 볼 수 있다. 14일 정벌에 반대한 거의 모든 신료들은 왜구에 대한 대책으로 대마도를 직접 정벌하는 것은 과하다고 판단하고, 중국에서 돌아오는 왜구를 기다렸다가 남해에서 공격하는 것이 적당한 대응책이라고 주장한 것으로 추측된다. 고려 말에서 당시에 이르기까지의 왜구 상황을 염두에 놓고 본다면 신료들의 주장이 훨씬 합리적이었다.

1350년 이래 활발해진 왜구 침략은 1376년에서 1383년 사이에 절정을 이루었고, 이후 조선 건국에 이르기까지 왜구의 침략은 줄어들었다. 이러한 감소 추세는 건국 이후에도 이어져 비록 왜구 활동이 완전히 종식된 것은 아니지만 태종 8년을 지나면서 조선은 사실상 왜구의 피해로부터 벗어나게 된다. 이후 대마도 정벌이 있기까지 10여 년 동안 조선이 입은 왜구 피해는 매우 적었다.

조선이 왜구 문제를 해결할 수 있었던 이유는 두 가지로 생각해 볼 수 있다. 하나는 조선 건국을 통해 내치가 견고해졌고, 다른 하나는 이를 바탕으로 일본에 대한 외교적 대응을 잘했기 때문이다. 이러한 상황에서 왜구는 침탈의 방향을 중국으로 돌렸고, 조선과는 중국에서의 약탈품을 자신들의 필요품으로 교역하고자 했다.

실록을 통해 세종 즉위년 즈음의 왜구 관련 상황을 확인해 보자. 세종 즉위년 8월 19일 경상도 수군 도절제사의 보고다.

> 거제와 남해 두 섬은 왜적이 지나다니는 곳으로 근년 이래로 왜적의 변이 가라앉았음으로 인민들이 나라의 부세와 징역을 피해 두 섬으로 들어가니, 남해에는 200여 호戶가 되고, 거제에는 360여 호가 되었습니다. 만일 변이 일어나면 이들은 반드시 노략을 당할 것이오니, 두 섬의 백성들을 그곳에 있지 못하게 금하지 않는다면, 마땅히 성을 지키는 군사를 두어 엄밀하게 방어해야 할 것입니다.

절제사의 보고에서는 왜구로 인한 긴장감보다는 오히려 태평한 시대를 연상하게 된다. 이러한 상황은 왜구가 조선으로 오지 않고 중국에서 활발했기 때문인데, 10월 3일 사간원에서 올린 상소에서는 그럼에도 방어 준비는 필요하다고 언급되고 있다. 이런 상황이 가능했던 것은 세종 즉위년 당시까지 왜구의 근거지인 대마도와의 외교관계가 원만하게 이루어지고 있었기 때문이다. 10월 8일 대마도주 "종정성宗貞盛(도도웅와)이 사람을 보내어 방물을 바쳤다"는 기록이 있다.

이상의 기록으로 볼 때 조선은 왜구의 동향을 면밀히 파악하고 있었고, 왜구 문제를 충분히 통제하고 있었다. 따라서 세종 1년 5월의 왜구 출현은 조선의 안위에 그다지 심각한 상황은 아니었다.

원래 조선은 대마도를 정벌해 조선의 영토로 편입시킬 의사가 전혀 없었다. 게다가 상왕은 대마도 정벌을 통해 왜구를 근절시킬 수 있다고 생각하지도 않았다. 왜구는 대마도의 척박한 지리적 환경에서 연유하는 문제이지만, 근원적으로는 일본 국내 정세와 연계되어 있는 문제이기에 한 번의 정벌로 왜구가 소멸되리라고 상왕은 판단하고 있지 않았다. 신하들은 이러한 상왕의 뜻과 생각을 알고 있었기에 14일 회의에서 대대적인 정벌보다는 소규모의 대응 타격을 선호했을 것이다.

그렇다면 상왕은 왜 대마도 정벌을 단행했을까? 앞에서 한나라가 흉노를 정벌한 역사를 원용하면서 상왕정치 체제가 흔들리는 것을 방지하고 국정 운영을 확고하게 장악하기 위해서였다고 서술했지만, 그 측면은 정벌의 목적에 해당하지 않는다. 단지 정벌을 추진하는 과정에서 발생한 부차적인 문제일 뿐이다. 그렇다면 상왕이 생각한 전쟁의 목적은 무엇일까?

먼저 이 질문에 대한 답으로 제시된 한 학설의 타당성을 검토해 볼 필요가 있다. 명나라의 일본 정벌 '계획'(실제 계획했다고 보기는 어렵다)을 저지하기 위해 조선이 선제적으로 대마도를 정벌했다는 이규철의 학설이다.

명의 정왜론과 그 실체 1402년 즉위한 영락제는 곧바로 주변국과의 외교관계를 설정하기 위해 힘썼다. 1403년 조선의 태종을 조선 국왕으로 책봉했고, 같은 해 일본 무로마치 막부의 3대 쇼군 아시카가 요시미츠足利義満를 일본 국왕으로 책봉해 천하질서의 동쪽 주변을 안정시켰다. 명의 책봉으로 통치권의 명분을 강화한 요시미츠는 일본 전국에 걸친 실질적 지배를 확고히 해나갔다. 이로 인해 규슈 지역 역시 정치적으로 안정되었고, 왜구 발생도 감소했다. 명, 조선, 일본을 둘러싼 동아시아의 국제정세가 안정기에 들어선 것이다.

그러나 1408년 요시미츠가 죽고 요시모치義持가 집권하자 명에 대한 태도가 변화했다. 부친 요시미츠가 명과 맺은 책봉·조공 관계가 굴욕적이라고 생각한 그는 명에 대한 우호적인 관계를 유지하려고 하지 않았다. 게다가 요시미츠가 영락제의 요구에 응한 왜구 제어 조치를 적극적으로 지속하지 않았다. 그 결과 명나라를 침략하는 왜구가 늘어나게 되었고, 영락제는 왜구의 침략에 대책을 강구하지 않을 수 없었다. 결국 영락제는 일본을 정벌해 응징하겠다고 표명했다. 그는 중국 조정에서뿐만 아니라, 조선에서 온 사신에게도 정왜를 말했고, 일본으로 사신을 보내 일본을 정벌하겠다고 겁박하기도 했다.

이러한 영락제의 정왜 표명은 안정적으로 보이던 동아시아의 정세에 긴장을 가져오는 요인으로 작용한 것은 분명하다. 태종과 조선 조정은 영락제의 진의를 파악하고 대책을 세우기 위해 논의했고, 요시모치 쇼군과 막부는 과거에 있던 여몽연합군의 일본 침입을 연상하면서 앞으로 전개될 상황을 심각하게 인식하고 있었다.

1419년 조선의 대마도 정벌을 1408년 요시모치 집권 이후 동아시아 정세의 변화 속에서 영락제의 일본 정벌 표명과 관련해 설명하는 학설을 '명의 정왜론'이라 부르겠다. 그 내용의 핵심은 다음과 같다.

조선은 명의 일본 정벌 계획을 크게 우려했다. 명의 일본 정벌이 실행될 경우 조선이 감당해야 할 부담이 너무 크기 때문이다. 결국 조선은 명의 일본 정벌을 사전에 막기 위해서 명의 왜구 피해를 줄이는 것이 중요하다고 판단했고, 이를 위해 대마도를 정벌했다는 것이다.

그러나 이러한 명의 정왜론은 세 가지 문제점을 가지고 있다. 첫째, 영락제의 정왜 '표명'을 마치 실행을 전제로 한 '계획'으로 해석한다. 둘째, 조선이 감당할 부담만을 고려했지, 참전을 통해 조선이 얻을 수 있는 이익을 고려하지 않았다. 셋째, 천하질서의 중심국인 명의 전쟁 여부를 주변국 조선이 결정할 수 있다는 오류에 빠졌다. 그렇다면 영락제의 정왜 표명의 실체는 무엇일까?

결론부터 얘기하자면, 영락제는 일본을 정벌할 의지도 계획도 없었다. 정왜는 단지 왜구 침략이 있을 때 표명된 수사에 불과했다. 그것은 일본에 대해서는 압박용으로, 조선에 대해서는 협조용으로 사용되었다고 보는 것이 실상에 가깝다. 그 실상을 자세히 알아보자.

영락제의 최대 관심 지역은 북쪽 사막 너머에 잔존하고 있던 몽골세력(달단, 타타르)이다. 그는 5차례에 걸쳐 직접 전쟁에 참가해 지휘했다. 1409년, 1410년, 1414년, 1422년, 1424년이다. 그는 마지막 전투에 참전해 죽음을 맞이했다. 한편 달단 이외의 지역에 대해 영락제가 갖고 있던 입장은 태조 홍무제가 후손에게 남긴 유훈에서 확인할 수 있다. 《황명조훈皇明祖訓》에서 홍무제는 명을 둘러싼 사방의 주변국 중에서 조선을 필두로 해, 일본·유구(오키나와)·대만·안남(베트남) 등의 나라를 결코 정벌해서 안 되는 나라로 거론하고 있다. 그 이유를 이렇게 적고 있다.

> 사방의 이적夷狄들은 모두 산과 바다로 가로막혀 한쪽 귀퉁이에 치우쳐 있어, 그 땅을 얻는다 하더라도 공급할 수가 없고, 그 백성을 얻는다고 하더라도 부릴 수가 없다. 만약 그 스스로 헤아리지 못하고 우리의 변경을 어지럽힌다면 그들에게 좋지 못할 것이다. 내가 두려워하는 것은 후세의 자손들이 중국의 부강함을 믿고 한때의 전공을 탐해, 이유 없이 군사를 일으켜 인명을 살상하는 것이니 그것이 안 됨을 명심하도록 하라. 다만 호융胡戎과 서북 변경이 서로 가까워 여러 세대에 걸쳐 전쟁을 치르는데, 반드시 장군을 선별하고 군사를 훈련시켜 항시 삼가 대비해야 한다.

호융은 바로 영락제가 다섯 차례나 정벌을 시도한 몽골 잔존세력이다. 영락제는 홍무제의 유훈을 잘 따랐던 것 같다. 물론 1406년에 안남을 정벌한 적은 있었다. 그러나 그것은 몽골 친정 이전의 일로 1409년 몽골 친정이 시작된 이후 영락제는 남쪽이나 동쪽에서 전쟁을 감행할 의지도 여력도 없었다고 보는 것이 타당할 것이다.

1408년 요시모치가 집권하면서 명에 대한 태도가 비우호적으로 변하고, 명의 해변으로 왜구의 침구가 증가했다. 때에 따라서는 큰 피해를 끼친 적도 있었다. 1413년, 1415년, 1417년의 침구가 그중에서 큰 사건으로 《태종실록》에도 그 내용이 등장한다. 이때의 기사들에 영락제의 일본 정벌 표명이 나오고, 그와 관련해 조선 조정의 대책 논의가 기록되어 있다. 하나하나 검토해 보자.

먼저 1413년 사건에서 등장하는 정왜론이다.

1413년(영락 11) 1월 3,000여 명 규모의 왜구가 명을 침략하는 사건이 발생했다. 이때 조선 사신의 통역사로 중국에 가있던 임밀이 3월 20일 귀국해서 이 사건과 관련해 영락제가 한 말을 태종에게 전했다.

"일본국 노왕老王(요시미츠)은 지성으로 사대해 도적질함이 없었는데, 지금의 사왕嗣王(요시모치)은 도적질을 금하지 아니하여 우리 강토를 침략하고, 또 자기 아비의 영정을 벽에 걸어놓고 그 눈을 찌른다니, 그 부도不道함이 이와 같은지라, 짐이 병선 1만 척을 보내 토벌하고자 한다. 너희 조선에서도 이를 미리 알아둠이 마땅하겠다."

이에 태종이 의정부에 지시했다.

"황제가 어찌 실없는 말을 했겠는가? 만약 병선이 일본으로 향한다면 우리나라에서도 경비함이 마땅하니, 경들은 잘 생각하도록 하라."

그리고 다시 여러 신하들에게 말했다.

"중국의 정왜 하는 일에 어떻게 대응해야 하겠는가? 황제가 우리나라 사신에게 친히 밝히셨으니, 우리나라에서도 따로 사신을 보내어 ① 표문을 올려 기뻐하고 경하드린다는 뜻을 아뢰어야 하지 않겠는가? 중국에서는 반드시 우리나라와 왜가 우호적으로 소통하는 것으로 여길 터인데, 이제 모른 체하면 반드시 우리나라가 중국을 속인다 할 것이다. 더구나 왜인은 실지로 우리나라와 원수이니, 이제 만약 ② 그들을 토벌한다면 국가의 다행이다. 다만 ③ 그 길이 우리 강토를 거쳐야 하니 염려하지 않을 수 없다."

태종의 이 말에서 세 가지 점을 주목할 수 있다. 첫째, 영락제의 정왜를 조선은 기쁘고 경사스러운 일로 받아들인다. 둘째, 조선의 원수인 왜인을 명이 성공적으로 정벌한다면 조선에 이익이 된다. 셋째, 그러나 명군은 조선을 거쳐 가야 하니 조선이 져야 할 부담은 염려된다. 요컨대 부담은 있겠지만 정벌의 이익도 있으니 명의 결정을 기쁘게 따르겠다. 이것이 조선 태종의 입장이었다.

곧바로 길천군 권규가 사신으로 파견되었다. 그는 영락제에게 명의 정왜에 흔쾌히 따르겠다는 태종의 뜻을 전했을 것이다. 임무를 마친 권규가 7월 18일 북경에서 돌아와서 중국인 환관으로부터 들은 말을 태종에게 보고했다.

"황제가 장차 흉노를 친히 정벌하려고 천하의 병사 100여만 명을 징발해 이미 상도上都로 보냈고, 또 어떤 요동인이 황제에게 '제주의 마필은 전에 원나라에서 방목하던 것이니, 청컨대 중국으로 옮겨 설치하소서'라고 아뢰었다."

한편 권규보다 이틀 앞서 귀국한 권영균은 조선인 출신 환관 윤봉에게서 들은 말을 태종에게 전했다.

"황제가 전함 3,000척을 만들어 장차 일본을 공격하려 한다."

이틀 사이에 중국으로부터 두 개의 전쟁에 관한 정보가 전해지자, 조선 조정은 대책을 논의했다. 그러나 실록에는 권영균이 가져온 일본에 관한 정보에 대해서는 이후 아무런 논의가 없고 오직 명의 북정北征(몽골 정벌)과 동정東征(여진 정벌)에 대한 논의만 있을 뿐이다. 7월 26일 좌정승 하륜이 태종을 알현하고 말했다.

"이제 듣건대 중국에서 장차 북정한다고 하며, 또 사람을 동북 지방에 보내니, 야인(여진)이 비록 우리나라와는 화친한다고 하지만, 중국에는 혹시 우리 땅을 도모할는지도 알 수 없습니다. 또 궁지에 몰린 병사들이 도망해 우리 강토로 들어올까 두렵습니다. 바야흐로 이러한 때에 어찌 신 등을 만나 의논하지 않으십니까?"

이에 태종이 답했다.

"변방을 방어하는 방책은 장수를 고르고 군량을 축적하고 병기를 연마하는 세 가지뿐인데, 또 무슨 계책이 있겠는가? 황제의 동정과 북정은 자기 집안일이니 염려할 필요가 없다. 또 내가 바야흐로 무신을 보내어 방어에 대비하도록 허락했으니, 경들이 직접 나를 만나 청할 필요가 없다. 이제 동서 양계에는 가뭄의 재변과 황충의 재앙이 있으니, 경들은 이러한 우려는 하지 않고 중국의 일만을 걱정하는가?"

신하들은 북방의 안보를 매우 걱정하는데, 오히려 태종은 차분하다. 그는 신하들에게 북방의 문제보다 조선의 문제에 더 신경을 쓰라고 말한다. 또 다음 날 27일 태종은 성을 쌓아 만일의 사태에 대비하자는 대신들에게 웃으면서 이렇게 말했다.

"황제가 부왕의 명이 아닌데도 스스로 즉위해, 남쪽으로 교지交趾(안남 북부)를 정복하고 북쪽으로 사막을 공격하는데, 무슨 겨를에 동쪽을 돌아볼 수 있겠는가? 과연 난국이 온다면 장차 거병해 바로 쳐들어갈 것이지, 어찌 마땅히 성을 지키고 기다릴 것인가?"

영락제는 정변으로 황제가 되어 권력의 정당성도 취약한데 몽골까지 정벌하려는 상황에서 동쪽의 여진, 더 나아가 여진을 공격했을 때 조선에 미쳐올 파장을 염려하는 것은 쓸데없는 염려라고 웃어넘기고 있다.

그러면서 태종이 또 말했다.

"황제가 비록 동정할 뜻이 있더라도 내가 어찌 감히 천의(황제의 뜻)를 어기겠는가? 마땅히 마음을 다해 힘껏 섬길 뿐이다. 만일 급한 일이 발생한다면 형세가 부득이한 것이다. 일이 발생하기에 앞서 먼저 도모하는 것은 불가하다."

이제 태종의 이 논리를 일본 정벌에 적용한다면 어떻게 될까? 조선은 정왜를 결정한 명의 지원 요청에 기꺼이 응할 뿐, 조선이 사전에 조치를 취해서 명의 결정을 저지한다는 생각을 태종은 갖고 있지 않았다고 판단하는 것이 합리적이다.

7월에 명으로부터 전해진 정보에 입각해 조선 조정에서 이상과 같은 논의가 있고 나서, 다음 해인 1414년 영락제는 친히 3차 몽골 정벌에 나섰다. 태종의 말대로 영락제의 친정은 조선과는 무관하게 중국 경내에서 벌어진 일로 끝났다. 물론 일본 정벌은 영락제의 관심 사항이 아니었다.

다음으로 1415년의 사건을 확인해 보자.

1415년(영락 13) 대규모의 왜구가 여순에 침입해 큰 피해를 남긴 충격적인 사건이 발생했다. 이 사건 역시 태종 15년 7월 23일 자 《태종실록》에 나타난다. 통역사 강유경이 요동에서 돌아와서 태종에게 보고했다.

"7월 4일에 왜적이 여순 항구에 들어와 천비天妃 낭랑전의 보물을 모조리 거두고, 2만여 인을 살상하고 150여 인을 노략질하고, 등주의 전함을 모두 불사르고 돌아갔습니다."

이때 태종은 승정원에 다음과 같은 교지를 내렸다. "왜적이 중국을 침구한 것이 여러 번인데 이번이 가장 심하다. 황제가 만일 정벌하고자 하면 반드시 정벌을 도우라는 명이 있을 것이니, 장차 어찌할 것인가?"

이때도 태종은 명의 정왜에 연루되어 부담을 안게 될 것을 기정사실처럼 말하고 있다. 그러나 이후 아무 일 없이 지나갔다.

이제 마지막으로 정왜 표명과 관련해 가장 중요한 1417년의 사건을 검토하자.

1417년(영락 15) 6월 명나라 수군이 4,000명에 달하는 왜구와 해상에서 전투를 벌였다는 기록이 남아있다. 왜구의 규모가 커진 만큼 피해도 컸을 것이고, 영락제의 불만과 우려도 컸을 것이다. 이 사건이 발생할 즈음 조선 사신 노귀산·원민생·한확·김덕장이 북경에 체류하고 있었다. 12월 20일 귀국한 원민생이 영락제와 나눈 대화가 《태종실록》에 실려 있다.

영락제가 물었다.

"일본 국왕의 무례한 일을 네가 아는가?"

원민생이 대답하기를,

"일본 본국의 일은 신이 알지 못하나 적도賊島(대마도)의 일은 대강 압니다. 스스로 행장(조선에서 발급해 준 일종의 통행 증명서)을 만들어 가지고 조선 지경에 이르러, 방어가 단단하고 튼튼하면 가지고 온 생선과 소금으로 민간의 미곡과 바꾸기를 청하고, 사람이 없는 곳이나 방어가 허술한 곳에서는 틈을 타서 들어와 침노하고 혹은 살상하고 혹은 노략해 본국 사람이 많이 잡혀 가서 적도에 살고 있습니다."

그러자 영락제는 자신이 일본에 보내려는 칙서의 초안을 읽어보라고 원민생에게 주었다. 칙서의 내용은 이렇다.

> 너의 부왕父王 아무개(요시미츠)가 지성으로 사대하여, 중국 조정이 큰 은혜를 베풀어 왕으로 봉하고, 고명과 인장을 주어 후대했는데, 지금 네가 아비의 도를 따르지 않고 사람을 시켜 중국 변경의 해안에서 군사와 백성을 침노하고 잡아갔으니, 마땅히 조정의 큰 법에 따라 활을 잘 쏘고 잘 싸우는 사람을 보내어 가서 토벌하겠다. 지금 사신으로 여연呂淵을 네 나라에 보내니, 무릇 조정에서 잡아간 인물을 조선 국왕 아무개(태종)처럼 모두 보내어 오라. 조선 국왕은 홍무황제 때부터 이후로 지성으로 사대해 지금은 한집과 같이 되었으니(혼동일가混同一家) 어찌 아름답지 않으냐?

여기서 주의 깊게 봐야 할 점이 있다. 영락제는 왜구 침략의 주체를 막부의 요시모치로 규정하며, 따라서 토벌 대상을 대마도가 아닌 일본 본토를 상정하고 있다는 점이다. 대마도를 정벌 대상으로 한정하고 있는 조선과는 확연히 다른 점이다.

한편 영락제는 귀국하는 유구국琉球國(오키나와) 사신에게 하달한 다음과 같은 황제의 칙명도 원민생에게 알려주었다.

"너의 나라(유구국)가 일본국과 서로 친하니, 후일에 일본을 정벌하게 되면 너의 나라가 반드시 먼저 길을 인도해야 한다."

이 말을 원민생에게 들은 태종은 영락제가 일본에게 주는 칙서의 초안과 유구국에게 내리는 칙명을 조선 사신이 알게 한 것을 의아하게 생각했다. 태종은 금방 영락제의 의도를 알아차렸을 것이다. 유구국이 길

안내를 하듯이 조선도 협조하라는 것을, 나아가 영락제가 유구국과 조선 카드를 사용해 일본을 협박하려고 한다는 것을 태종은 간파했을 것이다.

영락제는 일본 정벌의 뜻을 직접 사신을 보내 일본에 알림(조선이 대마도 정벌 이후 세종 2년 윤1월 송희경을 막부에 사신으로 파견했을 때의 기록에 나옴)과 동시에, 조선이나 유구국을 통해서도 간접적으로 압력을 가함으로써 요시모치의 태도 변화를 끌어내려 한 것으로 보인다. 영락제가 요시모치에게 전달하는 메시지는 분명했다. '요시미츠 시대로 돌아가라, 그렇지 않으면 정벌하겠다.' 그러나 적어도 1417년의 시점에서 영락제는 일본 정벌을 실제 계획하거나 준비한 정황은 보이지 않는다. 단지 말과 글로써 수사적으로 일본 정벌을 표명하고 있었을 뿐이다. 조선에는 협조용으로 일본에는 협박용으로.

이러한 영락제의 정왜 의사 표명에 일본은 여몽연합군의 침입을 상기하며 심각하게 대응했던 것 같다. 그러나 태종은 달랐다.

중국의 서쪽과 북쪽 변경의 일을 처리하기에 몰두하고 있는 영락제가 동쪽의 여진을 관리하기도 버거운 상황에서 굳이 바다 건너 일본을 정벌하지는 않을 것이라고 판단하고 있었다. 설사 정벌을 실행해 조선의 협조 내지 협공을 요청한다면 그는 기꺼이 참여할 의향을 가지고 있었다. 명 중심의 천하질서 속에서 무엇을 할 수 있고, 해야 하는지를 잘 알고 있었기에 조선이 명의 정왜를 저지하겠다는 생각은 갖고 있지 않았다.

그렇다면 태종이 대마도를 정벌한 목적은 무엇일까? 조선의 국가 전략과 그에 따라 실행된 대 일본 정책 속에서 그 답을 찾아보자.

조선의 국가 전략과 대 일본 정책

조선의 중화공동체 전략 조선은 건국 이래 한편으로는 명에 대한 사대정책을 추진하면서 동시에 여진에 대해서는 명과 무관하게 독자적으로 기미정책을 통해 통제권을 확보해 왔다. 그러다가 영락제가 여진 지역에 대한 통제권을 확보하려고 하자, 여진을 둘러싸고 조선과 명은 충돌과 조정의 과정을 거치게 된다. 그 과정에서 태종 10년 조선은 여진 정벌이라는 군사적 행동을 단행한다.

결과적으로 명은 천하질서 전략에 따라 여진에 대한 통제권을 확보했고, 조선은 여진에 대한 독자적인 직접 통제권은 상실했지만, 중화공동체 전략에 따른 조·명 관계를 형성함으로써 여진에 대한 소중화의 위상을 확보하게 되었다. 이로써 태종 10년 이후에 여진 지역은 안정을 찾게 되고, 한반도 북방 지역에 평화의 시대가 도래했다.

앞서 서술했듯이, 태종은 명이 달단이나 여진을 정벌하는 것을 '외국外國'의 일이라고 표현했다. 태종의 의식에서는 그것은 결코 '한 집안(일가一家)'의 일이 아니다. 조선은 엄연히 독자적으로 존립하는 주체적 국가였다. 따라서 명과는 언제든지 국경 문제가 발생해 충돌할 수 있는 외국일 뿐이었다. 이는 세종 1년 4월 25일 상왕이 원숙에게 하는 말을 통해서도 확인할 수 있다.

"함길도 열 곳의 일은 경솔히 다루어서는 안 된다. 네(원숙)가 일찍이 승봉사(외교문서를 다루는 관청)의 관원이 되었으니 자세한 내용을 알 것이다. 상국上國(명나라)이 열 곳의 인민(십처인민十處人民)을 두고 누차 분쟁을 벌이므로, 내가 즉위한 뒤에 (조선의 관할임을) 겨우 인준을 얻었는데, 지금 야인을 회유하기 위해 황제가 보낸 자가 두 번이나 왔다니, 혹시 간사하고 교활한 야인이 북경에 가서 하소연한다면, 후일에 경계를 다투는 변이 다시 일어날지도 모른다. 그러니 응봉사로 하여금 열 곳을 인준 맡은 문서를 착실히 보관해, 불의의 변에 대비케 하며, 또 열 곳의 사람이 와서 벼슬에 종사하고자 하거든 등용하는 것이 옳다."

상왕의 이 말에는 조선의 중화공동체 전략이 가지고 있는 세 차원 중의 하나인 '정치체제의 동존성'이 잘 나타나 있다. 조선이라는 정치체제의 독자적 존립성을 부정하는 상황이 발생하면 비록 사대정책의 대상이 되고 있는 명이라 할지라도 그들의 주장에 순종하지는 않을 것이라는 결연한 의지를 표출하고 있다.

이렇듯 조선의 중화공동체 전략은 소중화 조선이 대중화 명과 사대정책을 통해 중심축을 형성하고, 이와 동시에 주변의 이적(야인, 오랑캐)과는 기미정책을 통해 주변축을 구축하는 것을 그 내용으로 한다.

이제 조선이 북방의 여진과는 성격을 달리하는 또 하나의 주변국인 일본과의 관계를 어떻게 형성해 갔는지 알아보자.

기미정책, 외교 대상의 다층성 한반도에 존재한 정치체제는 일본이 자신의 존립에 위협이 된다고 인식하지는 않았다. 그러한 인식은 왜구의 침략이 활성화된 고려 말의 위정자에게도 유지되었다. 비록 대규모 왜구가 빈발해 내륙 깊숙이까지 침탈하기도 했지만, 그로 인해 고려가 멸망하리라고는 생각하지 않았다. 왜구는 일본이라는 분열된 나라의 작은 한 부분에 불과한 현상이라고 파악하고 있었다. 따라서 고려는 일본의 중앙 정부인 막부 및 독립성이 강한 지방의 영주들과의 관계를 원만히 함으로써 왜구 문제에 대응하고자 했다.

이러한 고려의 대 일본 정책은 조선 건국 이후에도 이어졌다. 내정이 견실해진 조선은 일본에 대한 외교력을 발휘하게 되고, 나아가 확충된 군사력을 기반으로 이미 태조 이성계가 왕위에 있는 시기에 왜구를 제압할 수 있게 되었다.

이렇게 상황이 전개된 데에는 일본 내부의 정치 안정화를 통해 왜구 활동이 감소하게 된 점도 작용했다. 일본은 1331년 천황 가문이 남조와 북조로 분열되어 대립해 오다가, 1392년 무로마치 막부의 3대 쇼군 아시카가 요시미츠가 지지하는 북조가 통일을 이루게 됨으로써 장기간의 정치적 분열을 끝내고 안정기에 들어섰다. 무로마치 막부의 통제력이 규슈 지역에까지 미치게 되었고 그로 인해 대마도와 이키섬을 근거지로 하는 왜구의 활동 또한 감소하게 되었다.

일본이 중국 중심의 천하질서에 편입되는 것이 바로 이 무렵이었다. 5세기 왜의 오왕五王시대를 마지막으로 중국의 책봉체제로부터 벗어나 있던 일본은 남북조의 동란을 종식시킨 요시미츠가 1404년 영락제로부터 일본 국왕으로 책봉되고 감합勘合이라는 무역허가증을 받아 조공무역을 시작함으로써 동아시아 국제질서의 일원으로 합류했다. 이에 따라 영락제가 동아시아 지역에 천하질서를 구축한 1404년을 기점으로 조선과 일본의 관계도 그 성격이 변하게 된다. 단적인 사례를 들어보자. 태종 4년 7월 30일 자 실록에는 다음과 같은 짧은 기록이 있다.

> 일본에서 사신을 보내어 찾아왔고, 또 토산물을 바쳤다. 일본 국왕은 원도의源道義였다.

원도의가 다름 아닌 아시카가 요시미츠다. 영락제로부터 일본 국왕으로 책봉된 요시미츠는 조선에 사신을 보내면서 국서를 보냈고, 그 국서에 자신의 칭호를 '일본 국왕'이라 표현했다. 일본 국왕이라는 칭호는 천하질서 속에서 조선 국왕과 대등한 위상을 갖는 칭호였다. 요시미츠는 격상된 자신의 위상을 조선에 과시하고 싶었을 것이다. 조선 건국 이래 막부 차원에서의 사신 교류는 있었지만, 양국의 통치자가 명으로부터 책봉을 받게 된 후 형식적으로는 대등한 국왕 간의 교류가 시작되었다. 당시 양국 간의 최대 현안은 왜구 문제였다.

○ 이달에 일본 국왕 원도의가 사신을 보내 도적을 사로잡은 것을 보고하고 예물을 바쳤다(태종 5년 6월 29일).
○ 일본 국왕 원도의가 사람을 보내어 좀도둑을 금제했다고 통보하고 예물을 바쳤다(태종 8년 10월 28일).

위에서 말한 도적이나 좀도둑이 다름 아닌 왜구를 가리키는 것으로, 요시미츠는 조선을 침구하는 왜구를 통제하고 있음을 조선 국왕에게 보고하면서 양국 간의 우호관계를 유지하고자 했다. 물론 조선의 태종은 그러한 요시미츠의 왜구 통제를 긍정적으로 평가했고, 일본 중앙 정부와의 우호관계를 통해 왜구 문제를 해결하고자 했다.

앞서 언급했듯이 이러한 태종의 대 일본 외교정책은 명나라 중심의 천하질서 속에서 이루어지고 있었다. 다시 말해 조선과 일본의 외교 행위는 대등한 위상을 갖고 있는 조선 국왕과 일본 국왕 사이에 이루어지고 있었다. 요시미츠는 천하질서에 편입되어 조선과 대등한 입장에서 교류하는 것이 만족스러웠을 것이다. 그러나 태종은 달랐다. 태종은 양국 국왕 사이에 국서 교환이라는 형식을 통해 요시미츠와 대등한 외교 행위를 실행하고는 있었으나, 일본국 전체를 소중화 조선과 대등한 수준의 문명국으로 간주하지 않았다. 조선의 입장에서는 일본국, 일본인은 어디까지나 섬나라 오랑캐에 불과했다. 그것은 요시미츠가 조선과 교류하면서 조선에 요청한 문물을 통해 확인할 수 있다. 태종 6년 2월 27일 자 기록을 보자.

일본 국왕 원도의가 사신을 보내어 《대장경》을 청했다.

《대장경》은 당시 일본의 국왕과 지방 영주들이 조선에 가장 원하는 선진 문물이었다. 반면 조선 태종의 입장에서 대장경은 어떤 존재이던가? 앞선 14장에서 서술했듯이, 불교는 이단이었고, 따라서 불교는 배척 대상이었다. 조선에서 불교를 배척하는 정책을 추진하고 있던 태종의 입장에서 불경을 요청하는 일본은 주자주의를 신봉하는 소중화 조선의 변방에 위치한 야만국이었다. 따라서 태종에게 일본이란 그들이 원하는 것을 적절히 들어주면서 회유하는 기미정책의 대상일 뿐이었다.

태종이 요시미츠와의 우호 교류를 통해 원하는 바는 그가 일본 전국을 안정적으로 통치해 왜구가 조선에 침구하지 못하도록 통제해 주는 것이었다. 그것은 《태종실록》에 기록된 요시미츠와의 교류 기록이 왜구 통제와 《대장경》 요청에 불과한 것에서 확인할 수 있다. 그러나 요시미츠는 그러한 태종의 바람을 충족시켜 주지 못했다. 요시미츠는 일본 전역을 완전히 통제하지 못했고, 왜구를 근절시키지 못했다. 따라서 태종은 왜구 대책을 막부 쇼군에만 의지할 수는 없었다.

막부 쇼군 요시미츠가 일본 전역을 완전히 통제하지 못한 현상 중의 하나는 그가 조선과의 외교를 독점적으로 실행하지 못하는 것에서도 드러났다. 조선에 인접한 지방 영주들은 막부와는 무관하게 독자적으로 조선과 외교관계를 맺고자 했다. 일본의 국내 사정을 정확히 파악하고 있던 태종은 그들의 요청을 들어주면서, 왜구 문제에 대응하고자 했다. 이렇듯 조선이 응대한 일본 외교의 대상은 다층적이었다. 실록을 통해 확인해 보자.

위에서 인용한 태종 4년 7월 30일 자 기록 뒤에는 또 하나의 짧은 문장이 이어진다.

> 일본국 방장자사 대내다다량성견大內多多良盛見도 예물을 바쳤다.

방장은 스오우와 나가토를 함께 부른 명칭으로 오늘날 야마구치현에 해당하고, 자사는 지방 영주의 중국식 명칭으로 일본어로는 국주대명 또는 수호대명을 말한다. 이 문장은 스오우와 나가토를 지배하는 수호대명 대내다다량성견이 조선 국왕에게 예물을 바쳤다는 것으로, 일본 국왕과는 별도로 지방의 영주가 독자적으로 조선 국왕과 외교 행위를 하고 있다는 점을 보여준다. 더욱 흥미로운 점은 조선 또한 막부의 일본 국왕과는 별도로 지방 영주에게도 사신을 보내는 외교 행위를 하고 있다. 그 사실을 확인해 보자.

태종 7년 7월 21일 대내다다량덕웅大內多多良德雄의 사자가 예물을 바쳤고, 9월 1일 사자가 대궐에 나아와 하직할 때, 다다량덕웅이 요청한 《대장경》 1부를 주어서 보냈다. 그리고 태종 8년 8월 1일에는 조선에서 전 서운관승 김협을 답사로 보내면서 다다량덕웅에게 《대장경》 1부를 포함한 사례 물품을 보냈다. 여기서 한 가지 확인할 점은 조선이 일본의 지방 영주와 외교 행위를 할 때의 격식이 일본 국왕을 대할 때와는 달리 한 단계 떨어진다는 것이다. 즉, 지방 영주가 서신을 보낼 때 수신자는 의정부의 정승이었고, 조선에서 지방 영주에게 답서를 보낼 때는 그 주체가 조선 국왕이 아닌 예조판서였다.

○ 삼주자사三州刺史 대내다다량덕웅大內多多良德雄이 또한 좌정승 하륜에게 글을 올렸다(태종 7년 2월 26일).

○ 예조판서가 일본국 방장풍 삼주자사防長豐三州刺史 대내다다량도웅大內多多良道雄에게 답서를 보냈다(세종 즉위년 8월 21일).

당시 일향주日向州(미야자키현), 비전주肥前州(나가사키현과 사가현), 축전주筑前州(후쿠오카현) 등 규슈 지역의 지방 영주들은 오우치씨와 마찬가지로 조선과 외교적 교류를 했다. 대마도와 이키섬도 규모는 작았지만 지방 영주급의 행위자로 조선과 교류했다.

한편 규슈 지역에서 조선과 외교적 교류를 하는 또 다른 행위자가 있었다. 규슈단다이九州探題로 중국식 명칭은 구주절도사九州節度使다. 단다이란 막부가 임명하는 최고위직 지방관으로 규슈, 시코쿠, 오우 지방 등 수도에서 먼 지역에 임명되어 군사와 조세권을 가졌다. 규슈단다이는 막부 쇼군의 대리인 자격으로 조선과 외교를 행했다.

이상의 서술을 종합해 보자면, 조선이 외교적으로 상대하는 일본은 단일한 대상이 아니었다. 조선이 상대한 일본은 다층적 구조를 갖고 있었고, 각각의 층위에 따라 조선은 격식을 달리하며 대응한 것이다.

조선과 일본의 외교관계는 조선과 명의 관계와 비교하면 선명하게 차이가 난다. 조·명 양국의 외교는 명 황제와 조선 국왕 사이에서만 이루어졌다. 문장의 격식과 사신 교류의 형식도 철저하게 제도화되어 있었다. 양국은 그러한 외교 행위를 중화문명이 실현되고 있는 것이라고 인식하고 있었다. 특히 소중화 조선은 대중화 명과 중화문명에 입각한 외교관계를 행하고 있다는 점에 자부심을 갖고 있었다.

그런 인식과 자부심을 갖고 있던 태종의 입장에서 보았을 때 외국과의 외교 행위가 다층적으로 행해지는 일본을 조선과 대등한 문명국으로 여겼을 리 만무하다. 더구나 문명국 조선의 입장에서 보았을 때, 왜구는 야만국 일본의 본질을 실질적으로 드러내는 현상이었다. 태종은 그러한 다층화된 야만국 일본을 촘촘한 외교망을 구축해 대응하고자 했다. 특히 왜구의 본거지인 대마도에 대한 태종의 대응은 각별했다.

대마도에 한정한 제한전쟁 왜구는 대마도 자체의 척박한 지리적 환경으로 인해 자체적으로 생필품을 확보하기 어렵다는 점과 일본 국내가 완전하게 통제되지 않아서 발생하는 문제라는 사실을 인지하고 있던 태종은 왜구를 제어한다는 조건으로 많은 비용을 지불하면서 일본의 다층적인 대상들과 우호적인 관계를 유지하고 있었다. 특히 왜구의 근거지인 대마도는 각별한 대우를 해주고 있었다.

태종 5년 12월 16일 자의 기록을 보자.

태종은 일본 국왕의 사자를 '전내殿內'로 불러 접견하면서 말했다.

"네 나라 임금이 내가 보낸 사람을 후하게 대접하고, 또 잡혀간 사람들을 많이 찾아서 돌려보내고, 힘써 해적을 금하니, 대단히 기쁘다."

뒤이어 태종은 대마도 왜인을 '전외殿外'로 나오게 하여 말했다.

"능히 해적을 금했으니 가상히 여겨 마지않는다."

일본 국왕의 사자는 전내에서 접견하면서, 그보다 격을 낮춰 전외에 부른 대마도 왜인은 누구일까? 세종 1년 3월 1일 자에 연이어 나오는 다음의 세 기사에서 추론해 볼 수 있다.

○ 대마도 수호守護 도도웅와가 사람을 보내어 토산물을 바치므로, 백미 40가마를 주었다.

○ 대마도 해부병海副兵 도만호都萬戶 정흔正欣이 사람을 보내어 토산물을 바치고, 따라서 양곡을 빌려달라고 하므로, 백미 20가마를 주었다.

○ 대마도 조율산성수篠栗山城守 종준宗俊이 사람을 보내어 토산물을 바치므로, 주포 10필·마포 8필· 면포 42필을 주었다.

대마도의 경우는 대마도 영주인 도도웅와 이외에도, 하급의 도만호나 산성의 지배자까지도 영주와는 별도로 조선과 외교 행위를 하고 있었다. 태종 5년의 기록에 나오는 대마도 왜인이란 대마도주이거나 그보다 하위 층위의 인물이 보낸 사람일 것으로 추측된다. 태종이 대마도의 하급 인물들까지도 외교 행위의 대상으로 인정해 주고 있는 것은 왜구 통제를 위해 대마도에 배려한 각별한 대우였을 것으로 보인다.

이러한 조선의 외교적 노력은 군사력의 증대에 따른 방어 능력의 향상과 함께 왜구를 제압하는 데 상당한 효과를 거두게 되어, 결국 왜구는 조선보다는 명으로 향하게 된다. 중화공동체 전략에 따른 대 일본 기미정책을 추진해 간 조선은 앞서 서술한 대로 태종 10년경부터 왜구의 피해로부터 해방되었다.

세종 즉위를 전후로 한 시점에서 태종이 구축한 대 일본 다층 외교망의 실태를 살펴보자.

○ 유구 국왕의 둘째 아들 하통련이 사람을 보내어 좌·우 의정에게 편지하고, …… (등의 예물을) 바치므로, 우리나라에서는 …… (등의 하사품을) 주고, 예조판서로 하여금 답서를 하게 했다(세종 즉위년 8월 14일).

○ 대마주 수호 대영이 사람을 보내어 토산물을 바치고, 예조에 글을 보내어 '지난날 경차관 이예를 보내시어 정무의 죽음에 부의와 치제를 해주셨음을 도도웅와는 감격해 마지않나이다'라고 하니, 예조판서가 답서했다(세종 즉위년 9월 2일).

○ 일본 관서로 구주도원수 우무위 원도진이 사자를 보내어 방물을 바쳤다(세종 즉위년 10월 29일).

태종이 구축해 온 촘촘한 외교망이 세종의 즉위를 계기로 그 빛을 발한 것으로 보인다. 해가 바뀌어 세종 1년 왜구가 조선을 침구하기 직전에 대마도에 대해 각별한 대우를 하던 태종의 조치가 실록에 나온다.

세종 1년 2월 25일 도도웅와가 사로잡혀 간 조선인 두 명을 고이 돌려보내니, 상왕은 예조에 명해, 전례를 참고해 후대하게 하고 면포·주포 각각 10필씩을 주었다. 도도웅와, 도만호, 산성 지배자에 대한 조치를 취한 3월 1일 자 기록은 앞서 인용했고, 3월 4일에는 도도웅와의 동생 종준宗俊이 사람을 보내어, 왜인 망고라 등 23명을 돌려보내 달라고 청하자, 상왕은 경상도관찰사에게 명해 고이 돌려보내게 했다.

이렇듯 대마도에 대해 각별한 대우를 했건만, 두 달 후 5월 7일 상당 규모의 왜구가 조선에 출몰한다. 충청도 관찰사의 보고를 받은 태종은 크게 놀랐다고 기록되어 있으나, 그가 놀란 것은 국방의 위협을 받았기 때문이 아니라, 그동안 왜구 대책으로 자신이 추진해 온 기미정책이 손상된 데에 따른 충격이었을 것으로 추측된다.

왜구의 조선 침략은 중화공동체 전략에 따라 자신이 구사한 대 일본 기미정책에 대한 '도전'이었고, 소중화 조선의 정체성에 대한 부정이었다고 상왕은 인식했다. 그러한 대마도주의 배신을 상왕은 응징하고자 했다.

앞서 서술했듯이 5월 14일 대마도 정벌에 반대하는 대다수 신료들에게 "한나라가 흉노에게 지속적으로 욕을 당한 것과 무엇이 다르겠는가?"라고 반박하며 대마도 정벌을 결연히 밀어붙였다. 중화문명을 실현하고 있는 조선이 이적 대마도의 왜구에게 욕을 당하는 것은 마치 중화의 본산인 한나라가 이적 흉노에게 욕을 당하는 것과 같다고 주장하는 상왕은 중국에서 돌아오는 왜구를 거제도에서 기다리다 공격하는 것만으로는 충분한 대응이 아니라고 판단했을 것이다. 따라서 상왕은 왜구의 근거지 대마도를 습격해 왜구를 응징하고, 대마도주의 항복을 받아내서 손상된 대 일본 기미정책을 관철시키려는 목적을 가지고 정벌을 단행했다고 본다.

기미정책은 두 가지 수단을 통해 구사된다. 당근(회유)과 채찍(정벌)이다. 상왕은 당근의 효과가 약해지려고 하자 채찍이라는 수단을 사용했다. 대마도 정벌을 통해 기존에 조선이 주는 당근을 먹고 싶으면 조선에 순종하라는 강력한 메시지를 전한 것이다. 상왕은 이러한 목적을 달성하기 위해 대마도에 대한 군사 행동이 중앙의 막부와 지방 영주에게 연계되지 않도록 신경을 썼다.

또한 대마도 정벌은 명나라와 무관하게 철저하게 조선 독자적으로 실행되었다. 사전에 명과 협의하지도 않았고, 정벌 과정과 결과도 명에 보고하지 않은 것으로 보인다. 이것은 여진 정벌을 단행한 태종이 명 황제에게 보고하면서 명이 어떻게 나올지에 대해 상당히 염려하던 것과는 대조적이다. 대마도 정벌과 관련해 조선이 명을 의식하는 장면이 대마도에서 데리고 온 중국인 포로를 처리하는 과정에서 잠깐 드러났을 뿐이다.

세종 1년 7월 21일 상왕이 명했다.

"이제 동정해서 얻은 한인漢人 130여 명 모두에게는 포로가 되었다가 도망한 회회인(아라비아인)의 예에 따라, 옷과 갓·신·포목을 주어서 요동으로 풀어 보내라."

그러자 다음 날 조정에서 논란이 벌어졌다. 좌의정 박은이 반대 의견을 냈다.

"좌군 절제사 박실이 대마도에서 패전할 때 호위하던 한인 송관동 등 11명이 우리 군사가 패하게 된 상황을 자세히 알고 있으므로, 중국에 돌려보내서 우리나라의 약점을 보이는 것은 불가합니다."

반면 우의정 이원과 변계량·허조 등은 상왕의 명령에 동조했다.

"마땅히 풀어 보내어 사대의 예를 완전히 해야 합니다."

이에 상왕은 우선 통역사를 보내서 송관동 등을 탐문했다. 8월 5일 통사 최운과 선존의가 송관동 등 12명을 만나 그들이 보고 들은 것을 물으니 송관동이 대답했다.

"대마도란 곳은 길이는 한 300리가 되겠고, 너비는 60여 리 되겠는데, 이번 싸움에 전사한 것이, 왜인이 20여 명이고 조선 사람이 100여 명이다."

최운 등이 돌아와서 상왕에게 보고하니, 상왕이 그들에게 물었다.

"송관동 등을 모두 요동으로 보내야 할까, 아니면 특별히 붙들어 둘까?"

최운 등이 대답했다.

"중국의 군병으로도 달단을 치다가 죽은 사람이 반이나 넘는데, 100여 명 죽은 것이 무엇이 부끄럽겠습니까?"

이에 상왕은 자신의 뜻이 본래 그랬다고 하며, 8월 7일 상호군 최운을 보내어, 대마도 정벌 때 포로로 잡은 요동·절강·광동 등 여러 곳의 남녀 142명을 압송해 요동으로 보냈다.

아마도 이때 요동 관원에게 사건의 경위를 갖춘 공문을 보냈을 것이다. 그렇지만 황제에게 보고했다는 기록은 없다. 태종은 대마도 정벌에 관해 명나라에 보고할 필요를 느끼지 못했다고 보아도 좋다. 그것은 열흘 뒤에 확인된다.

8월 17일 세종을 조선 국왕으로 책봉하는 황제의 칙서가 도착했을 때도, 칙서를 가져온 명의 사신과도 대마도 정벌에 관해 아무런 의견 교환이 이루어지지 않았다. 대마도 정벌은 명과 무관하게 독자적으로 실행된 군사작전이었다.

물론 상왕의 대마도 정벌은 명나라 중심의 천하질서 속에서 실행되었음은 분명하다. 그러나 상왕은 명나라 황제가 조선과 대마도 사이의 사안에 직접 관여할 것이라고 보지는 않았다. 상왕은 한편으로는 명의 천하질서 전략을 전제로 하면서 다른 한편으로는 상당한 자율성을 갖고 조선의 중화공동체 전략을 추진해 갔다. 이것이 가능했던 것은 조선이 경제력에 기반한 군사력을 확보하고 있었고, 국제관계에서 외교력을 발휘하고 있었기 때문이다. 그러나 무엇보다도 가장 중요한 점은 상왕의 탁월한 정치 리더십이 있었기에 가능했다.

소중화 질서를 구축하다

일시동인, 대마도를 회유하다 이종무가 이끄는 조선 정벌군은 세종 1년 6월 19일 출정했다가, 대마도주의 항복을 받지 못한 채 7월 3일 거제도로 철수해 있었다. 조선은 정벌의 목적을 달성하지 못한 채 전쟁 상태가 지속되고 있었다. 조선이 다음 행보를 고민하고 있던 7월 5일 황해도 감사가 상왕에게 급보를 보냈다.

"중국으로부터 돌아오는 왜구 약 수십 척이 이달 3일에 소청도 해양에 출몰했습니다."

상왕은 곧 바로 방비 대책을 지시했다.

다음 날 7월 6일 좌의정 박은이 상왕에게 의견을 올렸다.

"왜적이 중국에 들어가 도적질하고 본도로 돌아오는 것이 곧 이때이므로, 마땅히 이종무 등으로 다시 대마도에 나가 적이 섬에 돌아오기를 기다렸다가 맞아서 치게 되면, 적을 틀림없이 격파할 것이니, 진실로 소멸시킬 기회를 잃지 마소서."

이렇게 박은이 2차 대마도 정벌을 주장하자 상왕은 박은의 주장이 옳다고 여기고 7월 7일 영의정 유정현에게 지시했다.

"중국으로부터 돌아온 적선 30여 척이 이달 3일에는 황해도 소청도에 이르고, 4일에는 안흥량에 와서 우리 배 9척을 노략하고 대마도로 향했다. 우박과 권만을 중군 절제사로, 박실과 박초를 좌군 절제사로, 이순몽과 이천을 우군 절제사로 삼아, 각각 병선 20척을 거느리게 할 것이니, 도체찰사가 모두 다 거느리고 다시 대마도로 가되, 육지에 내려 싸우지는 말고, 병선을 결집하고 바다에 떠서 변을 기다릴 것이다. 또 박성양은 중군 절제사, 유습은 좌군 절제사, 황상은 우군 절제사를 삼아, 각각 병선 25척을 거느리고 나누어 등산·굴두와 같은 요해처에 머무르다가, 돌아오는 적을 맞이하여, 바다 위에서 결집해 있던 병선과 협공하여 반드시 대마도까지 이르게 하라."

그러나 7월 9일 우의정 이원이 상왕에게 반대 의견을 개진했다.

"지금 대마도를 치러 갔던 수군이 돌아와서 해안에 머물러 있으니, 다시 대마도에 가서 돌아오는 왜적을 맞이해 공격하라는 명령은 좋은 계책이라 할 수 있습니다. 그러나 군사들의 예기가 이미 쇠하고 선박의 장비가 또한 파손되었고, 더구나 날씨가 점점 바람이 높으니, 멀리 예측하기 어려운 험지를 건너가다가 혹 예상치 않은 변이 발생하면, 후회해도 소용이 없을 것입니다. 바람이 평온해지기를 기다려 군사를 정돈한 후 다시 정벌해도 늦지 않습니다."

우의정 이원의 의견이 타당하다고 생각한 상왕이 다시 박은과 의논하자, 박은은 정벌을 고집하며 이 시기를 놓쳐서는 안 된다고 강하게 주장했다. 이에 상왕이 다시 박은에게 물었다.

"옛날에 주공이 완고한 인민을 타일러서 깨우치기를 여러 번 했다. 주공과 같은 성인의 덕으로도 이와 같이 했으니, 지금 작은 섬 놈들이 은혜를 저버리고 죽을죄를 범한지라, 나도 우선 문서로써 알아듣도록 타일러 주려고 한다. 그래도 마음을 고치지 아니하면, 그때 가서 군사를 동원해 다시 칠 것이니 어찌 나의 덕에 해가 될 것인가?"

이렇게 군사적 정벌에 앞서 회유하는 것도 나쁘지 않다고 말하는 상왕에게 박은은 자신의 고집을 꺾지 않았다. 조정의 의견이 분분한 가운데 7월 12일 천추사의 통역관으로 갔던 김청이 북경에서 돌아와 보고했다.

"왜적이 금주위를 범해서 도적질하니, 도독 유강이 복병으로 유인하고 수륙으로 협공하여, 사로잡은 자가 110여 명이요, 벤 목이 700여 급이며, 빼앗은 적선이 10여 척에 달했습니다. 수레 5량에는 수급을 싣고, 50량에는 포로를 실어서 북경에 보냈는데, 이 광경을 제가 노상에서 직접 보고 왔나이다."

보고를 들은 상왕은 유정현에게 선지를 내렸다.

"대마도를 다시 토벌하는 것을 중지하고, 장수들로 하여금 전라도와 경상도의 요해처에 보내어 엄하게 방비하여, 적이 통과하는 것을 기다렸다가 추격해 잡게 하라."

상왕은 명이 왜적을 격파했다는 소식을 듣고는 2차 정벌을 중단했다. 대마도 정벌 당시 설정한 목적, 대마도 왜구에 대한 응징은 조선의

1차 정벌과 명의 격퇴로 충분히 이루어졌고, 따라서 대마도주의 항복을 받기 위해 더 이상의 군사적 정벌은 필요 없다고 판단한 것 같다. 또한 2차 정벌을 강행하다 태풍이라도 만나 낭패를 보게 되면 대마도주의 항복을 받아내기 어렵게 된다는 점도 고려했을 것이다. 1차 정벌과 명의 반격으로 충분한 응징이 이루어졌다고 판단한 상왕은 이제 회유를 통해 대마도주의 항복을 받아내기로 한다.

7월 17일 상왕이 병조판서 조말생에게 명해 대마도주 도도웅와에게 글을 보냈다.

만약 빨리 잘못을 깨우치고 급히 달려와 항복하면, 도도웅와에게는 좋은 벼슬을 내리고 두터운 봉록도 줄 것이요, 대관들은 평도전平道全의 예와 같이 대우할 것이며, 나머지 여러 군소 인물들도 또한 옷과 양식을 넉넉히 주고, 비옥한 땅에 살게 하여, 갈고 심는 일을 얻게 할 것이다. 나는 너희들을 우리 백성처럼 여겨 인仁의 마음으로 품어주어(일시동인一視同仁), 너희들로 하여금 도적이 되는 것이 부끄러운 것임과 의리를 지키는 것이 기쁜 일임을 알게 해주겠노라. 이것이 너희들 스스로 새로워지는 길이며, 너희들이 살아갈 도리는 바로 여기에 있느니라.

이어서 항복하지 않으면 어떤 상황이 벌어질지 협박했다.

마땅히 병선을 크게 갖추어 군량을 많이 싣고 섬을 에워싸고 쳐서 오랜 시일이 지나게 되면, 반드시 장차 스스로 다 죽고 말 것이다. 또 만약 용사 10만여 명을 뽑아서 방방곡곡으로 들어가 치면, 주머니 속에든 물건과 같이 오도 가도 못해, 반드시 어린이와 부녀자까지도 하나도 남지 않을 뿐만 아니라, 육지에서는 까마귀와 소리개의 밥이 되고, 물에서는 물고기와 자라의 배를 채우게 될 것이 분명하다. ……

상왕의 회유 서신에서 주목할 점은 도도웅와가 항복한다면 "우리 백성처럼 여겨 인仁의 마음으로 품어주겠다"는 표현이다. 이것은 중화가 이적을 대하는 전형적인 상투어다. 명 황제가 조선 국왕에게 보내는 칙서에서 늘 보던 그 표현이다. 상왕은 이 표현을 대마도주에게 사용했다. 소중화 조선이 이적 대마도를 어진 마음으로 품어주겠다는 의미를 담았다. 귀화한 등현 등 왜인 다섯 명이 회유의 편지를 가지고 대마도로 갔다. 이후 조선에서는 회유가 무산되었을 때를 대비해 2차 정벌을 준비하기도 했다.

마침내 9월 20일 등현 등이 대마도로부터 돌아왔다. 이들과 함께 대마도주 도도웅와가 도이단도로를 보내어 예조판서에게 서신을 보내 항복하기를 빌었고, 인신을 내려주기를 청원하면서 토산물을 헌납했다. 도도웅와의 서신에 대한 구체적인 조치를 정한 조선 조정은 10월 18일 도이단도로를 대궐로 불러 예조판서 허조로 하여금 조선의 결정을 말해줬다.

"도도웅와가 만약 나의 인애하는 마음을 체득하고, 그 아비가 후세를 염려한 계획을 생각하여, 그 무리들을 타일러 깨닫게 해, 그 땅에 사는 온 사람들이 항복해 온다면, 틀림없이 큰 작위를 내리고, 인신을 주고, 후한 녹을 나누어주고, 땅과 집을 내려 대대로 부귀의 즐거움을 누리게 해줄 것이다. 또 대관인 등은 다 서열에 따라 작을 주고 녹을 주어

후한 예로써 대해줄 것이며, 그 나머지 군소배들도 다 소원에 따라 비옥한 땅에 살게 하여 농사짓는 차비를 차려 주어, 농경의 이득을 얻게 해, 굶주림을 면하게 해주리라. …… ”

이어서 천하질서를 관장하는 황제의 칙서를 연상시키는 상왕의 말이 이어진다.

“아아, 문덕文德을 펴서 사방을 편안케 하는 것은 옛날부터 제왕의 본심이로다. 위무威武를 떨쳐서 순종치 않는 자를 죽여 없앰이야 어찌 원하는 바이랴? 부득이해서이니라. 예조에 영을 내려, 돌아가는 사자에게 글을 주어, 나의 지극한 마음을 알리게 해서, 스스로 새로워지는 길을 열어주고, 영원히 살아가는 소망을 이루게 하여, 나의 일시동인하는 뜻에 부합되게 하라.”

7월 17일 도도웅와에게 보낸 항복 권유 문서와 10월 18일 도이단도로에게 전하는 말은 대중화 명의 황제와 조선 국왕 사이에 사용되는 내용과 격식을 담고 있다. 다시 말하자면, 소중화 조선 국왕은 대중화 명의 황제가 자신에게 대하는 내용과 격식을 모방해 대마도주를 대하고 있었던 것이다.

상왕의 의도는 명백하다. 대마도주의 항복을 유인하는 과정에서, 천하질서를 관장하는 명의 황제를 본받아, 자신은 소중화 질서를 구축하겠다는 것이다.

도이단도로가 귀국해 상왕의 의도를 담은 조선의 결정을 전했고, 세종 2년 윤1월 10일 도도웅와의 부하 시응계도가 와서 도도웅와의 요청사항을 전달했다.

“대마도는 토지가 척박하고 생활이 곤란하오니, 바라옵건대 섬사람들을 가라산(거제도 소재) 등의 섬에 주둔하여, 밖에서 귀국을 호위하게 하고, 귀국의 백성들이 섬에 들어가서 안심하고 경작해서 낸 세금을 우리에게도 나누어 주어 쓰게 하옵소서. 나는 일가 사람들이 내 지위를 빼앗으려고 엿보는 것이 두려워, 나갈 수가 없사오니, 만일 우리 섬으로 하여금 귀국 영토 안의 주·군의 예에 따라, 주의 명칭을 정해주고, 인신을 주신다면 마땅히 신하의 도리를 지키어 시키시는 대로 따르겠습니다. 도두음곶이에 침입한 해적의 배 30척 중에서 싸우다가 없어진 것이 16척이며, 나머지 14척은 돌아왔는데, 7척은 곧 일기주一岐州의 사람인데, 벌써 그 본주로 돌아갔고, 7척은 곧 우리 섬의 사람인데, 그 배 임자는 전쟁에서 죽고, 다만 일꾼들만 돌아왔으므로, 이제 이미 각 배의 두목 되는 자 한 사람씩을 잡아들여 그 처자까지 잡아 가두고, 그들의 집안 재산과 배를 몰수하고 명령을 기다리고 있사오니, 빨리 관원을 보내어 처리하시기를 바랍니다."

도도웅와는 상왕의 뜻대로 항복하고 지난해 5월에 조선의 도두음곶이에 침입한 것에 대한 해명과 수습책을 제시했다. 이에 윤1월 23일 예조판서 허조에게 명해 도도웅와의 서한에 대한 답서를 보냈다.

> 귀하가 요청한 바 여러 고을에 나누어 배치한 사람들에게는 이미 의복과 식량을 넉넉히 주어서, 각기 안심하고 생업에 종사하게 했습니다. 대마도로 돌아간다면 먹을 것이 부족하니, 반드시 굶주릴 것입니다. 또한 대마도는 경상도에 매여 있으니, 모든 보고나 또는 문의할 일이 있으면, 반드시 본도의 관찰사를 통하고, 직접 본조에 올리지 말도록 할 것이요, 겸해 청한 인장의 글자와 하사하는 물품을 돌아가는 사절

에게 부쳐 보냅니다. 근래에 귀하의 관할 지역에 있는 대관과 만호가 각기 제 마음대로 사람을 보내어 글을 바치고 성의를 표시하니, 그 정성은 비록 지극하나, 체통에 어그러지는 일이니, 지금부터는 반드시 귀하가 친히 서명한 문서를 받아 가지고 와야만 비로소 예의로 접견함을 허락하겠습니다.

이로써 대마도 문제가 종결되었다. 주목해 보아야 할 점은 조선과 대마도 사이의 외교의 격이 정해졌다. 조선의 국왕은 일본의 국왕에 해당하는 막부의 쇼군을 한양에서 응대하고, 대마도는 경상도 관찰사가 대응한다는 것이다. 그리고 대마도주가 하위의 대관이나 만호를 통제하도록 명령했다. 이로써 대마도주의 배신으로 손상된 기미정책이 복원되었다. 단지 이전 상태로 회복되는 데 그치지 않았다. 상왕은 대마도주와의 항복 절차를 진행하면서 소중화 질서를 구축하게 되었다. 이때 상왕이 구축한 소중화 질서에는 대마도뿐만 아니라, 규슈 지역의 지방 영주, 더 나아가 중앙의 막부까지도 포함되었다. 그 점을 확인해 보자.

소중화의 위상을 확보하다 세종 1년 7월 17일부터 세종 2년 윤 1월 23일까지 대마도주의 항복 절차가 진행되는 사이에 막부 차원에서도 왜구 침입과 대마도 정벌에 대한 사후 조치를 취해왔다. 세종 1년 11월 20일 일본국의 사신인 승려 양예 등과 구주총병관의 사인使人 등 다섯 행차가, 도두음곶이에서 사로잡힌 전 사정 강인발과 대마도를 정벌하러 갔을 때에 사로잡힌 갑사 김정명 등 4인을 거느리고 부산포에 도착했다. 12월 17일 양예가 대궐에 들어와 일본국 원의지(요시모치)가 보낸 문서를 올렸다.

우리나라와 귀국은 바다를 사이에 둔 나라 중에서 가장 가까운 나라이나, 큰 물결이 험한 데가 많아서 때때로 소식을 잇지 못할 뿐이지, 제가 게을러서 그런 것이 아닙니다. 이제 승려 양예를 보내서 안부를 묻고 겸해서 불경 7천 축을 구하오니, 만약 윤허하시어 이 나라 사람으로 하여금 길이 좋은 인연을 맺게 하시면, 그 이익이 또한 크지 않겠습니까?

세종 1년 5월 왜구의 조선 침입과 조선의 대마도 정벌로 소원해진 관계를 해소하기 위해 요시모치 쇼군이 선제적으로 조치를 취해 온 것이다. 상왕도 이에 화답했다. 그 장면이 실록의 기록에 고스란히 담겨 있다.

세종 2년 1월 6일 상왕이 인정전에 나아가 군신의 조하를 평상시와 같이 받았는데, 일본국 사신 양예가 그 부하를 거느리고 반열을 따라 예를 행하게 했다. 양예 등을 서반 종3품의 반열에 서게 했다. 예가 끝나매 통사 윤인보를 명해 양예를 인도해 전상殿上에 오르게 하고 상왕이 말했다.

"풍수가 험한 길에 수고롭게 왔소."

양예가 굽어 엎드려 대답했다.

"임금의 덕택을 말로써 다하기 어렵습니다."

상왕이 말했다.

"너희들이 바라는 것이 무엇인가?"

양예가 대답했다.

"《대장경》뿐이옵니다."

상왕이 말했다.

"《대장경》은 우리나라에서도 희귀하다. 그러나 1부는 주겠다."

양예가 엎드려 머리를 조아리며 아뢰었다.

"우리나라에서 받은 임금의 은혜는 이루 말할 수 없습니다."

상왕이 또 물었다.

"너희들이 하고 싶은 말이 있으면 말하라."

양예는 말로써는 다 할 수 없으므로 삼가 시를 지어 뜻한 바를 보이겠다고 하며 품속에서 시를 꺼내어 올렸다.

넓게 개척한 산천은 우공에 돌아가고廣拓山川歸禹貢,
높이 달린 일월은 요천에 걸리도다高懸日月揭堯天.
무엇으로 성조의 황화에 보답할는지聖朝何以酬皇化,
공손히 두 손 모아 세 번 만만년을 부른다端拱三呼萬萬年.

조선을 개척한 상왕의 업적은 하나라의 시조 우왕이 천하를 개척한 공적에 버금가고, 요임금시대의 하늘에 걸려 있던 해와 달이 조선을 밝혀주고 있다고, 양예는 조선과 상왕을 칭송했다. 그리고 그러한 조선의 성스러운 교화를 받은 일본이 무엇으로 보답할지 몰라, 조선과 상왕을 위해 공손히 만세를 부른다는 것이다. 이에 상왕은 두 나라의 화친이 영구히 변함없기를 타이르고, 또 지난해에 대마도를 정벌한 연유를 말했다. 이 장면은 마치 조선 사신이 명 황제를 알현하는 모습을 연상시킨다.

세종 2년 윤1월 15일 상왕은 일본에서 사절을 보낸 데 대한 답례로 인녕부 소윤 송희경을 사신으로 삼아 요시모치 쇼군에게 화친의 서한을 보냈다.

받들어 일본 국왕 전하에게 회답합니다. 일부러 사절을 보내어 글월을 주시고 선물까지 주심을 받았사오며, 더불어 족하의 건강하심을 알았사오니, 감사하며 위로되는 마음 아울러 깊습니다. 우리나라와 귀국은 대대로 이웃 간의 친선을 닦아서, 그 정리가 매우 두터웠으나, 다만 풍파가 가로막혀 때때로 소식을 전하지 못함은 과연 말씀하신 바와 같습니다. 말씀하신 불경은 우리나라에도 본래 많이 있지 못한 것이오나, 어찌 청을 듣지 않을 수 있겠습니까? 전하는 말을 들으니, 우리나라 백성이 일찍이 풍랑에 표류하여 귀국의 운주雲州 안목安木에 사는 자가 많아서 70여 호에 이르며, 또 해적에게 약탈을 당해 이리저리 팔려 다녀, 여러 섬에 흩어져 있는 수효가 매우 많다 하옵니다. 만일 조사해 찾아서 돌려보내신다면, 사람을 구제하는 사랑과 이웃 나라와 친선하는 의리 두 가지가 거의 다 완전한 터이니, 매우 훌륭한 일이 아니겠습니까? 이제 첨지승문원사 송희경을 보내어 《대장경》 전부를 가져가며, 또한 변변치 않은 토산물로 사례하는 뜻을 표시하오니, 받아주시기를 바랍니다. 봄 날씨 쌀쌀하온데 나라를 위해 건강하심을 다시금 바랍니다.

세종을 위한 군사 교육 지금까지 대마도 정벌의 주 목적이 소중화 질서를 구축하고 소중화의 위상을 확보하는 데 있었다고 설명했다. 이제 마지막으로 대다수 신료의 반대를 무릅쓰고 정벌을 단행한 상왕이 품었으리라고 추측되는 부차적인 목적을 생각해 보자.

왜구가 출몰해 그에 대한 대응책을 모색하며 긴박하게 돌아가던 5월 14일 세종은 군사 문제에 관한 자신의 약점을 고스란히 드러내고 만다.

조정에서 정사를 보다가 세종이 말했다.

"각 도와 각 포구에 비록 병선은 있으나, 그 수가 많지 않고 방어가 허술하여, 혹 뜻밖의 변을 당하면 적에 대항하지 못하고 도리어 변환邊患을 일으키게 될까 염려되니, 이제 전함을 두는 것을 폐지하고 육지만을 지키고자 한다."

판부사 이종무와 찬성사 정역 등의 신료가 대답했다.

"우리나라는 바다에 접해 있으니, 전함이 없어서는 안 될 것입니다. 만약 전함이 없으면, 어찌 편안히 지낼 수 있겠습니까?"

이어서 이지강이 아뢰었다.

"고려 말년에 왜적이 침노해 경기까지 이르렀으나, 전함을 둔 후에야 국가가 편안했고 백성이 안도했나이다."

세종이 먼저 꺼내 진행된 이 논의는 여기서 끝나고 다른 사안에 대한 논의로 넘어갔다. 세종의 식견 부족이 여지없이 드러나고 말았다.

이날 상왕은 대신들을 불러 대마도 정벌을 단행하기로 결정한다. 이때 대다수의 신료가 대마도 정벌을 반대했다. 이때 만약 상왕이 존재하지 않고 세종이 군사 결정권을 가지고 있었다면 세종은 신료들의 의견에 따랐을 것이다. 아마도 상왕은 그런 장면을 상상해 보았을지 모른다. 그러면서 상왕은 세종을 위한 군사 교육의 필요성을 실감했을 것이다. 따라서 실전을 통해 세종에게 군사 교육을 시키려고 한 것이 대마도 정벌을 단행한 부차적인 목적이었다고 해석해 본다. 군사 사안에 판단력이 부족한 세종의 모습이 드러나는 또 다른 사례를 들어보자.

5월 14일 상왕이 대마도 정벌을 결정하고 나서 일주일쯤 지난 5월 20일 자 기록이다. 대마도의 종준(도도웅와의 동생)이 사신으로 보낸 왜인들이 한양에 기거하고 있다가 대마도로 돌아갈 것을 고하자, 세종이 그들을 대접하게 하고, 지신사 원숙에게 명해 그들에게 말했다.

"우리나라가 종정무(도도웅와의 아버지)와 화친한 지 오래므로, 무엇이나 원하는 대로 좇지 아니한 것이 없었더니, 이제 와서는 도적을 시켜 우리의 변방을 침노하고 병선까지 불사르며, 살인한 것도 심히 많으니, 무슨 까닭이냐?"

사신이 대답했다.

"대마도의 인심이 똑같지 않으므로 이와 같은 자도 있으나, 종정무의 생시에는 전하께 성의가 극히 후했더니, 이제 그 아들(도도웅와)이 자리를 이어서부터 성의가 정무보다도 지나쳐서 말하기를, '조선은 형제와 같아서, 이 뜻을 오래도록 지키려고 한다' 하더니, 이제 적인賊人이 많이 침노한다 하니, 부끄러운 일입니다."

이에 원숙이 말했다.

"너의 본도에 가서 수호(도도웅와)에게 고하되, 처음에 도적질하기를 꾀한 자를 찾아서 법으로 다스리게 할 것이며, 그 처자를 보내고, 또 사로잡힌 우리나라 사람들을 모두 돌려보내라."

사신이 대답했다.

"속히 돌아가서 고하리다."

세종은 조선이 대마도를 정벌하기로 결정하고 난 후, 그전에 와 있던 대마도의 사신을 그대로 돌려보내려고 했다.

세종의 이 조치를 전해 들은 상왕은 곧바로 명령을 내렸다.

"위의 왜인 8인을 함길도로 보내어 나누어 두게 하라."

상왕은 세종의 판단력에 실망했을 것이다. 나아가 그러한 미숙한 세종을 단단히 훈련시켜야겠다고 마음먹었을 것이다.

끝으로 상왕이 세종을 훈육시키는 장면을 소개한다.

조선이 2차 정벌 대신에 대마도주를 회유하는 절차가 진행되는 중인 8월 10일 상왕과 세종은 정벌에 참전한 장수들을 위로하기 위해 연회를 베풀었다. 여러 장수들이 차례로 잔을 올리고 번갈아 춤을 추는데, 이원과 최윤덕이 각기 적군을 방어하는 계책을 진술하고, 유정현이 나와서 아뢰었다.

"원하옵건대 전하께서 날마다 창업의 어려움과 수성의 쉽지 않음을 생각해야 하실 것입니다."

상왕이 말했다.

"경의 말이 매우 옳으니, 주상은 잘 들어두어라."

대마도 정벌은 시종 상왕의 판단력과 결단력으로 진행되었다. 그 과정에서 세종은 많은 것을 배웠을 것이다. 훗날 세종이 북방 영토를 개척하면서 군사적 행위를 할 때 대마도 정벌을 통해 상왕으로부터 받은 교육이 큰 힘이 되었을 것이다.

권력정치의 유산을 정리하다

왕자의 난을 마무리하다 태종은 집권 후반기에도 정치적 장애물을 처리하는 작업을 지속했다. 그러나 다른 한편에서는 지난날 구사한 권력정치의 희생자들에 대한 화해 조치를 취하면서 마음의 부담을 덜어내는 작업을 동시에 진행했다. 후술하겠지만, 이러한 작업은 결코 양심의 가책에 따른 희생자에 대한 윤리적 사과를 의미하지는 않았다.

태종의 아킬레스 건인 무인정변의 잔재를 처리했다. 태종 16년 6월 10일 정도전과 황거정의 자손에게 내려졌던 금고禁錮를 풀어줬다. 태종 11년 이색 비명 사건을 처리하는 과정에서 정도전과 황거정이 또다시 희생양이 되었고, 그 죗값으로 금고에 처해진 자손들을 구제한 것이다. 6월 26일 무인정변 때 살아남은 정도전의 맏아들 정진에게 직첩을 돌려주라는 명이 내려졌고, 7월 25일 정도전의 손자 정내와 정속, 황거정의 아들 황효신도 다시 직첩을 받게 된다.

16

정치적 영광을 실현하다

나아가 태종은 2차 왕자의 난이 남긴 잔재도 처리한다. 이방간이 난을 일으키는 데 핵심적인 역할을 한 인물이 조박인데, 7월 8일 태종은 그의 아들 조신언에게 처해졌던 금고를 풀어주려고 했다.

"경들이 조박·조신언이 죄가 있다고 하는 것을 나도 안다. 내가 조신언을 보아서가 아니라 나의 조카딸을 보아서이다. 조신언에게 그 아비의 과전을 돌려주고, 돈녕부 관원이 되게 해 녹을 받아서 살게 하고자 한다."

이방간의 사위인 조신언의 금고를 풀어주려는 태종의 의도는 이방간과의 정치적 화해를 시도한 것으로 보이는데, 결국 신하들의 강한 반대에 직면한 태종은 한발 물러나서 당시 생계에 어려움을 겪고 있던 조신언 부부에게 쌀과 콩 각각 5석을 주는 데 그쳤다.

또 7월 12일에는 조말생에게 지시했다.

"회안군이 딸이 있는데, 사람을 택해 시집보내고자 한다. 경은 마땅히 선택해 보라."

조말생이 답했다.

"(이방간의) 딸을 위해 사위를 택하는 것은 명령을 듣겠습니다."

몇 달 후 11월 30일 태종은 이방간의 사위인 형조좌랑 박경무를 이방간이 유폐되어 있는 전주에 보냈다. 조정에서 이방간의 죄를 청하는 논의를 전해 듣고 이방간이 혹시 도망하거나 목매어 죽을 것을 염려해 자신은 결코 그런 결정을 내리지 않을 것이라고 이방간을 안심시키기 위해서였다.

이렇게 1, 2차 왕자의 난을 마무리하면서 태종 16년의 한 해가 저물어갔다.

정치적 화해의 모습들 정치적 화해 조치가 본격적으로 진행되는 것은 세종에게 양위하고 나서였다.

세종이 즉위하고 열흘이 지난 세종 즉위년 8월 21일 세종은 상왕의 지시를 받고 형조에 명한다.

"민무구·민무질·민무휼·민무회의 처자에게 외방으로 가서 편한 대로 살게 하고, 이거이의 자손에게는 경외에서 편한 대로 살게 함을 허락하고, 김한로는 청주로 옮기도록 하라."

상왕의 의도는 분명했다. 자신의 집권 시기에 벌어진 권력정치의 희생자들과 정치적 화해를 시도하려는 것이었다.

이러한 상왕의 움직임에 10월 27일 의정부가 제동을 걸었다. 공적인 국법으로는 처형되었어야 하나, 상왕의 사적인 은혜로 목숨을 부지하고 있는 그들에 대한 단호한 처단을 요청했다.

"군부의 원수는 한 하늘 아래에서 더불어 살 수 없습니다. 이방간 부자 및 박만·임순례·신효창·정용수의 죄는 반역죄에 관계되오니 용서할 수 없는 바이오며, 이숙번·이직은 상왕의 은혜를 저버리고 임금(세종)의 총명을 기망했사오며, 염치용과 방문중은 상왕의 과실을 거짓 꾸며 진술했사오니, 이들은 모두 전하의 불공대천의 원수입니다. 청하옵건대 유사에 내리시어 강상을 바로잡게 하소서."

물론 세종은 허락하지 않았으나, 이 사실을 전해 들은 상왕이 다음 날 28일 세종을 위로하기 위해 베푼 연회에서 참석한 종친과 주요 신하들에게 말했다.

"들으니 경들이 '이방간 부자 및 박만·임순례·신효창·정용수·이숙번·황희·염치용·방문중·권약 등의 죄는 군부의 원수이니 복수하지 않을 수 없다'라고 주상에게 청했다 하니, 소위 복수란 것은 아비로서는 하지 못할 것이라고 함이냐? 내 재위 19년에 어찌 나로서는 능히 할 수가 없어서 후대를 기다리라고 남겨둘 수가 있겠느냐?"

이어서 상왕은 탄식하며 말했다.

"내가 죽은 후에는 알 수 없지만, 내가 살아있는 동안에는 다시 말하지 말라."

상왕은 자신의 생존 중에 원수에 대한 복수라는 말은 더 이상 하지 말라고 쐐기를 박았다.

이후에도 정치적 화해는 이어졌다. 세종 4년 1월 14일 이직을 용서하고 불러들였으며, 1월 17일 노한을 용서하고 편한 곳에서 살게 했으며, 2월 12일 황희를 남원에서 돌아오게 해 20일 직첩을 돌려주었다.

이들은 모두 한때 태상왕(세종 3년 9월 12일 태상왕의 존호를 받음)의 미움을 사서 불경·불충이라는 죄목으로 쫓겨난 인물들이다. 태상왕은 그들과 정치적 화해를 하면서 "용서하다(宥)"라는 표현을 사용한다. 오늘날의 감각으로는 이해하기 어렵다. 용서란 피해자가 하는 것이지 가해자가 하는 것이 아니며, 화해란 피해자의 용서로 성립하는 것이지, 가해자의 용서로 화해가 이루어지는 것은 아니기 때문이다. 죄를 주어 쫓아낸 것도, 그 죄를 용서해 다시 불러들인 것도 권력자의 자의적인 조치였다고 밖에 볼 수 없다.

그렇다면 태상왕은 왜 그들에게 화해의 조치를 취했을까? 종교적 속죄와 참회의 마음에서일까? 아니라고 단정할 수 있다. 실록의 어디에서도 태상왕이 자신의 정치적 행위에 대한 참회나 속죄 의식을 드러내는 표현을 찾을 수 없다. 그는 자신이 부여한 정치적 죽음에 대한 죄책감을 갖고 있지 않은 것 같다. 따라서 삶의 말년에 그가 취한 화해의 모습은 종교적 행위가 아니라고 본다. 물론 권력정치의 희생자들에 대해 마음의 짐이 없지는 않았을 것이다. 그렇다고 해서 그가 사과와 같은 윤리적 행위를 통해 마음의 짐을 내려놓고 평안을 찾을 필요가 있을 정도로 윤리적 인간은 아니었다고 본다.

결국 태상왕은 정치적 인간이었다. 그의 화해는 단지 사적인 시혜가 아니었다. 상왕과 태상왕이라는 지존의 위상에서 행해지는 정치적 행위였다.

정도전, 조선의 역사에서 지워지다 태상왕이 취한 정치적 화해의 하이라이트는 무인정변의 희생자 남은을 태조의 배향공신으로 선정한 사안이다. 세종 3년 11월 7일 태상왕이 태조의 배향공신에 관해 거론했다.

"고려의 시조(왕건)에게 배향된 공신은 모두 6명인데, 지금 우리 태조에게 배향된 공신은 다만 4인뿐이다. 공이 있는 사람을 의논해 더 배향하는 것이 어떠한가?"

배향공신이란 국왕과 함께 종묘에 모셔진 공신이다. 국왕이 죽으면 종묘에 신주를 모신 후, 생전에 특별히 충성했거나 국가에 큰 공적을 세우고 죽은 신하의 신주를 국왕과 함께 모시게 했는데, 배향된 가문은 큰 명예를 얻게 됨과 동시에 자손이 죄를 저질렀을 때 감형되기도 하는 등 여러 특전을 받았다.

태종 10년에 조준·조인옥·이화·이지란 4명이 배향되었다가, 이때에 이르러 태상왕이 먼저 고려와 비교하며 추가할 뜻을 밝힌 것이다.

태상왕은 구체적으로 후보자를 거명했다.

"나라를 세울 때에 공이 크고 작은 것은 내가 다 알고 있다. 남은은 밖에서 주창했고, 이제는 안에서 도왔으니 그 공이 작지 않다. …… 남은과 이제가 공이 큼이 이와 같은데도 태조에게 배향되지 않으니, 하늘에 계신 태조의 혼령이 어찌 그들을 배향시키고 싶지 않겠느냐? 후에는 비록 죄가 있지마는 공은 폐할 수 없다."

태조의 혼령을 얘기하며 남은을 배향하고자 하는 이유를 말하는 부분에서 아버지 이성계에 대해 남아있는 마음의 짐을 털어내고자 하는 태상왕의 마음을 읽을 수 있다.

이러한 태상왕의 뜻을 들은 변계량 등 신하들은 남은이 비록 태조에게 충성한 개국공신이기는 하지만 조선 사직에 불충한 죄인이기에 공으로 죄를 가릴 수 없다며 부정적인 견해를 제시했다. 다음 날 다시 논의하니 유정현 등이 상왕의 뜻에 동조했다. 이에 태상왕은 병으로 집에 머물러 있던 좌의정 박은에게 사람을 보내 그의 생각을 물었다. 그는 다음과 같은 의견을 올렸다.

"남은은 비록 공이 있으나 또한 용서할 수 없는 죄가 있으므로 지금의 신자臣子로서는 함께 세상에 살 수 없는 사람입니다. 그러나 태상왕 전하께서는 지극히 공정하셔서 남은의 공적을 생각해 그의 죄를 용서하며, '하늘에 계신 태조의 영 또한 남은을 배향시키고자 할 것이라'라고 하시니, 홀로 남은만의 영광이 아니라, 전하의 아름다운 명예 또한 후대에 무궁하게 전해질 것입니다."

이를 전해 들은 태상왕은 "사사로운 원망으로써 큰 공을 버릴 수 없다"라고 하며 남은을 배향하기로 정한다.

이때 태상왕은 진정 태조의 뜻을 헤아려 남은을 배향한 것일까? 아무래도 의구심이 남는다. 진정 그랬다면 정도전도 배향했어야 하지 않는가? 정도전이야말로 태조가 가장 바라는 배향공신이 아닌가? 결국 태상왕이 수용할 수 있는 정치적 화해의 대상은 남은까지였다.

절대지존의 위치에 오른 태상왕이 행하는 정치적 화해는 원래 아버지 이성계를 위한 것도 아니고, 아들 세종을 위한 것도 아니다. 오로지 자신을 위함이었다. 자신의 정치적 영광을 표출하기 위해 행해지는 정치적 행위였다. 그러나 정도전만은 도저히 수용할 수 없었다. 정도전의 자손은 용서의 대상이 될 수 있었어도, 정도전 본인은 화해의 대상이 될 수 없었다.

조선의 주인공이고 조선의 정점에 위치하고 있는 태상왕이었지만 정도전을 품을 수는 없었다. 박은의 표현에 따르면 정도전은 "비록 공이 있으나 또한 용서할 수 없는 죄가 있으므로, 지금의 신자로서는 함께 세상에 살 수 없는 사람"으로 남겨졌다. 태상왕은 정도전을 조선의 역사에서 지워버린 것이다.

태상왕의 존호를 받다

조선 왕의 계보 정종은 조선의 왕이었는가? 분명 그는 조선의 왕이었다. 무인정변 직후 세자로 책봉되었고, 이후 태조로부터 보위를 전해 받아 조선의 2대 왕으로 즉위해 왕권을 행사했다. 이러한 조선에서의 왕위 계승은 명나라의 승인도 받았다. 정종은 법적으로 전혀 하자가 없는 조선의 왕이었다. 그러나 태종은 정종을 정식 왕으로 생각하지 않은 듯하며, 그런 그의 생각을 이어받은 세종은 정종을 조선 왕의 계보에서 애매한 위치에 두었다.

물론 정종은 사후 명나라 황제로부터 시호도 받았고, 종묘에 부묘되었고, 《조선왕조실록》의 정종 편이 편찬되어 형식상 법적으로는 조선 왕으로서 지위를 확보하고 있는 듯이 보인다. 그러나 자세히 들여다보면 그가 과연 조선 왕으로 인정되고 있었는지는 매우 의심스럽다.

국왕이 죽으면 시호와 묘호를 올리게 된다. 시호란 생전의 인품과 행적에 따라 부여되는 존호이고, 묘호란 종묘에 그 신위를 모실 때 드리는 존호이다. 또 조선 국왕의 경우 사후에 명나라 황제로부터도 시호를 받았다.

예를 들어 1대 이성계의 경우는 명나라 황제로부터 강헌康獻이라는 시호를 받았고, 조정에서 지인계운성문신무至仁啓運聖文神武라는 시호를 올렸고, 묘호는 태조다. 2대 이방과의 경우는 명나라 황제로부터 공정恭靖이라는 시호를 받았고, 조정에서 온인순효溫仁順孝라는 시호를 올렸고, 묘호는 정종이다. 3대 이방원의 경우는 명나라 황제로부터 공정恭定이라는 시호를 받았고, 조정에서 성덕신공문무광효聖德神功文武光孝라는 시호를 올렸고, 묘호는 태종이다. 오늘날 우리가 부르는 태조, 정종, 태종, 세종 등은 묘호다.

여기서 확인할 점이 있다. 이방과는 종묘에 모셔질 때 정종이라는 묘호를 받지 못했다. 명나라 황제로부터 받은 시호인 공정을 사용해 공정왕이라 불렸을 뿐이다. 정종이라는 묘호는 훗날 숙종 7년(1681)에 부여되었다.

이 부분을 좀 더 자세히 살펴보자.

태종 10년 7월 26일 태종이 이성계를 부묘할 때, 그의 신주에 '태조강헌대왕太祖康獻大王'이라고 적었다. 강헌은 명 황제가 준 시호고, 태조가 묘호다.

한편 세종 1년에 사망한 정종을 세종 3년(1421) 12월 18일 부묘할 때, 그의 신주에는 '공정온인순효대왕恭靖溫仁順孝大王'이라고 적었다. 명 황제가 준 시호 공정恭靖에 조정에서 올린 시호 온인순효를 붙인 것이다. 그러나 여기에 묘호는 없다. 당시 세종은 태상왕(세종 3년 9월 12일 태상왕의 존호를 받음)의 뜻에 따라 이렇게 신주를 제작했을 것이다. 태상왕과 세종은 의도적으로 정종에게 묘호를 올리지 않았다고 보아도 좋다.

그리고 얼마 후 세종 4년 태상왕이 사망하고 세종 5년 12월 5일 태상왕을 부묘할 때, 세종은 태종이라는 묘호를 올리고 신주에 '태종공정대왕太宗恭定大王'이라고 적었다. 요컨대 분명한 것은 태상왕과 세종이 생존 시 노상왕으로 불리던 정종을 조선 왕의 계보에 넣지 않았다는 사실이다. 그 점은 정종이 세종 1년(1419) 사망한 후 실록을 편찬하려는 기미조차 보이지 않았다는 사실에서도 확인할 수 있다. 《정종실록》은 훗날 태종이 사망한 후 함께 편찬된다. 제작된 실록의 명칭 또한 차이가 났다.

태조와 태종의 경우 편찬된 처음부터 《태조강헌대왕실록》과 《태종공정대왕실록》으로 명명되었으나, 정종의 경우 처음에 《공정왕실록》이라고 명명되었다가, 숙종 때 정종이란 묘호를 올리면서 실록 표지의 제목만 《정종실록》으로 바꿨다.

실록의 제목에만 차이가 있었던 것이 아니다. 실록의 형식에도 큰 차이가 있다. 정종이 즉위한 날은 1398년 9월 5일이고, 태종에게 양위하고 물러난 날이 1400년 11월 13일이다. 원래 실록은 그 왕이 즉위한 날로부터 퇴위한 날까지의 사실을 기록하는 것이 원칙이므로 《공정왕실록》은 1398년 9월부터 1400년 11월까지 기록되어야 했으나, 실제 제작된 《공정왕실록》은 1399년 1월부터 1400년 12월까지 기록되어 있다. 다시 말해 《공정왕실록》에는 정종 즉위년(1398)의 기사가 없고, 정종 2년(1400)의 기사에는 짧기는 하지만 태종 즉위년 12월 한 달간의 기사가 포함되어 있다.

정종 즉위년(1398) 9월부터 12월까지의 기사는 이미 태종 때 편찬된 《태조실록》에 수록되어 있어서, 《정종실록》을 제작하면서 따로 정종 즉위년을 설정하지 않았던 듯하다. 이런 사실로부터 유추해 본다면, 태종 때 《태조실록》을 편찬하면서 정종의 존재를 무시하고 있었고, 세종 때 《공정왕실록》과 《태종실록》을 함께 편찬하면서 역시 정종의 독자성을 무시하고 있었다고 추측된다. 태종과 세종은 정종을 조선 왕의 계보에서 인정하지 않았다고 보아도 좋을 것이다. 《용비어천가》에서는 그 점을 명확하게 확인할 수 있다. 조선 왕의 계보는 목조→익조→도조→환조→태조→태종으로 이어지는 '해동육룡'의 서사로 되어 있다.

이제 좀 더 구체적으로 어떻게 정종이 무시되고 태종이 높여지고 있는지 확인해 보자.

세종 즉위년 8월 8일 즉위한 세종은 곧바로 지신사 이명덕을 보내어 상왕(태종)께 아뢰었다.

"바라건대 존호를 태상황太上皇으로 올리고자 하나이다."

당시 생존하고 있던 정종이 상왕이니 태종을 태상황으로 하겠다는 것이다.

상왕이 말했다.

"상왕을 태상왕으로 높이고, 나는 상왕으로 함이 마땅하다. 내가 겸양하는 것이 아니다. 천륜으로 말하는 것이니, 주상이 나에게 효도하고자 할진댄, 모름지기 내 말을 좇아야 할 것이라."

그러고 나서 상왕이 사람을 보내 세종에게 전했다.

"태상의 칭호는 내가 감당할 바가 아니다."

결국 태종을 태상왕으로 높이는 예는 거행되지 않았다. 원래 두 명의 상왕이 존재할 수는 없었다. 당연히 서열상 정종이 태상왕이 되고, 태종이 상왕이 되어야 했다. 그러나 즉위 처음에 세종은 그렇게 하지 않았다. 그는 당시 상왕이던 정종의 존재를 무시하고 있었다.

태종이 태상왕을 거부했으나 상왕이 두 명일 수는 없었다. 결국 공정왕을 노상왕老上王으로 불러 구별하기로 했다. 노상왕이란 실체가 없는 빈이름에 불과하다. 정종은 허구적 존재였다. 실제의 상왕은 태종이었다.

정종이 양위한 정종 2년 11월 13일 정종을 높여 상왕이라 하고, 인문공예상왕仁文恭睿上王이라는 존호를 올리기는 했지만, 정종을 상왕으로 봉숭하는 의식이 치러졌다는 기록은 없다. 이에 반해 세종 즉위년 11월 8일 태종을 상왕으로 봉숭하는 의식이 성대하게 치러졌다.

"백관이 조복을 입고 서있고, 임금은 곤룡포를 입고 면류관을 쓰고 인정전에 나아가서, 옥책과 금보를 받들고, 성덕신공상왕聖德神功上王이라는 상왕의 존호와 후덕왕대비厚德王大妃라는 대비의 존호를 올렸

다."

상왕의 옥책玉冊(옥에 새긴 송덕문)은 이렇게 기록되어 있다.

> 국왕 신 아무(세종)는 재배하고 삼가 책冊을 받들어 말씀을 올립니다. 성신聖神의 신묘함은 비록 형언할 수 없사오나, 신자臣子의 정리로서는 반드시 휘호徽號를 높이게 됩니다. 이에 떳떳한 법을 거행해 효사孝思를 펴나이다. 삼가 생각하옵건대, 상왕 전하의 고명함은 하늘에 짝할 만하고 박후博厚함은 땅과 같습니다. 성조聖祖(이성계)를 도와서 나라를 세웠으며, 적장嫡長(정종)을 높여서 성업成業을 지켰습니다. 덕은 백왕에 으뜸가서, 순과 문왕의 본바탕에 합하고, 공은 만대에 높아서, 탕왕과 무왕으로 더불어 합합니다. 하늘을 공경하고 백성을 사랑하는 정성을 돈독하게 하고, 대국을 섬기고 이웃 나라와 교제하는 도리를 다했습니다. 오직 지인至仁이 두루 미쳤으므로, 이 세상을 태평하게 만들었습니다. 이 어려운 자리를 물려받으매 두려움이 많사온데, 미덕을 밝히고자 하면 마땅히 높은 칭호를 올려 정성을 다해야 되겠습니다. 이에 신료를 거느리고 책례冊禮를 행합니다. 신 아무는 대원大願을 이기지 못해, 삼가 책보冊寶를 받들어 성덕신공상왕이란 존호를 올리오니, 삼가 생각하옵건대, 상왕 전하께서는 특별히 생각을 두시어, 저의 정성을 따라서 큰 명호를 받아 순수한 복이 냇물처럼 많이 이르고, 화기를 맞아 장수를 누리소서.

실질적 상왕은 태종임을 의식을 통해 확인했다. 세종 1년 9월 26일 정종이 죽자, 이듬해 4월 12일 황제가 조문 사신을 보내 공정恭靖이라는 시호를 하사하고 치제해 정종이 조선의 왕이었음을 인정하고 있었으나, 조선에서 정종은 왕의 계보에서 지워지고 있었다.

"내가 더욱 높아졌다" 공정왕을 조선 왕의 계보에 두지 않은 태종이 세종에게 왕위를 물려주고 나서 자신의 위상을 어떻게 인식하고 있었는지 알아보자.

세종 즉위년 8월 18일 세종이 상왕전에 나아가 종친과 대신을 모시고 연회를 베풀었다. 세종이 상왕 앞에 나아가 꿇고 장수를 기원하는 술을 올리니, 상왕이 말했다.

"내가 왕위에서 물러난 것은 복을 남겨두기 위함이었더니, 이제 도리어 더욱 높아지는구나(今反益尊矣)."

이날 상왕은 자신이 "더욱 높아졌다"라고 표현했다. 이 표현을 이후에도 상왕은 종종 사용했다.

11월 8일 성대하게 상왕 봉숭 의식이 거행되는 날 상왕이 세종의 효성을 칭찬하며 말했다.

"왕위를 물려준 이후로 내가 더욱 높아졌다."

며칠 후 11월 16일 동짓날 세종이 면류관을 쓰고 곤복을 입고 많은 신하를 거느리고 망궐례를 행하고, 원유관을 쓰고 강사포를 입고 인정전에 나아가서 많은 신하의 조하를 받았다. 예를 마친 세종이 많은 신하를 거느리고 수강궁으로 가서 상왕에 문안했다. 연회가 열리니 상왕이 말했다.

"오늘 주상이 많은 신하를 거느리고 나에게 절하니, 내가 더욱 높아졌다."

14장에서 세종에게 양위한 후 상왕이 구축한 정치체제를 상왕정치 체제라는 개념으로 설명했다. 상왕정치 체제의 중심에 존재하는 자신의 위상을 상왕은 "내가 더욱 높아졌다"라고 표현하고 있었다. 앞에서 서술한 정치적 화해의 모습들은 이러한 위치에 존재하는 상왕의 정치적 행위였다.

명나라의 사신들도 높아진 상왕의 위상을 인정했다. 세종 2년 4월 14일 세종이 낙천정에 머무는 상왕에게 문안을 드리러 갔다. 이어서 명나라 사신이 낙천정에 이르렀다. 상왕과 세종이 사신을 영접하고 연회를 열었다. 상왕이 술을 돌릴 때, 서서 세종에게 술을 주니, 세종이 부복해 받고, 세종이 술을 돌릴 때에는 꿇어앉아 올리는데 매우 경근하고, 상왕은 앉아서 받으니, 사신 조양이 감탄해 말했다.

"신왕 전하(세종)는 조정(중국)을 공경하고 노왕老王(상왕)을 공경하시어 충효가 겸전하십니다. 내가 사절을 받들고 제후 나라에 간 것이 여러 번이었으나, 신왕 전하 같으신 어진 분은 있지 않았습니다. 노왕 전하께서는 후사를 맡길 만한 사람을 얻어서 이미 세상일을 떨어버리시고 세상 밖에서 마음 편히 노니시면서 정신을 수양하시니, 과연 지극한 낙이라 하겠습니다. 신왕 전하는 위로는 황제의 보살핌을 받고, 또 아버님의 사랑하심을 받자와, 충성을 다하시고 효도를 다하심이 과연 듣던 바와 같으니, 이는 고금에 흔치 않은 일입니다."

명나라 사신은 세종이 상왕을 높이는 모습을 보고 상왕을 "지극한 낙"을 향유하는 존재라고 감탄했다.

태상의 존호, 정치적 영광 태종의 존귀함은 상왕에 멈추지 않았다. 앞에서 보았듯이 세종은 즉위 직후 상왕에게 태상왕의 존호를 올리려고 했다. 정종이 노상왕으로 생존하는 상황에서 상왕이 태상왕의 존호를 받는 것은 아무래도 무리였다.

그러나 세종 1년 9월 26일 노상왕이 죽자, 세종은 상왕에게 또다시 태상의 존호를 올리려고 시도했다. 세종 2년 윤1월 13일 세종이 책보를 받들어 태상왕의 칭호를 올리려 한다는 소식을 듣고 상왕이 말했다.

"태상太上이란 가장 높은 명칭이라 제후로서는 사용할 수 없는 것이니, 나는 받을 수가 없다."

그러자 이틀이 지난 15일 의정부와 6조가 세종에게 전문을 올렸다.

"성대한 덕은 더욱 높으시되, 높이는 칭호를 갖추지 못했사오니, 이에 예전의 법전을 상고하여 마땅히 지극히 높은 칭호를 올려야 하겠습니다. 지금 우리 상왕 전하께서는 겸양하심을 굳이 지키시와, 여러 사람의 소원에 어기시오니, 신 등은 놀랍고 황송해 몸 둘 곳을 알 수 없사오며, 조심스럽고 두려워 어찌할 바를 모르겠나이다. 바라옵건대 전하께서는 굽어 여론에 따르시와, 아름다운 칭호를 올리시어 망극한 깊은 은혜에 보답하시고, 영원한 세대에까지 성대하고 아름다움을 드리우게 하옵소서."

이어서 대간에서도 요청했으나 결국 두 번째 시도도 실행되지 못했다.

세종 3년 9월 7일 세 번째 시도 만에 마침내 상왕이 허락한다.

"지난해에 주상이 두 번이나 청했고, 이제 여러 신하들이 말을 합해 굳이 청하니, 내가 어찌할 수 없이 허락한다."

9월 12일 세종이 면복을 갖춘 후 여러 신하를 거느리고 옥책과 금보로써 상왕을 성덕신공태상왕盛德神功太上王이라고 존숭해, 임금이 친히 책冊과 보寶를 진책관 영의정부사 유정현과 진보관 우의정 이원에게 주어 인정문까지 이르러 보냈다. 책문에는 이렇게 적혀 있다.

공손히 생각해 보건대, 성덕신공 상왕 전하는 나라를 열어 놓을 계책을 세우시고, 사직을 안정하게 하는 기틀을 결정하셨다. 어버이를 사랑하고 형을 공경하심은 인민을 위해 모범을 세우셨고, 이웃 나라와 사귀고 큰 나라를 섬김은 세상의 도를 회복하여 태평의 기반을 놓으셨다. 제사를 올리면 신령이 계신 듯 정성을 극진히 하시고, 정사를 하시면 가엾고 불쌍하고 의탁할 데 없는 무리부터 먼저 하셨다. 하늘과 땅같이 덮고 실어서, 동물과 식물이 함께 요임금의 인애 속에서 자라나고, 일월이 바르고 밝으니, 사도邪道와 정도正道가 스스로 순임금의 슬기에 나타난다. 인민의 부탁을 생각하시어 항상 근심과 부지런함이 간절하시다. 비록 책례冊禮는 이미 베풀었으나, 오히려 신 등의 마음은 부족함이 있도다. 이에 더욱 높이는 칭호를 올려서 찬양을 드리는 의식을 거행한다. …… 엎드려 일곱 자의 큰 칭호를 받으시고, 하늘이 주신 아름다운 복을 크게 맞아 길이 만년의 성수를 누리소서.

태상왕을 봉숭하는 악장樂章이 만들어졌다.

거룩하신 태상이시어 훌륭한 말씀이 너무나 밝도다. 선왕을 잘 계승하시어, 백성을 보호하신 은혜가 실로 많으셨다. 공을 이루고 다스림이 안정되어, 예禮가 갖추어지고 악樂이 화평해졌다. 따라야 할 계책을 전하시어 자손을 편안케 하시니, 태평한 세상을 열어주셨네. 이에 아름다운 전례典禮를 거행하여 존엄한 영광을 받들어 모시노라. 백 가지 복록을 받으셔서, 장수하고 강녕하시리라. 아아, 만년에 이르도록 무궁한 축복을 내려주셨도다.

상왕은 태상왕이라는 지존의 호칭을 받아 정치적 영광을 실현했다.

수문태평의 시대를 열다

성군 세종을 얻다 세종 즉위년 8월 18일 세종이 상왕전에 나아가 종친과 대신을 모시고 연회를 베풀었다. 세종이 상왕에게 수壽를 올리고, 상왕이 "이제 도리어 더욱 높아지는구나"라고 말하자, 유정현이 연구聯句를 지어 바쳤다.

"하늘이 아름다운 자리를 베풀어 만세를 기약케 하고."

상왕이 화답했다. "백성은 주린 빛 없어 임금의 은혜를 고마워하네."

하연이 이었다. "은혜의 물결이 온화한 말씀 속에 호탕하니."

그다음을 이원이 받았다. "나라 운수는 길이 즐거운 가운데 승평昇平하도다."

한상경이 이었다. "온 나라가 근심 모르는 이 오늘이여."

상왕이 화답했다. "군신이 도道에 맞추어 조정을 섬기네."

하연이 이었다. "조정 신하가 산악을 불러 장수를 비나이다."

다시 상왕이 받았다. "사자嗣子는 몸을 닦아 조종祖宗을 받드니."

마지막을 세종이 장식했다. "종사의 안위는 신이 책임을 지겠나이다."

연구가 끝나자 상왕이 여러 신하에게 명해 춤을 추라 하고, 상왕도 또한 춤을 추며 말했다.

"위를 전한다 해도 만일에 그 사람을 얻지 못했다면, 비록 시름을 잊고자 하나 어찌 될 수 있으랴? 주상은 참으로 문文을 지키어 태평시대를 열어갈 군주로다."

'수문守文'이란 문文을 지킨다, 선조의 성법成法을 따르고 무공을 사용하지 않는다, 선조의 위업을 계승해 나라를 다스린다는 의미이고, 수문군守文君은 창업의 군주가 아닌 선군의 후대를 이어 그가 만든 법도를 지키는 수성의 군주를 말한다.

상왕은 세종에게 성군이 되어 수성의 시대를 태평성대로 만들어 줄 것을 기대했다. 그러한 기대감은 어그러지지 않았다. 세종 2년 5월 16일 자 기록에는 세종에 대한 상왕의 평가가 실려 있다.

일찍이 세종이 정사를 보는데, 그 처결하는 것이 각기 사리에 합당했다는 말을 듣고 상왕이 말했다.

"내가 진실로 본래 현명한 줄은 알았지만, 노성老成함이 여기까지 이른 줄은 알지 못했구나."

또 포천에 거둥할 때 지병조사 곽존중에게 일렀다.

"내가 나라를 부탁해 맡김에 사람을 잘 얻었으니, 산수 간에 한가로이 노니기를 이처럼 걱정이 없는 자는 이 천하에 오직 나 한 사람뿐이다. 중국 역대 제왕의 부자 사이도 진실로 나의 오늘과 같지 못했고, 고려 때의 충숙왕과 충혜왕 사이에도 또 비평할 만한 것이 많으니, 내 어찌 이 천하에서뿐이랴. 고금에도 역시 나 한 사람뿐일 것이다."

또 상왕이 공경들에게 말했다.

"주상은 참으로 문왕文王 같은 임금이다."

문왕은 유교에서 칭송하는 주나라의 성군이다. 상왕은 세종이 조선의 성군이라고 칭송했다.

세종 2년 5월 16일은 상왕의 탄신일이었다. 세종과 신하들이 낙천정에서 헌수하고, 모두가 춤을 추며 연회를 즐겼다. 한껏 즐기며 밤이 깊어서야 파하고, 상왕은 세종의 어깨에 의지해 내전으로 들어가며 원숙에게 말했다.

"주상이 효양하는 가운데 입고 먹는 것이 넉넉하니, 무엇을 근심하며 무엇을 구하겠느냐?"

상왕은 성군 세종을 후계자로 얻은 기쁨을 이렇게 표현했던 것이다.

세자를 책봉하다 세종 3년 9월 12일 상왕이 태상왕으로 존숭되고 얼마 후 명나라의 사신 해수가 도착했다. 9월 24일 태상왕이 원자를 불러놓고 사신에게 말했다.

"이는 지금 왕의 맏아들인데, 명나라 황제에게 주청하여 세자로 책봉하려 하니, 명나라 사신은 잘 말해주기 바란다."

사신이 "감히 진력하지 않겠습니까?"라고 말하고는 원자의 손을 잡고 칭찬하기를 오랫동안 했다. 태상왕이 직접 세종의 후계자(문종)를 명나라 사신에게 소개한 것이다.

그리고 9월 27일 세종은 황제에게 올리는 주문을 사신에게 주었다.

> 큰아들을 세워서 뒤를 잇게 하는 것은, 예나 이제나 통하는 규례입니다. 신의 맏아들 이향李珦이 지금 나이 여덟 살인데, 이 나라의 신민들

이 세자로 세우기를 청하고 있으므로, 신이 감히 마음대로 세울 수 없어서, 삼가 주문을 갖추어 올리고 칙지를 기다립니다.

그러나 조선은 황제의 답을 기다리지 않았다. 10월 26일 세자를 책봉함을 종묘와 광효전에 고하고, 다음 날 27일 세종이 면복을 하고 인정전에 나와 원자 이향을 책봉해 왕세자로 삼고 세자를 책봉하는 교서를 반포했다.

공손히 생각해 보건대, ① 태조께서 처음으로 건국의 홍업을 열어주시고, 우리 ② 부왕 성덕신공태상왕 전하께서 크게 천명을 이어받으시어, 지극한 다스림을 높이시고, ③ 나의 몸에 이르러 그 뒤를 이어받아, 아침저녁으로 부지런히 하여 감히 조금도 편하려 하지 아니했다. 오직 ④ 세자는 마땅히 일찍 세워서 종묘도 받들고, 인심도 묶어서 모아야 한다. 이에 원자 향은 처지가 적장嫡長의 자리에 있고, 타고난 성품이 원량元良이니, 저위儲位에 거하게 해, 이미 영락 19년 10월 27일 왕세자에 책봉하여 책서冊書와 새보璽寶를 주었다. 이로써 예禮가 이루어졌음을 중외에 포고하여 아름답게 만민들과 같이 이 큰 경사를 즐기려 하므로, 이에 교시하니, 모두 다 알게 하라.

이 교서에는 태조에서 태종을 거쳐 세종으로 이어진 조선의 왕위가 이후 세자에게 전해질 것임을 공표했다. 조선 왕의 계보가 명확하게 표출되어 있다. 태상왕은 이렇게 상왕정치 체제를 완성시켰다.

상왕에 이어서 태상왕의 지위에 오른 태종 이방원은 조선왕조를 유교국가로 구축하는 정치적 위업을 달성하고, 마침내 정치적 영광을 누렸다. 분명 그는 성공한 정치가라고 할 수 있을 것이다.

이제 평전을 마무리하면서 정치적 영광의 순간에 그가 무엇을 했는지를 확인해 보자.

사냥, 퇴위 후 행복 세종 3년 정월 초하룻날 종친과 훈신 및 재상 58명이 참석한 성대한 연회가 베풀어졌다. 여러 사람이 춤을 추고, 세종이 상왕을 부축해 일어서니 상왕이 말했다.

"온나라의 여러 신하들이 나를 이렇듯 사랑하고 있으니 무슨 말을 또 하랴. 나는 참으로 복 있는 사람이다."

지존의 지위에 있는 자신은 모두로부터 사랑을 받는 행복한 사람이라고 상왕은 말한다. 이렇게 말하고 나서 상왕도 오랫동안 춤을 추었다.

그러자 허조가 아뢰었다. "성체聖體에 피로하실까 염려됩니다."

상왕이 말했다.

"나는 매일 산을 타고 꿩을 사냥해도 피곤하지 아니했거니 이런 것이 무엇이 피로한 것이 있겠는가?"

허조가 머리를 조아리며 아뢰었다. "매일 산 타시는 것을 신은 항상 염려하는 바입니다."

상왕이 말했다. "참으로 유생儒生의 말이로다."

여기서 상왕은 허조를 무시하거나 책망하거나 비난하는 것은 아니다. 단지 유생 허조다운 말이라고 할 뿐이다. 그러나 자신은 허조의 말에 따라 산을 타며 사냥하는 것을 그만둘 마음이 없다는 점을 드러내고 있다.

상왕이 세종에게 왕위를 물려주고 스스로 누린 행복은 사냥이었다. 상왕기에 얼마나 사냥을 했는지를 실록을 통해 확인해 보자.

세종 1년 3월 23일 상왕은 조말생에게 말했다.

"해청海靑이란 물건이 부리나 발톱이 다 하얗고 보통 매와 사뭇 다르므로, 주상과 함께 동녘 들에 가서 시험해 보고 싶은데, 다만 주상의 외출에 대해 비판이 있을까 염려된다."

조말생이 찬성하자, 3월 25일 동교에 나가 해청을 날리는 것을 구경했다. 4월 들어 2일, 8일, 13일, 15일 매사냥 구경이 이어졌다. 이어서 세종은 상왕과 함께 4월 20일 강무를 떠나 5월 7일 환궁한다. 이로써 봄철 강무가 끝났다.

세종 1년 11월 3일 강원도에서 가을철 강무를 시작했다. 어가를 따른 자가 2천여 명이었으며 말이 만여 필이고 별군방패別軍防牌가 수천 명이었다. 역대 최대 규모의 강무였으나 추위가 심해 13일 환궁한다.

세종 2년 2월 1일 상왕과 세종이 해주에서 군사 훈련을 하기 위해 떠났다. 21일간의 강무를 마치고 22일 환궁한 후, 2월 30일 또 평강 등지로 사냥하러 떠나 3월 7일까지 머물렀다. 이후 3월 11일, 12일, 13일, 14일, 20일, 24일, 4월 4일, 5일 상왕의 매사냥 구경이 이어졌다. 때로는 세종을 동반했으며 사냥이 끝나면 연회가 베풀어졌다.

세종 2년 7월 10일 대비가 승하했다. 그로 인해 이해 가을 강무는 없었던 것 같다. 해가 바뀌자 상왕은 강무를 다시 시작했다. 세종 3년 1월 25일 상왕이 의정부와 육조에 전했다.

"내가 근일 중에 강무할 것인데, 주상과 같이 갈 것이다. 주상이 지금 대비의 상을 마치지 아니했으므로, 사람들이 반드시 의심할 것이다.

그러나 어찌 활과 살을 차고 금수를 쫓게야 하겠는가? 다만 늘상 보아서 좌우에서 떠나지 아니하게 할 뿐이다. 내가 이미 늙었으니, 주상이 아니면 누구와 더불어 즐거움을 누리랴? 경 등이 괴이쩍게 여기지 아니하면 다행이라 하겠다."

그러나 세종 3년 2월 13일 세종은 대비의 상을 마치지 않았다고 하며 강무에 따라가기를 사양했으나, 상왕은 우겼다.

"비록 주상이 강무하는 데 쫓아가지만, 짐승을 잡는 것은 아니오, 다만 조석으로 식사를 모시고 안부를 살피게 하려는 것뿐이다. 만약 쫓아가지 아니하면 오래도록 안부를 살피지 못할 것이다. 비록 상이 끝나지 않았으나, 나를 위해 따라가라."

세종은 할 수 없이 따라나섰으나, 큰비로 인해 강무가 중지되었다. 그러나 세종을 동반한 상왕의 사냥은 2월 25~3월 12일, 3월 29~4월 1일, 4월 18~25일, 5월 7일로 이어졌다.

가을이 되자 9월 15일부터 18일까지 강무를 즐겼고, 10월 4일, 5일, 9일 매사냥을 보고, 10월 11일부터 16일까지 사냥, 그리고 11월 1일과 11일은 매사냥을 보았고, 1월 21일과 22일에 포천에서 사냥하고, 23일 매사냥을 구경했다.

세종 4년 1월과 2월에는 태상왕이 한동안 격구를 즐기다가 2월 29일 매사냥 구경을 다시 시작했다. 이후 2월 30일~3월 2일, 3월 9~16일 사냥을 다녀왔다. 3월 19일, 20일, 24일 당일로 매사냥을 구경하고, 3월 28일~4월 6일, 4월 12~14일 또 사냥을 다녀왔다.

이상에서 알 수 있듯이 세종에게 양위한 뒤로 상왕은 마치 홀린 듯이 사냥에 몰입했다. 무가의 자손으로 태어나 어려서부터 말을 달리고 사냥하는 것을 일삼던 이방원이 정치의 세계에 빠져들면서 어쩔 수 없이 사냥을 절제해야 했다. 태종 8년 11월 7일 좌사간 유백순에게 태종은 이렇게 말한다.

"내가 무가에서 생장해 응견鷹犬으로 사냥하는 맛을 깊이 아는데, 지금은 절제해 대단히 심하지 않다."

그토록 좋아하는 사냥을 상왕이 되어 아무런 제약도 받지 않고 마음껏 즐겼다. "나는 매일 산을 타고 꿩을 사냥해도 피곤하지 않다"는 상왕의 말이 결코 과장이 아니었다. 여덟 살 즈음의 이방원이 고려의 변방 함흥에서 또래 아이들과 함께 사냥 놀이를 할 때처럼 56세의 태상왕은 행복했다.

그가 생을 마감하기 한 달 전쯤인 3월 29일의 사냥 기록이다.

> 두 분 전하(세종과 태상왕)께서 보징산 등지에서 사냥을 구경하는데, 태상왕이 노루와 산돼지를 각각 두 마리씩 쏘아서 잡고, 또 금장산에서 사냥하여 태상왕이 노루 세 마리를 쏘아 잡았다. 저녁에 영평의 남녘 들에 머무르니, 최부가 술과 과일을 바쳤다.

낮에는 세종과 함께 사냥을 하고 저녁에는 신하들과 술을 마시며 즐겼다. 태상왕은 정치적 영광의 보상을 여한 없이 누렸다.

에필로그

세종 4년 4월 22일 세종과 함께 동교에 나가 매사냥을 구경한 후 환궁한 태상왕은 몸이 불편해졌다. 병세가 깊어지다가 다음 달 10일 56세로 생을 마감했다. 세종에게 양위하면서 10년을 예상한 상왕기가 반 정도 지난 시점이었다.

태상왕의 죽음을 전후로 한 실록의 기록에는 정치적으로 특이한 점이 없다. 한 정치가의 자연스러운 죽음을 기록하고 있을 뿐이다. 다른 많은 사람들의 죽음에 특이한 정치적 의미를 부여하던 그는 정작 평이한 죽음을 맞이했다. 그의 죽음이 상징하듯 격랑이 잦아들면서 여말선초의 시대가 막을 내렸다.

사관은 그의 정치적 삶을 이렇게 평가했다.

[전반부] 태상왕은 총명하고 영특하며, 강직하고 너그러우

며, 경전과 사서를 널리 보아 고금의 일을 밝게 알고, 어려운 일을 많이 겪어 사물의 진위를 밝게 알며, 한 가지 재주와 한 가지 선행이 있는 자도 등용하지 아니한 일이 없고, 선조의 제사에는 반드시 친히 참여하고, 중국에 대한 사대는 반드시 정성을 다하고, 재상에게 국사를 위임하고 환관을 억제하며, 상 줄 데 상 주고 벌 줄 데 벌 주되, 친소親疎에 따라 차등을 두지 아니하고, 관직에 임명하되 연수에 따라 품계를 올려주지 아니하고, 문교文敎를 숭상하고 무비武備를 닦으며, 검소한 덕을 행하고 사치와 화려한 것을 멀리하여, [후반부] 20년 동안에 백성이 편하고 산물이 풍부하여 창고가 가득 차 있고, 해적들이 와서 굴복하고, 예가 갖추어지고 악樂이 화평하며, 모든 법의 강령이 서고 조목이 제정되었다.

실록에 남겨진 사관의 평이 전부 진실은 아니다. 특히 전반부에 서술된 태종의 인물됨과 정치적 행위에는 과장이나 오류가 섞여 있다. 그러나 후반부에서 압축적으로 정리한 태종 치세의 정치적 업적은 역사적 사실을 반영하고 있다고 보아도 좋을 것이다.

한 정치가가 자신이 통치하는 동안 민생이 안정되고, 재정이 충실하고, 국방이 튼튼하며, 예절을 지키고, 법이 갖추어진 정치공동체를 형성한 정치적 업적을 달성했다면 그는 정치가다운 정치가라고 할 수 있다.

역사상 권력을 찬탈한 사례는 더러 있었지만 그것은 대개 또 다른 권력투쟁을 불러 보복의 악순환 속에 빠져들며 역사를 피로 물들였거나 최소한 찬탈한 대가를 톡톡히 치르는 게 대부분이다. 찬탈한 권력이 정치적 영광으로 끝을 맺은 경우는 거의 없다. 그 점에서 태종은 성공한 정치가였다.

이 평전에서는 태종 이방원이 권력의 찬탈에서 시작해 권위를 창출하고 정치적 영광을 실현해 간 과정을 서술했다. 이 책을 마치면서 태종 이방원에게 '정치적 리얼리스트'라는 이름을 부여한다.

이제 태종을 모델로 해서 정치와 정치가에 대한 정의를 내려본다.

'정치라는 것이 시대와 정치체제를 초월해서 권력을 매개로 하여 이념을 실현해 가는 과정이라고 한다면, 정치가란 본질적으로 그러한 권력의 효용과 한계를 직시하고 역사의식과 이념을 가지고 구체적인 현실의 제약 속에서 자신에게 주어진 과업을 실천하면서 정치공동체를 위한 업적을 창출해 내는 자다.'

오늘날 정치가가 되고자 하는 사람이나, 정치지도자를 갈망하는 사람들에게 태종은 한 줄기의 빛이 될 것이다.

세종은 태종이 앓아눕자 약품이나 음식과 반찬을 모두 친히 받들어 올리고, 병환이 심할 때에는 밤새도록 간호해 잠시라도 옷을 벗고 자지 않았다. 마침내 1422년 5월 10일 태종이 연화방 신궁에서 생을 마칠 때, 세종은 상주로서 태종의 임종을 맞이했다. 세종 옆으로는 그 전해 책봉된 8세의 세자(훗날의 문종)가 있었고, 그 뒤로 5세의 수양대군과 4세의 안평대군이 함께 태종의 임종을 지켜봤다.

그로부터 33년 후, 수양대군이 할아버지 태종의 정치적 행위를 재현한다.

저자 후기

1979년 박정희 대통령이 피살되었다. 한 정치가의 정치적 죽음을 평가할 만한 능력을 갖추지 못한 나는 1980년 대학에 입학했다. 화창히 열린 '서울의 봄'은 물리적 폭력으로 얼룩졌고, 또 한 명의 대통령을 남겨놓고 막을 내렸다.

세 개의 학과가 속해 있는 정경대학에서 1학년을 마친 나는 정치외교학과를 선택했다. 이후 지금까지 정치를 연구하고 가르치며 7명의 대통령이 무대에 섰다가 사라지는 것을 보았다. 그리고 지금 여덟 번째 주인공이 무대에 오르려고 애쓰고 있다.

참으로 궁금하다! 왜 무대에 오르려고 하는가? 무대를 내려오는, 또는 내려온 후의 전임자들의 모습을 보지 않았는가? 나만은 다를 것이라고 생각하고 있다는 말인가? 나야말로 정치적 영광을 실현하고 정치적 행복을 맛보리라고 확신하고 있다는 말인가? 한국 정치를 40년간 지켜본 내 눈에는 그렇게 보이지 않는다.

1987년 대학을 졸업하는 해, 오랜 고난 끝에 민주화를 향한 열정이 꽃을 피웠다. 국민들은 민주정치가 펼쳐질 것이라고 환호했다. 민주적 제도를 담은 헌법이 만들어졌고 제6공화국이 열렸다. 비록 기복은 있었지만 새로운 헌법에 따라 평화로운 정권교체가 이루어지며 민주주의가 공고화되어 갔다. 그리고 분명히 대한민국은 민주주의 국가가 되었다. 하지만 시간이 지남에 따라 민주화 이후의 한국 정치는 성숙하고 있는가? 현임 대통령을 탄핵하고 민주적 절차에 따라 후임 대통령을 선출하여 국정이 단절되지 않았으니 민주적 제도는 성숙했다고 볼 수도 있겠다. 그런데 왜 대통령을 포함한 정치가는 국민의 신뢰와 존경으로부터 멀어져 버렸는가?

좋은 정치는 제도가 아닌 사람에 달려 있다고 생각해 온 나는 오랫동안 정치가다운 정치가를 찾아다녔다. 대학에 입학한 첫해에 플라톤의 '철인왕philosopher king'에서 희망을 품었었다. 한때는 맹자의 '왕자王者'가 나의 마음을 사로잡았다. 세계 각국의 위대한 정치가가 부러움의 대상이 되기도 했다.

그러는 과정 속에서 연구자로서 내놓은 첫 번째 작품이

《정치가 정도전》이었다. 그가 성공한 정치가였는지는 논란의 여지가 있다. 정도전을 정치적 사우師友로 생각하는 내게 그의 죽음은 깊은 아쉬움으로 남아있다. 정도전에게 시간이 더 주어졌더라면, 분명 그는 성공한 정치가로 생을 마감했을 것이다.

이제 두 번째 작품을 내놓는다. 《태종처럼 승부하라》다. 나는 그를 정도전만큼 좋아하지 않는다. 그러나 이 책에서 그를 '정치적 리얼리스트'로 묘사했다. 비록 피로 얼룩진 폭력의 어둠이 늘 그를 감싸고 있었지만, 정치적 영광을 실현하고 정치적 행복을 향유한 정치가라고 인정한다. 정치가다운 정치가에 대한 다름의 답을 찾은 듯하다. 이제 그런 정치가를 대한민국의 대통령으로 보고 싶다.

이 책이 나오기까지 오랜 연구의 길을 함께 해준 많은 지적 동료들에게 감사의 뜻을 전한다. 작업의 막바지에 꼼꼼히 읽고 수준 높은 평을 해준 홍사훈 군에게 고마움을 표하며, 그가 학자로 대성하기를 기대한다. 이 책은 도서출판 푸른역사의 뜻과 정성으로 출간되었다.

2021년 11월
박홍규

참고문헌

1. 1차 자료

《고려사》《고려사절요》《태조실록》《정종실록》《태종실록》《세종실록》《용비어천가》《시경》《서경》《맹자》《중용》《한비자》《맹자집주》《중용장구》《대학장구》《대학연의》《삼봉집》《양촌집》《춘정집》《군주론》《로마사논고》

2. 연구서 및 논문

갈상돈, 〈정치리더십과 마키아벨리의 네체시타〉, 《정치사상연구》 17-1, 2011.

김양섭, 〈원말·명초 금화학파의 정통관념〉, 《중앙사론》 20, 2004.

남의현, 〈원말명초 조선·명의 요동쟁탈전과 국경분쟁 고찰〉, 《한일관계사연구》 42, 2012.

박원호, 〈철령위 설치에 대한 새로운 관점〉, 《한국사연구》 136, 2007.

박정민, 〈조선 건국기의 여진인 내조와 조선의 외교구상〉, 《역사학연구》 49, 2013.

______, 〈조선초기의 여진 관계와 여진인식의 고착화〉, 《한일관계사연구》 35, 2010.

______, 〈태종대 제 1차 여진정벌과 동북면 여진관계〉, 《백산학보》 80, 2008.

박평식, 〈조선전기의 화폐론〉, 《역사교육》 118, 2011.

손성필, 〈조선 태종·세종대 '혁거' 사찰의 존립과 망폐〉, 《한국사연구》 186, 2019.

신채식, 〈송 이후의 황제권〉, 《동아사상의 왕권》, 한울아카데미, 1993.

신철희, 〈"선한 참주"론과 태종 이방원〉, 《한국정치학회보》 48-1, 2014.

안준희, 〈조선초기 태종의 집권과정과 조사의의 난〉, 《외대사학》 5, 1993.

유주희, 〈하륜의 생애와 정치활동〉, 《사학연구》 55·56, 1998.

유창규, 〈이성계의 군사적 기반〉, 《진단학보》 58, 1984.

윤정, 〈태종 18년 개성 이어와 한양 천도의 정치사적 의미〉, 《서울학연구》 50, 2013.

윤훈표, 〈조선시대 경연 실시의 의미〉, 《율곡사상연구》 18, 2009.

이경룡, 〈명초 금화학파의 화이론 형성과 변경 인식〉, 《명청사연구》 24, 2005.

이규철, 〈1419년 대마도 정벌의 의도와 성과〉, 《역사와 현실》 74, 2009.

이동희, 〈조선 태종대 승정원의 정치적 역할〉, 《역사학보》 132, 1991.

이영, 〈동아시아 삼국간 연쇄관계 속의 고려 말 왜구와 대마도〉, 《동북아문화연구》 34, 2013.

이한우, 《이한우의 태종실록》, 21세기북스, 2017~2021.

______, 《태종, 조선의 길을 열다》, 해냄출판사, 2005.

정다함, 〈조선 태종 5년 동맹가첩목아의 明 '입조'를 둘러싼 조선과 명과 동맹가첩목아 사이의 관계성에 대한 탈중심적/탈경계적 해석〉, 《민족문화연구》 72, 2016.

지두환, 《조선의 왕실 3, 태종대왕과 친인척 2》, 역사문화, 2008.

차문섭, 〈Ⅳ. 군사조직〉, 《한국사 23》, 탐구당, 2003.

최선혜, 〈조선초기 태종대 예문관의 설치와 그 역사적 의의〉, 《진단학보》 12, 1995.

최연식, 《지식계보학》, 옥당, 2015.

______, 〈여말선초의 권력구상〉, 《한국정치학회보》 32-3, 1998.

하영휘, 〈류중교(1821~1893)의 춘추대의, 위정척사, 중화, 소중화〉, 《민족문학사연구》 60, 2016.

한영우, 《왕조의 설계자, 정도전》, 지식산업사, 1999.

한충희, 《조선의 패왕, 태종》, 계명대학교출판부, 2014.

______, 〈Ⅱ. 중앙 정치구조〉, 《한국사 23》, 탐구당, 2003.

* 이 책을 쓰면서 한충희의 《조선의 패왕, 태종》과 이한우의 《태종, 조선의 길을 열다》에서 다수 인용했다. 대중서라는 특성에 따라 이 두 책을 포함하여 본문에서 인용한 자료는 각주로 처리하지 않고 참고문헌에서 일괄적으로 제시했음을 밝힌다.

* 이 책은 필자의 기존 저작들을 기반으로 이루어졌다. 출전은 다음과 같다.

〈權近の政治思想: 道·權力·文〉, 《國家學會雜誌》 116-1·2, 2003.

방상근 공저, 〈태종 이방원의 권력정치: '양권'의 정치술을 중심으로〉, 《정신문화연구》 29-3, 2006.

이세형 공저, 〈태종과 공론정치: '유신의 교화'〉, 《한국정치학회보》 40-3, 2006.

"King Taejong as a Statesman: From Power to Authority", *KOREA JOURNAL* 46-4, 2006.

이종두 공저, 〈정치가 태종의 사정과 왕권〉, 《정치사상연구》 13-1, 2007.

《삼봉 정도전, 생애와 사상》, 선비, 2016.

〈중화공동체 전략과 태종 전반기 국제관계〉, 《평화연구》 27-1, 2019.

〈조선왕조의 수성은 언제부터인가: 태종 11년(1411)의 이색 비명 사건〉, 《정치사상연구》 25-2, 2019.

찾아보기

【ㄴ】

【ㄷ】

【ㄹ】

【ㅁ】

【ㅂ】

【ㅅ】

【ㅇ】

【ㅈ】

【ㅊ】

【ㅌ】

【ㅍ】

【ㅎ】

이 저서는 2016년 대한민국 교육부와 한국학중앙연구원(한국학진흥사업단)의
한국학총서사업의 지원을 받아 수행된 연구임(AKS-2016-KSS-1230003)

군주 평전 시리즈 01

태종처럼 승부하라 — 권력의 화신에서 공론정치가로

2021년 12월 19일 초판 1쇄 발행
2021년 12월 31일 초판 2쇄 발행
글쓴이 박홍규
펴낸이 박혜숙
디자인 이보용 하민우
펴낸곳 도서출판 푸른역사
우) 03044 서울시 종로구 자하문로8길 13
전화: 02)720-8921(편집부) 02)720-8920(영업부)
팩스: 02)720-9887
전자우편: 2013history@naver.com
등록: 1997년 2월 14일 제13-483호

ISBN 979-11-5612-206-7 04900
ISBN 979-11-5612-205-0 04900 (세트)